紐約・美國東岸

波士頓・費城・華盛頓特區・尼加拉瀑布

no.69

New York · East Coast of the U.S.

Boston · Philadelphia · Washington, D.C. · Niagara Falls

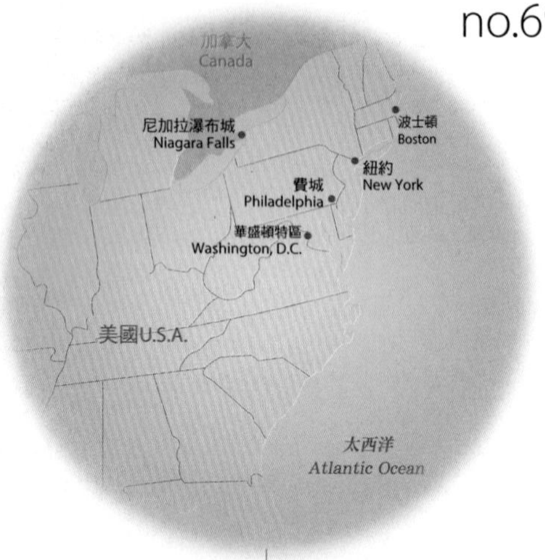

MOOK NEWAction

紐約・美國東岸

MOOK NEWAction no.69

New York・East Coast of the U.S.

波士頓・費城・華盛頓特區・尼加拉瀑布 Boston・Philadelphia・Washington, D.C.・Niagara Falls

紐約・美國東岸

MOOK NEWAction no.69

New York · East Coast of the U.S.

波士頓・費城 ・華盛頓特區・尼加拉瀑布 Boston · Philadelphia · Washington, D.C. · Niagara Falls

本書所提供的各項可能變動性資訊，如交通、時間、價格(含票價)、地址、電話、網址，係以2023年03月前所收集的為準；特別提醒的是，COVID-19疫情期間這類資訊的變動幅度較大，正確內容請以當地即時標示的資訊為主。

如果你在旅行中發現資訊已更動，或是有任何內文或地圖需要修正的地方，歡迎隨時指正和批評。你可以透過下列方式告訴我們：

寫信：台北市104中山區民生東路二段141號9樓MOOK編輯部收

傳真：02-25007796

E-mail：mook_service@hmg.com.tw

FB粉絲團：「MOOK墨刻出版」www.facebook.com/travelmook

符號說明

電話	價格	營業項目	如何前往
傳真	網址	特色	市區交通
地址	電子信箱	所需時間	旅遊諮詢
時間	信用卡	距離	住宿
休日	注意事項		

Welcome to New York & East Coast of the U.S.

歡迎來到紐約・美國東岸

當19世紀的歐洲移民們站在船頭遠遠望見自由女神時，他們看到的其實是「夢想」。這本《紐約・美國東岸》希望也像當年駛進紐約港的大船一樣，帶著讀者們親自來到充滿傳奇的紐約腳下，這座由千千萬萬人的夢想所築成的城市，擁有化不可能為可能的神奇力量，這裡是揚名立萬的舞台，這裡是當代經典的歸宿，這裡有太多太多你不能不見識一下的事物，每一處都代表了時代的精神。或許紐約也有你的夢，就讓這本書帶你把夢的磚石砌上，從此你既完整了紐約，而紐約也完整了你。

除了紐約之外，其他東岸大城也頗有看頭。波士頓、費城與美國首府華盛頓特區，無論在歷史典故、文化藝術、街頭風景還是吃喝玩買上，都有數不盡的玩樂因子。尤其是華府國家廣場上世界級的博物館，統統都是免費參觀，而許多電影裡經常看到的場景，也都真實出現在你的眼前。另外，世界奇景尼加拉大瀑布更是此生一定要去的名勝，雖然距離東岸有點距離，但絕對值得你專程前往。

我們在這本書中蒐集了最新的資訊、最完整的攻略與最詳細的地圖，告訴你如何前往美東五大城，到了之後該玩些什麼地方，不能錯過哪些景點，該吃什麼才道地，該買什麼才划算。還會告訴你景點背後的小故事，讓你知其然也能知其所以然。希望這本書不但是你在旅途中的好幫手，更能使你對世界的另一個角落有更深入的認識。

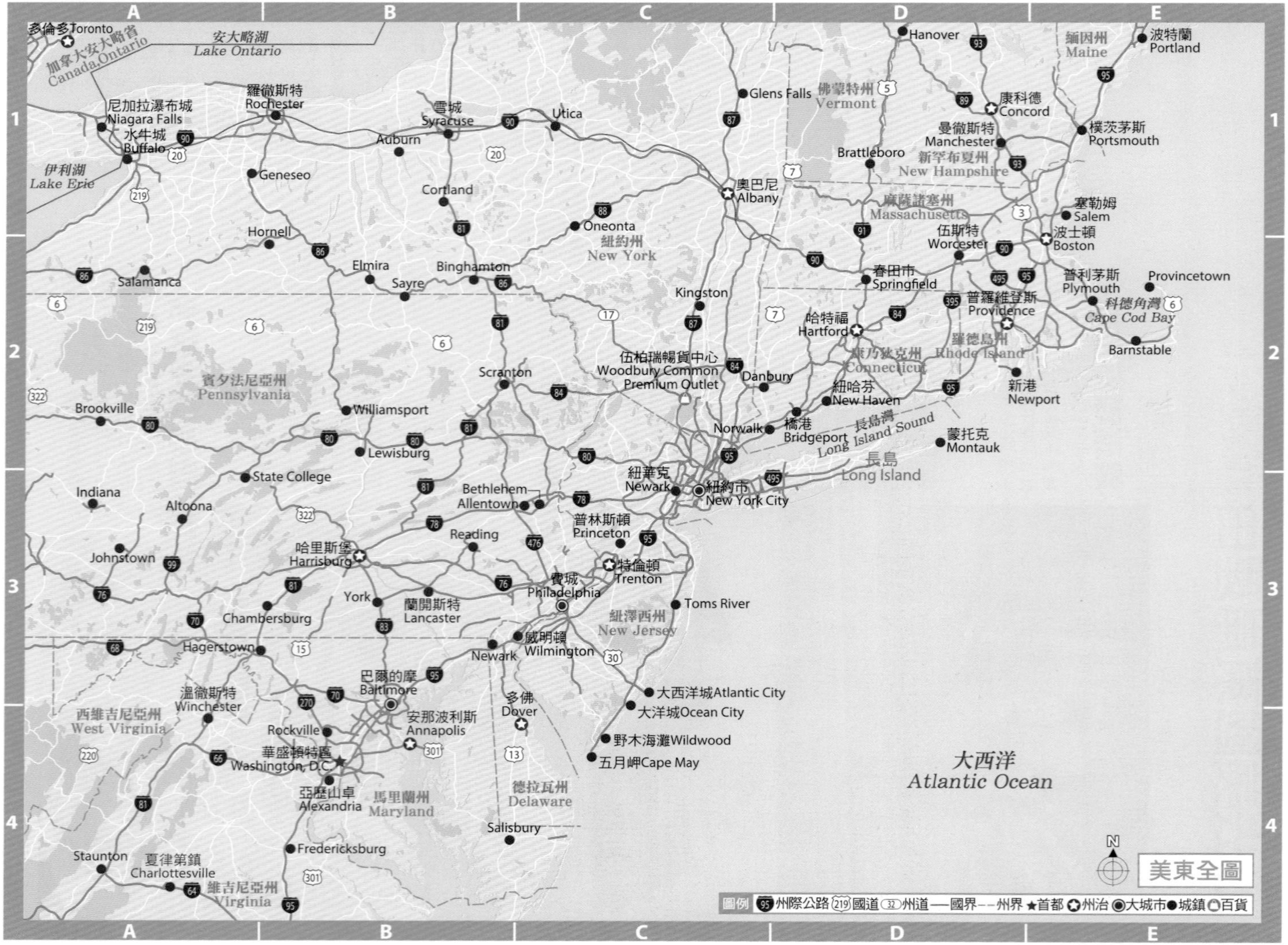

美東全圖
圖例 州際公路 國道 州道 國界 州界 首都 州治 大城市 城鎮 百貨
多倫多Toronto
加拿大安大略省 Canada,Ontario
安大略湖 Lake Ontario
伊利湖 Lake Erie
尼加拉瀑布城 Niagara Falls
水牛城 Buffalo
羅徹斯特 Rochester
雪城 Syracuse
Auburn
Utica
Geneseo
Cortland
Hornell
Salamanca
Elmira
Sayre
Binghamton
Oneonta
紐約州 New York
Glens Falls
奧巴尼 Albany
Kingston
伍柏瑞暢貨中心 Woodbury Common Premium Outlet
Danbury
Norwalk
橋港 Bridgeport
紐哈芬 New Haven
哈特福 Hartford
春田市 Springfield
康乃狄克州 Connecticut
長島灣 Long Island Sound
長島 Long Island
蒙托克 Montauk
紐約市 New York City
紐華克 Newark
Hanover
佛蒙特州 Vermont
Brattleboro
康科德 Concord
曼徹斯特 Manchester
新罕布夏州 New Hampshire
麻薩諸塞州 Massachusetts
伍斯特 Worcester
緬因州 Maine
波特蘭 Portland
樸茨茅斯 Portsmouth
塞勒姆 Salem
波士頓 Boston
普利茅斯 Plymouth
Provincetown
科德角灣 Cape Cod Bay
Barnstable
普羅維登斯 Providence
羅德島州 Rhode Island
新港 Newport
賓夕法尼亞州 Pennsylvania
Brookville
Williamsport
Lewisburg
Scranton
State College
Indiana
Altoona
Johnstown
哈里斯堡 Harrisburg
Bethlehem
Allentown
Reading
普林斯頓 Princeton
特倫頓 Trenton
Toms River
費城 Philadelphia
紐澤西州 New Jersey
York
蘭開斯特 Lancaster
Chambersburg
Hagerstown
Newark
威明頓 Wilmington
大西洋城Atlantic City
大洋城Ocean City
野木海灘Wildwood
五月岬Cape May
多佛 Dover
德拉瓦州 Delaware
Salisbury
巴爾的摩 Baltimore
安那波利斯 Annapolis
溫徹斯特 Winchester
西維吉尼亞州 West Virginia
Rockville
華盛頓特區 Washington, D.C.
亞歷山卓 Alexandria
馬里蘭州 Maryland
Fredericksburg
Staunton
夏律第鎮 Charlottesville
維吉尼亞州 Virginia
大西洋 Atlantic Ocean

Top Reasons to Go

必去美國東岸理由

超璀璨不夜城

無所不包的紐約，充滿了夢想與機會的城市，沒有什麼在這裡是不可能的！到時報廣場、格林威治村、華爾街或蘇活區上走走，便不難理解為何全世界的優秀人材都想在這裡佔有一席之地。

美國象徵地標

能代表美國形象的景物，有一半以上都在美東：自由女神像、布魯克林大橋、林肯紀念堂、華盛頓紀念碑等，都是在電影中經常出現的場景。而壯麗無朋的尼加拉大瀑布，更是人們一生中一定要親眼看一次的奇觀。

探訪民主之路

原本課本上枯燥複雜的美國歷史，在這裡全都活了過來！走訪費城的獨立國家歷史公園、波士頓的自由之路散步路線與維吉尼亞的維農山莊，彷彿又回到了18世紀，而美國的開國元勛們就在你的四周將歷史一一重現。

經典摩天高樓

紐約向來號稱百萬夜景，夜晚亮起的萬家燈火橫無際涯，那景象真是終生難忘。而在紐約可以登高望向這片景色的地方不只一處，包括帝國大廈、世貿一號大樓與新建成的The Edge等，都擁有一望無際的視野。

朝聖藝術鉅作

美國東岸的博物館，間間都有重量級的收藏，藝術史課本上的經典名畫、如雷貫耳的大師級作品，很多都能在此找到真跡。除了藝術類之外，航太科技、自然史、考古學等方面的博物館，也都各有舉足輕重的地位。

正宗道地美食

誰說美國沒有美食？鮮甜肥美的龍蝦、香辣帶勁的辣雞翅、豪爽多汁的牛排、創意十足的漢堡，都是美東地區的招牌美味。而像是費城的起士牛肉堡、新英格蘭的巧達濃湯等，也是相當有特色的地方料理。

旅行計畫
Plan Your Trip

Top Highlights of East Coast of the U.S.
美東之最

紐約

曼哈頓天際線
Manhattan Skyline

曼哈頓天際線的輪廓，是最能代表紐約的線條，櫛比鱗次的高樓大廈，訴說著紐約的輝煌歷史，而缺席的世貿雙塔，卻又令人有點感傷。最好的觀賞角度，首推布魯克林高地散步道，而威廉斯堡的瑪莎詹森州立公園則是這道景觀的延續。參觀自由女神時，也別忘了從島上回頭看一眼曼哈頓，下城區最美的畫面，莫過於這個角度。另外，搭乘史丹頓島渡輪、皇后區長島市的龍門廣場州立公園等，也都是欣賞曼哈頓天際線的好地點。（P.64、P.150、P.155、P.160）

最佳觀景台
The Best
Observatory

世貿一號大樓觀景台 / 紐約
One World Observatory / New York
(P.72)

Edge觀景台 / 紐約
Edge / New York
(P.95)

觀賞百老匯
Broadway

如果喜歡舞台表演，怎麼能錯過紐約的百老匯？能在劇院區經歷票房、劇評人等重重考驗存活下來的戲碼，絕對不只有兩把刷子，無論編劇、導演、演員、道具、服裝等，都是萬中選一，當紅百老匯明星的地位直可與好萊塢大牌相比。劇院區裡上演的劇碼多達數十齣，包括《歌劇魅影》、《芝加哥》、《獅子王》、《悲慘世界》等，都是大家耳熟能詳的故事。如果擔心自己英文不夠好，可以選擇觀賞音樂成份較多的戲碼。總之，百老匯的夜晚絕對會成為你生命中的美好回憶。（P.102）

自由女神像
Statue of Liberty

自由女神不但是紐約最著名的地標，幾乎也可說是全美國的象徵了，如果沒有看到自由女神，別說是別人，恐怕就連自己都不相信來過紐約。這尊連同基座高93公尺的巨像，佇立在紐約港中的自由島上，必須搭乘渡輪前往，才能來到她的腳下一親芳澤。除了歷史與情感上的意義，自由女神無論是造像藝術還是建造工程，都堪稱劃時代的里程碑，甚至直接促成另一個國家的象徵地標——艾菲爾鐵塔的誕生。（P.64）

最佳地標 The Best Landmark

自由女神像 / 紐約
Statue of Liberty / New York
(P.64)

布魯克林大橋 / 紐約
Brooklyn Bridge / New York
(P.75)

時報廣場
Time Square

不論是多清醒的人，來到時報廣場還是可能被那不斷跳躍著的聲光所迷惑。這裡幾乎每面牆上都佔據了LED電子廣告看板，毫無間隙地向世人強力放送美國消費主義的意識形態，而從另一個方面來說，這處經常出現在明信片中的風景，本身就是紐約的大廣告。在時報廣場上，不分晝夜，不分季節，永遠都是人潮洶湧，各種娛樂活動目不暇給，雖說廣場上的新年倒數是紐約的一大特色，但事實上這裡的每一天都像在跨年。（P.100）

中央公園
Central Park

　電影中經常出現的畫面，前方是廣闊遼遠的森林綠地，背景卻是櫛比鱗次的摩天高樓，這個場景就在紐約的中央公園。這座面積843英畝的公園，當中的步道總和竟長達93公里遠，在曼哈頓的市中心健走，運動量絕不小於出外踏青。公園中也有不少著名景點，像是中央公園動物園、紀念約翰藍儂的草莓園、畢士達噴泉與貝爾維德城堡等，常看電影的人，應該會覺得非常眼熟。而在公園的大湖中悠閒划船，更是紐約人最愛的休閒活動。（P.126）

紐約

最佳博物館
The Best Museums

現代美術館 /
紐約
Museum of Modern Art /
New York
(P.114)

大都會美術館 /
紐約
Metropolitan Museum of Art /
New York
(P.130)

尼加拉大瀑布
Niagara Falls

說起壯觀場面，世上大概沒幾個地方能超越尼加拉瀑布。尼加拉瀑布分為馬蹄瀑布與美國瀑布兩段，將伊利湖的湖水經由尼加拉河注入安大略湖中，其落差有57公尺，雖然不算特別高，但光是馬蹄瀑布就有792公尺寬，每秒60萬加侖的水以65公里的時速從這裡落下，激起的水花就連數十英哩外都看得到。所謂驚天動地、雷霆萬鈞，再多的形容詞也難以描述眼前震撼，只能等你前來親眼一見。（P.328）

波士頓美術館 / 波士頓
Museum of Fine Art / Boston
(P.221)

費城藝術博物館 / 費城
Philadelphia Museum of Art / Philadelphia
(P.264)

國家藝廊 / 華盛頓特區
National Gallery of Art / Washington, D.C.
(P.304)

華盛頓
特區

國家廣場
National Mall

　這片東西長達3公里的草坪綠地，是華盛頓特區裡最精華的觀光地段，東起雄偉的國會大廈，西至莊嚴的林肯紀念堂，北邊是總統府白宮，南邊是典雅的傑佛遜紀念堂，中央則是高聳的華盛頓紀念碑。國家廣場裡的博物館多達十數間，其中包括著名的國家藝廊、國家航太博物館與國家自然史博物館，而且這些博物館由史密森尼學會經營，完全免費參觀！除了博物館外，廣場裡還有多座總統及名人紀念物，共同構成華府最鮮明的形象。（P.296）

最佳歷史景點
The Best Historic Attractions

南街海港 /
紐約
South Street Seaport /
New York
(P.69)

波士頓茶葉事件博物館 /
波士頓
Boston Tea Party Ship & Museum /
Boston
(P.205)

獨立國家歷史公園
Independence National Historical Park

這是美國最富有歷史意義的一平方英哩，在這裡走一圈，幾乎就讀完了大半部美國開國史。公園裡最重要的古蹟就是獨立廳，這裡最初是賓州的議會廳，1776年大陸會議正式向英國決裂的《獨立宣言》就是在這裡簽署，而1787年通過的《美國憲法》也是在此制定，因而被列入世界文化遺產名錄中。而公園裡的其他景點，如國會廳、自由鐘中心、國家憲法中心、木匠廳、基督教堂等，也都各有其舉足輕重的地位，常是人們來到費城的主要目的。（P.246）

費城

獨立廳 / 費城 Independence Hall / Philadelphia (P.247)

福特戲院 / 華盛頓特區 Ford's Theatre / Washington, D.C. (P.313)

維農山莊 / 維吉尼亞 Mount Vernon / Virginia (P.324)

參觀博物館 Visit Museums

熱愛藝術、喜歡逛博物館的人有福了，美國東岸的博物館不但繁如星點，而且很多都是重量級的巨星！紐約的中央公園東側有博物館大道，費城的市中心西北有公園大道博物館區，華府的國家廣場裡更是聚集了十多家免費參觀的國家級博物館。其中像是大都會美術館、波士頓美術館、費城藝術博物館、國家藝廊等，都擁有世界一流的收藏，無論你心儀的是文藝復興諸大師，還是後印象派眾名家，都能找到經典。而其他領域如自然史、科學、考古學、航太等，亦各有相當精彩的博物館。

演唱會與音樂節 Concerts and Musical Festival

作為國際級的大城市，這裡一年到頭都有演唱會與音樂會，無論古典、爵士、流行，還是搖滾、金屬、前衛，總有巡迴演出的場子可以跟。而各城市經常舉辦的音樂節，也是值得共襄盛舉的場面。除了大排場的音樂表演場地，更容易親近的是live酒吧裡的現場表演，像是紐約的格林威治村、費城的南街、華盛頓特區的U街等，都有不少這樣的場地。可別小看這裡的演出，別忘了大名鼎鼎的艾靈頓公爵、比莉哈樂黛、路易斯阿姆斯壯、吉米罕醉克斯等傳奇人物，就是從這裡出身的。而許多現今成名已久的音樂人，也還是會回到這些場子表演，保證值回票價。

最佳室內市場 The Best Indoor Market

雀兒喜市場 / 紐約
Chelsea Market / New York
(P.93)

中央車站市場 / 紐約
Grand Central Market / New York
(P.186)

造訪阿米希國度 Amish Country

阿米希人大概是現今美國最令人好奇的族群，他們來自歐洲的日耳曼地區，有著虔誠的門諾教派信仰，並以農牧作為主要產業。阿米希人堅持穿著16世紀的古裝，拒絕用電與開車，盡可能地維持古時候的生活型態。一般而言，阿米希社區相當封閉，不喜歡外人及文明科技進入，但在外圍區域如蘭開斯特等地，他們向世人敞開胸襟，展示他們最驕傲的生活方式。在這裡，遊客可以搭乘阿米希人的馬車在鄉間漫步，也可參觀他們的農場，看看他們如何工作，最後再品嚐阿米希的傳統食物。（P.280）

觀看球賽 Enjoying the Games

喜歡體育競賽嗎？與其老是坐在電視機前看轉播，不如到現場去感受一下吧！美國的職業運動聯盟都具有高度可看性，世界各地最有實力的球員，都以到美國打球當作畢生目標。而球團對於球場的經營也表現在各種軟硬體上，就連比賽當中的暫停與換場時間，都絕對不會讓現場氣氛冷卻，不同的節目與活動接連相繼，將激情熱烈的情緒保持到比賽結束。在本書範圍內的各城市，MLB的球隊有6支，NBA的球隊有5支，而美式足球NFL與冰球NHL的球隊也各有6支與7支，喜歡哪支球隊？就買票進場吧！（P.35）

法尼爾廳市集 / 波士頓 Faneuil Hall Marketplace / Boston (P.207)

瑞汀車站市場 / 費城 Reading Terminal Market / Philadelphia (P.259)

蘭開斯特中央市場 / 蘭開斯特 Lancaster Central Market / Lancaster (P.279)

When to go
最佳旅行時刻

美國東北的新英格蘭地區屬溫帶大陸性溼潤氣候，往南過了紐約之後，副熱帶溼潤氣候的特徵逐漸明顯。基本上，這片區域四季分明，全年降雨分布平均，雖然潮溼，但晴天的日子還是佔了大多數。由於受到大西洋海水調節與阿帕拉契山的阻隔影響，冬天雖然寒冷，但比起同緯度的內陸地區還是溫暖一些。而鄰近海邊的地帶在海風吹襲下，往往體感溫度會比離海較遠的地方再涼爽點。

美東**旅遊季節**

美東夏季溫暖，有時甚至到炎熱的地步，紐約7、8月的日平均氣溫在25℃上下，白天要超過30℃是稀鬆平常的事。往北到波士頓，氣溫稍低一點，但不會與紐約相差太多，而往南到華盛頓特區則又更為炎熱。因此夏季到美東旅遊，簡單的T恤是最好的裝扮，不過若要去港邊或搭船出海，海上風大，最好還是帶件薄外套。

春、秋兩季是最舒適的季節，3月下旬之後，殘雪大多已經融化，公園裡百花盛開，尤其是華盛頓特區的蓄潮湖畔，萬叢櫻花繽紛綻放，是美東的著名風景。9~11月的秋天，氣溫涼爽而又不至於寒冷，也很適合出外旅遊，不過秋天也是美東颶風季節的最高峰，雖然歷年強颱並不算多，但像是2012年10月底的珊迪颶風就曾對紐約帶來嚴重災情。

冬季日均溫約在0℃左右，愈往北愈冷，大約11月中就有可能降下第一場雪，即使南方的費城與華府，到了12月也會下雪。儘管下雪的日子不多，但只要一夜大雪，整座城市就會白茫茫的一片，直到翌年春天融化殆盡為止。而尼加拉瀑布地區受到大湖效應影響，降雪量尤其驚人。冬季的紐約其實非常漂亮，特別是聖誕假期與時報廣場的跨年倒數，洛克斐勒中心下層廣場也會化身為溜冰場，很有電影中的美國情調。雖然暴風雪並不常見，但若遇上，交通必受影響，是這個季節可能會有的旅遊風險。

美東**旅行日曆**

1月1日	**全國**	元旦 New Year's Day	國定假日
1月6日	**紐約**	主顯日遊行 Three Kings Day Parade	紀念東方三賢士朝見新生耶穌的節日，紐約人會在這天舉行遊行，遊行中會有駱駝、花車及彩色玩偶。
1月第3個週一	**全國**	馬丁路德金恩紀念日 Martin Luther King, Jr. Day	國定假日。
2月12日	**全國**	林肯誕辰紀念日 Lincoln's Birthday	國定假日。
2月第3個週一	**全國**	華盛頓誕辰紀念日 Washington's Birthday	國定假日。
3月初	**費城**	費城花展 Philadelphia Flower Show	全球最大的室內花卉展覽。
3月17日	**紐約**	聖派翠克節遊行 St. Patrick's Day Parade	在聖派翠克教堂前的第五大道上，人人都會穿著綠色衣服加入遊行。
3月20日起1個月	**華盛頓特區**	櫻花嘉年華 National Cherry Blossom Festival	蓄潮湖畔櫻花盛開，屆時也會有遊行、音樂表演、美食派對等活動。
復活節前的週五	**全國**	受難日 Good Friday	國定假日。
春分後第1個週日	**全國**	復活節 Easter	國定假日，全國各地都會有尋找彩蛋的活動。
4月第3個週一	**波士頓**	波士頓馬拉松 Boston Marathon	世界馬拉松大滿貫賽之一，而這一天也是波士頓的愛國者日（Patriots Day）。
5月第1個週末	**費城**	黎頓豪斯春之祭 Rittenhouse Row Spring Festival	黎頓豪斯廣場周邊街區會舉辦各種美食、品酒、音樂、購物、娛樂等活動。
5月第3個週末	**紐約**	第九大道美食節 9th Ave Food Festival	地獄廚房的異國料理餐廳聯手出擊，要用香氣攻佔整條街。
5月最後1個週一	**全國**	國殤紀念日 Memorial Day	國定假日。
6月初	**紐約**	博物館大道節 Museum Mile Festival	上東城的第五大道會封街舉行音樂、藝術、舞蹈、美食等活動。
6月中	**紐約**	翠貝卡電影節 Tribeca Festival	新興的國際影展，在電影界已有愈來愈重要的地位。
7月4日	**全國**	美國獨立日 Independence Day	國定假日，全國各地晚上都會施放國慶煙火。
8月底~9月初	**紐約**	美國網球公開賽 US Open Tennis	網球大滿貫賽事之一，場地位於皇后區法拉盛草原公園的比莉珍金網球中心。
9月第1個週一	**全國**	勞動節 Labor Day	國定假日。
9月中	**紐約**	聖吉那歐節 Feast of San Gennaro	小義大利區的慶典，各種義式美食紛紛出籠，也會有遊行、音樂會等活動。
9月底~10月初	**紐約**	紐約影展 New York Film Festival	由林肯中心電影協會主辦的世界重量級影展。
10月第2個週一	**全國**	哥倫布日 Columbus Day	國定假日，這天各地也會有花車遊行。
10月31日	**全國**	萬聖夜 Halloween	國定假日，小孩們以各種裝扮挨家挨戶要糖果。
11月第1個週日	**紐約**	紐約馬拉松 New York City Marathon	世界馬拉松大滿貫賽之一。
11月11日	**全國**	退伍軍人節 Veterans Day	國定假日。
11月第4個週四	**全國**	感恩節 Thanksgiving Day	國定假日，全家人要聚在一起吃火雞大餐。紐約的梅西百貨會在這天舉辦大遊行。
12月25日	**全國**	耶誕節 Christmas Day	國定假日，許多百貨公司會推出聖誕折扣。

Best Taste in East Coast of the U.S.

美東好味

文●蔣育荏　攝影 ●周治平

美國食物對台灣人而言，可能不是那麼新奇，畢竟台灣人在美國文化耳濡目染之下，對於美式料理早已見怪不怪。不過，就像在美國吃中國料理很難令你滿意一樣，美式料理就是要在美國吃，才有那種道地的fu。

紐約客牛排 New York Strip Steak

美國人嗜吃牛排，其中取自牛前腰脊肉(Strip Loin)做成的牛排是紐約人的最愛，因而有此名稱。這個部位的牛肉運動量較多，油花均勻，肉質與沙朗接近，而不似肋眼那麼嫩，吃起來口感結實有咬勁，適合豪邁品嚐。紐約客牛排以三分熟(Medium Rare)為佳，不敢吃太生的人也可以點五分熟(Medium)，如果超過五分熟，那就浪費了。

美式漢堡 Hamburger

和速食店賣的漢堡不同，專賣漢堡或三明治的餐廳，用料都比較講究，起士總是特別濃郁，漢堡肉更為實在，煎得香香脆脆的培根豐富了口感，種類多樣的配料可以玩出更多變化，精心調製的獨門醬料也讓漢堡更有個性。這樣的漢堡絕非速食店可比，吃過很容易就會上癮。

貝果 Bagel

這種源自東歐的食物大約是在20世紀初由波蘭裔的猶太移民帶到了紐約，從此成為紐約人的摯愛。貝果是將發酵後的麵糰捏成圓環狀，先丟進滾水煮過後，才放入烤箱烘焙，因此外皮鬆脆，內部卻充滿嚼勁。貝果本身除了原味外，麵糰中也經常和進芝麻、罌粟籽等穀物，做成不同種類。美國人也喜歡將貝果切開做成各式各樣的三明治，像是夾進燻鮭魚或燻牛肉等，都是很經典的口味。

熱狗 Hot Dogs

熱狗其實就是法蘭克福香腸，大約在19世紀末由德國移民傳入紐約後，立刻就在全美各州遍地開花，而且做法上也愈來愈「美式」。至於為什麼要叫做熱狗，版本實在太多，不過許多都和時事漫畫家在報導中的描述有關。美國不同城市的熱狗皆有其各自特色，紐約熱狗通常用的是全牛肉香腸，夾在長形麵包中，上面是濃濃的熔化巧達起士，有時還會撒上香脆的培根屑或勁爆的辣豆醬。紐約熱狗常在路邊攤販賣，而在球賽進行時，場邊幾乎人手一根。

炸雞鬆餅 Chicken and Waffles

美國東南方由於歷史背景複雜，連帶食物也混合了法國、非洲、加勒比與美洲原住民的料理特色，南方的非裔美國人總是將其食物稱為「靈魂料理」(Soul Food)，而炸雞鬆餅便是靈魂料理當中重要的一員。醃製過的雞肉裹粉油炸後，皮脆香酥、肉嫩多汁，而香噴噴的格子鬆餅澆上奶油和楓糖，也同樣可口。不過最妙的地方在於，這兩種看似不相干的食物搭配起來竟是如此天造地設，一甜一鹹的口感，讓味覺體驗同時升級。

甜甜圈 Doughnut

提起甜甜圈，就會聯想到這是電視劇中NYPD的最愛，其實不只警察，大多數美國人都無法抗拒甜甜圈的誘惑。不過話先說在前頭，美國的甜甜圈大多甜得令人不敢恭維，想要和老美一樣狼吞虎嚥，可要有點心理準備。近年來也有許多創新的甜甜圈，使用上各式各樣的配料，讓口感更加豐富，造型也更多變化，例如下東區的Doughnut Plant，就是箇中翹楚。

紐約式披薩 New York-Style Pizza

紐約擁有龐大的義裔居民，他們當中有很多是來自拿坡里等南義移民的後代，因此要在紐約尋找道地的義大利餐館並不是件太困難的事。不過有些食物在異鄉落地生根太久，難免會產生變化，像是披薩就在紐約有了新面貌，而紐約式披薩在世界分布的版圖甚至比義大利傳統披薩還要廣呢！紐約式披薩通常切成三角形一片片販賣，其特點是皮薄邊脆，餅皮軟到甚至可以對折，這是因為紐約生活節奏比南義快得多，可以對折的披薩方便外帶，並能用一隻手拿著邊走邊吃。

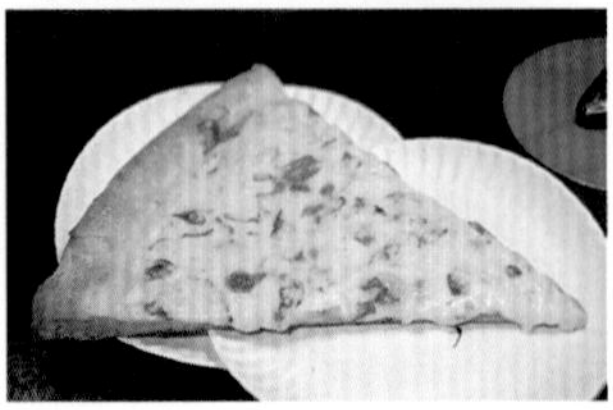

魯本三明治 Reuben Sandwich

流著德裔猶太血統的魯本三明治，其實是道地的美國食物，究竟是誰首創這種三明治，向來眾說紛紜，其中一個版本是它誕生於1914年紐約的Reuben餐廳(現已歇業)，從不懂得謙讓的紐約人自是理所當然地將其列入典型紐約食物清單中。這種熱三明治是將醃牛肉、德國酸菜與瑞士白起司夾在黑麥麵包中，而其靈魂則來自於混合了蕃茄醬、美乃滋與其他配料的俄式沙拉醬。

杯子蛋糕 Cupcake

杯子蛋糕的歷史可上溯至18世紀末，這種既精緻又時髦的甜點，正中紐約人的喜好，因此到處都能看到賣杯子蛋糕的店，尤其是影集《慾望城市》當紅時，更掀起一波杯子蛋糕的全民風潮。杯子蛋糕的份量一個人吃剛剛好，滿足人們隨時想吃蛋糕的渴望，小巧玲瓏的造型，加上鮮豔可愛的糖霜，再用繽紛的水果或糖果點綴，就算沒有明星加持，應該也沒幾個女性能抵擋得住誘惑。

©NYC & Company-Alexander Thompson

美式燒烤 Barbecue

美式燒烤源自南方中西部，這股風潮很快就席捲全美，如今已找不到一處地方看不見BBQ的身影，而從每年6月麥迪遜廣場公園上的燒烤大派對，就可看出紐約人對BBQ的熱愛。BBQ主要是用煙來把肉類燻熟，因此使用不同種類的木柴，燻出的風味也會不同，譬如山核桃或橡樹等硬木會燻出濃烈而豪爽的氣味，而蘋果樹、櫻桃樹等果木則會燻出帶甜的味道。雖然BBQ沒有太多華麗的料理技巧，但火候和時間的掌握卻需要深厚經驗，才能把肉燻烤得鮮嫩多汁。

波士頓龍蝦 Boston Lobster

美國最有名的龍蝦產自緬因州，幾乎全國的龍蝦供應皆來自緬因海域。麻州海域與緬因相連，波士頓又身為新英格蘭第一大城，近水樓臺，運到這裡的龍蝦當然是又大又新鮮，而且價錢常比其他各州要便宜一倍以上。除了整隻清蒸或燒烤外，也常做成龍蝦卷(Lobster Roll)食用。

海鮮巧達濃湯 Clam Chowder

海鮮巧達濃湯是新英格蘭最重視的傳統菜餚，不但為它舉辦競賽、節慶，優秀的廚師還能進入名人堂。巧達湯的主角為馬鈴薯、鮮蛤蜊和洋蔥，此外也常加上一些新鮮魚肉、蟹肉、龍蝦等配料，這通常視時令而定，而湯底則是用美味的鮮奶油熬煮，再加上一些麵粉，所以非常濃稠營養。喝巧達湯時，常會搭配蘇打餅乾以減低其濃稠感，並中和海鮮的鹹味。

水牛城辣雞翅 Buffalo Wings

這道名菜源自1964年，據説第一間做出辣雞翅的餐館是水牛城的Anchor Bar，而同州的紐約城裡當然也吃得到，通常是在啤酒吧的菜單中讓客人點來當下酒菜。Buffalo Wings是將雞翅裹上特製辣醬，不沾麵粉便直接下鍋油炸，於是辣醬完全入味，吃來非常過癮。一份裡除了翅尖外，還有棒棒腿，並會附上生芹菜與田園沙拉醬，以便嘴裡味道太重時可以舒緩一下。

阿米希食物 Amish Foods

典型的阿米希食物中以烏比派(Woopie Pie)最為有名，這種長得有點像馬卡龍的派餅有大有小，外面是2個圓形的巧克力派皮(有時也有南瓜派皮)，當中的甜奶油內餡則以巧克力、花生、紅巧克力(Red Velvet)等口味最為傳統。口感上介於蛋糕與餅乾之間，味道則相當甜。

另一種甜食Shoofly Pie是以糖蜜為料，吃起來介於派與蛋糕之間，由於糖蜜的香味常引來蒼蠅，必須常常出聲趕走，此派因而得名。派皮分為乾底和溼底兩種，乾底較接近一般的派，而溼底則稍微黏稠，有點類似卡士達的感覺。

阿米希也常常會把蔬菜醃製保存，像是黃瓜、白花椰菜、豆子、胡蘿蔔等，每種蔬菜醃完後，總有些碎菜沉澱，節儉的阿米希人會把它們收集起來，裝成綜合的一罐，便是阿米希店裡常見的Chow Chow，酸酸甜甜，極度開胃。

而Chicken Pot Pie則是阿米希人的主食，是將一片片的麵餅放在濃稠的雞肉濃湯中燉煮，相當有飽足感。

費城黑櫻桃汽水 Black Cherry Wishniak

過去費城有家老字號飲料公司Frank生產過多款水果口味的汽水，其中加了真正黑櫻桃汁的Black Cherry Wishniak因為口味獨特，而成了費城人從小喝到大的最愛。雖然這間公司已在1990年被Canada Dry收購，不過所幸Black Cherry Wishniak作為賓州限定供應，仍被保留在生產線上，至今仍然可以在費城買到。

費城起士牛肉堡 Philly Cheese Steak

這道費城最出名的招牌美食，是將牛肉切成極薄的薄片後撒在鐵板上煎炒，再加上熱得融化的起士，與炒得香噴噴的洋蔥、蘑菇一起夾進義式何奇麵包(hoagie)裡，一口咬下，各種香味在口中化開，成為回味無窮的享受。

Transportation in East Coast of the U.S.
美東交通攻略

文●蔣育荏　攝影●周治平

© United Airlines

國內航空

在美國國內移動，如果嫌開車太累，火車太慢，要是預算許可，搭飛機倒是不錯的選項。譬如從紐約飛到尼加拉瀑布附近的水牛城，如果早早就訂好最便宜的經濟艙機票，有可能比租車和搭火車還划算，而且時程省下將近5個小時。

航空公司

美國大大小小的航空公司選擇非常多，這裡較推薦的是聯合航空(United Airlines)，不但因為聯航是星空聯盟創始會員之一，在美國國內航點多、航班密集，同時也因為它是唯一有直飛台灣的美籍航空公司。

聯航自2014年3月起，提供台北直飛舊金山的航線服務，其UA872班機，每日早上從台北起飛，太平洋時間當日清晨抵達舊金山，這個航班不但沒有紅眼航班的疲勞，而且是抵達舊金山的頭幾架班機，通關無需大排長龍，轉機的當日航班選擇也較多。舊金山機場每日有256架聯航航班飛往全美79個目的地，當然也包括本書範圍內的各大城市。而回程的UA871班機則是太平洋時間中午過後從舊金山起飛，台灣時間的隔日傍晚返抵國門，到家剛好可以休息。

聯合航空

(02) 2325-8868

www.united.com

搭乘飛機

◎購買機票

機票價格會依據賣出的情況每日浮動，通常愈早買愈便宜，而日期愈靠近的，由於機位愈少，價格也會提高。價位除了經濟艙、豪華經濟艙與商務艙的區別外，也分最低票價與彈性票價，有時同一艙等票價也可能相差一、兩倍。最低票價雖然便宜，但無法退票，彈性票價則只需支付少許手續費，便能取消或更改，因此要是行程非常確定，就用最低票價購買，否則彈性票還是比較保險。

你可以直接上航空公司官網買票、撥打聯航在台北的訂票專線，或是在比價網站找便宜機票(前提是要看清楚該機票的所有相關規定)。當然也可以透過各大旅行社購買，說不定剛好遇上特惠活動，還能享有更優惠的票價。

◎行李規定

每家航空公司的行李規定不同，通常是可托運兩件23公斤以內、長寬高相加不超過158公分的行李(廉價航空可能會依行李數收取托運費)，隨身行李則是1件登機箱加1件個人物品，至於手提電腦袋、相機包等則不包括在內。

要特別注意的是，搭乘國際航班入境美國，如果還需要轉機的話，在通過海關後必須先把行李領出，到轉機通道上的行李托運處再托運一次，才能轉乘國內航線。

租車旅行

如果你在美國的行程經常有城市間的移動，或是想來趟區域小旅行，租車會是便捷性最高的方式，無論行程還是時間，都可以隨心所欲自由安排。而且人數多的話，租車的費用也會比搭火車來得划算。若是你會在同一座城市停留較長時間，以地鐵為主要交通工具，而又不想負擔市區停車費用，也可以在抵達後先把車歸還，等要動身那天再去租另一台車。

如何租車

◎租車公司

在美國，較大的連鎖租車公司包括Hertz、Alamo、Enterprise、National、Avis、Budget、Dollar、Thrifty等，在各機場附近都能找到這些租車公司的櫃檯。其中，Hertz與Alamo在台灣都有旅行社代理，對想要租車旅行，又擔心不知如何臨櫃辦理手續的旅客來說，最是方便。

Hertz在台總代理——大登旅行社
台北市松江路146號8樓之3
(02) 2731-0377
www.hertz.com.tw

Alamo在台總代理——台灣中國運通
台北市長安東路一段25號11樓之1
(02) 2537-0020
www.car101.com.tw

◎預訂租車

雖然臨櫃取車也是一種方法，但若能在台灣事先把車訂好，取車時便可節省不少時間。每家租車公司的訂車、取車及還車方式，幾乎完全相同，你可以直接上官網訂車，但有些針對海外遊客的優惠方案，必須透過代理旅行社才能拿到，因此還是建議先向台灣的代理旅行社洽詢。

訂車完成後，你會在電子信箱收到確認單，上面有預訂號碼及取還車地點的明細及聯絡方式。若發現姓名有誤，或是航班資訊有異動，請立刻去電通知修改。

還有一點要提醒的是，在美國租車一定要同時擁有台灣駕照與國際駕照，才可以開車上路。

◎車型

一般來說，租車公司提供的車型分為以下幾種，由小而大分別為：經濟型(Economy)、小型車(Compact)、中型車(Intermediate)、標準型(Standard)、大型車(Fullsize)、廂型車(Van)。想要開什麼樣的車，應該依照同行人數與行李多寡而定。要去國家公園的話，建議選擇休旅車(SUV)，因為太小的車可能爬山會有點吃力；若旅伴不多，太大的車會增加不必要的油耗。

◎保險問題

租車時最頭痛的，大概就是保險問題了。保了，覺得平白花了一大筆錢，不保，又好像沒有安全感。這裡就來告訴你，哪些險非保不可，哪些險不一定要保。由於租車保險規定，各州法律不一，以下僅就美東的情形敘述。

碰撞損失減免權(CDW)

這個險保的是租來的車在事故中的損壞，若是發生碰撞意外，而維修金額在CDW的理賠範圍內，租車公司將不會向有購買CDW的客人索取賠償費用。雖然交通意外不常發生，但在人生地不熟的地方開車，A到刮傷時有所聞，因此這個險強烈建議一定要買，有些租車公司甚至將這個險放在合約中，強制投保。

個人意外險(PAI)與個人財物險(PEC)

由於CDW只保障車輛本身，並沒有投保乘客的人身安全，因此有了PAI，保的是意外中，己方駕駛與乘客的傷亡。另外還有一種PEC，保的是事故發生時，人身以外的財物損失。在許多租車公司，PAI和PEC是綁在一塊保的，不過其實這兩種險不是那麼有

投保的必要，尤其當你本身已有投保海外旅遊險的時候，加上全民健保其實有海外緊急醫療給付。不過最好還是和自己的保險公司詢問清楚，告知你的出遊地點與計畫，以確保這些都在保單的理賠範圍內。

第三責任延伸險(EP)

由於美國法律強制規定，租車時合約已包含附加責任險(LIS)，用以擔負己方肇事時第三方的損失。不過LIS保障額度有限，因此許多租車公司會推出延伸型的第三責任險，以提高其保障額度，至於要不要加保，就見仁見智了。

◎其他配備

衛星定位導航系統 GPS

如果你自認是看地圖高手，並且有充裕時間可以迷路的話，大可以不用GPS(有時迷路也會帶來意外收獲)；但若你的行程緊湊，這點錢就不要省了，租一台GPS絕對會有幫助，畢竟都已經花這麼多錢買機票了，如果把時間都花在找路上，那可就有點得不償失。

但是建議你在上路之前，最好還是研究一下地圖，至少心中先有個方向概念，不要一昧依賴GPS，一來美國修路封路如同家常便飯，二來GPS的設定有時並非十全十美。換句話說，關於目的地的大方向，心裡一定要先有個底，小細節再交給GPS帶路，才能保證萬無一失。

電子收費裝置 Toll Pass Device

美東的公路很多是計程收費路段，而且大多已採用電子收費，並將現金收費站拆除，因此若有開長途的打算，加租E-ZPass裝置是比較方便的。E-ZPass的租金通常以日計價，租金不包含日後的過路費用，而使用E-ZPass所繳交的過路費則會比車牌辨識系統的帳單繳費來得稍微便宜。

嬰幼兒安全座椅 Infant Seat / Child Safety Seat

美國法律規定，嬰幼兒必須乘坐適合年齡的安全座椅，因此若是有嬰幼兒同行，別忘了加租這項配備。

預購汽油 Prepaid Fuel

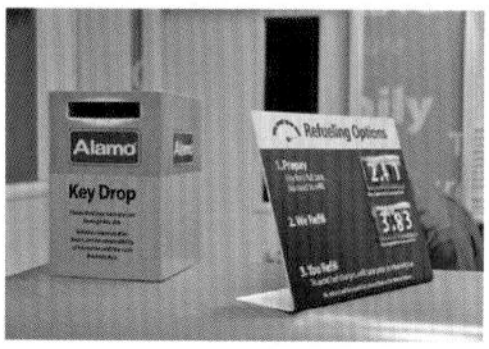

一般說來，還車時必須先把油箱加滿，但若你加購了這個選項，就不用考慮這回事了。租車公司的油價以當時的平均油價計算，有可能比你在路上看到的貴，也有可能更便宜。預購汽油的好處是，如果你還車時有時間上的壓力，比如要趕飛機或火車，便可使你有更充裕的時間(畢竟找加油站為時間的掌握添加太多不確定因素)，心情上也會不那麼著急；壞處則是或許對荷包而言並不划算。因此要不要選擇預購，端看還車的時間趕不趕而定。

道路救援服務Roadside Assistance

預購道路救援不會很貴，但一旦用到可是受用不盡，因此建議加購。道路救援通常包括：補送備份鑰匙、開鎖服務(當鑰匙意外鎖在車內時)、爆胎時更換輪胎、汽車故障拖吊時不產生額外拖車費用、當電池耗盡時快速啟動、補送緊急用油(但汽油費用自理)。當然，即使你沒有購買這項服務，一旦發生狀況，還是可以撥打租車公司的救援電話，只是救援費用就不是只有這樣一點錢了。

◎附加費用

在某些情況下，租車時會產生一些附加費用，不過各家公司規定不同，價錢也有差異。

差齡附加費

若開車者的年齡在25歲以下，會被視為馬路新手，每日會被多收一筆費用。

機場特許費

取車地點在機場時會產生的費用。其實若你行程的頭幾天只在市中心活動，倒是可以搭乘大眾運輸工具進城，等到要離開城市時，再去市區的租車據點租車，這樣既可省下機場特許費，又能省下前幾天的租車錢與停車費，只是沒有在機場直接租車來得方便就是了。

拋車費

租、還車的地點不同時(也就是所謂的甲地租乙地還)，由於影響各個據點的調度，因而產生的費用。

同車第二駕駛

若實際開車的駕駛不只一個，也就是路上會有換手開的情形時，可能也會有附加的費用。

取車

美國機場的租車櫃檯通常在航廈外的停車場，或是機場附近的租車中心，在入境行李提領轉盤附近，可以找到前往租車中心的指標，若租車中心不在機場內，該指標則會指引你到接駁車的站牌。抵達租車中心後，就可前往櫃檯辦理租車手續，如已先在台灣預訂好，過程會簡單許多。記得要攜帶的證件，包括國際駕照、台灣駕照、護照，以及信用卡。

拿到鑰匙與租車合約後，便可前往停車場取車，如果對車型不滿意，可就近請租車公司人員協助換車。離場前，記得先熟悉各開關的位置，像是車燈、排擋、手煞車、油箱蓋等，確認油箱是否全滿，並調整好座椅及後照鏡，即可正式展開公路旅程。

還車

大多數旅人的還車地點也是在機場，在駛近航站大樓前，就會看到某一車道上的路標指示還車地點，順著該車道進入停車場後，會有不同租車公司的指標指引，在還車停車格停妥，就會有租車公司人員過來檢查車輛。務必在還車前先去加油站把油加滿，因為沒有滿油的話，會被收取不足的油錢，而這種情況下的油價絕對比正常來得高。當然，要是你的租車合約上已標明向租車公司預先買油，那就不必再多跑一趟加油站。檢查完畢，租車人員就會開給你收據，還車手續就算完成了。

有些較小的還車地點，停車場上並沒有工作人員駐守。把車停在掛有自己租車公司牌子的停車格內，記下停車格號碼，再到租車公司櫃檯歸還鑰匙並拿取收據即可。

國際駕照

要到美國開車，第一個步驟不是租車，而是先去監理所申請國際駕照。

申請文件：國民身分證正本、國內駕照正本、護照正本或影本、6個月內2吋照片2張

申請費用：新台幣250元

申請時間：臨櫃辦理，約2分鐘就可取件

駕照效期：3年或國內駕照到期日

上路出發

◎交通規則

美國和台灣相同，也是開左駕車行駛在右車道，因此沒有左右駕習慣轉換的問題，交通規則也大同小異，但其中還是有一點點差異。

Stop Sign

在許多路口，都會看到紅底白字的八角形標誌，上面寫著「STOP」；其實在台灣也有這種寫著「停」的標誌，只是在台灣大概沒有多少人會真的停下來。但是在美國，如果沒有「停」的話，你的麻煩就大了，因為這就和闖紅燈一樣。

當你看到這個標誌時，多半有幾種情況，如果其他車道上都沒有車，你只要停一下再走即可(所謂「停」並不是減速而已，而是讓車輛完全靜止)。如果十字路口上的「STOP」下掛著「4 WAY」的牌子，表示4個方向的車輛都必須停下後再依序起動，不習慣的人常會搞不清楚何時輪到自己前進，這裡有個小訣竅，就是在停下之前先看好比自己早一步靜止的是哪台車，等他起動後，下一個就輪到自己了。有時十字路口上只有自己的車道有Stop Sign，表示你開的是支道，而橫向車道為幹道，你就必須等幹道上都沒車之後才能前進(並不會等很久，因為若是繁忙車道就會設有紅綠燈)。

另外，如果你看到閃紅燈的號誌，意義等同於Stop Sign，要先停一下才能繼續前進。而閃黃燈則表示「小心」，減速通過即可。

紅燈右轉

在美國，紅燈通常是可以右轉的，但有幾種情況例外，一是路口掛有禁止紅燈右轉的標誌，一是有指示右轉的紅綠燈，遇到這種路口，就必須等待綠燈或右轉燈亮起，才可以右轉。

遇見校車

若你前面的校車亮起停車燈，並伸出一塊「STOP」的牌子時，表示有學童要上下車，這時你必須真的停下，等校車收起Stop Sign後才能繼續前進，千萬不可直接從校車的任何一側超過去(即使是在對向車道)，因為那在注重學童安全的美加地區，可是罰得比闖紅燈還重。

速限

路旁常會豎立速限指標，請切實遵守速限規定，不然可能會聽到身後有警車笛聲響起。在美國大部分公路上，都市速限為55英哩，鄉村為65英哩，城裡的道路或小鎮街道，速限常只有30英哩，經過學校或工地時，速限更低。

交通標誌

Stop Sign　禁止進入　禁止左轉　禁止回轉

醫院　保持右側車道　雙向交通　前有交通號誌

匝道會合　右側車道縮減　路面溼滑　前有陡坡

雙向分隔行駛的公路　前有交流道　注意學童穿行　讓車道

圓環

最近美國流行蓋起圓環，尤其在華盛頓特區市區，遇到圓環的機會更是多。圓環其實有點像Stop Sign，基本原則就是：先進圓環的車享有路權。

變換車道

東方人在美國考駕照，最常被主考官趕下車的理由，就是轉彎或換車道時沒有「確實回頭看」。你可能會覺得奇怪，這種情況看後照鏡不就好了？但美國的車道比台灣寬，若隔壁車道的車剛好開在你車尾旁一小段距離，光看後照鏡真的會有死角。因此換車道前，在前方路況許可時回頭瞄一眼，還是有其必要的。

◎其他規定

有些規定早已是常識，不過在此還是再次提醒。首先，開車不喝酒，喝酒不開車，美國酒駕罰責非常嚴重，值得台灣好好學習。其次，開車要繫安全帶，後座乘客也要繫安全帶，7歲以下兒童必須使用安全座椅，且需放置於後座。最後，要特別注意的是，最近美國開始嚴格取締開車時使用行動電話或是當低頭族，請勿以身試法。

美國公路體系

美國的公路網絡非常密集，公路號碼雙數為東西向，單數為南北向，類型約可分為下列3種：

州際公路 Interstate Highways

經常以「I＋數字＋方向」的形式表現，如I-95 S即南向的95號州際公路。數字單位數或2位數是主幹線，3位數是主幹線分出的地區性支線。州際公路全程高架，是美國最快速的公路系統，大都橫跨數個州，有的甚至貫穿整個美國國土。

國道 United States Highways

有時又稱為U.S. Routes，以「US＋數字＋方向」表示，如US-30 E即東向的30號國道。美國國道雖然跨越州界，但其實和州道沒有太大分別，公路沒有標準形式，靠近市中心時常是高架路段，但在市郊通常為平面道路，或是城鎮裡的主要大街。

州道 State Highways

州道的標誌圖形，每個州都不相同，文字上以「州名縮寫＋數字＋方向」表示，如NY-17 E即東向的紐約州17號州道。州道幾乎和一般道路沒啥兩樣，有的州道只有兩線甚至單線道，但有時也有高架路段。

美國幅員遼闊，公路網不似台灣般單純，有些不同號碼的公路會共用路段，公路之間經常匯流或分流，且交流道不見得都在右側，因此要特別注意沿途指標，切換到適當的車道，以免誤入匝道或上錯公路。

◎Carpool

Carpool是高速公路上的共乘車道，標誌以菱形表示，通常在公路內側。基本上，車內至少要有2

名乘客(含駕駛在內)，才能開進Carpool。不過有些Carpool路段有不同的規定，有的規定乘客至少3人，有的是尖峰時刻必須在3人以上，有的是只有尖峰時刻才是Carpool，有的是會電子收費。在Carpool的標牌下方會有這些相關規定的指示。

從一般車道並非隨時都可以切進carpool車道，必須等到地上車道標線為虛線時才可切換，而在carpool的出入口也會看到標牌指示。如果跨越實線標線切進carpool，可能也會聽到身後的警笛聲。

◎高速公路出口

高架高速公路的出口數等於里程數，要注意的是，一旦跨越州界，出口數就會重新計算。附帶一提，在州際公路上，跨越州界前後會有附設遊客中心的休息站，在這裡可以拿到許多旅遊資訊，最重要的是要去拿免費的旅遊手冊，裡面通常會有旅館、餐廳甚至景點的折價券。

◎過路費

美國東岸的州際公路有很多都是計程收費的「turnpike」，同時收費橋樑與隧道(toll bridge / tunnel)也不少。近幾年來，愈來愈多收費路段把現金收費站給拆掉，改採用電子收費機制，因此如果會經常開上收費路段或穿越收費橋樑的話(例如進入曼哈頓)，加租個E-ZPass裝置會是最省事的方式。

若是沒有E-ZPass而又經過電子收費路段，政府則是利用車牌辨識系統將帳單寄送到車輛登記所有人手上，一般美國人會以郵件的方式支付帳單，但觀光客往往等不到帳單送達，更何況收件人還是租車公司。這時你有兩種選項，一是連上各州的公路監理所官網，以車牌開設一個臨時帳戶再以信用卡直接繳費；另一是上網計算過路費的金額，告知租車公司，還車時加到結算金額內。租車時先詢問租車公司他們習慣用哪種方法，因為都有點麻煩，最後他們一定會建議你乾脆花點小錢加租E-ZPass。

其他開車時會遇到的狀況

◎停車

不論把車停在哪裡，行李都最好收在後車廂裡，不要留在座位上，以免遭人竊盜破壞。同時提醒你，若把車停在坡道上，記得停車時要把方向盤往邊石的方向打到底。

路邊停車格

在美東各大城的市中心，現在已經很難在路邊找到不用錢的停車格了(市中心以外的街區或許還有機會)。收費的路邊停車格都有不同的時間限制，譬如1小時、2小時、10小時等，要停超過這個時間的話，就要回來重新繳費，逾時停車很容易就會被開單。

現在大多數繳費機都是使用信用卡繳費，有的也還

是有保留投幣孔。每個城市的繳費機都不太一樣，但操作上大同小異：停好車後，到該停車區段的繳費機插入信用卡，認證通過後，利用「Add Time」的按鈕增加停車時間，或按「Max Time」的按鈕直接選擇停車時間上限(投幣的話，每投1枚25￠，多增加一段時間)。然後按下「Print Receipt」列印收據，將收據擺在駕駛座那側、擋風玻璃前的儀表板上方就行了。

有時候有些停車格看似不用錢，但那其實是保留給當地居民的車位，沒有特許貼紙的車也會被開單，因此停車時一定要看清楚路邊標牌上寫了些什麼。

停車場

停車場的收費通常比路邊停車格貴(尤其是著名景點鬧區)，大多接受刷卡。不過停車場有個好處，就是有當日最高費用，意即當你停車時間達到該費用時，就不會再增加停車費。因此，如果停短時間的話，路邊停車較為實際，但要停長時間，停車場會比較方便。另外，在美國許多停車場有推出早鳥優惠，意即在上午的某個時間之前把車停好，就能用極優惠的價錢停到當日夜間時段開始前。

住宅區

住宅區的街道如果路邊沒有劃紅線，就可以免費停車。不過還是要先看清楚插在人行道上的白底紅字標牌，譬如在某個時段內停車會被拖吊(Tow-Away)，或是某幾日的某時段是掃街時間(No Parking -

Street Cleaning)，在這些時段內就不可以停車。

◎加油

美國的加油站大都為自助式，只有少數有人員服務。自助加油有兩種選擇，一是使用信用卡，一是付現，在油槍旁會有step by step的圖例說明(因為油槍規格不同，每個加油站的加油程序也略有差異)。一般美國人都是使用信用卡加油，這是最便利的方式，不過有些加油槍在過卡之後需要輸入卡片持有人居住地址的5位數郵遞區號，因此台灣人的信用卡經常無法使用。遇到這種情形時，就必須到加油站附設的便利商店內，告知店員油槍號碼，請他啟動油槍，然後再出去加油。通常店員會請你先付錢，並以該金額來設定跳停，如果你不確定油箱有多大，也可以先付個一定足夠的金額，加完油再請店員找錢。

汽油通常分為3個等級，如果租車公司沒有特別要求，加「Regular」，也就是最便宜的那種就行了。美國的汽油都是浮動油價，因此沿路看到加油站時可先觀察油價多少，了解大致行情之後，一旦看到便宜的加油站，不管油箱是不是全空，進去加就對了！

◎道路救援

在道路上如果發生拋錨、爆胎、電瓶或汽油耗盡等狀況時，車鑰匙上通常會有道路救援的免付費電話號碼，而道路救援的費用則會在還車時顯示在信用卡簽單上(拋錨停在路肩時，別忘了在車後100公尺放置三角警示牌)。若是具有責任歸屬的交通事故，除了通知租車公司外，也必須報警處理，並在警察前來勘驗前，保留事故現場。

◎雪地行車

美國緯度較高的州冬天常會下雪，如果開在積雪的道路上，或是正在下雪，一般台灣人沒有雪地行車的經驗，容易發生危險。

其實雪地行車的要訣只有一個字：慢。如果開車開到一半下起大雪，先把大燈切換成遠光燈，再打開霧燈或警示燈，前方有車轍的話，跟著車轍走是比較穩的。在雪地上緊急煞車是大忌，這也是雪地行車速度要慢的原因，因為在抓地力不夠的情況下，緊急煞車容易失控或翻車。若遇到下坡路段，使用「點煞」的方式放慢速度，也就是連續輕踩煞車，切勿將煞車踩到底。

有些山路在冬天時會要求上山車輛上雪鏈(Tire Chains)，遇到這樣的路段最好還是乖乖配合，要是沒有雪鏈的話請放棄上山的念頭，千萬不要強行硬闖。

另外還有一種情況稱為「黑冰」(Black Ice)，也就是看起來像柏油路上的一攤水，但其實是冰，非常危險，通常發生在下雪之前水氣結霜的橋面上。若看到疑似黑冰的物體，請儘量避開或放慢速度。總而言之，遇到特殊氣候時，不要開快車就對了。

美國鐵路

美國不像歐洲有發達的高鐵系統，也缺乏四通八達的綿密鐵路網，人們對美鐵的印象總不外乎速度慢與常誤點，因此搭乘的人大多是上了年紀的觀光客或短距離的商務人士。不過以本書的範圍而言，搭火車其實是個還不錯的城際移動方式，這幾座城市彼此間的距離不算遠，因此搭火車並不會慢到讓人無法忍受，同時也由於不少路線在這個區域重疊，所以班次的選擇也多。

如何搭乘

◎查詢路線班次

有意搭乘美鐵，可以先上官網首頁，輸入出發地、目的地、日期、時間與人數後，便可查看有哪些班次選擇。有些城市的美鐵車站不只一座，如波士頓與費城，輸入城市名時會出現拉頁選項，可參考本書關於各城市的介紹及車站代碼，選取較接近目的地的選項，以免查到錯誤的資訊。

美國國鐵 Amtrak

☎1-800-872-7245

www.amtrak.com

© Amtrak

◎購買車票

美鐵的車票和飛機票一樣，愈靠近搭乘日期會愈貴，有時價差甚至一倍以上，因此若是行程日期確定不會更改，最好早早就先上網把票買好。

票種選擇

票價上有3種選擇，最便宜的是Saver，但這種票不能退票，且不是每個車種都有保留給Saver的座位；次便宜的是Value，這種票在出發的24小時前可全額退款，但在24小時內取消則須支付車資10%的手續費；最貴的是Flexible，出發前取消皆可獲得全額退款。

廂等方面，大多數車廂皆屬Coach Seat，少部分短程列車上也有Coach Seat的自由座；Business Class的座位會比Coach Seat更寬敞些，而First Class僅在少數快車如Acela Express上才有。其實搭乘時間若沒有很長，行程又很確定的話，及早買Saver的Coach Seat車票是最划算的。

購買方式

最簡單的方式就是上官網使用信用卡購買電子車票，交易完成後這張車票便會以PDF檔案寄到你的電子信箱，把它列印出來就行了。如果忘了列印，可以到火車站內的自動售票機，輸入訂位代號補印。也可以下載到手機裡，到時直接出示PDF的頁面當車票。

當然，你也可以在車站內向售票人員或以自動售票機購票，只是出發在即，不見得有便宜的價錢就是了。

◎搭乘需知

上車

到達車站後先找到火車資訊的顯示螢幕，看看自己要搭的車在哪個月台，然後去月台入口前排隊，等待驗票後進入月台。

行李規定

每位乘客可攜帶2件23公斤以內的隨身行李(長寬高不得超過71、56、35.5公分)與2件11.3公斤以內的個人物品(長寬高不得超過35.5、28、18公分)，車廂前後有放置行李的空間，座位頂上也有置物架可利用。另外，每人也可托運最多4件23公斤以內的行李(長寬高總和不得超過190.5公分)，前2件免費托運，多的2件每件20美金，而行李須在火車發車至少45分鐘前完成托運手續。

查票

上了車後，一定會遇上車掌查票，因此車票記得放在隨時拿得到的地方。若使用的是電子車票，車掌同時還要查看你的ID，所以護照也要放在身邊。

車上用餐

大部分列車都有餐車或簡餐車車廂，如果搭乘的時間較長，肚子餓時可以去那邊找點吃的。

下車

由於美國許多車站站名相近(例如賓州車站)，因此最好先看清楚停靠的是哪個車站再下車。

Brief History of East Coast of the U.S.
美東簡史

前殖民時代

數萬年前，原住民的祖先們陸續經由白令陸橋，從亞洲來到美洲，並逐漸往南遷移。在歐洲人到來前，北美東部已有易洛魁、阿爾岡昆、莫希干、雷納佩、塞內加、南蒂科克、切羅基等部族居住。

波士頓建城

1620年，一群清教徒搭乘五月花號登陸科德角，建立了樸利茅斯殖民地，這便是英國人正式殖民新大陸的開始。1629年約翰溫斯羅普取得特許狀，從英國渡海上岸，成立麻薩諸塞灣殖民地。1630年另一批清教徒亦在波士頓上岸，建造城鎮據點。這些殖民地日後逐漸整合，成為今日麻薩諸塞州的前身。

紐約建城

1524年委拉札諾率領法國船隊來到現今的紐約港，讓這一帶的陸地出現在歐洲人的航海圖上。然而過了將近一百年，荷蘭人才開始在此展開殖民工作，並以60荷蘭盾從原住民手中買下曼哈頓島，命名為「新阿姆斯特丹」。1664年英荷戰爭結束，英軍正式獲得此地，並以約克公爵(即日後的詹姆斯二世)之名，將這裡重新命名為「紐約」。

費城建城

最早到這一帶的歐洲人是瑞典人與荷蘭人，年代大約在1623年左右，至少在1646年瑞典人就已在這裡建造了教堂等設施。1664年英國在與荷蘭人的戰爭中，獲得了北美殖民地的統治權，當時英王查理二世因為欠了威廉賓恩的父親一筆錢，於是在1681年時發給賓恩特許狀，賓恩依此建立了費城，並開發賓夕法尼亞地區。

美國獨立

1760年代，英國在新大陸已擁有13個殖民地，但由於母國財政問題，對新大陸極盡橫徵暴斂，而新大陸人民在英國國會中又沒有席次，使得雙方關係日益劍拔弩張。1773年山繆亞當斯率領波士頓居民潛入碼頭，將英國船上的茶葉倒入海中，這場「波士頓茶葉事件」將衝突升高到極致。隔年英國通過《強制法案》，意圖加強對殖民地的控制，殖民地則在費城召開「大陸會議」來向英王請願。雙方並無交集共識的結果，終於在1775年的列星頓與康科德戰役開響了第一槍。同年第二次大陸會議召開，任命喬治華盛頓為大陸軍總司令，1776年更簽署了《獨立宣言》，北美殖民地正式脫離英國。

大陸軍與英軍經歷無數次激烈攻防，但隨著法國、西班牙、荷蘭相繼參戰，英軍漸感力不從心，約克鎮圍城之戰，英軍統帥康瓦利斯投降，英國被迫議和，簽訂《巴黎條約》，1783年美國正式獨立建國。

開國之初

1787年新國家召開制憲會議，而新憲法於1789年生效，原已解甲歸田的喬治華盛頓被推選為美國第一任總統，3年後再度連任，到了1797年華盛頓拒絕再當總統，並讓位給約翰亞當斯，從此美國總統不得連任2次遂成為定制，為美國式民主奠定了基礎。

南北戰爭

19世紀中，南北各州因蓄奴制度的認知差異而產生裂痕，當時南方經濟以農業為主，需要大量奴隸作為勞動力，而北方經濟以工業掛帥，需要的是大批自由勞工。1861年支持廢奴的亞伯拉罕林肯當選總統，南方各州於是脫幅而去，另外組織邦聯制的美利堅聯盟國，推選傑佛遜戴維斯為總統，定里奇蒙為首都。

林肯決定攻打南方，戰爭一觸即發。最初南方在李將軍的率領下，數度重挫北方軍隊，北軍形勢岌岌可危，但後來在格蘭特將軍與謝爾曼將軍的進軍反攻下，里奇蒙最終在1865年失守，李將軍投降，戴維斯入獄，國家重又歸於統一。

二十世紀以後

20世紀初的一次世界大戰，歐洲元氣大傷，諸王紛紛落馬，美國做為戰勝國，且戰場遠在大西洋彼岸，因而一躍成為世界強權。雖然第二次世界大戰與德國及日本血戰，但戰場始終沒有波及到美國大陸本土，使戰後的美國更為強大。然而世界局勢總值多事之秋，戰後的美蘇冷戰、韓戰、古巴危機、太空競賽、越戰等，都讓美國經歷大大小小的危機，而美國國內的麥卡錫主義、民權運動、水門案等，也都興起風風雨雨。而在2001年的911恐怖攻擊後，美國進入了新的反恐時代，而近年來美國在國際上的領導地位，又不斷受到來自中國的挑戰，不過總體來說，美國仍是當今世界第一強國。

美東職業球隊

文●蔣育荏

美國四大職業運動聯盟，在美東都各有多支球隊，礙於篇幅有限，這裡僅就國人較為熟悉的NBA和MLB球隊加以介紹。

©簡佑年

美國職籃 NBA

NBA球季於每年10月中開始，翌年4月結束，東、西區的前6名直接進入季後賽，7~10名則要參加附加賽拼搶另外兩個名額。總共16支球隊接著進行4輪7戰4勝制的季後賽，而總冠軍戰通常落在6月。本書範圍內的5支東區球隊，除了華盛頓巫師屬東南組外，其他4支皆屬於大西洋組。

©簡佑年

紐約尼克 New York Knicks

主場：麥迪遜廣場花園

Madison Square Garden

P.91B5

尼克是NBA的老牌球隊，70年代曾在弗雷澤率領下拿過2次總冠軍，90年代由王牌中鋒尤英領軍，再次成為東區強權，然而始終無法擊敗喬丹的公牛與歐拉朱萬的火箭。而近來尼克連年在自由市場競爭上失利，未來能否重建成功，就只能期待新秀們的成長了。

© NYC & Company-lexanderThompson

布魯克林籃網 Brooklyn Nets

主場：巴克萊中心 Barclays Center

P.149C3

籃網主場原本位於紐澤西，2012年才搬到布魯克林。從ABA加入NBA後，籃網從未贏過總冠軍，最接近的是在2002及03年，在基德率領下打進總冠軍賽，只是最後都鎩羽而歸。最近幾年，籃網幾度組成震撼聯盟的三巨頭，陣容被視為奪冠熱門，可惜場內場外的風風雨雨，三巨頭終於在2023年初正式解體，雖然換來許多即戰力，但終究缺乏明星光環加持。

波士頓塞爾提克 Boston Celtics

主場：TD花園球場 TD Garden

P.195F2

NBA史上最輝煌的球隊，曾奪下17座冠軍獎盃，從50年代開始，一直到80年代，塞爾提克的黃金時代長達30年。隊史上名將如雲，尤其是80年代大鳥柏德與湖人魔術強森的對抗，更是挽救了NBA票房。90年代公牛隊崛起，塞爾提克開始沒落，直到2007-08球季，透過交易組成老將三巨頭，才又重溫冠軍滋味。近年來塞爾提克從選秀中培養出探花雙槍，現在已成長成東區戰績名列前茅的一流強隊。

費城76人 Philadelphia 76ers

主場：富國銀行中心

Wells Fargo Center

P.244A2

費城76人連同雪城國民隊時期，一共拿過3次總冠軍，最近的一次是在1983年，當時陣中主力是J博士與摩西馬龍。90年代後期，76人在艾佛森的率領下，以華麗球風與拼勁征服了不少球迷，不過在艾佛森離隊後，76年經歷了漫長淒苦的重建「過程」，直到2018-19賽季，才靠著潛力新秀的快速成長與幾筆交易，重新回到東區強權。

© Copyright Monumental Sports

© Copyright Monumental Sports

© Copyright Monumental Sports

華盛頓巫師 Washington Wizards

主場：第一資本競技館 Capital One Arena

P.287F2

華盛頓巫師唯一一次總冠軍是在1978年，當時隊名還是華盛頓子彈，陣中主力為魏斯安索與艾爾文海斯，而那幾年也是華盛頓隊史最有競爭力的時期。雖然主場位處美國首都，但長久以來巫師在聯盟中都算不上強隊，儘管也有球星坐鎮，但給人的感覺是一直處在重建階段，僅以進入季後賽為目標而已。

© Copyright 2015 The Phillies - Miles Kennedy

美國職棒大聯盟 MLB

大聯盟由國家聯盟和美國聯盟組成，季賽於4月初開始，例行賽結束後，兩個聯盟的6支分組冠軍，加上4支外卡球隊，會進行3輪季後賽，最後的總冠軍戰，也就是世界大賽，通常在10月舉行。

© 簡佑年

紐約洋基 New York Yankees

主場：洋基棒球場 Yankee Stadium

P.167A2

洋基是美聯創始球隊之一，曾拿下27座世界冠軍，隊史名將包括赫赫有名的貝比魯斯、喬狄馬喬與前隊長基特等，2000年代更因為王建民的關係，熬夜看球成為當時台灣人的共同記憶。洋基在自由市場上出手闊綽，經常不計代價網羅大牌球星，因而有「邪惡帝國」的稱號。今日的洋基雖然仍是強隊，但自2009年擊敗費城人奪冠後，便再沒有打進過世界大賽。

紐約大都會 New York Mets

主場：花旗球場 Citi Field

P.162B1

國聯的大都會與洋基位於同一座城市，對戰時雙方球迷只需搭乘地鐵前往，因此稱為「地鐵大戰」。大都會隊史曾在1969及1986年贏過2次世界冠軍，但在洋基強勢戰績下，紐約人大都是洋基球迷，大都會的新聞常被忽略。而2015年大都會終於力戰重返世界大賽，可惜面對堪薩斯皇家以1比4吞敗。好不容易2022年又強勢打出了百勝球季，沒想到後繼無力，居然在外卡戰被聖地牙哥教士所淘汰。

費城費城人 Philadelphia Phillies

主場：市民銀行球場 Citizens Bank Park

P.244B2

國聯的費城人隊是相當老牌的球隊，只是漫長的隊史上僅只拿過2次世界冠軍。其實進入21世紀後，費城人的成績相當不錯，曾在2008年以4勝1負的戰績擊敗坦帕灣光芒，贏得當年的世界大賽，接著幾年也有國聯冠軍或國聯分區冠軍的成果。而後經過一段時間低迷，終於又在2022年打進世界大賽，可惜最後被休士頓太空人以4比2擊敗。

巴爾的摩金鶯 Baltimore Orioles

主場：金鶯公園 Oriole Park

P.7B4

因為陳偉殷的關係，美聯的金鶯大概是台灣人繼王建民熱潮之後看過最多轉播比賽的球隊。金鶯隊史上的3座世界冠軍都是上個世紀的往事，2014年是金鶯近期表現最好的一年，不但拿下美聯東區冠軍，還挺進到美聯冠軍戰，只是最後被堪薩斯皇家橫掃敗北。

波士頓紅襪 Boston Red Sox

主場：芬威球場 Fenway Park

P.194B5

美聯的紅襪與洋基是大聯盟裡最著名的世仇組合，將近一百年前的「貝比魯斯魔咒」讓波士頓人恨得牙齒發癢，無論紅襪表現再怎麼出色，卻始終只差臨門一腳。所幸魔咒終於在2004年破解，紅襪拿下他們朝思暮想86年的第6座世界冠軍，而後又再於2007、2013、2018年三度奪冠。

華盛頓國民 Washington Nationals

主場：國民球場 Nationals Park

P.287G5

國聯的國民隊前身為蒙特婁博覽會隊，2005年才遷到華盛頓。改名後的國民隊，雖然多次以國聯東區冠軍的身份挺進季後賽，但最後都在國聯分區賽中敗下陣來，直到2019年才終於打進世界大賽，並以4比3的成績擊敗休士頓太空人，拿下隊史的第一座世界大賽冠軍。

分區導覽
Area Guide

紐約

New York

文 蔣育荏 攝影 周治平

「他站在慢慢駛進紐約港的班輪上，突然一陣陽光似乎照亮了自由女神像。雖然他早就見到了自由女神，但他此時卻看到雕像浴在一種嶄新的亮光之中。雕像那隻握著火炬的手臂舉起來，好像剛剛向上伸展，而女神四周則吹著天堂的自由之風。」卡夫卡在其小說《美國》中的開頭，描寫出歐洲移民潮的共同記憶。這是最早的美國夢，這些夢有的愈來愈清晰，有的愈來愈迷濛，但夢一直持續著，紐約就是給人作夢的地方。時至今日，仍有千千萬萬個藝術家、運動員、金融家、設計師等各行各業，來到紐約立志功成名就。紐約就像塊大磁鐵，把世界最優秀的人都吸引到她的懷抱。

這座世上最富傳奇色彩的城市，見證了美國現代史上許多重大事件，也可以說，這裡就是整個後現代世界的縮影。就像她的外號「大蘋果」，紐約無所不包，她可以是任何東西，也可以呈現出任何景象，沒有什麼在這裡是不可能的。而在光鮮亮麗、燈火輝煌的外表下，紐約的陰暗面也曾狂野一時，一如她在電影中的另一個身份——高譚市。不過回頭再看，這些都市傳說竟也散發迷人光芒。或許這就是紐約的魔力，沒有其他城市能夠像她一樣。

故事在紐約來來去去，每位造訪紐約的人，都是故事的參與者，而當他們離開之後，也都成為說故事的人。最後讓我們引用《Empire State of Mind》的副歌：「在紐約，夢想誕生的水泥叢林，沒有什麼是做不到的。現在你就在紐約，街道將使你煥然一新，大大的霓虹燈將使你振奮，讓我們傾聽紐約。」

紐約之最
Top Highlights of New York

自由女神像 Statue of Liberty

美國獨立100週年時，法國送給美國的禮物。加上基座後高93公尺的巨像，佇立在紐約港外的自由島上，早已成為紐約甚至美國的象徵。（P.64）

世貿中心 World Trade Center

911事件中毀於恐怖攻擊的世貿中心，如今已浴火重生，除了樓高541公尺的一號大樓樓頂設有觀景台外，紀念廣場上的911博物館也是紐約熱門景點。（P.72）

時報廣場 Times Square

每到夜晚，時報廣場上的LED電子看板幾乎照亮整片天空，這裡是百老匯劇院區的入口，也是美國流行文化的代表門面。（P.100）

帝國大廈 Empire State Building

曾是世界第一高樓的帝國大廈，樓高381公尺，登上頂樓觀景台，不但能俯瞰整座曼哈頓，似乎就連紐約的歷史都一併在眼前展開。（P.106）

中央公園 Central Park

面積廣達340公頃的中央公園，縱貫整個上城區，在曼哈頓市中心形成一片廣袤的綠地。其兩側以大都會美術館為首的博物館群，皆具有重量級的地位。（P.126）

曼哈頓全圖
阿斯托利亞
Astoria
皇后區
Queens
P.S.1現代美術館
MoMA PS1
長島市
Long Island City
綠點
Greenpoint
羅斯福島
Roosevelt Island
Queensboro Bridge
Queens Midtown Tunnel
聯合國大樓
The United Nations Building
上東城
Upper East Side
中城東
Midtown East
默里山
Murray Hill
古根漢美術館
Solomon R. Guggenheim Museum
大都會美術館
Metropolitan Museum of Art
自然史博物館
American Museum of Natural History
曼哈頓上城
Upper Manhattan
中央公園
Central Park
上西城
Upper West Side
林肯中心
Lincoln Center
第五大道
The Fifth Avenue
現代美術館
Museum of Modern Art
洛克斐勒中心
Rockefeller Center
中央車站
Grand Central Terminal
中城西
Midtown West
劇院區
Theater District
時報廣場
Times Square
曼哈頓中城
Midtown Manhattan
帝國大廈
Empire State Building
韓國城
Korea Town
紐新航港局客運總站
Port Authority Bus Terminal
Hell's Kitchen Flea Market
中央郵政局
General Post Office
賓州車站
Penn Station
地獄廚房
Hell's Kitchen
林肯隧道 Lincoln Tunnel
495
紐澤西
New Jersey
York Ave
First Ave
Second Ave
Third Ave
Lexington Ave
Park Ave
Madison Ave
Fifth Ave
Central Park West Ave
Columbus Ave
Amsterdam Ave
West End Ave
Miller Highway
Seventh Ave
Eighth Ave
Ninth Ave
Tenth Ave
Eleventh Ave
E 88
E 84
E 82
E 79
E 74
E 72
E 63
E 62
E 60
E 59
E 57
E 54
E 51
E 49
E 47
E 44
E 42
E 41
E 40
E 37
E 34
E 33
E 31
E 29
E 28
W 88
W 84
W 82
W 79
W 76
W 74
W 72
W 59
W 57
W 54
W 51
W 49
W 47
W 44
W 42
W 41
W 40
W 37
W 34
W 33
W 29
W 28
A
B
C
D
E
1
2
3
4

東河 East River
威廉斯堡 Williamsburg
威廉斯堡橋 Williamsburg Bridge
下東區 Lower East Side
東村 East Village
葛梅西公園 Gramercy Park
熨斗區 Flatiron District
聯合廣場 Union Square
雀兒喜 Chelsea
雀兒喜市場 Chelsea Market
格林威治村 Greenwich Village
紐約大學 New York University
華盛頓廣場公園 Washington Square Park
諾利塔 Nolita
休北區 NoHo
蘇活區 SoHo
小義大利 Little Italy
唐人街 China town
曼哈頓下城 Lower Manhattan
翠貝卡 Tribeca
南村 South Village
荷蘭隧道 Holland Tunnel
市民中心 Civic Center
世界貿易中心 World Trade Center
金融區 Financial District
砲台公園 Battery Park
往自由島渡輪碼頭
南街海港 South Street Seaport
布魯克林橋 Brooklyn Bridge
曼哈頓橋 Manhattan Bridge
丹波區 DUMBO
布魯克林區 Brooklyn
布魯克林高地 Brooklyn Heights
布魯克林市中心 Downtown Brooklyn
哈德遜河 Hudson River
高架鐵道公園 The High Line
惠特尼美國藝術博物館 Whitney Museum of American Art
Manhattan
W 23
W 20
W 17
W 14
W 12
Greenwich Ave
Christopher St
Charles St
Bank St
Horatio St
Morton St
West Houston St
Charlton St
Varick St
Hudson St
Greenwich St
Washington St
N Moore St
Harrison St
Chambers St
Duane St
Thomas St
Worth St
Vesey St
Greenwich St
Broadway
Nassau St
William St
Beaver St
Pearl St
Elevated Highway
Park Row St
Frankfort Dover
Madison St
Catherine St
Cherry St
South St Viaduct
Grand St
Delancey St
Rivington St
Stanton St
East Houston St
E 2
E 4
Ave A
Ave B
Ave C
Ave D
Clinton St
East Broadway
Essex St
Allen St
Forsyth St
Chrystie St
Elizabeth St
Lafayette St
紐約全圖
紐澤西州 New Jersey
伍柏瑞暢貨中心 Woodbury Common Premium Outlet
修道院美術館 The Cloisters
哥倫比亞大學 Columbia University
洋基棒球場 Yankee Stadium
布朗克斯 Bronx
哈林區 Harlem
拉瓜地亞機場 Laguardia Airport
法拉盛 Flushing
法拉盛草原可樂娜公園 Flushing Meadows-Corona Park
皇后區 Queens
甘迺迪機場 JFK Airport
曼哈頓 Manhattan
總督島 Governor's Island
布魯克林區 Brooklyn
康尼島 Coney Island
愛利斯島 Ellis Island
自由女神像 Statue of Liberty
往紐華克機場 Newark Airport
紐華克 Newark
史丹頓島 Staten Island
圖例
景點 火車站 購物 郵局 廣場 公園 學校 碼頭 機場
巴士站 遊客服務中心 劇院 博物館 球場 隧道

紐約地鐵圖
圖例
只停靠區間車
停靠所有車種
正常行駛路線
尖峰時段加班快車路線
終點站
尖峰時段延伸路線
站內地下通道
站外免費接駁（不適用單程票）
全時段行駛
部份時段行駛
機場
機場巴士
甘迺迪機場快線
鐵路
機場巴士路線
布朗克斯
皇后區
拉瓜地亞機場
曼哈頓
Wakefield 241 St
Nereid Av
233 St
225 St
219 St
Gun Hill Rd
Eastchester Dyre Av
Baychester Av
Pelham Bay Park
Buhre Av
Pelham Pkwy
Middletown Rd
Morris Park
Westchester Sq East Tremont Av
Zerega Av
Castle Hill Av
Parkchester
St Lawrence Av
Morrison Av-Soundview
Elder Av
Whitlock Av
Hunts Point Av
Longwood Av
E 149 St
E 143 St St Mary's St
Cypress Av
Brook Av
3 Av 138 St
Van Cortlandt Park 242 St
238 St
231 St
Marble Hill 225 St
215 St
207 St
Dyckman St
191 St
181 St
Inwood 207 St
190 St
175 St
168 St
163 St-Amsterdam Av
157 St
155 St
145 St
137 St City College
135 St
125 St
116 St Columbia University
Cathedral Pkwy (110 St)
103 St
96 St
86 St
81 St-Museum of Natural History
79 St
72 St
66 St Lincoln Center
59 St Columbus Circle
50 St
Woodlawn
Mosholu Pkwy
Bedford Pk Blvd Lehman College
Kingsbridge Rd
Fordham Rd
183 St
Burnside Av
176 St
Mt Eden Av
170 St
167 St
161 St Yankee Stadium
149 St-Grand Concourse
138 St-Grand Concourse
Norwood 205 St
Bedford Pk Blvd
182 183 Sts
Tremont Av
174-175 Sts
Burke Av
Allerton Av
Bronx Park East
West Farms Sq E Tremont Av
E 180 St
174 St
Freeman St
Simpson St
Intervale Av
Prospect Av
Jackson Av
3 Av-149 St
Harlem 148 St
Central Park North (110 St)
4.5.6
77 St
68 St Hunter College
Lexington Av/63 St
Lexington Av/59 St
5 Av/59 St
57 St-7 Av
57 St
7 Av
49 St
5 Av/53 St
Lexington Av/53 St
51 St
Roosevelt Island
Queensboro Plaza
Court Sq-23 St
Court Sq
Queens Plaza
21 St Queens Bridge
39 Av
36 Av
Broadway
30 Av
Astoria Blvd
Astoria Ditmars Blvd
36 St
Steinway St
46 St
Northern Blvd
65 St
74 St-Broadway
82 St-Jackson Hts
Junction Blvd
90 St-Elmhurst Av
Elmhurst Av
103 St-Corona Plaza
111 St
Mets-Willets Point
Flushing Main St
Jackson Hts Roosevelt Av
69 St
61 St Woodside
52 St
46 St Bliss St
40 St Lowery St
33 St-Rawson St
Grand Av Newtown
Woodhaven Blvd
63 Dr-Rego Park
67 Av
Forest Hills 71 Av
75 Av
Kew Gardens Union Tpke
Briarwood
Sutphin Blvd
Parsons Blvd
169 St
Jamaica 179 St
Jamaica Center Parsons/Archer
Sutphin Blvd Archer Av JFK Airport
Jamaica Van Wyck
121 St
111 St
Ozone Park

甘迺迪機場
布魯克林
愛利斯島
自由島
總督島
往史丹頓島
Hudson Yards
34 St Penn Station
Times Sq-42 St
Herald Sq
42 St Bryant Pk
Grand Central 42 St
Vernon Blvd Jackson Av
Hunters Point Av
Greenpoint Av
Nassau Av
Bedford Av
Lorimer St
Graham Av
Grand St
Montrose Av
Morgan Av
Jefferson St
DeKalb Av
Myrtle Wyckoff Avs
Halsey St
Wilson Av
Bushwick Av Aberdeen St
Broadway Junction
Fresh Pond Rd
Forest Av
Seneca Av
85 St-Forest Pkwy
75 St-Elderts Ln
Cypress Hills
Crescent St
Norwood Av
Cleveland St
Van Siclen Av
Rockaway Blvd
104 St
88 St
80 St
Grant Av
Euclid Av
Shepherd Av
Aqueduct Racetrack
Aqueduct North Conduit Av
Howard Beach JFK Airport
Broad Channel
Beach 90 St
Beach 98 St
Beach 105 St
Rockaway Park Beach 116 St
Metropolitan Av
Knickerbocker Av
Central Av
Chauncey St
Alabama Av
Liberty Av
New Lots Av
Pennsylvania Av
Livonia Av
East 105 St
Canarsie Rockaway Pkwy
Sutter Av
Junius St
Rockaway Av
Saratoga Av
Sutter Av-Rutland Rd
Crown Hts Utica Av
Kingston Av
Nostrand Av
Atlantic Av
Ralph Av
Utica Av
Kingston Throop Avs
Franklin Av
Park Pl
Botanic Garden
Prospect Park
President St
Sterling St
Winthrop St
Church Av
Beverly Rd
Newkirk Av
Flatbush Av Brooklyn College
Parkside Av
Cortelyou Rd
Newkirk Plaza
Avenue H
Avenue J
Avenue M
Kings Hwy
Avenue U
Neck Rd
Sheepshead Bay
Brighton Beach
Ocean Pkwy
W 8 St NY Aquarium
Coney Island Stillwell Av
Neptune Av
Avenue X
Avenue P
Avenue N
Bay Pkwy
Avenue I
18 Av
Ditmas Av
Fort Hamilton Pkwy
15 St Prospect Park
7 Av
Grand Army Plaza
Eastern Pkwy Brooklyn Museum
Bergen St
Atlantic Av Barclays Ctr
Nevins St
Hoyt Schermerhorn
Hoyt St
Borough Hall
Court St
Jay St MetroTech
DeKalb Av
Lafayette Av
Fulton St
Clinton Washington Avs
Classon Av
Bedford Nostrand Avs
Myrtle Willoughby Avs
Flushing Av
Myrtle Av
Kosciuszko St
Gates Av
Halsey St
Marcy Av
Hewes St
Lorimer St
Broadway
York St
High St
Clark St
Carroll St
Smith 9 Sts
4 Av-9 St
Union St
Prospect Av
25 St
36 St
45 St
53 St
59 St
Bay Ridge Av
77 St
86 St
Bay Ridge 95 St
8 Av
New Utrecht Av
62 St
55 St
50 St
9 Av
71 St
79 St
20 Av
25 Av
Bay 50 St
86 St
Avenue U
Delancey St Essex St
East Broadway
2 Av
1 Av
3 Av
14 St-Union Sq
Astor Pl
8 St-NYU
Bleecker St
Bway-Lafayette St
Prince St
Spring St
Canal St
Grand St
Bowery
Chambers St
Brooklyn Bridge City Hall
Park Place
City Hall
Cortlandt St
Fulton St
Wall St
Broad St
Rector St
Whitehall St South Ferry
Bowling Green
South Ferry
WTC Cortlandt
World Trade Center
Franklin St
Houston St
Christopher St Sheridan Sq
W 4 St Wash Sq
14 St
18 St
23 St
28 St
33 St
8 Av

INFO

基本資訊

人口：約885萬(市區)
面積：約778平方公里(市區)
區域號碼：212、347、646、718、917、929
消費稅：8.88% (生鮮食品雜貨免稅)

如何前往——航空

紐約共有3個主要機場，分別為位於皇后區南邊的約翰甘迺迪國際機場、紐澤西州的紐華克自由國際機場，以及皇后區北邊的拉瓜地亞機場。

目前在台灣提供直航紐約服務的，有華航和長榮兩家航空公司。長榮的BR32每日1班，從桃園機場第2航廈飛往甘迺迪機場第1航廈；華航的CI12每週4班，從桃園機場第2航廈飛往甘迺迪機場第4航廈。飛行時間大約15小時。

另外，也可搭乘聯合航空的UA872，每日1班從桃園機場第2航廈飛往舊金山國際機場(SFO)，再轉機至紐華克機場C航站。從台北飛舊金山約11小時，從舊金山飛紐約約5.5小時。

甘迺迪國際機場 John F. Kennedy International Airport (JFK)

P.43B8 www.jfkairport.com

甘迺迪機場目前有1、2、4、5、7、8六個航廈，呈O字形環繞中央的停車場。機場提供3條機場輕軌路線(AirTrain)，其中順時針循環行駛於各航站之間的路線為免費搭乘，24小時皆有運行。

◎甘迺迪機場至市區交通

機場輕軌＋紐約地鐵 AirTrain + NYC Subway

從甘迺迪機場前往市區最簡單的方法，就是搭乘機場輕軌至Howard Beach站，在一旁的Howard Beach-JFK Airport地鐵站轉乘紐約地鐵A線；或搭乘另一條機場輕軌至Jamaica Station站，在一旁的Sutphin Blvd / Archer Av-JFK Airport地鐵站轉乘紐約地鐵E、J、Z線，後者同時也是作為長島鐵路樞紐的Jamaica火車站。

機場輕軌24小時營運，從機場到中城與布魯克林約50分鐘，到下城約60分鐘，到上城約75分鐘 機場輕軌＄8 (可在站內購買MetroCard)，地鐵＄2.75

紐約市公車 NYC Bus

紐約市公車共有Q3、Q10、B15三條路線經過甘迺迪機場，目的地都在附近的皇后區。公車站牌位於機場輕軌Howard Beach線的Lefferts Blvd站旁。

計程車 Taxi

各航廈外都設有計程車招呼站，到市區約需40~60分鐘。從甘迺迪機場搭車到曼哈頓島，公定均一價為＄52 (不含小費及＄1.25機場通行費)，平日16:00~20:00的尖峰時刻還會被收取＄4.5的附加稅。到曼哈頓以外的地方，起錶價為＄3，並外加機場通行費＄1.25及紐約州稅＄0.5。至布魯克林市中心，車資約＄52~55，至法拉盛約＄31~33。

租車 Rental Car

在各航廈入境樓層的行李轉盤附近，皆可找到Hertz、Alamo、Avis、Budget、National、Enterprise、Dollar、Thrifty、Sixt、Payless等10家租車公司的櫃檯。至於取車處，則位於機場輕軌Jamaica線的Federal Circle站旁。

紐華克國際機場Newark Liberty International Airport (EWR)

P.43A8 www.newarkairport.com

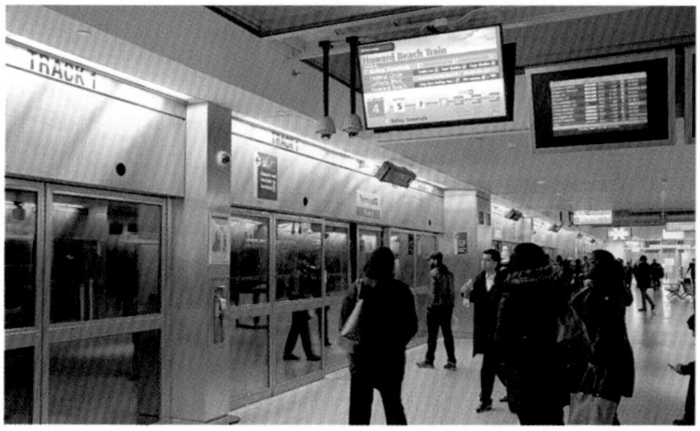

紐華克機場雖然位於紐澤西，但與曼哈頓的距離其實和甘迺迪機場差不多。機場有A、B、C三座航廈，呈倒C字型環繞停車場，每座航廈又各自再分為三個登機區。紐華克機場也有機場輕軌(AirTrain)，若只是往來於各航站之間、停車場、租車中心的話，車資也是免費。

◎紐華克機場至市區交通

機場輕軌+紐澤西通勤鐵路 AirTrain + NJ Transit

從各航站搭乘機場輕軌至Airport Station站，在一旁的Newark Liberty Int'l Airport火車站轉乘NJ Transit的Northeast Corridor或North Jersey Coast Line線，可前往紐華克的賓州車站與紐約的賓州車站。也可轉乘美國國鐵Amtrak至其他城市。

機場輕軌24小時營運，日間每3~5分鐘一班，21:00~05:00為15分鐘一班。從航廈至機場火車站為7~11分鐘，從機場火車站至紐約賓州車站約30分鐘 $機場輕軌＄8，11歲以下免費。NJ Transit火車票價依距離遠近計算，從機場至紐約賓州車站，成人＄15.5，5~11歲＄11.5 www.airtrainnewark.com !購買火車票時，機場輕軌的車資已包含在內，由於搭乘火車和機場輕軌都是使用同一張車票，因此務必妥善保管

紐華克機場快速巴士 Newark Airport Express Shuttle

Coach USA巴士公司提供往來紐華克機場和紐約市區的快速巴士，在機場各航廈外均設有站牌，曼哈頓則停靠中央車站、布萊恩公園和紐新航港局客運總站。

從紐華克機場為05:30~22:50發車，從曼哈頓為07:00~00:30發車。每45分鐘一班 $單程票：成人＄18.7，16歲以下＄5.5，62歲以上＄9.35。來回票：成人＄33，兒童＄11，長者＄18.7 www.coachusa.com/airport-transportation

計程車 Taxi

從紐華克機場搭乘計程車前往曼哈頓，到下城車資約＄50，中城約＄55，上城約＄60 (不含小費及機場通行費＄1.25)。另外在平日06:00~09:00、16:00~19:00，以及週末12:00~20:00，前往紐約州的所有地點(史丹頓島除外)都要加收＄5的附加費。而使用信用卡交易，也會被扣取＄5.5手續費。

租車 Rental Car

搭乘機場輕軌至P3站，可找到Hertz、Alamo、National、Avis、Enterprise、Budget、Payless、Dollar、Thrifty、Sixt的櫃檯。

拉瓜地亞國際機場 LaGuardia Airport (LGA)

P.43B7 www.laguardiaairport.com

距離曼哈頓最近的拉瓜地亞機場，主要飛航美國國內與加拿大航線，共有A、B、C三個呈一字形排列的航廈，並靠著24小時運行的免費接駁巴士串連。

◎拉瓜地亞機場至市區交通

紐約市公車 NYC Bus

在B、C航廈外，可搭乘免費的拉瓜地亞快線LaGuardia Link Q70-SBS，直達地鐵E、F、M、R與7號線的Jackson Hts-Roosevelt Av站，以及長島鐵路的Woodside站。

在各航廈外搭乘M60-SBS公車，可前往皇后區的Astoria Blvd地鐵站(N、W線)與上城區125 St沿線的各地鐵站，最後抵達1號線的116 St站。

至於Q48與Q72公車，則是分別開往法拉盛主大街與皇后區中部。

計程車 Taxi

搭乘計程車前往市區的參考費用如下：上城約＄24~30，中城約＄30~38，下城約＄34~44，布魯克林市中心約＄28~36，法拉盛約＄18~23。另外，平日16:00~20:00的尖峰時刻，會多收＄1附加稅；每日20:00~06:00則有＄0.5的夜間加成；而若是目的地在紐約州境，還會被徵收＄0.5的州稅。

租車 Rental Car

Hertz、Alamo、National、Avis、Enterprise、Budget、Payless、Dollar、Thrifty、Sixt這些租車公司在拉瓜地亞機場附近都設有據點，並派有免費接駁車至A航廈載客前往。

如何前往——陸路

火車

美國國鐵在紐約市的停靠車站為麥迪遜廣場花園旁的賓州車站(Penn Station)，而非中央車站，中央車站目前主要是MTA的大都會北方通勤鐵路(Metro-North Commuter Railroad)在營運。另一點要注意的是，由於當年賓夕法尼亞鐵路公司在興築鐵路時，把沿途每個大城的火車站都命名為賓州車站，美鐵接手之後，依然沿用這些站名，因此美東的賓州車站不只一座，買票時要看仔細。

行經紐約的國鐵路線多達15條，較常為觀光客搭乘的有Acela Express (波士頓經紐約、費城往華府)、Northeast Regional (波士頓經紐約、費城、華府往維吉尼亞海灘)、Crescent (經費城、華府、亞特蘭大往紐奧良)、Cardinal (經費城、華府、印第安那波里斯往芝加哥)、Carolinian (經費城、華府往夏洛特)、Palmetto (經費城、華府、奧蘭多往邁阿密)、Vermonter (華府經費城、紐約往聖奧爾本斯)、Empire Service (經水牛城往尼加拉瀑布)、Maple

Leaf (經水牛城、尼加拉瀑布往多倫多)等。

從波士頓出發，車程約3.5~4.5小時；從費城出發，車程約1.5小時；從華府出發，車程約2.5~3.5小時；從尼加拉瀑布出發，車程約8.5~9.5小時。

紐約賓州車站(NYP)

P.91C5 351 W. 31st St

美國國鐵 Amtrak

215-856-7924、1-800-872-7245 www.amtrak.com

巴士

紐約的長途巴士轉運站位於時報廣場附近的紐新航港局客運總站，包括灰狗巴士等20多家客運公司，都是利用這個車站轉運。從波士頓出發，車程約4~5小時；從費城出發，車程約1.5~2.5小時；從華府出發，車程約4.5~5.5小時。

紐新航港局客運總站 Port Authority Bus Terminal

P.104A4 625 8th Ave www.panynj.gov/bus-terminals/port-authority-bus-terminal.html

灰狗巴士 Greyhound

(212) 971-6789、(800) 231-2222 www.greyhound.com

開車

紐約是美國東北的交通樞紐，公路網密集，較重要的聯外公路主要有縱貫美國東岸的I-95、通往加拿大蒙特婁的I-87、與通往賓州哈里斯堡的I-78。從波士頓開車前往約3.5小時，從費城約2小時，從華府約4小時，從尼加拉瀑布約6.5小時。

經過紐約的公路中，I-87與I-95為計程收費路段，而進入曼哈頓的橋樑與隧道也都要收取過路費。關於詳細通行費率，請上官網查詢：wwwapps.thruway.ny.gov/tollcalculator

紐約地鐵 New York City Subway

搭乘紐約地鐵是在龐大市區內移動的最便捷方式，不但24小時營運，而且班次密集。其首條路線於1904年通車，是世界最古老的公共地下鐵道系統之一，目前已有472座車站，路線總長將近394公里。不過也由於歷史悠久，除了環境有點髒亂，路線也非常複雜。

曼哈頓地面上的街道如棋盤般井然有序，地面下的地鐵軌道卻像鬆開的麻繩一樣錯綜複雜。往好的來說，紐約地鐵四通八達，無所不在；往壞的來說，想要不浪費時間地到達目的地，可得仔細研究地圖，尋找最佳路線和轉乘點。

大都會運輸署

new.mta.info

紐約地鐵路線

◎路線系統與軌道

目前紐約地鐵路線計有22條，若再加上3條短程S接駁線與史丹頓島鐵路(SIR)，則總數多達26條。和其他國家大多採用路線等於軌道線的地鐵系統不同，紐約地鐵的同一條路線沿途可能行經多條軌道線，而同一條軌道線也可能被多條路線同時使用，譬如A線地鐵在曼哈頓時行駛在IND第8大道線的軌道上，到了布魯克林與皇后區，則是利用IND富勒街線與IND洛克威線這2條軌道；而IND第8大道線這條軌道，除了A線地鐵會經過外，B、C、D、E線地鐵也會利用。

大致說起來，在曼哈頓使用相同軌道線的，可視為同一路線系統：1、2、3號線以紅色標誌，4、5、6號線以綠色標誌，A、C、E線以藍色標誌，B、D、F、M線以橘色標誌，J、Z線以棕色標誌，N、Q、

R、W線以黃色標誌。另外還有3條獨享軌道的路線：7號線以紫色標誌，G線以淺綠色標誌，L線以淺灰色標誌。

◎路線規則

紐約地鐵最麻煩的地方，就在於每條路線都各自有一套規則，不過只要搞懂它們，就能找出最便捷的搭乘方式，還會發現這些看似整人的設計，其實都經過精密規劃，目的就是為了讓這複雜而龐大的運輸體系更有效率。

快車與慢車

當路線在共同軌道上行駛時，為了發揮最大效能，常會有「快車」(Express)和「慢車」(Local)之分，例如當4、5、6線共用軌道時，6線即為每站都停的慢車，而4、5線則是只停大站或轉乘點的快車。因此上車前要先弄清楚，目的地的車站是不是所有車班都會停靠。

不過若是單以路線來區分快、慢車，倒也不盡其然，同樣以4、5、6線為例，4線雖然大部分時間是快車，但到了深夜時段則會變成每站都停的慢車。

此外，6線與7線本身也有加開快車班次，當其快車行駛在曼哈頓以外的區域時，會略過將近半數車站不停，這對以曼哈頓為目的地的乘客來說，可節省不少寶貴時間。要區分同一條路線的快、慢車，可以看路線號碼外圍的形狀，慢車為圓形，快車為菱形，這個圖示除了表現在路線圖上，列車車身的電子看板也會顯示。不過要注意的是，這兩條加開的快車路線是為了通勤需求而設計，因此是單向行駛，也就是上午只開往曼哈頓方向，下午及晚上轉變為離開曼哈頓的方向。

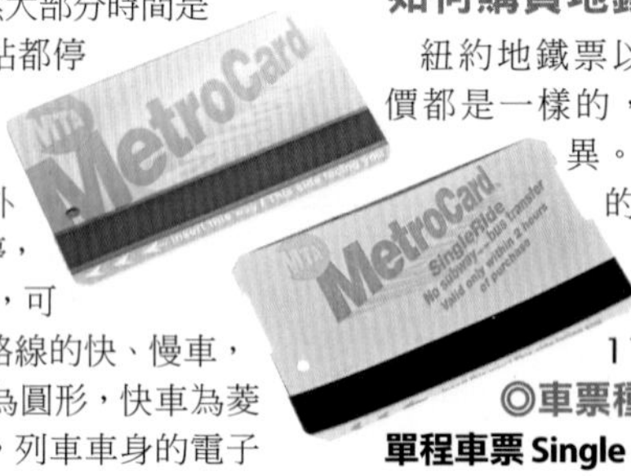

同時有快、慢車停靠的車站，多半為中島式的月台，月台一側停靠慢車，另一側停靠快車。不過有時班車會互相調度，可能會有互換軌道的情形，尤其在進出曼哈頓時最為常見，若不確定廣播說了些什麼，車來之後看清楚車身上的電子標示就是了。

深夜、週末與尖峰時刻

紐約地鐵是全世界唯一24小時營運且全年無休的地鐵系統，不過部分路線到了深夜、週末或尖峰時刻會有異動，譬如行駛範圍縮減、延伸，或是加開單向行駛的快車等，這些都是因應使用需求所做出的彈性變化。

關於各路線的規則，可參考後頁表格，雖然看似複雜，但若搭乘距離不長，其實影響不大，因為即使路線停駛，在同一條軌道上總有其他路線可以替代，不論目的地是哪裡，不論什麼時間，總是有車可以坐，頂多就是到達目的地之前再多轉一次車而已。

儲值卡餘額和效期查詢

想知道儲值卡中還剩多少餘額，或想查詢卡片有效期限，除了入閘刷卡機和儲值機上會顯示外，也可透過地鐵站內附設的儲值卡讀卡機(MetroCard Reader)讀取。這種機器多位於儲值機或月台閘口旁，刷卡後即會清楚顯示卡片內的資訊，比起乘客總是來去匆匆的閘口或經常大排長龍的儲值機，該機器通常無須排隊，也不會有人催促，不妨多加利用。

許多車站的部份入口會在深夜或假日時段關閉，這可以從地鐵入口處的紅色或綠色燈球看出端倪，綠色表示24小時開放，紅色則會限制進出時段。

如何購買地鐵票

紐約地鐵票以次計費，無論搭乘距離遠近，票價都是一樣的，也沒有尖峰或離峰等時段上的差異。若是搭乘頻率很高，或者待在紐約的天數長，那麼建議購買儲值票卡MetroCard會比較划算。另外，每位已付車資的成人可攜同最多3名112公分以下的孩童免費搭乘。

◎車票種類及票價

單程車票 Single Ride

如果停留紐約期間只是搭乘1~2趟地鐵，大可以只買單程票就夠了。單程票只能在車站的自動售票機購買(市區公車則是上車投現)，每張＄3，由於沒有任何優惠，且大多數乘客都是地鐵的重度使用者，因此購買單程票的人極少。

儲值地鐵卡 MetroCard

MetroCard可用來搭乘地鐵、公車等大紐約地區的大眾運輸工具，每次搭乘時扣款＄2.75。購買新卡的費用為＄1，卡片效期1年，1年後若還要再用，可憑舊卡向售票員免費更換新卡。

MetroCard有兩種儲值選項：

1.單純加值(Pay-Per-Ride)：

在卡片中加值金額，每次加值最少＄5.5，直到金額用罄再重新加值。這種儲值方式較適合使用天數不到一個禮拜，或是使用量沒那麼大的乘客。

2.週票(7-Day Unlimited)或月票(30-Day Unlimited)：

如果在紐約會連續待超過一週時間，建議可將MetroCard加值成週票甚至月票，因為在效期內能無限次數搭乘，費用相對來說更為划算。週票價錢為

＄33，月票價錢為＄127，無論週票或月票，每天只要搭乘2次以上就能回本。這種票的效期自啟用起開始計算，到第7天或第30天的午夜12點終止。

MetroCard的兩種加值方式可以互相搭配，也就是說當週票或月票效期已過，但你在紐約剩下的行程用不完另外33塊時，可用Pay-Per-Ride的方式加值；或是當Pay-Per-Ride的餘額用罄，而接下來又將大量搭乘地鐵，也可改加值為週票或月票。

OMNY

OMNY是One Metro New York的縮寫，這是因應日新月異的科技而出現的付費方式，只要持有感應式信用卡，或手機、智慧手錶等行動裝置有綁定Apple Pay、Google Pay等電子錢包，不用下載APP，也不用註冊帳號，便可直接感應扣款並通過閘門。如果沒有感應式信用卡或電子支付，也可購買一張實體的OMNY Card，新卡售價＄5，每次最少加值＄1，卡

◎紐約地鐵路線列表

路線	快車或慢車	停駛及替代路線	其他規則
1	全線為慢車	24小時行駛	
2	在曼哈頓與1號線共用軌道時為快車，其他路段為慢車 24:00~06:30全線皆為慢車	24小時行駛	
3	在曼哈頓與1號線共用軌道時為快車，其他路段為慢車	凌晨時僅行駛於時報廣場以北，以南路段可改乘2號線或4號線	
4	在曼哈頓與布魯克林為快車，在布朗克斯為慢車 24:00~06:30全線皆為慢車	24小時行駛	24:00~06:30時，向東延伸至New Lots Av站，接管3號線深夜停駛的路段
5	在曼哈頓與布魯克林為快車，在布朗克斯為慢車	週末僅行駛於Bowling Green以北，布魯克林的部分可改乘2號線或4號線 每日深夜及凌晨，僅行駛於布朗克斯E 180 St以北，其他路段可改乘2號線或4號線	在布朗克斯的主線，平日06:30~09:30加開往曼哈頓方向快車；15:30~20:00則加開往布朗克斯方向快車 從布朗克斯Nereid Av發車的支線，平日上午僅行駛往曼哈頓方向列車，下午僅行駛往布朗克斯方向列車
6	全線為慢車	24小時行駛	在布朗克斯路段，平日上午加開往曼哈頓方向快車，下午與傍晚則加開往布朗克斯方向快車
7	全線為慢車	24小時行駛	在皇后區路段，平日上午加開往曼哈頓方向快車，下午與傍晚則加開往法拉盛方向快車
A	與C、E線共用軌道時為快車，凌晨時則全線為慢車	主線24小時行駛 支線24:00~06:30停駛，從Euclid Av站有S線接駁列車前往Lefferts Blvd站	主線與支線列車會交錯發車 平日尖峰時段，加開從Rockaway Park Beach發車的班次，上午僅行駛往曼哈頓方向，下午僅行駛往皇后區方向
C	全線為慢車	24:00~06:30間停駛，可改搭A線	
E	在曼哈頓為慢車，在皇后區為快車，凌晨時則全線為慢車	24小時行駛	
B	在上城為慢車，到了中城與布魯克林則為快車	週末及深夜停駛，可改搭C、D、Q線	尖峰時刻向北延伸至布朗克斯的Bedford Park Blvd站
D	在布朗克斯與布魯克林南段為慢車，在曼哈頓與布魯克林北段為快車 凌晨時，布魯克林全線行駛慢車	24小時行駛	尖峰時刻在布朗克斯加開單向快車

片效期為2年。

使用OMNY支付車資，與MetroCard一樣都是每趟＄2.75，以同一張卡片或裝置搭乘12次後，接下來每次搭乘都是免費，直到當週週日23:59為止。換句話說，在當週支付了＄33之後，OMNY會自動轉換成週票模式。

目前OMNY尚在推廣階段，預計2024年之後將全面取代MetroCard。

◎購買車票和儲值

在地鐵站售票口可向售票員購買MetroCard、週票、月票或儲值，至於單程票則只能在自動售票機購買，而自動售票機也有販售MetroCard與OMNY Card。售票機除了英文介面外，大部分車站的機器還提供繁體中文等多國語言選擇，旅客只需要按照螢幕指示操作，步驟非常簡單。

要提醒的是，許多熱門景點旁的地鐵站，售票機經

F	在皇后區與M線共用軌道時為快車，其他路段皆為慢車	24小時行駛	
M	全線為慢車	深夜及凌晨時，僅行駛於皇后區的Metropolitan Av站與布魯克林的Myrtle Av站之間，其他路段可改搭J、D、F、E線 週末時僅行駛於皇后區的Metropolitan Av站與曼哈頓下東區的Delancey St站之間，其他路段可改搭D、F、E線	
G	全線為慢車	24小時行駛	
J	基本上為慢車 Marcy Av與Myrtle Av兩站之間，平日06:30~09:30往曼哈頓方向為快車，15:30~20:00往皇后區方向為快車	24小時行駛	當Z線行駛時，布魯克林與皇后區的路段與J線採隔站停靠制，意思就是說某些車站只停靠J線，某些站只停靠Z線，某些站則兩線都停。僅J線停靠的車站為Kosciusko St、Halsey St、Cleveland St、Cypress Hills、85 St-Forest Pkwy、111 St；僅Z線停靠的車站為Gates Av、Chauncey St、Van Siclen Av、Norwood Av、75 St-Elderts Lane、104 St、121 St
Z		僅在平日尖峰時刻單向行駛，也就是06:30~09:30為西向行駛，15:30~20:00為東向行駛	
L	全線為慢車	24小時行駛	
N	在34 St-Herald Sq站以南和布魯克林，與R線共用軌道時為快車，其他路段為慢車 深夜及週末時，全線為慢車	24小時行駛	深夜時會代替R線穿越下城金融區
Q	57 St-7 Av站以南的曼哈頓為快車，其他路段為慢車 深夜時全線為慢車	24小時行駛	
R	全線為慢車	深夜時僅行駛於Whitehall St以東的布魯克林路段，其他路段可改乘N線	
W	全線為慢車	深夜及週末停駛，可改乘N線或R線	
S	全線為慢車	曼哈頓的S線24:00~06:30停駛，可改乘7號線 布魯克林與皇后區的S線24小時行駛	

常大排長龍，如果有儲值需要，最好先在人比較少的車站完成。同時，售票機也常分為只接受現金或信用卡，排隊前請先看清楚，以免排錯機器浪費時間。

搭乘地鐵注意事項

◎地鐵站入口

少數車站入口會特別標示Uptown或Downtown「Only」，這表示車站裡的對向月台並不互通，其月台在馬路兩側擁有各自的入口，所以進站前要注意入口上標示的是否是自己要去的方向。尤其是使用週票和月票的乘客，因為該類票券僅限個人使用，同張票卡18分鐘內不得重複刷卡，因此若是走錯的話，就只能先在附近逛一逛了。

◎找到對的月台

有時不同路線，站名相同或不同的地鐵站，距離其實相隔不遠，往往會共用地鐵站入口，下去之後依標牌指示，經由如迷宮般的通道前往各個路線的月台。有時這些地下通道會跨越幾個路口的距離，如果你在地鐵圖上看到連結地鐵站的黑線，指的就是這些較長的站內通道。

進入月台之前，樓梯上方會標示「Uptown」(往北到上城)、「Downtown」(往南到下城)，或是到「Manhattan」(往曼哈頓)、「Brooklyn」(往布魯克林)、「Queens」(往皇后區)、「The Bronx」(往布朗克斯)。確認好目的地與自己所在車站的相對位置，再走下月台候車。

◎確認候車側是快車還是慢車

有的路線會有快車和慢車的分別，快車軌道會繞過小站，只停靠大站，慢車則是每站都停。如果要前往的目的地是快車停靠站，時間與方向上又剛好會有快車經過，那麼搭乘快車的確可以節省不少時間；但若不是的話，記得一定要等慢車來了再上。快車和慢車的軌道大都分別在島式月台兩側，月台上也會有停靠班車的指標，不過有時班車會互相調度，假使擔心漏聽廣播，列車進站後先確認車廂上的訊息會是更保險的做法。

◎出站

出地鐵站無須再次刷卡，只要直接推開閘門或從一旁的旋轉門出去即可。紐約地鐵站的出口非常多，通常以十字路口的兩條路名顯示，因此最好先查看目的地靠近哪個路口，再決定從何處出站。而在地鐵站的出入口處都有一張區域地圖，可以作為參考。

◎確認清楚要前往的地鐵站

地鐵站通常以所在街道命名，不少位於同一條街上的地鐵站，雖然名字相同，距離卻相隔好幾條路口。像是名為23 St的地鐵站就有5座，分屬不同路線系統，彼此之間並無通道相連。因此規劃行程時，除了要看目的地附近的車站站名，還要搞清楚該站是在哪一條路線上。

◎轉乘其他大眾交通工具

使用MetroCard與OMNY搭乘地鐵或市區公車，可於2小時內免費轉乘市區公車一次。

◎停擺的地鐵

紐約地鐵由於設備老舊，常常不定期維修，特別是週末時部分較冷清的路段經常關閉，因此入站時最好先看看佈告欄的告示，或聽從站長廣播，並注意月台上的公告，確認各線狀況再搭乘。搭乘時得多注意四周情況，以免空等。

◎無障礙設施

同樣因為年代久遠，紐約許多地鐵站都沒有電梯或斜坡等無障礙設施，對於行動不便或需要搬運行李的旅客來說可能不甚方便。因此在規畫路線前最好能先取得地鐵地圖，並查看哪些車站設有無障礙設施，以便搭乘或轉乘，如果站名後方標示有♿，表示該站設有電梯，可以利用。

◎地鐵站的治安

紐約地鐵月台大都沒有安全閘門，老一輩的人常會提醒年輕人，等車時千萬不要站在月台邊緣。大約80年代時，惡意把人推下月台的事件層出不窮，雖然21世紀以來這類新聞已經很少聽聞，但還是偶有案件發生。總之，等車時站後面一點是不會有壞處的。

紐約治安比起過去已然好上不少，但在人多擁擠的車站還是要提防扒手，而在人煙稀少的車站則要小心暴力犯罪。

市區其他大眾運輸

除了地鐵之外，紐約其他大眾運輸包括公車、史丹頓島鐵路、長島鐵路、大都會北方通勤鐵路、紐約市所有收費橋樑與隧道等，都是由大都會運輸署(Metropolitan Transportation Authority，簡稱MTA)管理經營。

公車 NYC Bus

藍白相間的紐約市公車，路線超過200條，儘管紐約地鐵已經非常方便，但若前往地鐵線密度較稀的地方，如下東區或較外圍的住宅區，則還是有機會搭乘到。

公車路線號碼前的英文字母代表行駛區域：曼哈頓為M，皇后區為Q、布魯克林為B、布朗克斯為BX、史丹頓島為SI。有時路線號碼後會加上Ltd，表示路線雖然一樣，但停靠的站點較少。若號碼後寫的是

SBS (即Select Bus Service)，則該公車是擁有專用車道與特定停靠站的公車捷運系統(也就是BRT)。

公車的收費機制與地鐵相同，單程投零為＄3，使用MetroCard扣值＄2.75。另外又有一種快速公車Express Bus，通常只在平日尖峰時刻跨區行駛，車資為＄6.5，可使用Pay-Per-Ride的MetroCard，但不接受Unlimited Ride的票卡(除非是＄62的7-Day Express Bus Plus)。

搭乘公車最好先研究一下站牌上的路線圖，免得坐錯方向。除非是需要司機協助的特殊乘客，一般人都是從前門上車。上車後將MetroCard垂直插入司機身旁的票插過卡(彩色圖案那面朝向自己，黑色磁條朝右)即可；若是付現，請務必備妥零錢，因為公車上不接受紙鈔，也不找零。

計程車 Taxi

紐約市計程車起錶為＄3，之後每行駛0.2英哩跳錶＄0.7，或在怠速狀態下每分鐘跳錶＄0.7。除了基本費率外，還會加收改善附加費(Improvement Surcharge)＄1；當目的地在紐約市範圍內時，另加收紐約州稅附加費＄0.5；晚上20:00至凌晨06:00再加收＄1夜間加成；平日16:00~20:00則有尖峰時刻加成＄2.5。最後再加上沿途過路費與約20%的小費，便是你要付給司機的車資。

車上通常可以刷信用卡付帳，若要使用現金，最好先準備面額小一點的鈔票，因為司機有權拒絕面額超過20的紙鈔，或是直接當成小費拿走。

紐約市渡輪 NYC Ferry

由Hornblower營運的紐約市渡輪主要航行在東河與上紐約灣內，一共有7條航線，分別為東河線(ER)、南布魯克林線(SB)、阿斯托利亞線(AST)、洛克威線(RW)、到布朗克斯的Soundview線(SV)、到史丹頓島的聖喬治線(SG)與總督島線(GI)。除聖喬治線外，所有航線都是從華爾街的11號碼頭出發。船票可在11號碼頭上的售票處購買，各碼頭上也有設置自動售票機，登船120分鐘內可免費轉乘其他航線，但不可用於回程路線。

詳細時刻請上官網查詢　單程＄4　www.ferry.nyc

共享單車 Citi Bike

紐約市的共享單車為Citi Bike，在紐約市和對岸的澤西市共有超過1,500個租還站與2萬5千多台自行車。想騎乘的人可先下載APP，以信用卡租賃，並透過APP取得解鎖密碼，取車後時間便開始計算。租用單程者，每趟不得超過30分鐘，超過則每分鐘另外計費＄0.23；租用一日者，可在24小時內無限次數租借，但每次亦不得超過30分鐘。

單次＄3.99，一日＄15　www.citibikenyc.com

開車

說真的，並不建議你在紐約開車，因為交通擁塞、動不動就要收的過路費、剝皮似的停車費、就算甘願砸錢也不見得找的到的停車位……加上紐約地鐵這麼方便，幹嘛要開車？

如果非開車不可，這裡提醒幾條收費橋樑與隧道，好讓你可以避開它們：連結布朗克斯與皇后區的Bronx-Whitestone Bridge (I-678)和Throgs Neck Bridge (I-295)、連結Wards Island與阿斯托利亞的RFK Bridge (I-278)、連結砲台公園與布魯克林的Hugh L. Carey Tunnel（I-478）、連結中城區與長島市的Queens Midtown Tunnel（I-495）、從布魯克林前往史丹頓島方向的Verrazano-Narrows

Bridge (I-278)。如果你開的是一般自小客車經過上述路段，過路費為＄8.36，使用E-ZPass為＄6.55，等收到郵件帳單才付是＄10.17。

從紐澤西進入紐約方向的所有橋樑與隧道均要收費(從紐約進入紐澤西免費)，包括通往華盛頓高地的George Washington Bridge (I-95/US-9)、通往中城的Lincoin Tunnel (NJ-495)、通往下城的Holland Tunnel (I-78)、通往史丹頓島的Bayonne Bridge (NJ-440)、Goethals Bridge (I-278)與Outerbridge Crossing (NJ-440)。過路費為＄17，使用E-ZPass的話，尖峰時刻(平日06:00~10:00、16:00~20:00與週末11:00~21:00)為＄14.75，離峰時刻為＄12.75。

另外，連結上城區與布朗克斯的Henry Hudson Bridge (NY-9A)，過路費為＄4.62，使用E-ZPass為＄3，郵件帳單為＄7.5；而從布魯克林跨越牙買加灣到皇后區洛克威海灘的幾座橋樑，過路費為＄5.09，使用E-ZPass為＄2.45。

前往鄰近地區交通

◎長島鐵路 Long Island Railroad

簡稱LIRR的長島鐵路是全美國最繁忙的通勤鐵路，在曼哈頓島上的車站為賓州車站，路線到了長島後延伸為11條，通往長島的各個角落，最遠可到達長島東端的蒙托克(Montauk)。

其票價依距離分為14個區段，依時間又分為尖峰及離峰兩個時段(尖峰時段為平日06:00~10:00的西向列車與16:00~20:00的東向列車)。如需經常搭乘，可一次預購10張，或購買週票、月票，會比較便宜。無論如何，車票切忌上車再買，價錢非常不划算。

new.mta.info

◎大都會北方鐵路 Metro-North Railroad

大都會北方鐵路在曼哈頓島上的主車站為中央車站，共有5條主線與3條支線，大致分為哈德遜河東岸與西岸兩部份，通往紐約市北方的各個城鎮，如康乃狄克州的紐哈芬等。其票價也是分段計算，依時間又分尖峰及離峰，並可購買10趟票、週票及月票。

new.mta.info

◎紐澤西通勤鐵路 NJ Transit

紐澤西通勤鐵路在曼哈頓島上的車站為賓州車站，共有11條路線通往紐澤西州各地，包括紐華克、特倫頓、大西洋城等。票價則是依距離遠近計算。

www.njtransit.com

◎紐新航港局過哈德遜河捷運 Port Authority Trans-Hudson

簡稱PATH，共有5條路線連絡曼哈頓與紐澤西之間。其中從世貿通往紐華克賓州車站的路線為全天候行駛；而從世貿開往霍博肯(Hoboken)、從中城的33街開往澤西市的Journal Square、從33街開往霍博肯的這3條路線，皆為平日06:00~23:00行駛。另有一條從33街經霍博肯開往澤西市的路線，則是平日晚間23:00~06:00及週末全天候行駛。

PATH雖然主要使用自己的SmartLink電子票卡，但也可以使用Pay-Per-Ride的MetroCard付費，單次搭乘扣值＄2.75。

www.panynj.gov/path/

◎哈德遜河渡輪 Hudson River Ferry

連結哈德遜河西岸紐澤西與東岸紐約的水路交通，在紐澤西共有7處碼頭，在曼哈頓有3處，紐約州其他地區則有4處。關於各路線時刻表與票價，請上官網查詢。

www.nywaterway.com

觀光行程

隨上隨下觀光巴士

◎Big Bus Tours

全球重要觀光城市，幾乎都看得到紅色雙層露天大巴的身影。紐約大巴路線分為上城和下城2條，兩條路線在時報廣場交會。而在長假期時也會推出夜間行程，車票可在官網購買。

下城路線09:30~16:30，每15~20分鐘一班；上城路線10:00~16:00，每小時一班

價格：

	一日	二日	三日
成人	＄54	＄72	＄90
3~12歲	＄45	＄63	＄81

bigbustours.com

◎Top View Sightseeing

Top View的路線也是分為上、下城2條，共24個站點，車票包含自由島渡輪船票、中央公園2小時單車租用券與1小時45分鐘的布魯克林行程。車上有中文語音導覽耳機。

(212) 664-0300　下城路線08:00~17:00，上城路線10:00~16:00，布魯克林行程09:30出發

價格：

	48小時	72小時	5日
成人	＄69	＄79	＄89
4~12歲	＄59	＄69	＄79

www.topviewnyc.com

遊船

◎the Beast噴射快船

這艘觀光噴射遊港船以時速72公里在紐約港中橫衝直撞，並且相當靠近自由女神像。過程中除了刺激快感，還能飽覽紐約壯觀的天際線。

W. 42nd St與12th Ave路口的Pier 83　(212)563-3200　5~9月11:00~18:00，每小時出發，航程約30分鐘　成人＄30，兒童＄25　www.thebeastnyc.com

◎Circle Line

Best of NYC Cruise行程環繞曼哈頓島一圈，詳細介紹請見P.98。

W. 42nd St與12th Ave路口的Pier 83　(212)563-3200　每日10:00、13:30出發，夏季加開12:00、15:30兩班，全程2.5小時　成人＄44起，3~12歲＄37起　www.circleline.com

◎City Experiences

由Hornblower經營的城市遊船，其Downtown Sightseeing Cruise為90分鐘的紐約港行程，沿途行經港灣內的各大地標，船上有中文語音導覽耳機。

南街海港的Pier 15　800-459-8105　09:30、11:45、14:00登船　休9~12月的週一至週三、1~3月　成人＄29，3~12歲＄19　www.cityexperiences.com

◎Classic Harbor Line

搭乘America 2.0號小型帆船，航向自由女神與紐約港中諸景點，船上備有免費葡萄酒、香檳、啤酒、汽水等飲料。

雀兒喜的Pier 62（近22nd St）　(212)627-1825　每日13:00、15:30，行程2小時　成人＄58~78，3~14歲14~18　www.classicharborline.com/nyc

優惠票券

以下所有票券都是在官網上購買，付款後，電子票券會寄送到電子信箱裡，可下載到手機中，或是列印下來。要特別注意的是，部分景點就算持有入場票券，仍然需要事先在官網上預約，因此安排行程時最好先上各景點官網確認。

New York CityPASS

票券內容：這本通票當中共有5張票券，前2張分別為帝國大廈觀景台門票、美國自然史博物館門票；後3張為選擇票券，可參觀洛克之巔觀景台或古根漢美術館、911紀念博物館或無畏號海空暨太空博物館、搭船前往自由島與愛利斯島或搭乘環線港灣遊船。如果全部用上的話，可省下42%的費用。

效期：連續9天，自第一張票券使用起計算。

價格：成人＄129，6~17歲＄109

適合使用者：CityPASS必須5張票券全部用掉才會有省大錢的感覺，如果你只想去其中幾個景點，那麼就不夠划算了，因此較適合初訪紐約，想把經典景點一次玩遍的遊客使用。

其他選項：也有任選3個景點的C3，與10個景點全包的C-All，可視需求選擇。

www.citypass.com/new-york

Go City New York

票券內容：可使用Go City的景點與觀光行程多達115個，票券分為All-Inclusive Pass與Explorer Pass兩種，前者在限定時間內可造訪所有景點，後者是只能造訪特定數量景點，但效期長達60天。

價格：

All-Inclusive	1日卡	2日卡	3日卡	4日卡	5日卡	7日卡	10日卡
成人	＄142	＄189	＄229	＄264	＄294	＄334	＄369
3~12歲	＄109	＄134	＄169	＄189	＄209	＄249	＄284

Explorer	2景點	3景點	4景點	5景點	6景點	7景點	10景點
成人	＄74	＄94	＄125	＄148	＄166	＄184	＄224
3~12歲	＄59	＄76	＄94	＄112	＄125	＄139	＄179

使用要領：All-Inclusive Pass去的地方愈多愈划算，以門票較貴的景點為優先；Explorer Pass則適合停留天數較長，想深入特定景點的人。

gocity.com/new-york

The New York Sightseeing Pass

票券內容：可使用Sightseeing Pass的景點與觀光行程多達150個以上，票券分為Day Pass與Flex Pass兩種，前者在限定時間內可造訪所有景點，後者是只能造訪特定數量景點，但效期長達60天。

價格：

Day Pass	1日	2日	3日	4日	5日	6日	7日	10日
成人	$144	$189	$229	$264	$294	$314	$334	$369
3~12歲	$116	$129	$164	$179	$199	$209	$229	$269

Flex Pass	2景點	3景點	4景點	5景點	6景點	7景點	10景點	12景點
成人	$74	$104	$139	$164	$184	$204	$254	$284
3~12歲	$55	$79	$103	$115	$131	$155	$187	$219

使用要領：Sightseeing Pass與Go Pass使用方式大同小異，但內容範圍和價錢不太一樣，可上網比較哪種較適合自己的行程。

www.sightseeingpass.com/en/new-york

旅遊諮詢

紐約市旅遊局 NYC & Company

www.nycgo.com

◎先驅廣場梅西百貨遊客中心

P.90C4 151 W. 34th St (梅西百貨中) 10:00~22:00 (週日至21:00)

曼哈頓下城聯盟 Downtown Alliance

www.downtownny.com

博物館優惠時段

紐約的博物館很多都因個別企業贊助，而有特定的免費或折扣時段，喜歡逛博物館的人若能根據下列這張表格安排參觀日期及時間，真的可以節省大筆旅費！不過還是要提醒一下，就算是免費門票，仍然需要上網預約，而且因為大家都想撿便宜，門票數量也有限，因此最好提早上網搶票！

週	博物館	地區	日期	時間	優惠內容
一	911紀念博物館	金融區	每週一	15:30~17:00	門票免費
四	弗立克收藏館	上東城	每週四	16:00~18:00	隨意捐獻
	新現代藝術館	諾利塔	每週四	19:00~21:00	隨意捐獻(至少$2)
	藝術與設計博物館	上西城	每週四	開放時間內	門票半價
五	惠特尼美國藝術博物館	格林威治村	每週五	19:00~22:00	隨意捐獻
	摩根圖書館與博物館	中城東	每週五	17:00~19:00	門票免費
	紐約新畫廊	上東城	每月第1個週五	17:00~20:00	門票免費
	紐約歷史協會	上西城	每週五	18:00~20:00	隨意捐獻
	野口勇美術館	長島市	每月第1個週五	開放時間內	門票免費
六	古根漢美術館	上東城	每週六	18:00~20:00	隨意捐獻
	庫柏休伊特博物館	上東城	每日	17:00~18:00	隨意捐獻
	布魯克林植物園	布魯克林	12~2月平日	開放時間內	隨意捐獻

城市概略 City Guideline

紐約共有5個行政區，分別是曼哈頓、布魯克林、皇后區、布朗克斯與史丹頓島，其中曼哈頓島便是一般人對紐約的第一印象。習慣上，曼哈頓又分為上、中、下三城，59街以北為上城，14街以南為下城，兩城之間為中城。

下城最南端的金融區是世界金融體系的運作核心，一秒鐘幾十億上下的華爾街與世界貿易中心都位於這裡，前往自由女神的渡船也是從金融區邊上的砲台公園出發。金融區以北是一連串特色鮮明的街區，包括蘇活區、唐人街、小義大利、諾利塔等，不少美食、小店就藏身在這些街巷裡。下城最北邊是個性十足的格林威治村，以百老匯大道為界，分為東村及西村。過去這一帶流傳著藝文界的文人軼事，今日仍處處瀰漫瀟灑不羈。

中城西南角是藝廊群聚的雀兒喜，高架鐵道公園與雀兒喜市場是此地的熱門景點。雀兒喜北邊的地獄廚房，過去曾真的是地獄，現在也真的是廚房。再往東，便是夜夜笙歌的百老匯劇院區與時報廣場，展現紐約精神的最佳詮釋。中城區東半部是摩天大樓的故鄉，帝國大廈、克萊斯勒大樓、洛克斐勒中心等，共同譜成壯麗的天際線。而沿著時尚奢華的第五大道迤邐向北，就會到達上城的中央公園。

中央公園以東為上東城，以西為上西城，紐約最重量級的博物館就分列在中央公園兩側。而中央公園北面，便是作為非裔文化象徵的哈林區，想了解什麼是他們的「靈魂」，就來這裡。

曼哈頓以外的地區，較多觀光味的是布魯克林，像是布魯克林橋下的丹波區、博物館與植物園所在的展望公園、林立個性小店的威廉斯堡、宛如遊樂園的康尼島等，都是遊客經常出沒的區域。而偌大的皇后區是移民落地生根的新家園，多元文化在此開花結果，就像個小型地球村。與曼哈頓一橋之隔的長島市、中部的可樂娜草原與小台北法拉盛，是觀光景點比較多的地方。至於布朗克斯，景點不多，大多遊客都是衝著洋基球場去的。

紐約行程建議 Itineraries in New York

◎如果你有5天

如果你有5天，說真的，5天怎麼夠？無所不包的大蘋果，能看能玩能體驗的東西實在太多。不過假設你真的只有5天，首先一定要起個大早，搭船到自由島上朝拜自由女神，渡船航線還會包括愛利斯島，意思就是說，大半天就過去了。剩下的時間就去世界貿易中心，先參觀911紀念博物館，再上世貿一號大樓觀景台登高遠望，晚上再去蘇活區、唐人街、小義大利或諾利塔逛逛，一天就是這樣充實。

另外一定還要再有一天逛上城區，喜歡博物館的，光是一個大都會美術館就能花去一整天時間，還沒提周圍的古根漢美術館與自然史博物館呢！至於沒那麼喜歡博物館的，中央公園是另一個不能錯過的景點，裡面有不少招牌風景，甚至還能在森林中健行。如果既喜歡博物館，又熱愛大自然，那麼就留兩天給上城吧。

至於時報廣場的夜景與百老匯的夜生活也是紐約

一大重點，為了這天夜晚，白日就先在中城蹓躂吧，帝國大廈、洛克斐勒中心、麥迪遜廣場花園的導覽行程、雀兒喜市場、高架鐵道公園、無畏號海空暨太空博物館等，都是中城必遊景點。話說回來，一個早上哪能逛那麼多地方？於是，再留兩天給中城吧！

◎如果你有7~10天

上面提到這麼多去處，似乎還是漏了格林威治村、布魯克林區等地，你看，5天根本不夠用！所以這裡再假設你有7至10天。格林威治村連同附近幾個特色街區，像是蘇活區、諾利塔、下東區等，差不多得逛上一天；而布魯克林從大橋附近的諸景點，到展望公園的博物館，合起來又是一天行程。如果想去洋基球場看球，白天則可以去哈林區與晨邊高地的哥倫比亞大學走走。另外，長島市的幾個博物館也很值得一看。這樣算起來，其實7到10天的行程也還是很緊湊。

紐約散步路線 Walking Route in New York

曼哈頓下城

①砲台公園 Battery Park→②華爾街銅牛 Charging Bull→③華爾街 Wall Street→④三一教堂 Trinity Church→⑤911紀念博物館 9/11 Memorial Museum→⑥世貿一號大樓觀景台 One World Observatory→⑦市政廳 City Hall→⑧布魯克林大橋 Brooklyn Bridge

距離：2.9公里

所需時間：45分鐘

這裡假設你在下城的散步是從自由島回來後開始，從砲台公園走上百老匯大道，首先看到的就是滾球草地前的華爾街銅牛，要和銅牛拍照還得排隊，看牠那已被摸得發亮的角，據說摸一下便能帶來財運。既然想發財，當然要去華爾街上瞧瞧，除了有紐約證券交易所和聯邦國家紀念堂等景點，哥德式的三一教堂也很有看頭。

沿著教堂街往北走，一旁就是浴火重生的世界貿易中心，昔日雙子星大樓的位置已成了兩個偌大的水池，一旁的911紀念博物館則憂傷地訴說著這一切的始末。重建後的世貿中心，以其一號大樓重新奪回紐約最高建築寶座，大樓頂部的觀景台不但擁有小天下的視野，更結合各種高科技，帶來前所未有的賞景體驗。

下樓之後，往東走到市政廳，公園東側便是著名景觀布魯克林大橋的人行步道起點，你可以在這裡就結束散步行程，當然更可以走過大橋，去東岸的布魯克林丹波區或布魯克林高地散步道上看看。

曼哈頓下城散步地圖

曼哈頓中城

①川普大樓 Trump Tower→②第五大道 The Fifth Avenue→③洛克斐勒中心 Rockefeller Center→④百老匯 Broadway→⑤時報廣場 Times Square→⑥布萊恩公園 Bryant Park→⑦帝國大廈 Empire State Building→⑧梅西百貨 Macy's→⑨麥迪遜廣場花園 Madison Square Garden

距離：3.8公里

所需時間：60分鐘

中城的散步讓我們從川普大樓開始，從這裡往南，就是精品名店林立、充滿時尚貴氣的紐約第五大道。過了第50街後，經由海峽公園進入洛克斐勒中心，第五大道的奢華在此邁入高潮。你可以在這裡的商場中逛逛，也可以登上奇異電器大樓頂層的洛克之巔觀景台賞景。

再往西走不遠，就進入百老匯劇院區的範圍，幾乎每條街上都佈滿了各個劇碼的看板，其中有不少是歷久彌新的經典。沿著百老匯大道南行，你會發現自己逐漸被LED電子看板的聲光淹沒，這裡就是最能形容紐約大蘋果特色的時報廣場。折而向東穿過布萊恩公園，再往南走到帝國大廈，就算你剛才已經登過洛克之巔，來到這裡一定還要再上帝國大廈的觀景台，不但景色更勝一籌，亦帶有一點向歷史致敬的意味。而全世界第一家梅西百貨就離帝國大廈不遠，儘管已過了一個世紀，這間百貨的氣派依舊令許多後起者望塵莫及。最後來到傳奇球場麥迪遜廣場花園，無論是不是尼克隊的球迷，只要當日有比賽，就應該進場朝聖。

曼哈頓中城散步地圖

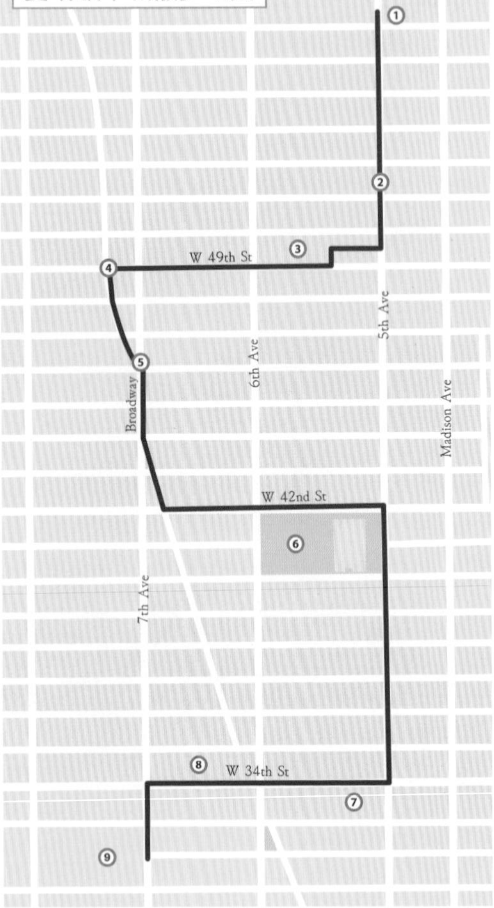

曼哈頓上城散步地圖

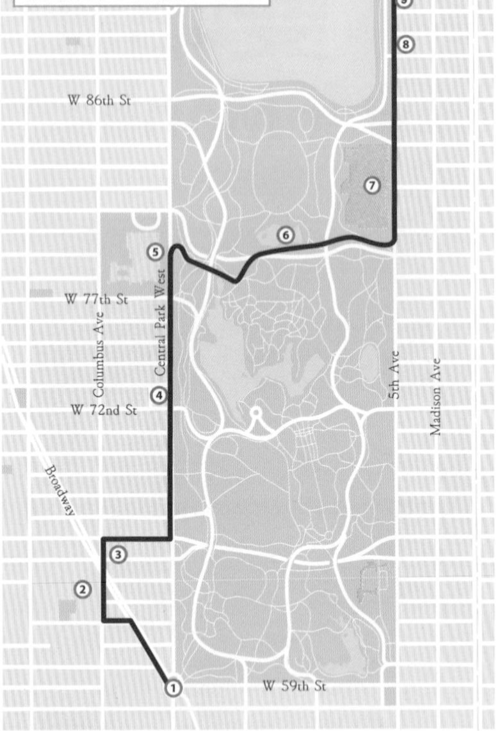

曼哈頓上城

①哥倫布圓環 Columbus Circle→②林肯中心 Lincoln Center→③美國民俗藝術美術館 American Folk Art Museum→④達科他公寓 The Dakota→⑤自然史博物館 American Museum of Natural History→⑥中央公園 Central Park→⑦大都會美術館 Metropolitan Museum of Art→⑧古根漢美術館 Solomon R. Guggenheim Museum→⑨庫柏休伊特博物館 Cooper-Hewitt National Design Museum

距離：4.2公里

所需時間：70分鐘

搭乘地鐵來到哥倫布圓環，上城的散步路線就從這裡開始。沿著百老匯大道來到林肯中心，這是紐約最負盛名的藝術表演場地，即使沒有買票進去觀賞，建築本身也很迷人。接著經過美國民俗藝術美術館回到中央公園西側，在72街口的達科他公寓是許多名人居住的豪宅，約翰藍儂被槍殺的地方就在這棟大樓門外，中央公園靠近達科他公寓處有個草莓園，正是為了紀念他而設立。

再往北走不遠，便是自然史博物館，雖然這裡的館藏並不會像電影中那樣到了晚上就會活過來，卻也有非常精彩的可看性。不妨就從這裡穿越中央公園，公園中的重要景點眺望台城堡，就位於這條路線上。這一帶被稱為「The Ramble」的步道錯綜複雜，你也有可能會迷了路，不過那倒不是什麼壞事，這樣你將更有機會領略中央公園的悠閒。

穿越公園後來到大都會美術館，這裡有著全紐約最重要的館藏，你在博物館裡走的路恐怕會比在中央公園還要來得多。把握時間，大都會美術館北邊的古根漢美術館同樣值得一看，就算看不懂後現代藝術，這棟由法蘭克洛伊萊特設計的建築本身就是經典。最後來到庫柏休伊特博物館，作為散步行程的結束。

曼哈頓下城
Lower Manhattan

今日所稱的下城，一般指的是14街以南的範圍，對初來乍到的觀光客而言，下城是遊歷紐約最好的起點，世貿一號大樓、布魯克林大橋、華爾街銅牛這些著名景點，就位於下城範圍內，更不用說紐約的象徵地標自由女神像，其渡船也是從下城南端的砲台公園出發。

曼哈頓島上的街區布局大多呈棋盤走向，井然有序，唯獨下城則否，這是由於下城的開發早於城市規劃之前。於是在鱗次櫛比的摩天大樓之間，常可見到不少歷史古蹟，在繁忙的城市步調中，仍能感受縈繞百年的優雅風華。

而在曼哈頓的三大分區裡，下城是風貌最繽紛多元的一塊，南端的金融區高樓大廈林立，唐人街是美國最具代表性的中國城，小義大利的許多街角令人想起《教父》中的畫面。而蘇活區是這一帶名氣最響亮的地方，早年因為藝術家進駐，帶動起本地時尚潮流，今日街道上已大多是國際品牌，至於獨立的設計師小店在東邊一點的諾利塔依舊不難找到。而下城區的北境便是遺傳著叛逆性格的格林威治村，東村由於坐落多間學府，主要大街儼然已發展成小型地球村，來自各地的文化與美食在此生根萌芽，多元之中又展露充沛的年輕活力。

這些擁有鮮明個性的街區，將大蘋果哲學發揮得淋漓盡致，它們的文化特色是由來自不同族群與不同背景的人們，經過長時間發展而來，不做作跟風而能引領潮流，自然而然卻又韻味無窮。

砲台公園 Battery Park

MAP ▶ P.63C8

砲台公園

Battery Park

前往自由女神的門戶

從地鐵4、5號線的Bowling Green站，或1號線的South Ferry站，或R、W線的Whitehall St站，出站即達 開放式公園 免費 www.thebattery.org

克林頓城堡國家紀念地 Castle Clinton National Monument

每日07:45~17:00 免費 www.nps.gov/cacl

旋轉玻璃魚 SeaGlass Carousel

11:00~19:00 (週五~週日至20:00) $5.5 www.seaglasscarousel.nyc

掃地圖

環繞曼哈頓南端的砲台公園，原本是處擁有28座加農炮、孤懸在岸邊小島上的砲台，後來砲台周圍逐漸填海造地，才成了今日形貌。公園內最醒目的建築為建於1811年的克林頓碉堡，19世紀後半葉曾作為移民檢查哨，後來檢查哨因空間不敷使用而移往愛利斯島，目前碉堡內主要是自由島渡輪的售票亭，並有一處小巧的展示廳。至於一旁永遠人潮洶湧的地方，便是搭乘自由島渡輪的碼頭。

公園內雕塑、紀念碑林立，還有一座進階版的旋轉木馬——旋轉玻璃魚，遊客分坐在30隻大型玻璃魚中無定向地旋轉，搭配燈光音效，讓人有如置身在奇妙的海洋中。

金融區 Financial District

MAP ▶ P.63D8

史丹頓島渡輪

Staten Island Ferry

向自由女神朝聖的另一種選擇

掃地圖

從地鐵1號線的South Ferry站或R、W線的Whitehall St站，出站即達碼頭 4 Whitehall St 24小時行駛，每30分鐘一班，平日尖峰時刻每15~20分鐘一班。航程約25分鐘 免費 www.siferry.com

到紐約來看自由女神是身為觀光客應盡的義務，不過並不是每個人都願意花錢登上自由島，於是原本只是供史丹頓島居民通勤使用的史丹頓島渡輪，便被許多遊客當作遊港船來搭乘。

史丹頓島渡輪又名南渡輪，由於史丹頓島與曼哈頓之間的陸地交通必須經由澤西市或布魯克林，因此渡輪成了島上居民前往曼哈頓最主要的交通工具。然而你會發現，在尖峰時間以外，搭乘人潮依然洶湧，而且每個人都拿出相機準備拍照，因為航行途中可以遠遠眺望自由女神與曼哈頓下城天際線，如果只是為了在旅行清單上打勾，這樣的方式其實就已足夠，而且最棒的是，渡輪還是免費的！不過渡輪在尖峰時刻會變得非常擁擠，若是為賞景而來，最好避免在該時段登船。

曼哈頓下城地圖
高架鐵道公園 The High Line
W 23rd St
23 St (C,E)
23 St (1)
23 St (F,M)
23 St (R,W)
Broadway
Park Ave S
E 20th St
西奧多羅斯福出生地
Theodore Roosevelt Birthplace National Historic Site
Gramercy Tavern
Irving Pl
E 18th St
W 18th St
18 St (1)
Fresh
聯合廣場
Union Square
10th Ave
9th Ave
W 16th St
雀兒喜市場
Chelsea Market
Chelsea Pines Inn
14 St-Union Sq (L,N,Q,R,W,4,5,6)
3 Av (L)
1 Av (L)
E 14th St
Artichoke Basille's Pizza
14 St (1,2,3)
W 14th St
14 St (F,M) / 6 Av (L)
14 St (A,C,E) / 8 Av (L)
14 St (PATH)
Kiehl's
Strand Bookstore
E 12th St
東村
East Village
肉品包裝區
Meatpacking District
Gansevoort St
8th Ave
Greenwich Ave
W 12th St
5th Ave
6th Ave
University Pl
4th Ave
3rd Ave
2nd Ave
1st Ave
Veniero's Pastry
查理帕克故居
Charlie Parker's Residence
漂浮小島公園
Little Island
格林威治村
Greenwich Village
E 10th St
W 10th St
Crif Dogs
Tompkins Square Park
惠特尼美國藝術博物館
Whitney Museum of American Art
傑佛遜市場圖書館
Jefferson Market Library
9 St (PATH)
Astor Pl (6)
Veselka
聖馬克廣場 St Marks Pl
McSorley Old Ale House
Avenue B
Avenue C
Magnolia Bakery
W 8th St
8 St-NYU (W,R)
阿斯特廣場
Astor Place
6th St
Bleecker St
石牆酒吧舊址
Site of Stonewall Riots
7th Ave
Waverly Pl
公共劇院
The Public Theatre
Avenue A
Bank St
Washington St
West St
Babbo
華盛頓廣場公園
Washington Square Park
Christopher St-Sheridan Sq (1)
紐約大學
New York University
商人之家博物館
Merchant's House Museum
E 4th St
E 3rd St
W 4 St-Wash Sq (A,B,C,D,E,F,M)
Blue Note
W 3rd St
Evolution
休北區
NoHo
Bowery
Mamoun's Falafel
Christopher St (PATH)
Mercer St
Broadway
Bond No.9
Bleecker St (6)
Clinton Street Baking Company
Macdougal St
Bleecker St
E Houston St
2 Av (F)
Katz's Delicatessen
Stanton St
The Meatball Shop
Clinton St
Beauty & Essex
Greenwich St
Hudson St
W Houston St
B'way-Lafayette St (B,D,F,M)
Schott NYC
新現代藝術館
New Museum
Economy Candy
Clarkson St
Houston St (1)
Marc Jacobs
Prince St
Café Habana
Norfolk St
Rivington St
Varick St
9A
6th Ave
Sullivan St
Thompson St
W Broadway
Prince St (W,R)
Oroboro
諾利塔
Nolita
Chrystie St
Delancey St-Essex St (F,J,M,Z)
Rubirosa
Rice To Riches
Delancey St
Spring St (C,E)
Spring St
Balthazar
Spring St (6)
Lombardi's Pizza
Bowery (J,Z)
廉租公寓博物館
Tenement Museum
紐約市立消防博物館
New York City Fire Museum
蘇活區
SoHo
Wooster St
格林街 Greene St
Broome St
Crosby St
Lafayette St
Mulberry St
Mott St
The Nolitan
Grand St
Moo Shoes
Grand St (B,D)
Doughnut Plant
Forsyth St
Eldridge St
Allen St
Ludlow St
Essex St
Broadway
Grand St
Tunnel
小義大利
下東城

圖例 州際公路 州道 隧道 步行道 航線 地鐵站 碼頭 火車站 景點 博物館 教堂 公園 廣場 劇場 圖書館 百貨 購物 住宿 餐廳 酒吧 糕餅 甜品 遊客中心

紐約港 New York Harbor

MAP P.43A8

自由女神像

MOOK Choice

Statue of Liberty

紐約、美國與自由的象徵

從砲台公園搭乘Statue Cruises前往（回程會先經過愛利斯島）www.nps.gov/stli

自由島渡輪 Statue Cruises

877-523-9849 夏季08:30~17:00，15~20分鐘一班；其他季節約09:00~15:30，約25分鐘一班 成人＄24，62歲以上＄18，4~12歲＄12 www.statuecruises.com
船票含兩座島上的語音導覽(有中文選項)

掃地圖

佇立在自由島上的自由女神像，官方名稱其實是「自由照亮世界」(Liberty Enlightening the World)，這座巨像是1876年美國建國百週年時，法國所贈送的生日禮物，由法國雕刻家巴多第(Frédéric Auguste Bartholdi)所打造。1884年，被拆解的雕像分裝於214只木箱中，橫越大西洋送抵曼哈頓組裝。然而由於雕像內部中空，龐大的表面積卻要承受來自海上的強風，這些結構與力學上的問題，都遠遠超出巴多第的專長。這時法國工程師艾菲爾(Alexandre Gustave Eiffel)的出現，適時將所有看似無解的結構問題一一化解。他以每片厚度只有0.2公分的300片銅板，組成自由女神的表面，在雕像內，艾菲爾設計了一座巨大的塔樓，塔樓中心由4支鋼鐵直柱構成，柱子之間則以水平和斜對角的橫樑連結起來。在此之前，這樣的結構設計以及金屬材質只在橋樑工程中使用過。透過種種巧妙設計，不但自由女神像在1886年順利完工，也讓艾菲爾獲得足夠知識

拜訪自由女神像

購票

◎ 現場買票

自由島渡輪售票亭位於砲台公園的克林頓碉堡內，雖然用這種方式購票日期安排比較彈性，但光是買票可能就要排上好一陣子的隊，而且買到的票不見得是下一班船，更有可能無法買到當天的船票。因此現場買票可得做好「今天就只去看自由女神」的心理準備。

◎ 官網訂票

先在官網上把票訂好是比較穩當的方法，可節省不少時間。線上付款之後票會寄到電子信箱，列印下來即可不用經過售票處，直接前往碼頭報到。但若要取消或更改日期，必須在開船前24小時前致電告知。如因天候或其他因素致使船班取消，渡輪公司會把錢退回信用卡帳單內，只是海外消費的手續費就拿不回來了。

◎ 使用CityPass

如不打算進入座臺或頂冠，使用CityPass是最好的方式，不但參觀日期更加彈性，票價換算起來也比較便宜，雖然一樣得先去售票處換票，但隊伍會比直接買票短得多。

進入基座或頂冠

◎ 要進入座臺或頂冠，在官網上購買座臺票(Pedestal Reserve)或頂冠票(Crown Reserve)幾乎是唯一方式，雖然現場售票處會免費發放當日的座臺票，不過數量非常有限，如果沒能在第一班船出發前1小時抵達，基本上是沒機會領到的。至於頂冠票則非得在官網購買不可，且名額極少，建議3個月前就先把票搶好，每人只能預訂4張，而且半年內只能預訂1次。頂冠票必須到售票處的Will Call窗口領取，領取時記得出示護照及購買時使用的信用卡。

◎ CityPass只能兌換船票，如果真的很想進入女神裡面，必須上官網另外購票。所幸CityPass是選擇票券，不想浪費的話，就拿去搭乘環線港灣遊船吧。

◎ 背包、長傘、食物(即使未開封)和飲料(包括水)不能進入自由女神內部，現場有提供置物櫃，使用費＄2。

◎ 基於安全考量，107公分以下孩童不能登上頂冠。登頂必須爬上162階窄梯，而且全程是在密閉空間內，想登高的人最好先衡量身體狀況。

登船上島

◎ 前往時間愈早愈好，如果可以，第一班船就上島。去得晚的話，買票、領票要排長隊，進入碼頭要排更長的隊，進碼頭後還得安檢，一天就少了好幾小時，島上也會相當擁擠。若是線上購票，票面時間並非開船時間，而是可以進入碼頭安檢的時間，儘管如此，還是建議比票面時間再提早30分鐘抵達。要是買到的是下午2點之後的船票，可能就得放棄愛利斯島的行程。

◎ 登上渡船前的安檢是機場等級的，因此輕裝簡行就好，大件行李千萬不要帶，而且碼頭也沒有大型置物櫃可以使用。

◎ 上島後先去領取語音導覽機，離開前記得要把導覽機歸還籃內。島上海風較強，氣溫也比曼哈頓略低，記得穿著適合的衣物。離島時要注意碼頭上的目的地指示，因為除了從紐約出發外，也有從紐澤西開船的船班。從紐約出發的船，離開自由島的下一站是愛利斯島，而從紐澤西出發的船，離開自由島後就會回到紐澤西，千萬不要搭錯！

及靈感，第二年便回到法國著手另一座舉世聞名的地標——艾菲爾鐵塔。

高46.5公尺的自由女神像，連同基座將近有93公尺高，她的頭上有7道光芒，象徵世界七大洲，右手高舉自由的火炬，左手則持一本法典，上面刻著大陸議會正式宣告《獨立宣言》的日期。因為外觀是以銅板打造，剛落成的自由女神其實是暗銅色的，然而經年累月的氧化，終於成為現在的銅綠色。

雕像內部有人數控管，一般人來到島上只能在星狀地台周圍走動，若要登上基座或頂冠觀景台，則要事先上網訂票。而自由島碼頭邊上的自由女神博物館，落成於2019年，當中展示有自由女神的歷史和1916年之前女神手上的火炬。

紐約港 New York Harbor

MAP P.43A8

愛利斯島

MOOK Choice

Ellis Island

百年前移民的第一道關卡

從砲台公園搭乘Statue Cruises前往(船程會先前往自由島) 船班時間、價錢及渡輪網站，請參見自由女神像 www.nps.gov/elis 語音導覽外，也有免費專人導覽，行程約40分鐘，出發時間請洽服務櫃台

安全帽行程 Hard Hat Tour

這個額外付費的90分鐘行程，可參觀愛利斯島南部的舊移民醫院，由於是未經整修的建築，因此必須全程穿戴安全帽，也沒有無障礙設施。門票可在渡輪官網購買 成人＄74，62歲以上＄68(含船票) 須年滿13歲

掃地圖

愛利斯島是從前進入美國的移民前哨站，大概有超過40％的美國人祖先，都曾在這座27.5英畝的小島上居住過，因此又有「移民島」之稱。這座小島原名牡犡島(Oyster Island)，由於位在哈德遜河出海口，戰略地位顯著，在獨立戰爭中扮演重要的防禦角色，島上堡壘即是這時期興建。19世紀末，嚮往新世界的移民日益增加，原本設在砲台公園的移民檢查站不堪負荷，便在愛利斯島設立較大的移民關防，從1892到1954年間，約有1,200萬的移民在愛利斯島上停留，等待移民官員檢查。

然而並非所有移民都必須在此接受查驗，搭乘第1、2等艙的乘客不需候檢，只有3等艙的乘客在經過惡劣擁擠的船底長期航行後，還必須接受冗長的體檢和文件驗關過程，而其中大約有2％的人被拒絕入境。直到一次大戰後，現行的簽證申請制度開始實施，愛利斯島的功能才逐漸消失，成為非法移民收留所，最後於1954年正式結束任務。

島上最大的建築即是建於1900年的檢查站，1樓展示新大陸自殖民時代以來的移民歷史，2樓大廳是當年的登記室，過去每天有5千名剛下船的移民擠在這裡，等候移民官叫喚自己的名字，而這間大廳往往也成為移民們對愛利斯島最深的印象。從這裡開始，移民要接受官員問話、身家調查、身體檢查等一連串嚴格措施，接著還得在島上居住一段時日，等候通過許可。在2樓及3樓各展示廳中，可看見當年移民們攜帶的家當行李、住在這裡的生活情形、各種檢查過程、私底下的娛樂等，昔日一切歷歷在目，幾乎讓遊客感同身受他們對未來的憧憬與擔憂。

©NYC & Company -Kate Glicksberg

©NYC & Company -Kate Glicksberg

©NYC & Company -Kate Glicksberg

©NYC & Company -Kate Glicksberg

©NYC & Company -Kate Glicksberg

紐約港 New York Harbor

MAP P.43A8

總督島

Governors Island

紐約市的誕生之處

掃地圖

從BMB碼頭(10 South St)搭乘總督島信託基金會的渡輪，或是從華爾街的11號碼頭搭乘紐約市渡輪前往，船程約8分鐘 總督島渡輪每日07:00~16:15發船，約30分鐘一班，回程末班船為18:00。紐約市渡輪僅週末行駛 渡輪來回＄4，65歲以上與12歲以下免費 www.govisland.com 週末11:00前的渡輪船班免費搭乘

傑伊堡與威廉斯城堡 Fort Jay & Castle Williams

10:00~16:30（週末至17:00） 休冬季 免費 必須參加導覽團才能進到威廉斯城堡2、3樓，導覽行程雖然免費，仍需於出發前1小時內至堡內領取門票。

之所以名為總督島，是因為在英國殖民時期，紐約總督官邸就在這座小島上，雖然這名字是在美國獨立後才取的，在那之前這裡一直被稱為「堅果島」(Noten Island)。現在的總督島形狀像個冰淇淋甜筒，不過其實在1911年以前，小島只有上面那球冰淇淋的部份，至於下面那支甜筒，是紐約地鐵與建萊辛頓軌道線時，利用開挖出的砂土填海而成。

總督島在紐約歷史上擁有舉足輕重的地位，荷蘭人在取得曼哈頓之前，最先殖民的就是這個地方，因而被認證為紐約市的誕生地。後來有很長一段時間，總督島都是紐約港防衛體系中最重要的一環，尤其在獨立戰爭期間成功牽制英軍船艦，讓在長島會戰中失利的華盛頓得以順利撤回曼哈頓。現在來到島上，首先要看的就是被列為國家紀念地的兩座要塞：傑伊堡建於1794年，是座擁有5個稜堡的星型要塞，可參觀地下彈藥庫及5門羅德曼大炮；鄰近的威廉斯城堡則建於1811年，是座以紅砂岩建造的圓形堡壘，其空間規劃與炮台配置都是當時最先進的設計，也讓這裡成為19世紀美國所有要塞的原型。

此外，近幾年才完工的幾座公園也是觀光重點，市政府以人造方式在小島南邊「蓋」了4座小山丘，其中最有趣的是高12公尺的溜滑梯山丘，陡坡上建有4座溜滑梯，最大的一座甚至長達17公尺。而景觀山丘則有21公尺高，由許多雜亂排列的花崗岩塊堆砌而成，登頂後可眺望自由女神與曼哈頓天際線，是非常熱門的打卡地點。

金融區 Financial District

MAP P.63C7

華爾街銅牛

MOOK Choice

Charging Bull

美國式的好彩頭

掃地圖

從地鐵4、5號線的Bowling Green站出站即達

華爾街銅牛是義大利裔雕塑家莫迪卡(Arturo Di Modica)的代表作品。1987年華爾街黑色星期一造成全球股災，重創美國經濟，由於股市看漲稱為「牛市」，莫迪卡於是打造出這隻蓄勢衝鋒的公牛，於1989年耶誕節前運到華爾街證券交易所，作為送給市民的禮物。不過莫迪卡這個自發性的舉動並未獲得批准，公牛很快就被警察沒收，結果憤怒的群眾包圍警局，迫使公園管理處出面，最後將銅牛永久放置在滾球草地(Bowling Green)前。

不知從何時開始，有傳聞摸了銅牛會帶來財運，尤其是銅牛的兩顆睪丸，更是被摸到金光閃閃，於是觀光客們從四面八方湧來，現在想和銅牛拍照還得排隊。

無懼女孩 Fearless Girl

銅牛向來是華爾街指標性的象徵，但2017年國際婦女節時，一尊由「道富環球投資基金」設置的「無懼女孩」卻引發爭議。這尊由烏拉圭裔藝術家維斯巴爾(Kristen Visbal)創作的銅像，昂首插腰站在銅牛面前，自信而無畏的姿態，營造出對抗強權的觀感。雖然出資方聲稱這是為了彰顯女性精神，但莫迪卡卻十分憤怒自己的銅牛被扭曲成邪惡強權的化身，於是在支持與反對聲浪拉鋸下，無懼女孩最終在2018年底被移到了紐約證券交易所前的現址。

金融區 Financial District

MAP P.63C8

國立美國原住民博物館

National Museum of the American Indian

認識美洲原住民

掃地圖

從地鐵4、5號線的Bowling Green站出站即達　1 Bowling Green　每日10:00~17:00　免費　americanindian.si.edu

博物館最初創立於1916年，目的在保存美國原住民的語言、生活、文學、藝術、歷史等相關文物，如今館藏多達82萬件文物和12萬5千件影像，年代跨越1萬2千年歷史，範圍更以整個美洲為主，上至加拿大、下抵加勒比海和中南美。

博物館在紐約和華府都設有分館，紐約的館址位於從前的美國關稅大樓內，中央的圓形大廳以航海為主題，四周壁畫描繪歷史上的知名船隻。博物館展覽空間共分兩層，以不同主題的臨時展為主，除了北美、印加、馬雅文明等傳統文物外，部分展覽更結合現代音樂、舞蹈和藝術，透視美洲原住民的文化演變。

金融區 Financial District

MAP P.63E7

南街海港

MOOK Choice

South Street Seaport

從熱鬧海港變成觀光勝地

距地鐵2、3號線的Fulton St站，步行約5分鐘　Fulton St靠近港邊的區域　theseaport.nyc

南街海港博物館 South Street Seaport Museum

12 Fulton St　(212) 748-8600　11:00~17:00　休週一、二　$博物館免費，但需上網預訂門票。搭乘帆船遊港，成人$50~70，兒童$20~30　southstreetseaportmuseum.org

17號碼頭 Pier 17

89 South St　www.pier17ny.com

掃地圖

在帆船時代，南街海港原本是座繁忙港口，每日吞吐龐大的貨運量，其全盛時期，街道上摩肩接踵奔走著各色人等，企業、商家、作坊、旅館、沙龍甚至妓院，一間接連一間。然而1880年代後，由於無法容納吃水量深的新式船舶，熱鬧景象開始衰退，1930年代大部分貨船已停靠他處，到了50年代這裡已失去海港功能。

1967年，為了紀念曾經的輝煌歲月，在紅磚造的平頂倉庫謝莫洪排屋(Schermerhorn Row)裡成立了南街海港博物館，復古懷舊的浪漫氣氛，加上可以遠望布魯克林大橋，海港又慢慢發展成極受遊客歡迎的徒步區。碎石鋪就的路面、停泊在16號碼頭的舊日帆船，過去還有吆喝聲不斷的富頓魚市場，吸引人潮回到這裡，一間又一間餐廳、酒吧、紀念品店在古意盎然的富頓街(Fulton St)上如雨後春筍般開張，街頭藝人則在各個角落賣力表演，碼頭區終於又活了過來。

© South Street Seaport

© South Street Seaport

南街海港博物館中除了陳列海港歷史、海事器具與船舶模型外，遊客還可登上打造於1885年的鐵殼帆船Wavertree號，與1905年的燈塔船Ambrose號參觀，夏季時也有搭乘Pioneer號帆船巡遊港灣的行程，是非常熱門的觀光活動。至於昔日最熱鬧的17號碼頭，目前也已全面翻新完成，新大樓內聚集了許多餐廳與商店，其頂樓更是現在炙手可熱的表演場地。

而在富頓街前的那座白色小燈塔，淡綠色的塔頂上方有個燈球標誌，這是興建於1913年的鐵達尼號紀念碑，用以追悼這艘超級大船沉沒的災難。

金融區 Financial District

MAP P.63C7-D7

華爾街

Wall Street

金錢遊戲的世界中心

掃地圖

從地鐵2、3號線或4、5號線的Wall St站，或從地鐵J、Z線的Broad St站，出站即達

17世紀初，荷蘭西印度公司為了保護哈德遜河上的毛皮生意，在曼哈頓島南端建立據點，命名為「新阿姆斯特丹」，當時據點北側築有一道防禦原住民萊納佩人的木牆，沿牆街道依荷蘭本國慣例，被稱為Waalstraat，翻譯成英文再以中文音譯後，就是我們現在耳熟能詳的華爾街。

雖然四百年前的草莽械鬥如今已不復見，但在華爾街上取而代之的金融戰場卻更驚心動魄。這裡是曼哈頓金融機構最密集的區域，聚集頂尖的銀行家、證券經紀人、股市分析師，除了是美國經濟重鎮，也決定了世界金融走勢。百多年來，華爾街看盡世間興衰浮沉、大起大落，它既象徵了菁英階級，人人稱羨，也潛藏著腐敗墮落，人人喊打；一方面它呼風喚雨，帶動資本主義的繁榮，但另一方面內線交易、財務造假的傳聞也未曾少過。1987年奧利佛史東的《華爾街》與2013年馬丁史柯西斯的《華爾街之狼》，或許就反映了華爾街的黑暗面。

佔領華爾街

光鮮亮麗、人人西裝畢挺的華爾街，也常因為貪婪形象而引發反感。2000年，討伐體制樂團(Rage Against the Machine)在未經許可的情況下，於聯邦國家紀念堂前開唱，最後率領群眾企圖闖進證券交易所，迫使交易所鐵門緊急拉下，成功癱瘓華爾街股市數分鐘，而當時拍攝MV的導演麥克摩爾也一戰成名。2011年對資本主義不滿的群眾以祖科蒂公園(Zuccotti Park)為據點，發起長達2個月的「佔領華爾街」運動，也反應出不少美國人看待金權遊戲的心聲。

金融區 Financial District

MAP ▶ P.63C7

紐約證券交易所

New York Stock Exchange

這才叫一秒鐘幾十萬上下

掃地圖

從地鐵J、Z線的Broad St站出站即達 11 Wall St www.nyse.com

新古典造型的證券交易所啟用於1903年，大門外是宏偉的柯林斯式柱，引導著通往金錢帝國的殿堂。這裡今日要是跺跺腳，全世界都會震動，但在1792年時，也不過就是個由24個交易商在華爾街68號前的梧桐樹下所組成的臨時交易行，而今入會費更是從1817年的25元飆漲到超過百萬美金。儘管科技日新月異，但紐約證交所還是維持傳統，以敲鐘方式表示開盤與收盤。其實最早使用的工具是小木槌，19世紀末改成敲鑼，直到證交所搬遷到現址後，才再改為敲鐘，而今日能在紐約證券交易所內敲響鐘聲，也成了一種特別榮耀。

紐約證券交易所市值超過23兆美金，每月交易量在1兆7千億美金左右，是目前世界最大的證券交易所，雖然鰲頭地位曾一度被同在紐約的那斯達克股票交易所超越，但在2006年成功合併泛歐交易所後，重新回到榜首位置，而2008年又收購了美國證券交易所，世界其他證交所就更加難以望其項背了。

金融區 Financial District

MAP ▶ P.63D7

聯邦國家紀念堂

Federal Hall National Memorial

美國聯邦政府誕生地

掃地圖

從地鐵J、Z線的Broad St站出站即達 15 Pine St (212) 825-6990 09:00~17:00 休週六、日 免費 www.nps.gov/feha

最早豎立於此的建築，是建於1703年的紐約市政廳，在那段時期所發生最重要的大事，莫過於在此審理了奠定日後新聞自由的曾格案（Trial of John Peter Zenger）。美國獨立後，邦聯會議決定將首都定於紐約，於是著手改建了舊市政廳，並更名為聯邦廳，同時邀請喬治華盛頓前來擔任美國首任總統。1789年4月30日，華盛頓在聯邦廳二樓陽台上宣誓就職，為世界政治體制開創了新的範例。同年美國憲法正式生效，第一屆國會就是在此召開，當年通過最重要的法案，便是賦予美國人民權利與自由的《權利法案》。因為這些深厚的歷史意義，聯邦廳被視為美國聯邦政府的誕生地。

不過聯邦廳的風光只有1年，新成立的國家在南北各方勢力妥協下，決定選在勢力中線的波多馬克河岸建立新首都，在新城建好之前則以費城作為臨時國都，於是聯邦廳又變回了紐約市政廳，並在新市政廳完工的1812年被夷為平地。現在看到的新帝國主義式建築，其實是建於1842年的紐約港海關大樓，後來又被用作美國6個國庫之一。1920年美國聯邦準備銀行成立後，這棟建築失去了功用，為了紀念其前身在歷史上的功績，於是開放為國家紀念堂供民眾參觀。今日來到紀念堂內，可看到當年華盛頓宣誓時的聖經、陽台欄杆，以及層層大鎖的金庫庫門。

金融區 Financial District

MOOK Choice

MAP P.63C6

世貿一號大樓觀景台

One World Observatory

會當凌絕頂，一覽眾樓小

掃地圖

從地鐵1號線的WTC Cortlandt站，步行約2分鐘 117 West St (212) 602-4000 每月時間不同，夏季約08:00~22:00，冬季約10:00~19:00，詳細開放時間請上官網查詢 成人＄43，65歲以上＄41，6~12歲＄37 www.oneworldobservatory.com 門票為時段入場制，每個時段間隔15分鐘。另外也有販售能優先入場、彈性日期與數位導覽的票種

世貿雙子星倒下後，原本的位置成為紀念廣場，新的大樓則在其周邊陸續重建。新世貿中心的6棟大樓中，最受矚目的一號大樓於2014年對外開放，這棟有著交錯三角形立面的玻璃金屬帷幕大樓，樓頂高度417公尺，用以紀念原本的雙子星北塔，而加了天線後高度達541.3公尺，也就是1776英呎，用以紀念1776年的《獨立宣言》。這個高度在世界高樓排名中位屬第七，更是當今西半球最高的建築。

觀景台位於大樓102層，360度的視野，整個紐約市都在腳下，海港中的自由女神也清晰可見。天氣晴朗時，可眺望方圓50英哩的範圍，從前孔子登泰山而小天下，現在若說登世貿一號大樓而小紐約，應該也不為過。

不過這裡最酷的是與各種多媒體的結合，例如上樓的電梯廂內，其實四面都是電子螢幕，隨著電梯上升，紐約從1625年荷蘭人建港到2014年大樓落成的城市景觀，就像快轉一樣在短短60秒內從無到有；一出電梯，馬上又是整面電子牆的影片，播放各種紐約意象，影片播畢螢幕上拉，現出真實窗外景色，所有人都同聲讚嘆。觀景樓層裡也有不同的多媒體設備，像是地板上長度2分鐘的「鳥瞰」影片等。

下樓電梯則是模擬飛出大樓之外，在紐約街道上空盤旋。原本感到有點貴的門票，現在覺得相當值得。

金融區 Financial District

MAP P.63C7

MOOK Choice

911紀念博物館

9/11 Memorial Museum

美國人的一場惡夢

從地鐵1號線的WTC Cortlandt站，出站即達 180 Greenwich St (212) 312-8800 www.911memorial.org

掃地圖

紀念廣場 The 9/11 Memorial

每日09:00~20:00 免費

博物館

10:00~17:00 休週二 成人＄29，7~12歲＄17，13~17歲及65歲以上＄23 週一15:30後免費入場，但須先上網預約免費票 6歲以下兒童仍須先領取免費票才能入場

紐約世界貿易中心的雙子星大樓，樓高417與415公尺，過去是紐約第一高樓，也是資本主義世界的象徵。然而這一切在2001年9月11日遭逢巨變。那是個原本風和日麗的上午，金融區熙熙攘攘的人潮正準備開始一天工作，但8點46分時，一架美航班機直接撞進世貿北樓，燃燒的樓層冒出熊熊黑煙。就當大家驚駭著不知發生何事，9點03分另一架聯航客機撞進南樓，人們才清楚是遭到攻擊了。救災現場一片混亂，大樓裡的人逃命撤離，突然之間，南樓於9點59分轟然塌下，30分鐘後北樓也化為灰燼，激起的煙塵如同海嘯，光鮮的下城頓成地獄。

這次事件造成2,730人死亡，反恐從此成為流行名詞，世界也跟著進入另一個時代。關於911的前因後果，以及全球局勢的後續發展，足以寫成一整櫃專書，在此不作討論，遺憾的是，人類相互間的屠殺，至今似乎有增無減。

位於世貿遺址下方的這間博物館，將後人帶往那曾被瓦礫掩埋的深處，以影像、文件、新聞片斷、錄音內容等，鉅細靡遺地陳述這段往事。實體陳列則包括大樓殘餘的鋼樑、原本樓頂的天線、救災中損毀的消防車等，看那堅硬的鋼鐵竟能如此扭曲變形，足以想見情況慘烈。

雙子星倒下後，南北樓成了南北池，兩池周圍改建為巨大的紀念廣場，池畔圍牆邊上刻滿了罹難者姓名，流水流進方池中央的深洞，彷彿要將一切苦難與罪惡帶走，而池面倒映著新的世貿大樓，或許也在期盼未來的光明。

金融區 Financial District

MAP ▶ P.63C6

聖保羅禮拜堂

St Paul's Chapel

911事件中的臨時救難所

掃地圖

從地鐵4、5號線的Fulton St站出站即達 位於Broadway與Fulton St路口 每日08:30~18:00 trinitywallstreet.org/visit/st-pauls-chapel

落成於1766年的聖保羅禮拜堂出自英國建築師Thomas McBean之手，也是該區少數躲過1776年大火的建築。方正格局搭配傳統門廊，喬治亞式的風格，幾乎就是倫敦「田野上的聖馬丁教堂」的縮影。

不過讓這間教堂如今訪客絡繹不絕的原因，乃是當中的911祭壇。911事件後，這間緊鄰世貿中心的禮拜堂成為倖存者的暫時休息處和避難所，長達8個月的時間裡，來自世界各地的志工輪番在此照顧傷患。如今災難的記憶已慢慢淡去，但對失去親友的人來說傷痛永難平復，為了紀念這些受難者和因公殉職的人員，聖保羅禮拜堂中設立的祭壇收集著人們的追憶與思念。

金融區 Financial District

MAP ▶ P.63C7

三一教堂

Trinity Church

連墓園都擠滿了觀光客

掃地圖

從地鐵4、5號線的Wall St站，或R、W線的Rector St站出站即達 89 Broadway 每日08:30~18:00 (墓園至16:00) www.trinitywallstreet.org

三一教堂最初興建於1697年，不過第一代教堂已毀於1776年的紐約大火，現今這座則是重建於1846年。高達86公尺的尖塔，在落成當時是紐約最高的建築物，直到1890年才拱手讓位給今日已被拆除的世界大樓。時至今日，這座華麗優雅的哥德式教堂仍令人驚豔，玫瑰色砂岩的外觀在周圍一片灰白高聳的現代建築群中，顯得獨樹一格。而教堂的銅雕大門是由美國建築大師韓特(Richard Morris Hunt)所設計，也是它值得一看之處。

雖然教堂內部的聖堂、雕屏與彩繪玻璃都很壯觀華麗，不過最吸引遊客的，竟是它南、北兩側的墓園，因為埋葬在這裡的，有許多是美國歷史上赫赫有名的人物。其中最重量級的當屬亞歷山大漢彌爾頓，他是美國憲法制定者中最年輕的一位，也是美國第一任財政部長，10元美鈔上印的就是他的頭像。不過他在1804年與政敵——時任副總統的亞隆伯爾決鬥時傷重身亡，他的過世也促使美國的決鬥文化走入尾聲。

市政中心 Civic Center

MAP P.63D6-E6

布魯克林大橋

MOOK Choice

Brooklyn Bridge

美國東岸最上鏡頭的橋樑

掃地圖

從地鐵4、5、6號線的Brooklyn Bridge-City Hall站，或J、Z線的Chambers St站出站即達

橫跨東河的布魯克林大橋，全長約1.8公里，這條全球第一座以鋼纜架設的懸索橋，1883年落成時以其486.3公尺的最大跨度，成為世界最長的懸索大橋。而後世如金門大橋等著名的鋼纜懸索橋，也都是以布魯克林橋的技術作為基礎。

雖然今日這樣的橋樑比比皆是，但在140年前，這樣的技術簡直是不可思議的，尤其當時許多力學理論還未建立，機具器械也不似現在發達，要著手興建這樣一座大橋，的確需要不少膽識。而這位有膽識的人，就是德裔橋樑工程師約翰羅布林(John Augustus Roebling)。只可惜老羅布林在正式開工前於一次勘查中受傷，結果感染破傷風驟逝，他的兒子小羅布林克紹箕裘，卻又因為潛水夫病導致半身不遂，最後是在他的指導下，由其妻愛蜜莉來監督施工。

受限於環境因素，施工過程也極為冒險，只要一個環節出錯，或是計算稍有偏差，甚至只是單純運氣不佳，都有可能全盤皆毀。所幸克服種種困難後，蓋了13年的大橋終於完工，而且結構比羅布林想像的還要堅固，因而被視為人類工程史上的一項奇蹟。

25.9公尺寬的橋面最初是供行人和馬匹行走，後來一度增加了電車軌道，目前布魯克林大橋橋面為6線車道，並有一條上層的行人步道，行走上方除了可欣賞四周美景，下層川流不息的車潮也同樣令人震撼。而從水面算起，高84.3公尺的新哥德式橋塔，以花崗岩及石灰岩砌成，氣勢雄厚。同時也因辨認度高，只要是以紐約為背景的影視作品，多多少少會出現它的鏡頭，算得上最能代表紐約的地標之一。

市政中心 Civic Center

MAP ▶ P.63C6-D6

市政廳與公園

City Hall & Park

繁忙中的短暫悠閒

從地鐵R、W線的City Hall站，或4、5、6號線的Brooklyn Bridge-City Hall站出站即達 位於Broadway與Park Row路口

導覽行程

大多數週三12:00與部分週四10:00出發，行程約1小時 免費 須事先在網路上預約

www.nyc.gov/site/designcommission/public-programs/tours/city-hall.page

掃地圖

這座建成於1812年的市政廳，是紐約的第三座市政廳，也是獨立戰爭後的紐約新建都市計畫之一。建築出自法國設計師Joseph-François Mangin和紐約設計師John McComb Jr.之手，使得該建築融

合法國和聯邦式建築的風格。立面中央以廊柱撐起迴廊、裝飾著五扇大型雙層拱形窗，中間的塔樓上還有造型優雅的圓頂。市政廳前方有座迷人的公園，噴泉以迷你瀑布之姿層層奔流而下，附近上班族經常到此享用午餐，在綠樹提供的涼蔭中度過一段悠閒時光。

下東城 Lower East Side

MAP ▶ P.62E4

廉租公寓博物館

Tenement Museum

體驗早期移民的艱辛歲月

掃地圖

距地鐵J、M、Z線的Essex St站，與F線的Delancey St站，步行約2分鐘 103 Orchard St 877-975-3786 第一梯約從10:00開始，最後一梯在16:45出發，每個行程60至75分鐘不等 每個行程＄30 www.tenement.org 必須在官網上購票。6歲以下兒童不得參加進入屋內的行程(遇見維多莉亞除外)

在紐約眾多綽號中，「大熔爐」(The Melting Pot)也是經常被提起的一個，從19世紀中到20世紀初，大批移民從世界各地湧進美國，期望在這裡實現美國夢。今日看來相當時尚的下東城，在當時擠滿了五湖四海的工人階級，其中又以東歐的猶太人、日耳曼人與波多黎各人占多數。他們必須在惡劣的環境中刻苦掙扎，在人們的偏見下忍辱負重，只為這片新大陸比家鄉有著更多希望。

博物館坐落在2棟歷史建築內，主要參觀地點

是建於1863年的Orchard街97號，這棟公寓曾先後居住超過1萬5千名工人移民，來自20多個不同國家。自1935年起公寓便不再對外出租，因而格局仍保持原貌。博物館的參觀方式是先在官網上報名行程，這裡每天的行程將近有40個，分別參觀不同樓層與主題，有的展示不同文化背景的移民如何生活在同一個屋簷下，有的還原房間與商店，讓遊客親身走進他們的世界，有的探討移民在血汗工廠中的工作處境，有的還讓遊客品嚐當年移民每天吃的食物。最有趣的行程是由演員扮成當時的住民與遊客互動，讓遊客親眼觀看他們的日常生活，並接受人們提問。

唐人街 Chinatown

MAP ▶ P.63D5

唐人街

Chinatown

美國人眼中的異國風情

掃地圖

距地鐵J、Z線與N、Q線的Canal St站，步行約5分鐘　大致上北起Canal St、Grand St，南迄Worth St、Henry St，西自Broadway，東至Essex St

唐人街又常被稱作中國城，不過它的官方名稱是「曼哈頓華埠」。美國最早的華人移民，是大約在1840年代前往加州的淘金者，後來也有不少華人參與修築橫貫鐵路工程，其中不乏被綁架或誘騙到美國的豬仔。由於西岸工作競爭激烈，白人普遍仇視華人，許多華工於是再次遷徙，來到東岸的紐約落腳。

據說第一個定居紐約的華人是來自廣東的商人阿肯(Ah Ken)，他於1858年來到今日的勿街(Mott Stree)，並開了一間菸草店，以此發跡致富，成為唐人街在此發芽的種子。1882年起受限於《排華法案》，美國禁止中國人移民，唐人街的發展於焉停滯，直到二次大戰結束，美國放寬移民條件，華人移民才日益增加，連帶使唐人街的範圍愈來愈大。這群新移民以廣東人和香港人為主，大都聚集在勿街一帶，以經營餐館及洗衣店維生，今日勿街成為繁榮的「華埠主街」，便是他們的功勞。到了7、80年代又湧進大批福建人，因為與舊移民語言隔閡，於是群居在東邊，這也就是為何且林廣場(Chatham Square)上會佇立一尊福州名臣林則徐雕像的原因。不過911事件之後，靠近世貿的唐人街受到不少影響，許多人索性搬到布魯克林與皇后區的法拉盛，目前法拉盛已超越曼哈頓，成為美國最大的華埠。

MAP ▶ P.62D4

小義大利

Little Italy

黑幫故事雖已矣，美食慶典今尚存

掃地圖

距地鐵J、Z線、N、Q線與6號線的Canal St站，步行約5分鐘 大致上北起Broome St，南迄Canal St，西自Lafayette St，東至Mott St、Bowery

在美國許多城市裡，小義大利與唐人街都是比鄰而居，這並非出於偶然，早期這些新移民都是社會裡的下層階級，只能群聚一處。1880年代，由於歐洲情勢混亂，大批義大利人飄洋過海移民美國，他們當中社經地位低下的，聚居在今日的摩比利街(Mulberry Street)一帶，在社會歧視與生存壓力下，他們之中有許多家族結成幫派，而1920年代的禁酒令更讓黑幫靠著私酒壯大，縱橫紐約黑歷史的黑手黨就是在這樣的背景下形成的。

20世紀初是小義大利的全盛時期，當時小義大利的範圍要比現在大上許多，義裔居民人數上萬，在這個街區佔了超過9成比例。與此同時也是紐約黑手黨最活躍的時期，黑幫教父盧西安諾(“Lucky” Luciano)甚至還組織了一個「全國委員會」，協調紐約五大家族間的恩怨情仇。不過在90年代朱利安尼(“Rudy” Giuliani)擔任聯邦檢查官及紐約市長任內，對組織犯罪大加掃蕩，到了現在紐約幾已看不見黑手黨的蹤跡了。

二戰結束後，許多義裔移居到布魯克林、長島、紐澤西等地，加上60年代後大批華人移民湧入，使小義大利的範圍大幅縮小。今日這一區的義裔居民已不再占有多數，義大利色彩最濃厚的街區只剩摩比利街，街道兩旁仍隨處可見懸掛著綠白紅三色國旗，空氣中則飄散著濃郁的起士香味。打從1926年起，每年9月中旬，來自南義的移民後裔會在這條街上舉行為期10天的慶典，以榮耀拿坡里的守護者聖雅納略，屆時所有餐館都會沿街擺出攤位，不但可一次嚐遍義大利小吃，還能觀賞精彩熱鬧的表演。

諾利塔 Nolita

MAP ▶ P.62D3-D4

諾利塔

Nolita

小義大利與蘇活區的結合體

掃地圖

從地鐵6號線的Spring St站出站即達 大致上北起E. Houston St，南迄Broome St，西自Lafayette St，東至Bowery

諾利塔之名來自「小義大利北部」(North of Little Italy)的縮寫，因為與俄裔小說家納博可夫的成名作《蘿莉塔》(Lolita)諧音，因此成了該區名稱。諾利塔其實原本就是小義大利的一部分，不過近20年來由於不斷高漲的租金，迫使許多義裔居民搬遷他處，義大利色彩已不再濃烈，只剩主要街道上仍舊開著多間披薩店與義大利餐館，彷彿要人們不要忘記這裡的過去。

自1998年開始，地產開發商有意將諾利塔打造成蘇活區的延伸，在這個區域內陸續引進獨立

品牌的精品小店、咖啡館、酒吧、甜點店等時髦店家，過去陳舊髒亂的街道開始出現明亮乾淨的落地窗，新銳設計師的潮流服飾映著橘黃色的燈光正式登陸，極簡風格的現代主義、頹廢怪異的後現代藝術慢慢驅離了原有的落後荒涼，現今的諾利塔儼然已逐漸變成另一個蘇活區。

諾利塔 Nolita

MAP ▶ P.62D4

新現代藝術館

New Museum

強烈刺激你的藝術感官

掃地圖

距地鐵F線的2 Av站，或J、Z線的Bowery站，步行約4分鐘 235 Bowery (212)219-1222 11:00~18:00 (週四至21:00) 休週一 成人$18，長者$15，18歲以下免費。週四19:00後門票隨意，但至少還是要給$2 www.newmuseum.org 須事先預約時段票(包括週四晚上)

這是紐約唯一以展示世界當代藝術為宗旨的博物館，創始於1978年，原址位於蘇活區，2007年才搬到這棟新建築中。新館由日本知名建築師妹島和世設計，造型有如不規則堆疊的積木，內部因此能得到大量天光，並營造出空間的流動性。建築外覆一層電鍍鋁網，乍看呈灰白色，卻會隨著環境光線改變而轉化色彩，隱喻現代藝術

多變的本質。

新現代藝術館向來以大膽前衛的展覽著稱，許多現在聞名全球的藝術家早期都因在此佈展而闖出名號，譬如Richard Prince、Jeff Koons、David Hammons、Tony Oursler和Bill Jensen等人。任誰也無法預測，如今在館內展出作品的藝術家，會不會成為引領下一波藝術風潮的佼佼者？

儘管藝術館的空間不算大，但樓層極為挑高，展示作品以多種媒體混合的裝置藝術為主，不但強烈挑戰視覺，更有聲音搭配產生不同效果。而創作者的訴求或許會與觀賞者的感受不同，這也正是當代藝術有趣之處。

蘇活區 SoHo

MAP ▶ P.62C4

蘇活區

MOOK Choice

SoHo

前衛的時尚購物街區

掃地圖

從地鐵R、W線的Prince St站，或B、D、F、M線的Broadway-Lafayette St站，或6號線的Spring St站，出站即達　大致上北起W. Houston St，南迄Canal St，西自6th Ave，東至Lafayette St

蘇活之名來自「休士頓街以南」(South of Houston St)的縮寫，如今則成為自由、藝術與前衛的代名詞。這個街區在景觀上最大的特色，就是立面有著鑄鐵欄杆與伸縮樓梯的鑄鐵建築，這種大量出現於19世紀中葉的新建材，將鎔融的鐵漿灌入模型中，除了擁有較大的彎度以豐富外觀裝飾外，還能支撐極大的樓板重量，所以建築內部能有較寬敞的空間及大型窗戶。而現存鑄鐵建築保留最完整的區域，是在格林街(Greene Street)上，有不少建築出自鑄鐵建築大師達克沃斯(Isaac F. Duckworth)之手。

大約就是在那個時代，蘇活區經歷了第一次風光，當時沿著百老匯大道兩側的，是一棟棟鋪著大理石外牆的氣派商店、酒店與劇院，而大道兩旁的巷弄內則是紐約的紅燈區。不過隨著街區繁榮，原本的居民開始無力負擔，紛紛遷往他處，取而代之的是如玻璃廠、陶瓷廠、印刷廠等小型工廠。到了1890年代，大型紡織廠進佔此地，蘇活區於是再次轉型。

不過二戰之後，產業逐漸外移，當時紐約人提起蘇活區，彷彿說到西部蠻荒之地，遍布的廢棄倉庫與血汗工廠，被他們形容為「百畝地獄」。60年代後，因為租金便宜和建築內部空間寬敞，吸引大量藝術家湧入，才讓蘇活區以藝廊和新銳設計師品牌鹹魚翻身，成為紐約文藝與時尚指標。不過近年來節節高漲的房租，卻也逼退了藝術家和藝廊老闆，迫使他們轉進雀兒喜和威廉斯堡，如今這處彈丸之地，反而成為連鎖品牌精品店與跨國服飾的天下。

南村 South Village

MAP P.62B4

紐約市立消防博物館

New York City Fire Museum

綜觀紐約消防史

距地鐵C、E線的Spring St站，步行約3分鐘；或1號線的Houston St站，步行約4分鐘　278 Spring St　(212) 691-1303　10:00~17:00　休 週一、二　成人＄10，65歲以上＄8，3~15歲＄5　www.nycfiremuseum.org

消防博物館由一棟舊消防局改建而成，紅磚砌成的外觀和高大的石拱門內，收藏了所有與消防相關的物品，歷史可上溯至18世紀，也就是所謂消防部門開始運作之時。

掃地圖

這裡的展示品包括各時期的消防車，其中最古老的是1892年的警長馬車，當時還是以馬拉車，消防人員得用手搖幫浦才能給水。其它收藏還包括不同時代的消防管線、消防員的制服、鋼盔、動章、皮帶和各式工具，以及掛滿牆上的歷史相片與圖畫，記載影響紐約都市發展的重大火災事件，同時也提供許多防火常識與資訊。透過這些展示，讓人更能了解消防人員工作的辛苦以及所需的勇氣。

肉品包裝區 Meatpacking District

MAP P.62A2

肉品包裝區

Meatpacking District

從前賣肉品，現在賣精品

掃地圖

從地鐵A、C、E線的14 St站，或L線的8 Av站，出站即達　W. 14th St、10th Ave、Gansevoort St與Hudson St之間的區域

肉品包裝區早期發展於19世紀中葉，當時是一片排屋林立的廉價住宅區，後來因為甘斯渥特堡(Fort Gansevoort)成為哈德遜河鐵路的貨場，使得鄰近區域開始發展成重工業區，一度聚集著鑄鐵、木材、大理石工廠等。到了1900年代，這裡更湧入多達250間屠宰場和包裝區，使它獲得今日的名稱。

不過隨著城市發展，在蘇活區與雀兒喜都因藝廊炒翻地價後，土地開發商相中了這片在1980年代因工業蕭條而成為紅燈區的土地。於是肉品包裝區在90年代改頭換面，如今成了精品店、雅痞和年輕設計師聚集的區域，包括Diane von Furstenberg、Christian Louboutin等品牌都進駐於此。此外，這裡也有多家知名餐廳與夜店，讓肉品包裝區已成為紐約最時尚的區域之一。

MAP P.62A2

惠特尼美國藝術博物館

MOOK Choice

Whitney Museum of American Art

開拓美國藝術新視野

掃地圖

距地鐵A、C、E線的14 St站，或L線的8 Av站，步行約8分鐘 99 Gansevoort St (212) 570-3600 10:30~18:00 (週五至22:00) 休週二 成人$25，65歲以上$18，18歲以下免費。週五19:00後門票隨意 whitney.org 建議事先預約時段票(包括免費票在內)

20世紀初，美國藝術仍以歐洲馬首是瞻，當時葛楚惠特尼(Gertrude Vanderbilt Whitney)這位兼具勇氣與前瞻眼光的女士，成立了以獎勵美國新進藝術家為宗旨的惠特尼工作室藝廊，許多日後引領風騷的美國藝術家，都曾受其資助。

1931年惠特尼女士捐出自己的200件收藏成立這間博物館，與大都會美術館不同的是，這裡不以收藏成名畫家的作品為職志，而是培養有潛力的新人，肯定美國本土藝術家。也因此許多知名的美國藝術家都指名捐贈作品給惠特尼博物館，例如普普藝術大師安迪沃荷與賈士伯瓊斯、塗鴉藝術家凱斯哈林，還有擅長描繪孤寂與抑鬱的愛德華霍普等，不但豐富了惠特尼的永久館藏，也奠定它的領導地位。精神延續至今，兩年一度的「惠特尼雙年展」更成為美國藝術界的盛事，得獎者通常為新人，其作品也常能準確預測未來的藝術潮流。

2015年，博物館由上東城搬到了肉品包裝區，新建築由曾設計巴黎龐畢度中心的建築大師倫佐皮亞諾操刀，這座造型新穎、帶有濃濃「倫佐味」的新館，不但有紐約最大的無柱式展覽空間、挑高明亮的採光，還有3層階梯狀的樓頂天台，讓人們能在室外休憩、賞景，彷彿把哈德遜河畔的街景也當成現代藝術展示。博物館展廳共有5個樓層，展出館藏與主題定期輪換，另外還有一層教育中心、實驗劇場與圖書館，可見得惠特尼不只是間美術館，更擔負起教育功能。

肉品包裝區 Meatpacking District

MAP P.62A2

漂浮小島公園

MOOK Choice

Little Island

哈德遜河面上的人造綠洲

掃地圖

距地鐵A、C、E線的14 St站，或L線的8 Av站，步行約10分鐘 W. 13th St與West St路口外的55號碼頭 每日06:00開門，夏季至24:00，冬季約至21:00 免費 littleisland.org 夏季The Amph劇場有演出時，需要購票進入

2012年珊迪颶風將原本的54號碼頭摧毀殆盡，修復工程隨後在2013年展開，不過重建的並非碼頭，而是座供市民休憩的人造島嶼公園。總部位於英國的Heatherwick Studio，從碼頭露出水面的殘餘木樁獲得靈感，以280根下細上粗的混凝土柱支撐起整個漂浮公園的結構，就像從水中伸出無數莖葉般，開展成一片高低起伏的蓮花田。而公園景觀則由紐約的MNLA事務所操刀，將這面積超過2英畝的人造島打造成充滿自然風光的世外桃園，四季皆有不同花草景觀可賞。

公園於2021年開放後，便成為紐約人熱愛的休閒景點，公園內有怡人的步道與草坪，散布各處的音樂彈奏裝置讓每個人都躍躍欲試，687個座位的圓形露天劇場The Amph時常有戲劇、舞蹈、音樂等演出，沒有表演時也是欣賞夕陽與下城天際線的好地方。

格林威治村 Greenwich Village

MAP P.62B2

石牆騷動事件舊址

Site of Stonewall Riots

LGBT解放運動發源地

掃地圖

從地鐵1號線的Christopher St–Sheridan Sq站出站即達 51-53 Christopher St

這裡是全球首樁LGBT抗議事件的發生地！石牆酒吧(Stonewall Inn)是家有許多LGBT光顧的酒吧，1969年6月28日凌晨，因有人不滿警方在檢查酒類許可時，對LGBT的不平等待遇，而與警方發生衝突與對峙。隨著聚集的LGBT愈來愈多，他們長期受到警方霸凌的憤怒也瞬間爆發，於是有人開始朝警方丟擲酒瓶與石塊，引發了所謂的「石牆騷動事件」。

這事件被視為全球LGBT爭取權益的濫觴，所以每年6月會在此舉行大遊行以茲紀念。現在石牆酒吧原址已經變成服飾店，旁邊的53號則依照原貌重新開了間石牆酒吧。至於酒吧對面的克里斯多福公園裡，也以兩對同性戀雕像作為對此事件的紀念。

格林威治村 Greenwich Village

MAP ▶ P.62A2-C3

格林威治村

MOOK Choice

Greenwich Village

紐約最文藝的區域

掃地圖

14th St與Houston St之間的區域

曼哈頓街道棋盤式的規則到了格林威治村完全被自動忽略，似乎就像在這裡生活的人們一樣，不拘小節，瀟灑浪漫。格林威治村在第6大道以西的部份又被稱為西村，該區原是片沼澤地，人口不多，1822年紐約爆發黃熱病，使得這個較不受影響的區域，因許多人暫避於此而慢慢發展起來，也因此格林威治村的道路錯綜複雜，迥異於曼哈頓其他地區。而格林威治村的東邊則被稱為東村，60年代引領風騷的就是這個地方，是當時紐約次文化的大本營。

1831年紐約大學創立，大批學子為這裡帶來青春活力，同時也由於房租便宜，許多藝術工作者陸續進駐。1916年達達主義的創始者杜象，率領一群藝術家登上華盛頓廣場拱門，宣稱「華盛頓廣場取得自由、獨立，成為新波希米亞的國度」，從此開啟了格林威治充滿藝術、多元文化的新紀元。自此，格林威治便引領美國藝文風潮，至今影響力猶未止歇。走在街頭，你彷彿仍能聽到傑克凱魯亞克與尼爾卡薩迪一邊朗讀詩篇一邊計劃旅行，彷彿仍能看到年輕的巴布迪倫與穿著長袍的艾倫金斯堡在四處蹓躂；吉米罕醉克斯彈著迷幻solo、安迪沃荷拍著實驗性鏡頭、盧瑞德唱著頹廢瀟脫的歌……格林威治造就多少文人軼事，在那個年代，墨水有如這裡的血液，琴弦有如這裡的神經，即使時至21世紀，商業化早已染指這塊區域，但那藝文的空氣總不是那麼容易消散的。

格林威治村 Greenwich Village

MAP P.62C3

華盛頓廣場公園

Washington Square Park

文藝青年的搖籃

掃地圖

距地鐵A、C、E、B、D、F、M線的W 4 St-Washington Sq站，步行約3分鐘 Waverly Pl、W. 4th St與Macdougal St合圍的區域

華盛頓廣場是紐約最有波希米亞情調的角落，也是格林威治村的中心，自廣場建立後，即成為作家、藝術家的流連之地。廣場上最醒目的標誌就是大理石拱門，這座拱門最初是為了紀念美國第一任總統喬治華盛頓宣誓就職100週年，而於1889年興建，3年後又以大理石材改建。拱門右柱上的雕像是和平時期的華盛頓，左柱上則是帶兵作戰的華盛頓。

廣場周邊即是大名鼎鼎的紐約大學校區和宿舍，因此常可見到學生在此出沒，附近聚集著咖啡館、酒館、餐廳和徹夜不眠的爵士酒吧，氣氛活潑熱鬧。此外每年春秋兩季，廣場上還會舉辦大型戶外藝術季活動。

格林威治村 Greenwich Village

MAP P.62B2

傑佛遜市場圖書館

Jefferson Market Library

在優雅的古堡情調中閱讀

掃地圖

距地鐵A、C、E、B、D、F、M線的W 4 St-Washington Sq站，步行約3分鐘 425 6th Ave 週一至週四10:00~20:00，週五、六10:00~17:00，週日13:00~17:00 www.nypl.org/locations/jefferson-market

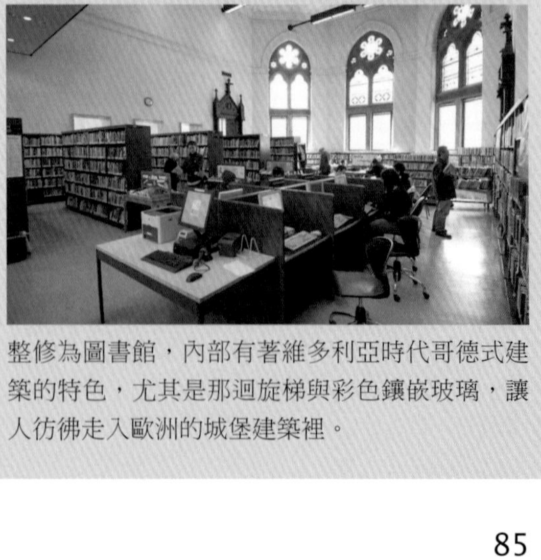

傑佛遜市場圖書館以優雅古典的建築著稱，高聳的鐘樓曾是西村最高地標。建築興建於1877年，曾經是棟附設牢房的法院，卻一點也嗅不出陰暗氣息，甚至還是1880年美國建築師投票選出的美國最佳建築之一。如今位於2樓的閱覽室原本是法官審判處，1樓的兒童間前身為警察訊問室，而有著漂亮拱門的地下室則曾是拘留所，至於高聳的尖塔鐘樓，原本是為警示火災而設。

在法院時代，這裡曾審判過多件世人矚目的案子，1945年法院搬離後，該建築在1967年重新整修為圖書館，內部有著維多利亞時代哥德式建築的特色，尤其是那迴旋梯與彩色鑲嵌玻璃，讓人彷彿走入歐洲的城堡建築裡。

格林威治村 Greenwich Village

MAP P.62D2

阿斯特廣場

Astor Place

重要藝文演出的核心

掃地圖

從地鐵6號線的Astor Pl站，或R、W線的8 St-NYU站，出站即達　Broadway與3rd Ave之間，靠近E. 8th St

匯集多條道路的阿斯特廣場，前身為19世紀阿斯特歌劇院所在地，以曾當上美國首富的John Jacob Astor命名，即使該劇院今日早已消失無蹤，此區依舊扮演著重要藝文演出的核心。像是知名的「藍人秀」(Blue Man Group)和以日常用品打擊出美妙節奏的「Stomp」等，都位於不遠處。廣場上斜立著一個可以轉動、名為「Alamo」的立方體雕塑，這件藝術作品出自美國抽象藝術家Tony Rosenthal之手。

此外，美國知名學府庫柏學院的校區也位於廣場旁，由發明蒸汽火車頭的傳奇人物彼得庫柏(Peter Cooper)創立於1859年，其傑出校友包括1993年諾貝爾物理學獎得主赫爾斯等，就連愛迪生也曾在此旁聽。該校以建築和工程學著稱，除了那棟古色古香的紅色校舍外，2009年還在庫柏廣場旁落成了造型前衛的新學術大樓，讓人眼睛一亮。

格林威治村 Greenwich Village

MAP P.62D3

公共劇院

The Public Theatre

紐約最具影響力的戲劇殿堂

掃地圖

距地鐵6號線的Astor Pl站，步行約2分鐘　425 Lafayette St　www.publictheater.org

位於阿斯特廣場附近的公共劇院，是紐約最具影響力的戲劇殿堂，看到外牆寫著「圖書館」可千萬不要懷疑，因為這裡在1854年落成時，真的是阿斯特圖書館。1967年，莎士比亞節的創始人帕普(Joseph Popp)說服政府，將這裡改設為劇院，曾經風靡一時的音樂劇《毛髮》(Hair)、《歌舞線上》(A Chorus Line)等，都是在此舉行首演。不過，公共劇院主要還是以非商業性質的戲劇表演為主，目的在傳達藝文界對於社會及政治現象的批評，劇碼內容較為前衛。公共劇院目前已被列為國家地標性建築，不得拆除或改建。

格林威治村 Greenwich Village

MAP ▶ P.62D2

聖馬克廣場

St Mark's Place

東村最熱鬧的街道

掃地圖

距地鐵6號線的Astor Pl站，步行約1分鐘
3rd Ave與Ave A之間的E. 8th St

雖名為廣場，實際卻是條街道，也就是第8街，而其名稱其實來自兩個路口外的農場聖馬可教堂。這裡因為曾經聚集大量無政府主義者、塗鴉藝術家和藝文界人士，使得聖馬克廣場洋溢著自由、反叛的氣氛，在歷史上一直扮演反傳統的象徵角色。聖馬克旅館曾穿梭著重量級的爵士樂手，小野洋子和其他偶發藝術(fluxus)工作者在今日門牌4號的大橋劇院(Bridge Theater)中擦出火花，安迪沃荷把他打造的夜店當成多媒體藝術「Exploding Plastic Inevitable」的展示櫃，嬉皮領袖艾比霍夫曼就住在30號的地下室……不過隨著時代改變，這條昔日林立諸多指標商店和刺青店的街道，卻因越來越多湧入此區的亞洲餐廳而吹起熄燈號，今日的聖馬克廣場反而比較像是一條美食街。

休北區 NoHo

MAP ▶ P.62D3

商人之家博物館

Merchant's House Museum

將時間凍結在19世紀

掃地圖

距地鐵6號線的Astor Pl站，步行約2分鐘 29 E 4th St (212) 777-1089 13:00~17:00 (6~8月的週四至20:00) 休 週一至週三 成人$15，65歲以上$10，12歲以下免費 merchantshouse.org 12:00有專人導覽，行程約75分鐘，每人$20，需預約

1835年時，五金商人西伯里崔德威爾(Seabury Tredwell)在當時富商雲集的休北區買下這棟新房子，由於經濟富裕，裝潢擺設都極盡富麗堂皇，使用的器具也都是一時之選，例如由著名工匠鄧肯菲費(Duncan Phyfe)所打造的歐式傢俱就有好幾件。西伯里於1865年過世後，遺孀伊莉莎及5名未出嫁的女兒繼續住在這棟房子裡，她們的生活非常單純，幾乎沒有改動家中樣貌。1933年，西伯里的幼女以93歲高齡去世，由於家族沒有直系後代，於是由伊莉莎的侄孫喬治查普曼繼承。喬治查看房子時驚訝地發現，屋內擺設竟還停留在19世紀，立刻意識到這棟房子擁有高度歷史價值，於是將其開放成博物館供大眾參觀。

今人不但可看到精密還原的裝潢擺設，還能觀察一百多年前的生活情形。像是崔德威爾一家非常注重照明，包括燭台、油燈、瓦斯吊燈在內，多達70餘件，足供後人了解電燈尚未發明前的照明選擇。其他還有服裝配件、古時的衛浴設備、根據廚房認識從前的烹飪方式、從奢侈品看出當時的流行喜好。由於其中一名女兒因傷行動不便，於是家中還裝設了以人力拉動的輪軸升降機，也算是電梯住宅的先驅。

曼哈頓中城
Midtown Manhattan

曼哈頓中城區是全美國高樓大廈密度最高的區域，紐約之能擁有名震天下的百萬夜景，中城區功不可沒。除了帝國大廈與洛克斐勒中心的康卡斯特大樓外，其他知名高樓還有克萊斯勒大樓、川普大樓、美國銀行大廈、公園大道432號、紐約時報大廈等。同時曼哈頓中城也是紐約的商業金融及媒體重鎮，包括花旗集團、摩根大通、輝瑞藥廠、漫威娛樂、時代華納、紐約時報、彭博、雅詩蘭黛等，都把國際總部設在這裡，而全球第二大的證券交易中心那斯達克股票交易所，其名義上的交易中心也是位於中城區的時報廣場上，使中城在911事件後一度超越下城，成為世界最大的金融區。當然，中城區的地價與租金也是全美之冠，2017年時，第五大道上平均每1平方公尺，每月租金就要將近3千美金。

由於中城區是曼哈頓棋盤格局最完整的區域，井然有序的筆直街道讓這裡每年有2天日出時(約12月初與1月初)，初升的朝陽會從東邊大樓街隙中升起，也會有2天黃昏(約5月底與7月中)，夕陽會從西邊大樓的街隙中落下，這壯觀奇異的現象，與英國巨石陣的懸日相似，因而被稱為「曼哈頓懸日」(Manhattanhenge)。

雀兒喜 Chelsea

MAP P.90A4-P.91B8

高架鐵道公園

MOOK Choice

The High Line

綠意延伸的天空步道

掃地圖

南端入口距地鐵A、C、E線的14 St站或L線的8 Av站，步行約7分鐘；北端入口距地鐵7號線的34th St-Hudson Yards站，步行約3分鐘 南端入口位於Gansevoort St與Washington St路口，北端入口位於11th Ave與12th Ave之間的W. 34th St上，中間大約每兩個路口就有樓梯或電梯 12~3月07:00~19:00，4、5、10、11月07:00~22:00，6~9月07:00~23:00 免費 www.thehighline.org

高架鐵道出現於1930年代的基礎建設計畫，將中央鐵路的火車鐵軌搭建在空中約9公尺處，以降低它在這片工廠林立區域發生意外的危險。然而隨著這一帶工業的沒落，行駛於曼哈頓下西區的西面線也於1980年代停駛，高架鐵路於是遭到棄置。直到1999年，民間發起仿效巴黎綠林步道(Promenade Plantée)的運動，要把廢棄的高架鐵道改建成市民休憩空間，工程從2009年動工，目前已完成大約2.6公里，讓這條原本礙眼的荒蕪鐵軌，鹹魚翻身成美麗的空中花園。

為了保留前身特色，花園內的多項設施都和鐵路有關，像是枕木造型的花圃，以及令人聯想到火車鐵軌和車輪的躺椅等，皆帶有濃濃的趣味。至於錯落其中的裝置藝術與雕像，更為它增添藝文氣息。此外，在這座長型公園內還設置了多處看台，累了就坐下來欣賞雀兒喜和肉品包裝區的街景，以及哈德遜河畔風光。這裡不分居民還是遊客，人人都能有個愜意的午後。

曼哈頓中城地圖

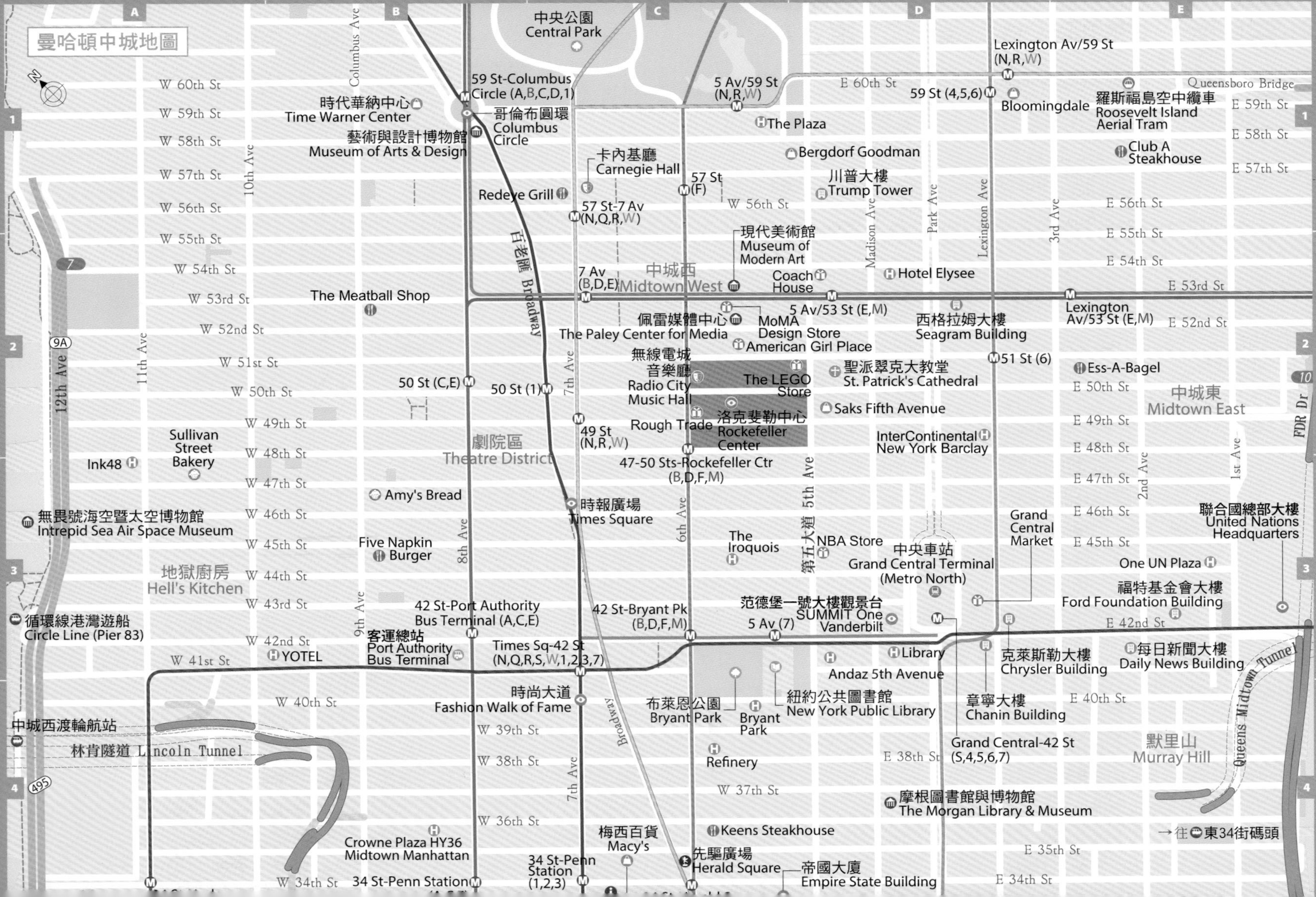
中央公園
Central Park
59 St-Columbus Circle (A,B,C,D,1)
哥倫布圓環
Columbus Circle
時代華納中心
Time Warner Center
藝術與設計博物館
Museum of Arts & Design
卡內基廳
Carnegie Hall
Redeye Grill
57 St-7 Av (N,Q,R,W)
57 St (F)
5 Av/59 St (N,R,W)
The Plaza
Bergdorf Goodman
川普大樓
Trump Tower
Lexington Av/59 St (N,R,W)
59 St (4,5,6)
Bloomingdale
羅斯福島空中纜車
Roosevelt Island Aerial Tram
Club A Steakhouse
Queensboro Bridge
現代美術館
Museum of Modern Art
Hotel Elysee
中城西
Midtown West
7 Av (B,D,E)
Coach House
5 Av/53 St (E,M)
Lexington Av/53 St (E,M)
The Meatball Shop
佩雷媒體中心
The Paley Center for Media
MoMA Design Store
American Girl Place
西格拉姆大樓
Seagram Building
51 St (6)
Ess-A-Bagel
無線電城音樂廳
Radio City Music Hall
The LEGO Store
聖派翠克大教堂
St. Patrick's Cathedral
中城東
Midtown East
50 St (C,E)
50 St (1)
Saks Fifth Avenue
Rough Trade
洛克斐勒中心
Rockefeller Center
49 St (N,R,W)
InterContinental New York Barclay
劇院區
Theatre District
47-50 Sts-Rockefeller Ctr (B,D,F,M)
Sullivan Street Bakery
Ink48
Amy's Bread
時報廣場
Times Square
無畏號海空暨太空博物館
Intrepid Sea Air Space Museum
Five Napkin Burger
The Iroquois
NBA Store
中央車站
Grand Central Terminal (Metro North)
Grand Central Market
聯合國總部大樓
United Nations Headquarters
One UN Plaza
地獄廚房
Hell's Kitchen
福特基金會大樓
Ford Foundation Building
42 St-Port Authority Bus Terminal (A,C,E)
42 St-Bryant Pk (B,D,F,M)
范德堡一號大樓觀景台
SUMMIT One Vanderbilt
5 Av (7)
循環線港灣遊船
Circle Line (Pier 83)
客運總站
Port Authority Bus Terminal
YOTEL
Times Sq-42 St (N,Q,R,S,W,1,2,3,7)
Library
克萊斯勒大樓
Chrysler Building
每日新聞大樓
Daily News Building
Andaz 5th Avenue
時尚大道
Fashion Walk of Fame
布萊恩公園
Bryant Park
紐約公共圖書館
New York Public Library
章寧大樓
Chanin Building
中城西渡輪航站
林肯隧道 Lincoln Tunnel
Refinery
Grand Central-42 St (S,4,5,6,7)
默里山
Murray Hill
Queens Midtown Tunnel
摩根圖書館與博物館
The Morgan Library & Museum
梅西百貨
Macy's
Keens Steakhouse
→往東34街碼頭
Crowne Plaza HY36 Midtown Manhattan
34 St-Penn Station (1,2,3)
先驅廣場
Herald Square
帝國大廈
Empire State Building
34 St-Penn Station
百老匯 Broadway
Broadway
12th Ave
11th Ave
10th Ave
9th Ave
8th Ave
7th Ave
6th Ave
第五大道 5th Ave
Madison Ave
Park Ave
Lexington Ave
3rd Ave
2nd Ave
1st Ave
Columbus Ave
FDR Dr
W 60th St
W 59th St
W 58th St
W 57th St
W 56th St
W 55th St
W 54th St
W 53rd St
W 52nd St
W 51st St
W 50th St
W 49th St
W 48th St
W 47th St
W 46th St
W 45th St
W 44th St
W 43rd St
W 42nd St
W 41st St
W 40th St
W 39th St
W 38th St
W 37th St
W 36th St
W 34th St
E 60th St
E 59th St
E 58th St
E 57th St
E 56th St
E 55th St
E 54th St
E 53rd St
E 52nd St
E 50th St
E 49th St
E 48th St
E 47th St
E 46th St
E 45th St
E 42nd St
E 40th St
E 38th St
E 35th St
E 34th St
9A
495
7
10
A
B
C
D
E
1
2
3
4

Equinox
Edge觀景台
The Vessel
哈德遜廣場
Hudson Yards
麥迪遜廣場花園
Madison Square Garden
賓州車站
Penn Station (LIRR)
33 St (PATH)
Martinique
2nd Ave Deli
Eventi
28 St (W,R)
28 St (1)
28 St (6)
Kalustyan's
基普斯灣
Kips Bay
性博物館
Museum of Sex
熨斗區
Flatiron District
Hotel Giraffe
Matthew Marks Gallery
Luhring Augustine
Andrea Rosen Gallery
Dia Chelsea
303 Gallery
川久
保玲
高架鐵道公園 The High Line
雀兒喜
Chelsea
麥迪遜廣場公園
Madison Square Park
Eleven Madison Park
Shake Shack
Eataly
23 St (F,M)
23 St (C,E)
23 St (1)
23 St (PATH)
23 St (W,R)
23 St (6)
熨斗大廈
Flatiron Building
西奧多羅斯福出生地
Theodore Roosevelt Birthplace
National Historic Site
葛梅西公園
Gramercy Park
Fishs Eddy
Gramercy Tavern
ABC Kitchen
Fresh
18 St (1)
雀兒喜市場
Chelsea Market
The Lobster Place
Los Tacos No.1
L'Arte Del Gelato
Chelsea Pines Inn
聯合廣場
Union Square
14 St-Union Sq
(L,N,Q,R,W,4,5,6)
3 Av (L)
1 Av (L)
Artichoke
Basille's Pizza
14 St (F,M) /
6 Av (L)
14 St (A,C,E) /
8 Av(L)
14 St (1,2,3)
14 St (PATH)
Max Brenner
Strand Bookstore
Kiehl's
漂浮小島公園
Little Island
肉品包裝區
Meatpacking District
惠特尼美國藝術博物館
Whitney Museum of American Art
格林威治村
Greenwich Village
東村
East Village
傑佛遜市場圖書館
Jefferson Market Library
9 St (PATH)
Veniero's Pastry
Veselka
Astor Pl (6)
McSorley Old Ale House
哈德遜河
Hudson River
Magnolia Bakery
8 St-NYU (W,R)
阿斯特廣場
Astor Place
Christopher St-
Sheridan Sq (1)
華盛頓廣場公園
Washington Square Park
公共劇院
The Public Theatre
W 4 St-Wash Sq
(A,B,C,D,E,F,M)
Blue Note
商人之家博物館
Merchant's House Museum
Christopher St (PATH)
12th Ave
11th Ave
10th Ave
9th Ave
8th Ave
7th Ave
6th Ave
5th Ave
Madison Ave
Park Ave S
Lexington Ave
3rd Ave
2nd Ave
1st Ave
Broadway
4th Ave
Lafayette St
Greenwich Ave
Washington St
Greenwich St
Hudson St
Bleecker St
Christopher St
W 10th St
W 31st St
W 30th St
W 29th St
W 28th St
W 27th St
W 26th St
W 25th St
W 24th St
W 23rd St
W 22nd St
W 21st St
W 20th St
W 19th St
W 18th St
W 17th St
W 16th St
W 15th St
W 14th St
W 13th St
W 11th St
W 8th St
W 4th St
W 3rd St
E 30th St
E 28th St
E 26th St
E 23rd St
E 18th St
E 14th St
St Marks Pl
E 3rd St
9A
圖例
32 州道 隧道 步行道 地鐵站 碼頭 火車站 餐廳 甜品
劇場 圖書館 球場 藝廊 大樓 百貨 購物 住宿 糕餅
景點 博物館 教堂 公園 廣場 酒吧 遊客中心 纜車站
A B C D E
5 6 7 8

MAP ▶ P.91A5-B7

雀兒喜

Chelsea

曼哈頓藝廊的大本營

大致上北起W. 34th St，南迄W. 14th St，西自哈德遜河，東至6th Ave

◎ Andrea Rosen Gallery

544 W. 24th St　10:00~18:00　休 週六、日　www.andrearosengallery.com

◎ Luhring Augustine Gallery

531 W. 24th St　10:00~18:00　休 週日、一　www.luhringaugustine.com

◎ Matthew Marks Gallery

523 W. 24th St　10:00~18:00　休 週日、一　www.matthewmarks.com

◎ 303 Gallery

555 W. 21st St　10:00~18:00　休 週日、一　www.303gallery.com

掃地圖

原本是工業區的雀兒喜，建築多為挑高的廠房，於是當許多蘇活區的藝廊因為租金上漲而不得不外移時，這裡偌大的室內空間，正好可以容納其巨幅創作和前衛的裝置藝術作品。目前這裡多為具實驗性質的新興藝廊，集中在第10和第11大道、19街到28街之間，沿著路線走來，可以目睹最當代的藝術活動。買不起作品無所謂，絕大多數藝廊都是免費參觀，還有許多藝廊開設在大樓裡，要參觀的話，按下電鈴即可。以下介紹幾家精彩的藝廊，由於展品會定期更換，因此最新訊息可上各藝廊官網查詢。

在Andrea Rosen Gallery裡，可看到許多新攝影的作品，雖然只有一個展場，但空間頗大，所以每件作品都有較寬廣的空間來展現內涵。Luhring Augustine Gallery展出當代藝術主流，近幾年以裝置藝術的展覽居多，雖然因為空間不大而稍嫌擁擠，但能在作品之中穿梭也是另一種體驗。Matthew Marks Gallery大概是所有藝廊裡佔地最大的一個，共有前後兩大間展廳，很適合用來展出大幅畫作，除了24街的藝廊外，在22街的522、526號還有分部，規模龐大。303 Gallery以裝置藝術為主，值得一提的是，這家藝廊通常會為了宣傳展期而印製精美的DM，常常成為藝術愛好者的收藏。

雀兒喜 Chelsea

MAP　P.91B7

雀兒喜市場

MOOK Choice

Chelsea Market

中城西隅的美味聚集地

掃地圖

距地鐵A、C、E線的14 St站，或L線的8 Av站，步行約6分鐘　75 9th Ave　週一至週六07:00~02:00，週日08:00~22:00　www.chelseamarket.com

雀兒喜市場是個超大型的古老磚造建築，佔據第9至第10大道、以及15街和16街間的廣大地帶。這座帶有工業色彩的紅磚建築，在19世紀末原本是十多家餅乾工廠的群聚中心，當時全美有一半以上的餅乾是從這裡生產。到了20世紀中葉，這些工廠先後結束營業，直到1990年投資人看好這片老建築，於是出資大力整修，將1樓規畫成美食商場，2樓以上出租給新興的科技產業公司。

今日1樓的商場走道仍保有磚造建築的優美拱門，而許多原來的工廠設備也以新的面貌出現，例如中庭內以老舊排水管做成的瀑布、在舊工業電梯外裝上指示通行的紅綠燈等，在在利用原本廢棄的材料打造出摩登新意，而且帶有一種粗獷的工業魅力。目前商場內進駐了40多家餐廳、麵包店、食材行、餐具行、茶葉專賣店、海鮮店等美食相關店面，其中有不少是當地的人氣名店，用餐時間來此覓食的上班族與遊客，總是把這裡擠得水洩不通。

MAP P.91B5

麥迪遜廣場花園

MOOK Choice

Madison Square Garden

帶有傳奇色彩的球場與表演場地

從地鐵A、C、E線或1、2、3號線的34 St-Penn Station站出站即達 4 Pennsylvania Plaza (212) 465-6000 www.msg.com

◎ 公眾導覽行程 MSG All Access Tour

導覽團入口位於7th Ave上的Chase Square 週二至週五10:30~14:00，每30分鐘一梯，行程約1小時 成人＄37，65歲以上及12歲以下＄32

掃地圖

位於賓州車站上方的麥迪遜廣場花園最初建於1879年，歷經三次搬遷，於1968年遷至現址，目前是NBA尼克隊、NHL遊騎兵隊與WNBA自由隊的主場。在沒有球賽的時候，這裡也是舉辦演唱會與各種活動的舞台，歌手比利喬更是三不五時就會在這裡表演。

這座場地曾經帶給紐約人無數驚喜、沮喪與驕傲，在座位區外圈的美食街通道上，記錄著所有在這裡發生的特別時刻，譬如1970年5月8日，尼克隊在瓦特弗雷澤率領下贏得第一座冠軍獎盃、1971年3月8日，拳王阿里與喬弗雷澤的世紀之戰、1974年11月28日，約翰藍儂最後一次登台表演、1990年12月1日，尤英單場攻下50分、1993年5月25日，小後衛史塔克斯在喬丹面前的驚天一灌、1999年4月18日，冰球傳奇格雷茨基的引退之役等。其中還留下不少具有紀念性的實物，陳列在走道上的展示櫃中。

來到這裡可以參加公眾導覽行程，除了有專人介紹上述這些歷史，還能進到球場座位區、球員休息室、名流貴賓室等平常不開放的地方參觀。

©The Edge 提供

©The Edge 提供

©The Edge 提供

雀兒喜 Chelsea

MAP ▶ P.91A5

Edge觀景台

MOOK Choice

Edge

站上壯闊紐約市景的聖壇岩

從地鐵7號線的34 St–Hudson Yards站，步行約2分鐘　30 Hudson Yards (入口在購物中心Level 4)　每日10:00~22:00 (最後一班上樓電梯於21:10出發)　成人＄40，62歲以上＄38，6~12歲＄35(官網購票享有＄2折扣)　www.edgenyc.com　亦可加價購買彈性時段、優先登樓或附香檳的票種　黃昏時刻門票多加＄10

◎ **攀爬樓頂 City Climb**

每日09:45~17:00　＄185　附贈影片　須年滿13歲

儘管曼哈頓的高樓大廈已是全球翹楚，但這裡仍是永遠不缺工地，幾乎每隔幾年就會從地表再生出幾棟高樓來。哈德遜廣場(Hudson Yards)位於7號地鐵西行底站，總面積超過26英畝，包含6棟商辦住家混合建築、綠地公園、以及一棟文化展藝中心The Shed，目前已有多棟建物完工。

其中最高的30 Hudson Yards共有103層，樓頂高達387公尺，儘管高度在紐約市僅排得上第6，但卻已是全美第8高樓。大樓開幕於2019年，底層是大型購物中心與高級餐廳，隔年又開放位於第100層的Edge觀景台，成為紐約最新登高景點。Edge距離地面約335公尺，雖然略遜於世貿一號大樓，但卻有一項優勢獨領風騷，那便是大樓東側向外延伸出24公尺的三角形露天平台，而這可是西半球最高的室外觀景台。觀景台外牆全由玻璃打造，彷彿佇立高崖之上，俯瞰著遼闊大地，這景象令人不由得聯想起挪威著名的聖壇岩，只不過眼前景色並非冰河峽灣，而是燈火絢爛的摩登街景。而在平台中央還有一處透明地板，行走其上，有如漫步高空。

這裡不只靜態賞景，還能稍微嘗試冒險犯難。扣上安全繩索，在專人帶領下沿著大樓尖頂外緣拾級而上，最終爬上366公尺高的樓頂。從這處宛如鋼筆筆尖的小平台上，看到的景致更為壯闊，你也可以試著信任安全繩的強韌，在邊緣將身體前傾，感受即將凌空飛翔的刺激。

掃地圖

雀兒喜 Chelsea

MAP P.91A5

The Vessel

MOOK Choice

城市中最搶眼的幾何結構

從地鐵7號線的34 St-Hudson Yards站，步行約1分鐘 20 Hudson Yards www.hudsonyardsnewyork.com/discover/vessel 目前暫時關閉中

掃地圖

近幾年紐約市最具話題的新地標景點，The Vessel絕對當仁不讓。這座位於哈德遜廣場公共區域內的螺旋階梯，其實是個超大型的裝置藝術作品，落成於2019年，由英國設計師海澤維克(Thomas Heatherwick)所打造。整座結構體由許多上上下下的樓梯結合成類似蜂巢的形狀，特殊的幾何構造，讓人聯想起印度的樓梯井，或是艾雪的錯視畫作，而其鍍銅的外觀也使它在豔陽下閃耀發光。

The Vessel高約46公尺，以154段階梯建造，階梯總數多達2,500階，接合處形成80個觀景平台，提供人們從各種不同高度、角度與位置來欣賞哈德遜廣場與河畔風光。只可惜開幕以來自殺事件頻傳，目前The Vessel暫時關閉，預計防護措施升級後將重新開放。

地獄廚房 Hell's Kitchen

MAP P.90A2-B4

地獄廚房

Hell's Kitchen

昔日的地獄，今日的廚房

大致上北起W. 59th St，南迄W. 34th St，西自哈德遜河，東至8th Ave

掃地圖

這裡最早是愛爾蘭移民的貧民窟，環境髒亂惡劣，幫派橫行霸道，混亂的治安就連警察都束手無策。關於地獄廚房這個渾名，由來眾說紛紜，而在警匪片中最常出現的說法是，一名菜鳥警察看到街上的騷動，不禁大呼：這裡真是地獄！旋即被他的老鳥搭擋糾正：何止是地獄？根本就是地獄的廚房！

不過後來在朱利安尼掃蕩黑幫，以及房地產商大炒地皮之後，靠近百老匯的地獄廚房開始中產階級化，原本的中下貧民階級被趕出了曼哈頓，布爾喬亞的空氣迅速接管街頭。不再地獄之後，這裡更朝向廚房兩字靠攏，第9大道上滿是異國料理餐廳，接續了從劇院區擴散出來的商機。每年5月第3個週末，更會舉辦國際美食節，屆時各國餐廳皆端出拿手料理，香氣縈繞整條大街。

地獄廚房 Hell's Kitchen

MAP ▶ P.90A3

無畏號海空暨太空博物館

MOOK Choice

Intrepid Sea Air Space Museum

軍事迷們的天堂

距地鐵A、C、E線的42 St-Port Authority Bus Terminal站，步行約18分鐘，或轉乘M42公車至42 St/12 Ave站，再沿港邊北行即達 W. 46th St與12th Ave路口的86號碼頭(Pier 86) (212) 245-0072 每日10:00~17:00 (4~9月週末至18:00) 成人＄33，65歲以上＄31，5~12歲＄24 www.intrepidmuseum.org 提供多項付費導覽行程，詳情請見官網

掃地圖

無畏號海空暨太空博物館是全美最大的軍事博物館，主體為曾參與馬紹爾海戰等多次戰役、最後於1982年除役的無畏號航空母艦(USS Intrepid)，艦上分為飛行甲板、展示艙、飛機庫和第三艙等4層展示空間。飛行甲板停放十餘架不同年代的戰機與直升機，絕大多數都曾實際參與作戰任務，從甲板還能登上艦橋，看看艦上官兵如何在各種時間和天候下，運用雷達等通訊設備航行於茫茫大海中。而飛機庫則開闢為主要展覽廳，其中包括一座劇院和分為4個展區的「探索博物館廳」，透過將近20種互動設備與飛行模擬器，讓參觀者得以親身體驗飛行或航海的滋味。至於展示艙和第三艙中，則保留艦上的臥室、餐廳、閱讀室等設施，重現官兵們在海上生活的面貌。

除了無畏號外，遊客還可參觀黑鱸號潛水艇(USS Growler)，潛艇內部密如蛛網的電線及多如繁星的監控設備，皆讓人大開眼界。另外曾為航空史豎立里程碑的協和號超音速客機也展示於這座博物館中，不過內部只開放導覽行程參觀。另一重點是太空館，展示NASA第一架太空梭──企業號(Space Shuttle Enterprise)，館內還設置了17個展覽區，包括原始文物、照片、影片等，帶領遊客進入神秘的太空世界。

地獄廚房 Hell's Kitchen

MAP P.90A3

環線港灣遊船

MOOK Choice

Circle Line

完整繞行曼哈頓島一圈

距地鐵A、C、E線的42 St-Port Authority Bus Terminal站，步行約16分鐘，或轉乘M42公車至42 St/12 Ave站即達 W. 42nd St與12th Ave路口的83號碼頭(Pier 83) (212) 563-3200 www.circleline.com 除紐約招牌行程外，亦有其他多種行程選擇

◎ 紐約招牌之旅 Best of NYC Cruise

全程2.5小時，夏季每日10:00、12:00、13:30、15:30出發，其他季節出發時間請上官網查詢 成人＄44，3~12歲＄37 最好在開船前45分鐘抵達

掃地圖

環線遊船公司的紐約招牌之旅是本地最熱門的港灣遊船行程，之所以名為「環線」，就是因為這趟行程會繞著曼哈頓島航行一圈。在航行過程中，乘客可從不同角度欣賞紐約港內及曼哈頓外圍地帶的每一處地標景點。從83號碼頭登上雙層遊船後，首先看到的是對岸紐澤西州的市鎮風光和港務碼頭；接下來經過愛利斯島和自由島，眺望壯觀的自由女神像；接著繼續沿曼哈頓下城南端前進，盡覽摩天大樓櫛比鱗次的景觀；然後是布魯克林大橋與曼哈頓大橋，以及東河兩岸以倉庫、工廠為特色的建築群。進入中城東岸後，首先佔據視線的是有如碑石般的聯合國大樓，其身後以克萊斯勒大樓為首的摩天大廈群也奮力展示著高低起伏的天際線。最後遊船沿著哈林河繞過上城北端，重新回到哈德遜河的航道上，紐約天際線的每個片斷在此獲得最完整的連結。

劇院區 Theatre District

MAP P.90C4

時尚大道

Fashion Walk of Fame

榮耀時尚界的英雄們

掃地圖

距地鐵N、Q、R、W線或1、2、3號線或7號線的Times Sq-42 St站，出站即達 35th St與40th St之間的7th Ave

洛杉磯的好萊塢有條星光大道，在紐約則有個時尚大道，紀念美國著名服裝設計師。大道上每隔數十公尺就有面紀念銅牌，分別獻給Calvin Klein、Ralph Lauren、Donna Karan、Marc Jacobs等貢獻傑出的設計師。除了大師們的親筆簽名外，還有親手繪製的服裝手稿，並說明該設計師對時尚界的成就。

自1920年代起，紐約時尚產業抬頭，而時尚大道所在地區，正是當時流行服飾業的集中地，又稱為「時尚區」(Fashion District)。1999年，當地人士開始設立時尚大道的活動，每年評審委員會列出一份名單，邀請時尚權威投票選出一位代表，成為時尚大道上的年度新星。而在第7大道和39街路口，也有尊裁縫師的銅像，以紀念所有對這行業默默貢獻的人。

劇院區 Theatre District

MAP P.90B2-C3

劇院區

Theatre District

燈紅酒綠的不夜城

掃地圖

大致上南起W 40th St，北迄W 54th St，東以6th Ave為界，西以8th Ave為疆

「如果我能在這裡做得到，那麼我在任何地方都能成功。」法蘭克辛納屈在經典名曲《紐約紐約》中如此唱道，他所說的「這裡」，指的就是劇院區。1883年時，大都會歌劇院搬遷到百老匯大道與西39街路口的地方，開啟了百老匯傳奇序幕，16年後維多利亞劇院在西42街開張，正式宣告劇院區的時代來臨。大約就在那個時候，百老匯大道兩旁架設起全美第一排電氣街燈，隨著街區愈來愈熱鬧，通了電的霓虹招牌讓原本就已明亮的大道更加耀眼，使百老匯開始有了「白色大道」(the Great White Way)的稱號，而徹夜通明的燈火，更讓紐約又多了一個「不夜城」(the City that Never Sleeps)的暱稱。

如今依舊閃耀動人的劇院區，如果不特別說的話，可能已沒有多少人記得它也曾有段不堪回首的過去。就在1970年代，由於娛樂產業遭到黑幫把持，劇院區淪為雜處的龍蛇們尋歡作樂的地方，聲色場所林立，處處都是色情電影院、偷窺秀與脫衣舞表演，當時這一帶普遍被安上了「危險」的形容詞。直到90年代魯迪朱利安尼當上紐約市長期間，對幫派份子大加掃蕩，劇院區才清除一身汙垢，重以光鮮明亮的形象接待來自四面八方的遊客。而今日劇院區不但開了41間劇院與49家酒店，還擁有多家紐約著名餐館、商店與娛樂場所，說是全紐約娛樂價值最高的區域，真是一點也不為過。

劇院區 Theatre District

MAP P.90C3

時報廣場

MOOK Choice

Times Square

電子廣告看板的聲光海嘯

從地鐵N、Q、R、W線、S線、1、2、3號線與7號線的Times Sq-42 St站，出站即達 大約在Broadway與7th Ave交匯的地帶 www.timessquarenyc.org

掃地圖

夜晚時分，還未接近時報廣場，大樓縫隙間閃閃發亮、不斷變幻色彩的強光，已向你招呼著它的方向。這大概是全世界光害最嚴重的地方吧？

這塊由百老匯大道和第七大道交錯形成的畸零地，因為紐約時報(New York Times)於1905年進駐而得名。這裡最初是馬商、鐵匠和馬廄的集散地，自1883年大都會歌劇院遷入後，帶動了劇院與餐廳業的蓬勃發展，1920年電影藝術的崛起更為此地畫上一片彩虹榮景。然而到了經濟大蕭條時期，紐約景氣陷入低迷，時報廣場也成為龍蛇混雜的紅燈區，即使戰後景氣復甦，這裡仍不改燈紅酒綠，色情行業與幫派暴力充斥。直至8、90年代，在市長朱利安尼大加整飭下，時報廣場才成為安全的觀光勝地。

今日廣場上不分平日假日，徒步區內每天都擠

滿水洩不通的人潮；四周建築牆面上的大型LED廣告看板幾乎沒有任何空隙，蒙太奇似地強力放送各種流行消費符號。尤其是43街上的One Times Square (前紐約時報大樓)與47街上的Two Times Square (Renaissance Hotel)兩棟大樓，佔據廣場南北兩端得天獨厚的位置，從頂樓就開始架設螢幕，絲毫不浪費一吋空間。而廣場上也穿梭著不少打扮成動漫人物的街頭藝人，積極尋找觀光客合照以賺取小費，不論是迪士尼朋友還是漫威英雄，從他們的裝扮便可看出當紅的角色趨勢。簡而言之，時報廣場成就了美國流行文化，也縮影了美國流行文化，來到這裡，除了眼花撩亂，還是眼花撩亂。

時報廣場上的兩三事

時報廣場的跨年傳統

就像台北人跨年要去101一樣，紐約人除夕也要來此等待倒數，除了會施放煙火，One Times Square大樓樓頂還會懸掛一顆大綵球，隨著倒數計時緩緩下降，零時一到迸出無數綵帶，大家新年快樂。

時報廣場的扮裝藝人

時報廣場可能是除了迪士尼樂園外，米老鼠最密集的地方，短短一個路口內，就有超過10隻米老鼠走來走去，而其他卡通人物更是多不勝數，漫威英雄可以組成好幾支復仇者聯盟。不過和洛杉磯的好萊塢大道相比起來，時報廣場的扮裝藝人略顯粗糙，很多還背著後背包，一看就是打工仔。這些藝人會招呼遊客和他們拍照，然後索取小費，雖然他們會提出像是5美金的價碼，但其實遊客要給多少，他們是沒有權力喊價的。如果不希望有這筆支出，不要和他們搭話就行了。

©陳曉伶提供

時報廣場的裸體牛仔

時報廣場上最有名的街頭藝人，莫過於「裸體牛仔」(Naked Cowboy)，本名Robert Burck的他，甚至還被印上明信片，成為當地的活招牌。雖名為裸體，但也並非一絲不掛，他還有戴頂牛仔帽、穿雙牛仔靴，重要部位則用吉他擋住(其實有穿件小內褲)，即使是下雪的冬天也是這身行頭，非常敬業。他會走在街頭自彈自唱自己創作的歌曲，然後和遊客拍照索取小費。不過這幾年牛仔很忙(2012年時還打算參選美國總統)，只在午餐之前來此露個臉，想看到他還得先上官網查看他是否另有行程。

劇院區 Theatre District

MAP　P.104B1-B4

百老匯

MOOK Choice

Broadway

經典舞台劇的魅力

通常每日夜場為20:00或21:00開演，一星期中會有2~3場日場，於14:00或15:00開演，詳細時刻請上百老匯或各劇官網查詢　www.broadway.com、www.offbroadway.com

掃地圖

對觀光客來說，百老匯是旅行紐約的必訪之地，而對舞台劇團而言，能站上百老匯的舞台更是這一行的無上榮耀。即使成功在百老匯登台演出，能否站穩腳跟，還得通過觀眾票房及劇評人的挑剔等種種考驗，即使觀眾與劇評都很賞臉，還得看他們的喜愛能維持多久，一旦票房下滑，就連《貓》與《媽媽咪呀》這樣膾炙人口的劇碼都得離開，反正永遠都有新戲等著要嶄露頭角。在2014年的電影《鳥人》中，便可看到百老匯的競爭與現實。

能在百老匯的殿堂裡擔綱演出的，都是戲劇界的一時之選，他們的地位與好萊塢一線明星相比起來，一點也不會遜色。其實有不少好萊塢的大明星，當初就是從劇院區發跡的，最有名的像是茱莉安德魯斯、保羅紐曼、達斯汀霍夫曼、梅莉史翠普等人。即使到了現在，也有不少大明星搶著要在這裡展現演技，包括艾爾帕西諾、安德魯加菲爾德、綺拉奈特莉、丹佐華盛頓等，這幾年都曾在百老匯登台演出。

除了大眾的流行口味，百老匯也有許多劇院上演更具創意與藝術性的劇碼，稱為「外百老匯」(Off-Broadway)。外百老匯的劇場通常較小，票價也比較便宜，雖然較為小眾，但常能激發觀眾思考。而比外百老匯更前衛另類的，稱為「外外百老匯」(Off-Off-Broadway)，上演著超脫一般戲劇架構的實驗劇。

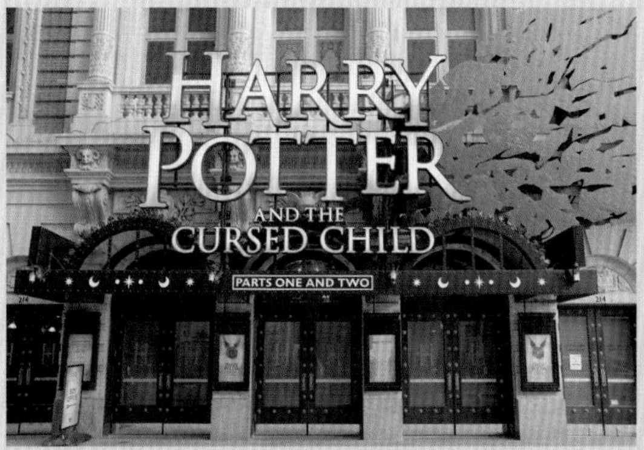

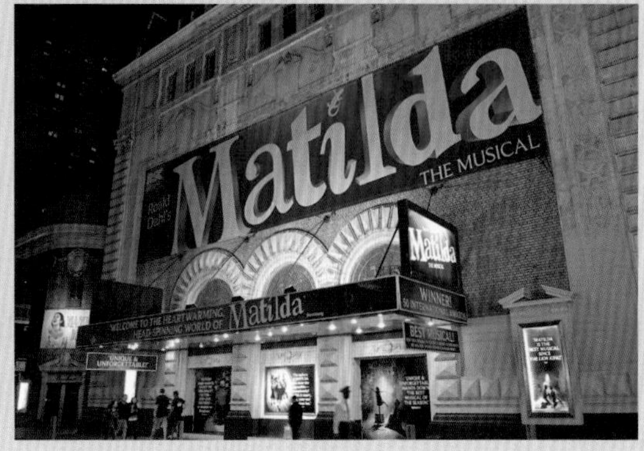

百老匯購票秘訣

在哪裡買票？

百老匯的售票方式很多，要如何購買，應該要看你的個人需求屬於下列哪一種：

我愛音樂劇！來紐約就是為了看百老匯！

如果你的行程並不彈性，而百老匯又是其中重點，那麼建議你直接上各劇團的官網購票，這樣的好處是可以確保你能買到喜愛的劇碼、適合的場次與理想的位置，不但一定看得到戲，也能享受更好的觀賞品質。不過官網購票的價錢當然也比較硬。

而就像購買機票一樣，你也可以上特定的折扣票網站看看，說不定能有機會為荷包再節省一點銀彈。

◎ 百老匯官網 www.broadway.com
◎ BroadwayBox.com www.broadwaybox.com
◎ TheaterMania www.theatermania.com

我想看一場百老匯，就當作是來朝聖吧

只是想有個觀戲的經驗，並沒有非看不可的劇碼，也不在乎是否能看到演員臉上的表情，那麼可以到TKTS的折扣票亭買票。百老匯或外百老匯的表演，開演當天如果票還沒賣完的話，都會釋出5~8折的優惠，但必須另外支付手續費。目前TKTS在紐約有2處票亭，販售當天場次與次日日場的戲票。要注意的是，由於票源視售票狀況而定，因此能否買到票其實全憑運氣，而且座位通常不會太好，建議開賣時間一到，立刻就來搶票。一般說來，上演較久的秀，買到折扣票的機率很大，而新登場的熱門劇碼，比較不容易用這種方式買到票。

tdf.org/nyc/7/TKTS-ticket-booths

◎ 時報廣場TKTS

從地鐵N、R、W線的49 St站出站即達 Broadway與47th St路口的Duffy Square上 週一、二、五15:00~20:00，週三、四、六11:00~20:00，週日11:00~19:00

◎ 林肯中心TKTS

從地鐵1號線的66 St-Lincoln Center站，步行約3分鐘 在David Rubenstein Atrium內 週二至週六11:00~18:00

能看場百老匯當然很好，但沒看到也無所謂

不想花太多錢，覺得沒看到戲也沒關係的話，倒是可以用「樂透」的方式試試運氣。在許多劇團的官網上都能找到線上樂透(Digital Lottery)的連結，或是也可以上Broadway Direct的樂透網頁尋找。樂透票雖然不是免費，但卻可以用非常低的折扣買到戲票，晚上的演出，早上登記，下午就會以e-mail通知結果，只是每場表演只有兩張樂透票，中獎的機率真的就和樂透一樣低。

◎ Broadway Direct lottery.broadwaydirect.com

有時也可以到劇院門口碰碰運氣，有些劇院會在早上販賣當日場次的Rush折扣票，有些劇院會在開演前2個

多小時舉辦現場摸彩，中獎者可購買折扣票2張，不過這些票的位子通常不會太好，有些劇院甚至還會在開演前發售站票(SRO)。想知道哪些劇碼有這種特殊的折扣票，以及幾點開賣，可參考New York Show Tickets的網站。

◎ New York Show Tickets www.nytix.com/lottery

要怎麼選位子

百老匯的票價高低，主要按照座位距離舞台遠近，以及視野好壞而定。一般劇院座位區分為正廳前排與中排(Orchestra / Front Mezzanine)、正廳後排及夾層樓後排(Mezzanine / Rear Mezzanine)、樓上包廂(Balcony)，離舞台越遠越便宜。至於週三下午場的票價，通常也比週末假日及其他場次便宜＄5~10左右。

票價、區位及遠近都是相對關係，購買上也有些小技巧，例如有些劇場在Orchestra區最側邊的座位會註明「Partial View」(部分視野受阻)，在這種情況下，倒不如以相同代價購買Mezzanine的中間座位，雖然距舞台較遠，但可一覽無遺。

買一送一的百老匯週

紐約市旅遊局在每年1月下半及9月上半推出「百老匯週」(Broadway Week)的活動，屆時會針對劇碼提供「買一送一」的優惠，預計在這段時間前往紐約，又捨不得貴森森的百老匯票價，記得1個月前就要上網搶票啊！

www.nycgo.com/broadway-week

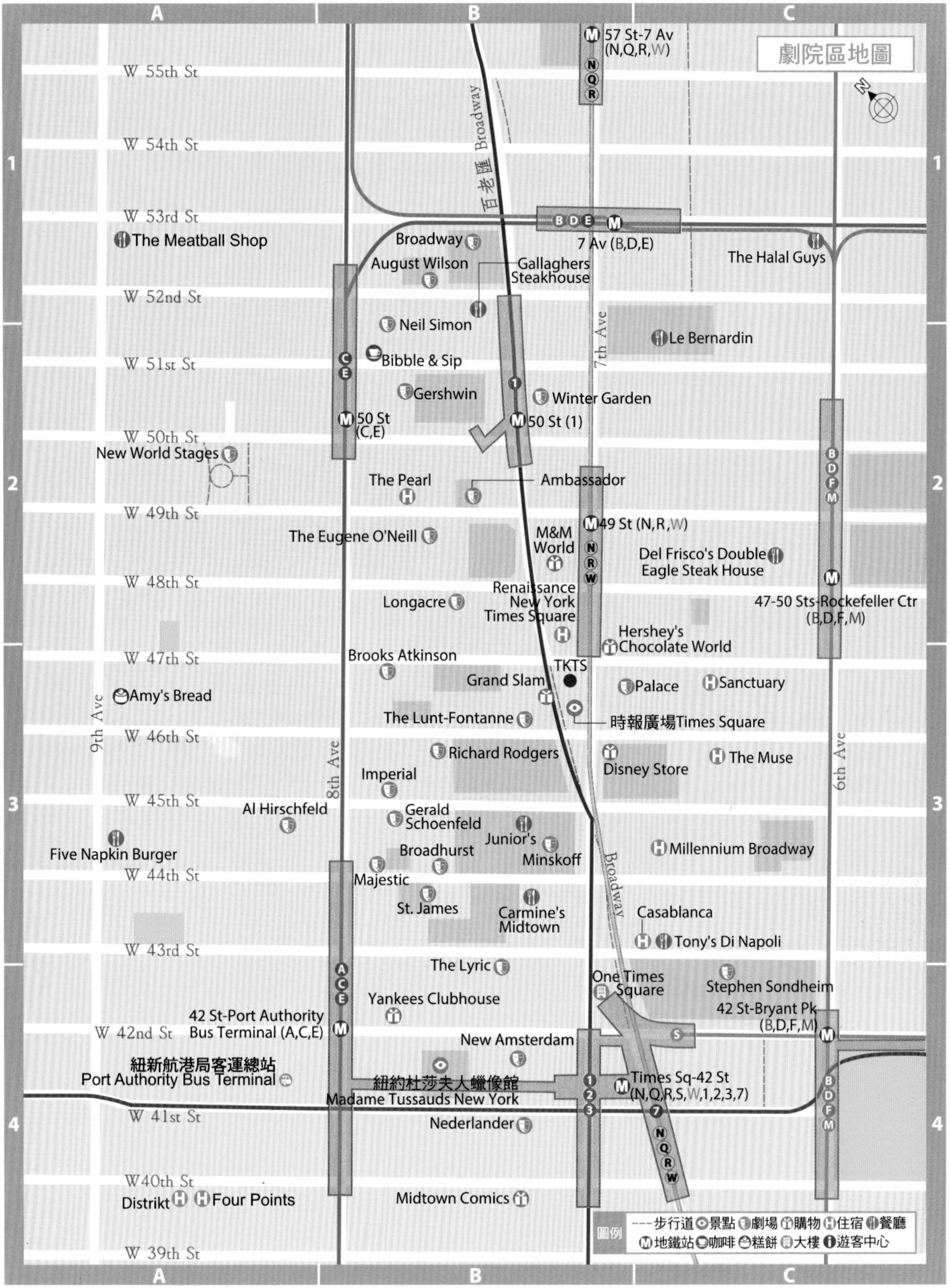
劇院區地圖
A
B
C
1
2
3
4
W 55th St
W 54th St
W 53rd St
W 52nd St
W 51st St
W 50th St
W 49th St
W 48th St
W 47th St
W 46th St
W 45th St
W 44th St
W 43rd St
W 42nd St
W 41st St
W40th St
W 39th St
9th Ave
8th Ave
7th Ave
6th Ave
百老匯 Broadway
Broadway
57 St-7 Av (N,Q,R,W)
7 Av (B,D,E)
50 St (C,E)
50 St (1)
49 St (N,R,W)
47-50 Sts-Rockefeller Ctr (B,D,F,M)
42 St-Port Authority Bus Terminal (A,C,E)
42 St-Bryant Pk (B,D,F,M)
Times Sq-42 St (N,Q,R,S,W,1,2,3,7)
The Meatball Shop
Broadway
August Wilson
Gallaghers Steakhouse
The Halal Guys
Neil Simon
Le Bernardin
Bibble & Sip
Gershwin
Winter Garden
New World Stages
The Pearl
Ambassador
The Eugene O'Neill
M&M World
Del Frisco's Double Eagle Steak House
Longacre
Renaissance New York Times Square
Hershey's Chocolate World
Brooks Atkinson
TKTS
Grand Slam
Palace
Sanctuary
Amy's Bread
The Lunt-Fontanne
時報廣場Times Square
Richard Rodgers
Disney Store
The Muse
Imperial
Al Hirschfeld
Gerald Schoenfeld
Junior's
Minskoff
Five Napkin Burger
Broadhurst
Millennium Broadway
Majestic
St. James
Carmine's Midtown
Casablanca
Tony's Di Napoli
The Lyric
One Times Square
Stephen Sondheim
Yankees Clubhouse
New Amsterdam
紐新航港局客運總站
Port Authority Bus Terminal
紐約杜莎夫人蠟像館
Madame Tussauds New York
Nederlander
Distrikt
Four Points
Midtown Comics
圖例
---步行道 景點 劇場 購物 住宿 餐廳
地鐵站 咖啡 糕餅 大樓 遊客中心

劇院區 Theatre District

MAP P.104B4

紐約杜莎夫人蠟像館

Madame Tussauds New York

與大明星近距離面對面

從地鐵N、Q、R、W線或1、2、3號線或7號線或S線的Times Sq-42 St站，與A、C、E線的42 St-Port Authority Bus Terminal站，步行約2分鐘 234 W. 42nd St 10:00~20:00 (週五、六及假日至22:00) $43.99 (2歲以下免費) www.madametussauds.com/newyork 可加價購買體驗套票

掃地圖

杜莎夫人是一位18世紀誕生於法國的奇女子，從小在外科醫生指導下學得製造蠟模型的技術。法國大革命期間，她為許多知名受害者製作死亡面具。1802年時，她受邀前往倫敦展出她的蠟像，後來便在英國和愛爾蘭各地巡迴展出。晚年時她回到倫敦定居，第一間杜莎夫人蠟像館於焉開幕。歷經兩個世紀，如今在世界的每個角落，只要是著名觀光大城，都能看見杜莎夫人蠟像館。栩栩如生與互動性的趣味，向來是杜莎夫人蠟像館的兩大特點，而紐約這間除了好萊塢巨星和各國領袖外，還包括許多獨家版的紐約象徵，像是流行天后Alicia Keys、前尼克隊看板球星Carmelo Anthony、前洋基隊長Derek Jeter、CNN當家主播Anderson Cooper和當紅今夜秀主持人Jimmy Fallon等等。

聯合廣場 Union Square

MAP P.91D7

聯合廣場

Union Square

集會賣菜兩相宜

從地鐵N、Q、R、W線，或L線，或4、5、6號線的14 St-Union Sq站，出站即達 週一、三、五、六08:00~18:00，有綠色市集

掃地圖

聯合廣場之名與聯邦共和無關，單純只是標示這裡是百老匯大道與第4大道「聯合」之處。長期以來，廣場便是紐約重要的集會和遊行示威場所，911攻擊事件發生後，此處也是首座為受難者追悼的公開聚集地。撇開政治和時事議題，聯合廣場還以它的綠色市集(Greenmarket)聞名，1976年時，紐約市環境評議會在此地規畫了綠色市集方案，讓來自紐約上州、長島、紐澤西和賓州等地的小農，有機會在這座市中心的露天市場中，販售他們親手栽種的生鮮蔬果。曼哈頓地區有許多高級餐廳常標榜「食材來自聯合廣場」，其受歡迎與信賴的程度可見一斑。

韓國城 Koreatown

MAP P.90C4

MOOK Choice

帝國大廈

Empire State Building

紐約帝國的心臟

從地鐵B、D、F、M線，或N、Q、R、W線的34 St-Herald Sq站，步行約4分鐘　20 W 34th St　每日10:00~22:00　86樓觀景台：成人＄44，62歲以上＄42，6~12歲＄38(夕陽時段多＄10)。86樓與102樓觀景台：成人＄79，長者＄77，兒童＄73 (夕陽時段多＄13)　www.esbnyc.com

掃地圖

時至今日，帝國大廈仍是最能代表紐約的摩天大樓，畢竟無論在建築技術、市民情感與流行文化上，它都擁有無可取代的地位。這棟高樓建成於1931年，出資者為企業家拉斯各布(John J. Raskob)，原本並沒有打算蓋得如此之高，但因鄰近的克萊斯勒大樓當時已接近完工，而拉斯各布又曾擔任通用汽車高階主管，抱著不能輸的心理，他下令總工程師蘭伯(William F. Lamb)，在高度上一定要超越克萊斯勒。蘭伯事後回憶，這樣的工程是在太平時代最接近戰爭的表現，因為他必須坐鎮指揮數千名工人，每個環節都要經過縝密計畫。驚人的是，這棟381公尺高的巨物，竟只花了短短11個月便完工，並立刻將克萊斯勒大樓從還沒坐熱的「世界最高」寶座上拉下，並獨享這個榮耀長達41年之久。

帝國大廈外觀以線性帶的窗飾將人們目光聚焦於高處，高樓層則採用巴比倫高塔的內縮式設計，並使用大量裝飾藝術。大廳天花板上繪有金碧輝煌的齒輪與星辰圖案，這是為了向機械時代致敬，當初歷史學者為了修復這面壁畫，一共花了整整2年，比興建大樓的時間還長。

要登頂賞景，得先搭乘電梯前往80樓，再換電梯至86樓與102樓的觀景台，如此設計是因為80樓已經是1931年電梯技術的極限了。雖然帝國大廈已非紐約最高觀景台，但位居中城心臟的地理位置，卻擁有更好的視野，無論哪個方向都能一覽無遺，加上街道棋盤格的設計，讓人產生位處世界中心的錯覺。

韓國城 Koreatown

MAP P.90D4-P.91D5

韓國城

Koreatown

無論多晚都能打牙祭

從地鐵B、D、F、M線，或N、Q、R、W線的34 St-Herald Sq站，出站即達 5th Ave與6th Ave之間的W. 32nd St

掃地圖

這條被稱為「韓國大道」(Korea Way)的路段，大約自1980年代開始，陸續開起了韓國書店、餐廳與超市，到了現在，就連高樓層也都開滿韓國商店、KTV、酒吧與夜總會，舉目所及，看到的韓文恐怕比英文還多，加上隨處可見韓國當紅偶像的人形立牌，要不是身後的帝國大廈實在太醒目，不知情的人還以為來到了首爾街頭。

韓國街上開得最多的還是餐館，不只韓國料理，也有中華、日本與其他亞洲菜系。和唐人街、法拉盛等亞洲街區相比起來，這裡的餐廳顯得潮流許多，聚集的也大多是年輕人，尤其韓國餐館很多都營業到半夜，有的甚至24小時不打烊，若是晚上肚子餓想找宵夜，這裡是個很好的去處。

諾瑪德區 NoMad

MAP P.91D5

性博物館

Museum of Sex

請保持健康的態度看待這件事

掃地圖

距地鐵R、W線的28 St站，步行約3分鐘 233 5th Ave (212) 689-6337 平日13:00~22:00 (週五至24:00)，週六12:00~24:00，週日12:00~22:00，售票至閉館前2小時 $39 www.museumofsex.com 18歲以下不得參觀

常被稱為MoSex的性博物館，以系統方式闡述「性」的歷史、性概念在人類社會中的演變、及其所衍生出的文化與次文化意涵等。除了人類性愛外，博物館也以生物機能的角度，介紹各種動物傳宗接代的行為模式，打破人類沙文主義思維，重新理解自然界的奧祕。館內也展示許多性需求或性禁忌方面的器物和影像，以及與性有關的藝術作品，像是荒木經惟就曾在此開過攝影展。不過既然要探討性的各個面向，無可避免一定會碰觸到色情產業、性工作、SM等議題，因此未成年者是不得參觀的。最特別的是名為「Super Funland」的展區，利用各種遊樂場式的遊戲，讓遊客樂在其中。像是當中的Jump for Joy就是間成人的充氣彈跳城堡，地面和牆壁都是各種膚色的充氣乳房，搭配播放電子音樂，實在有種奇幻的感覺。

熨斗區 Flatiron District

MAP ▶ P.91D6

熨斗大廈

Flatiron Building

三角奇特造型的百年高樓

掃地圖

從地鐵R、W線的23 St站出站即達 175 5th Ave 大樓內部不開放參觀

在百老匯大道、第五大道和23街交會的三角地帶，有棟形狀猶如蛋糕切片的熨斗大廈。其實大廈原名「富勒大廈」(Fuller Building)，只因其三角形的獨特造型才有此暱稱，而人們也漸漸遺忘它的本名，連帶附近街區都被稱為「熨斗區」。熨斗大廈正面最窄處僅有2公尺寬，高度卻有87公尺，這在大樓竣工的1902年算是相當高的摩天建物，當時人們對此並不看好，認為一陣強風就能把大樓吹垮，不過事實證明，大廈如今已屹立超過百年，依舊堅挺牢固。

設計熨斗大廈的是建築師伯恩罕(Daniel Burnham)，他以鋼骨結構打造這棟高樓，並以布雜藝術風格(Beaux-Arts)裝飾外觀，由於造型優美，經常出現在以紐約為背景的電影與攝影集中，和帝國大廈並列紐約早期的代表地標。

熨斗區 Flatiron District

MAP ▶ P.91D6

西奧多羅斯福出生地

Theodore Roosevelt Birthplace National Historic Site

誕生出一代巨人的角落

距地鐵R、W線的23 St站，步行約3分鐘 28 E. 20th St (212) 260-1616 10:00~12:00、13:00~16:00 週一、二 免費 www.nps.gov/thrb 每15分鐘一梯免費導覽 必須參加導覽行程才能上樓，每梯導覽僅5個名額，請儘早登記

掃地圖

西奧多羅斯福是美國第26任總統，也是美國史上最偉大的領導者之一，美國在他帶領下奠定世界強權的地位，影響力到今天都不曾衰退。由於多年後他的遠房堂弟富蘭克林羅斯福也當選為美國總統，為了區分，世人於是稱西奧多為「老羅斯福」，而富蘭克林為「小羅斯福」。

1858年10月27日，暱稱「泰迪」的老羅斯福就誕生在這棟房子裡，他在這裡一共住了14年，直到1872年才全家搬離此地。要參觀羅斯福一家的居住空間必須參加導覽行程，包括臥室、客廳、書房、餐桌與嬰兒房等，都還原成老泰迪童年時的樣子，大多數傢俱都來自原屋擺設及羅斯福家族捐贈。由於老羅斯福幼時體弱多病，他的父親為了鍛鍊他，在家中門廊裝設許多健身器材，使長大後的泰迪成為一位格鬥好手，拳擊也成了他一生的嗜好。至於1樓則作為展示廳，陳列許多珍貴照片、新聞報導與實物，而與老羅斯福緣由匪淺的泰迪熊，當然也在展示之列。

中城西 Midtown West

MAP ▶ P.90C3

紐約公共圖書館 MOOK Choice

New York Public Library

堪比觀光景點的圖書館

從地鐵7號線的5 Av站出站即達 5th Ave與W 42nd St路口 週一、四、五、六10:00~18:00，週二、三10:00~20:00，週日13:00~17:00 www.nypl.org

掃地圖

在紐約有88座公共圖書館，提供市民閱讀求知的空間，但只有中城區的這棟史蒂芬·A·施瓦茲曼大樓(Stephen A. Schwarzman Building)，裡頭來拍照的觀光客幾乎要和來看書的市民一樣多，由此就可看出這間圖書館的確頗有看頭。

這棟建築完工於1911年，本身就是件布雜藝術(Beaux-Arts)的傑作。進入圖書館前記得先看看門口那對石獅子雕像，牠們分別名為「耐心」和「毅力」，如今已成為圖書館的代表符號。一走進大門，迎面而來的是華麗的亞斯特廳(Astor Hall)，氣勢雄偉的白色大理石圓拱大廳，彷彿來到古代神殿，要人準備接受知識之神的洗禮。從亞斯特廳的樓梯直上3樓，麥格勞圓形大廳(McGraw Rotunda)拱頂及牆壁上的紛繽壁畫，則讓人像是從神殿直接跳躍進美術館。穿過公共目錄室後，便來到美輪美奐的玫瑰主閱覽室(Rose Main Reading Room)，這裡是目前全世界同類型中最大的閱覽室，裡面藏書與展覽品更令人瞠目結舌，一共收藏有600萬冊書籍、包括《獨立宣言》與艾略特《荒原》在內的1,200萬份手稿，以及280萬幅圖畫。

回到1樓之後，還有兩間閱覽室值得一看，一是德威特華萊士期刊室(DeWitt Wallace Periodical Room)，牆壁鑲板上有多幅理查哈斯(Richard Haas)的市容壁畫。另一間是地圖館藏，當中光是紐約市的地圖就有上萬幅之多。最後別忘了到地下層的童書室去看維尼熊，雖然這裡陳列的維尼、屹耳、小荳、小豬、跳跳虎，和現代卡通中的模樣相差甚遠，但這些都是克里斯多福羅賓的真實玩偶，當年他的父親艾倫亞歷山大米恩(Alan Alexander Milne)就是根據這幾個絨毛玩具，創作出後來膾炙人口的經典。

中城西 Midtown West

MAP P.90D3

范德堡一號大樓觀景台

MOOK Choice

SUMMIT One Vanderbilt

高空中的視覺饗宴

從地鐵4、5、6號線，或7號線，或S線的Grand Central-42 St站，出站即達 45 E. 42nd St (登樓入口在B1) 每日09:00~22:30 (最後上樓電梯為21:30) 成人＄39，6~12歲＄33 (含玻璃電梯的票種再加＄20) summitov.com

掃地圖

高樓林立的曼哈頓從來不缺觀景台，要讓人留下深刻印象，一定要有獨門絕活。樓高427公尺的范德堡一號大樓，落成於2020年，是目前世界第30高樓。其觀景台位於91到93樓，先不論景觀視野，光是以視覺效果來說，就絕對是紐約最有看頭的一座。電梯門一打開，迎面而來就是無邊無界的鏡像世界，這個兩層樓的超現實空間，是視覺藝術家Kenzo Digital的作品Air，將室外的曼哈頓景致吸納進室內的重疊鏡影中，有如電影《全面啟動》的畫面般，將感官解構重組，看得人目不暇給。其他空間也設計了不同的沉浸式藝術體驗，有的充滿漂浮的銀色氣球，有的讓雲朵浮現出參觀者的臉孔，還有一間更佈置有草間彌生富於禪意的作品。在93樓處除了有露天觀景陽台，大樓外部還懸掛了兩部全玻璃式的透明電梯，搭乘電梯緩緩上升至樓頂，那種感覺簡直就像凌空飛翔。

©SUMMIT One Vanderbilt 提供

©SUMMIT One Vanderbilt 提供

©SUMMIT One Vanderbilt 提供

©SUMMIT One Vanderbilt 提供

中城西 Midtown West

MAP P.90C2-D2

洛克斐勒中心

MOOK Choice

Rockefeller Center

20世紀最偉大的都市計畫之一

從地鐵B、D、F、M線的47-50 Sts-Rockefeller Ctr站出站即達 45 Rockefeller Plaza (212) 588-8601 www.rockefellercenter.com

◎ 洛克斐勒中心導覽之旅

票在官網或觀景台售票處購買 每日10:00~19:00，每30~60分鐘出發一梯 $27

掃地圖

洛克斐勒中心無疑是20世紀最偉大的都市計畫之一，1920年代，金融鉅子小洛克斐勒(John D. Rockfeller, Jr.)無視當時經濟蕭條，提出了這個巨大建築計畫構想，他希望在有限空間裡，創造出足夠的辦公空間，以維持巨大建築的營運，因此最後定案是以中央70層高的大樓為中心，四周環繞著13座較為低矮的高樓，才能使中央高樓和底部樓層得到足夠採光。雖然計畫在不被大部份人看好的狀況下於1930年展開，9年後還是完成了這項艱鉅的工程。

除了傲人高度外，經擴建後的洛克斐勒建築群共達19棟建築，所圍出的活動區域以及對公共空間的運用，也開啟了城市規劃的新風貌。其完整的商場與辦公大樓，讓中城繼華爾街之後，成為紐約第二個「Downtown」。相對於華爾街以金融企業為號召，洛克斐勒中心則以文化企業掛帥，像是NBC新聞網、出版社Simon & Schuster等，其總部都位於這裡，因此文化氣息濃厚，藝文表演也接連不斷。

嚴格說來，洛克斐勒中心的區域涵蓋第五大道至第六大道，介於48街與51街之間，占地共22英畝。區內涵括餐廳、辦公大樓、服飾精品店、銀行、郵局、書店等，並以地下通道貫穿連結，而這些通道還能通往地鐵站。建築師聰明地利用大樓間的廣場、空地與樓梯，製造人行流動的方向，讓一天超過25萬的人潮在此穿梭無礙。

洛克之巔觀景台
Top of the Rock @ Observation Deck

30 Rockefeller Plaza (入口位於5th Ave與6th Ave之間的50th St上) 每日09:00~24:00 (最後上樓電梯為23:10) 成人＄40，62歲以上＄38，6~12歲＄34 傍晚時，不論買票還是等著上電梯，隊伍都非常長，若是到了現場才要買票，等到上樓天都全黑了，因此建議要事先買票，使用CityPass者，也要事先就把票換好

洛克之巔位於260公尺高的康卡斯特大樓樓頂，雖然在紐約觀景平台中是最矮的一棟，但人氣卻絲毫不落人後，道理很簡單，因為帝國大廈與世貿一號大樓都是紐約天際線中最不可或缺的地標，而能夠同時看到這兩根擎天巨柱的地方，除了洛克之巔，再沒有其他去處。反倒是康卡斯特大樓本身的外觀，在中城高樓群中並不顯得突出，就算從帝國大廈上面看到，也不見得能認得出來。同時，洛克之巔就位於曼哈頓的心臟地帶，除了帝國大廈與世貿大樓外，其他像是克萊斯勒大樓、美國銀行大廈、公園大道432號等著名建物都近在咫尺，就連遠方的紐約港與自由女神像也可以清楚看到。

洛克之巔的觀景台分為上下兩層，高度只相差一層樓，由樓梯相連，因此並不像帝國大廈那樣到上層平台還需另外買票。兩層觀景台都有360度的視野，下層平台有玻璃保護，但空間寬敞，上層平台風景更好，但要先想辦法佔到位置。

來到洛克之巔除了賞景，也別忘了體驗各種聲光效果的震撼。在通往電梯的途中，會先經過一條播放各種紐約意象的長廊，而進入電梯之後記得抬頭望向天花板，這片LED電子螢幕會在電梯上升與下降的過程中放映相當酷炫的影像。而在頂樓的出口前，還有一個裝設了感應式牆板的空間，牆壁會隨著遊人的動作發出五顏六色的燈光及音效，有種濃濃的未來科幻感。

下層廣場 Lower Plaza

屢屢出現在好萊塢電影場景中的溜冰場，其實就是洛克斐勒中心的下層廣場，每逢耶誕節期間，廣場上還會豎立一棵大型耶誕樹，成為紐約人過節時的熱門聚會地點。到了夏天，廣場則會變為露天咖啡座。而廣場上的金色銅雕——希臘悲劇英雄盜火者普羅米修斯，是雕刻家保羅曼希普(Paul Manship)的名作，也是洛克斐勒中心的代表物之一。

無線電城音樂廳 Radio City Music Hall

🏠1260 6th Ave ☎(212) 465-6000 🌐www.msg.com/radio-city-music-hall

◎ **後台導覽之旅 Stage Door Tour**

🕒每日09:30~17:00，每半小時出發一梯 💲成人＄42，12歲以下及62歲以上＄38

無線電城音樂廳被喻為洛克斐勒中心皇冠上的珍珠，這棟裝飾藝術傑作於1932年啟用，提供歌舞表演、頒獎晚會與特殊慶典的場地，像是每年6月頒發的東尼獎與第8季的《美國達人秀》就是在此舉行。音樂廳內共有6千個座位，佈置得金碧輝煌、璀璨奪目。11月中至1月初的耶誕秀「聖誕奇觀」(Christmas Spectacular)，不但是這裡最負盛名的表演，也是無線電城自開幕以來的傳統。每年節目不但推陳出新，近年更加入3D舞台效果，觀賞性十足，最後當火箭女郎(The Rockettes)一字排開大跳康康舞的畫面，更是讓整場歌舞秀的節慶氣氛達到最高點。

康卡斯特大樓 Comcast Building

◎ **NBC導覽之旅**

🏠30 Rockefeller Plaza (入口位於49th St與50th St之間的6th Ave上) 🕒08:20~14:20 (週五至17:00，週六、日至18:00)，每20分鐘一梯，行程約65分鐘 💲成人＄33，6~12歲及55歲以上＄29 🌐www.thetouratnbcstudios.com ❗6歲以下兒童謝絕參觀

260公尺、樓高70層的康卡斯特大樓是洛克斐勒中心的主要建築，這裡是NBC環球(前身為國家廣播公司)的總部所在，過去很長一段時間裡，都被稱為奇異電器大樓(GE Building)。2013年，NBC的大股東康卡斯特公司從奇異電器手中買走NBC的所有股權，而大樓也於翌年易名為康卡斯特大樓。大樓在49街與廣場轉角，有個透明的新聞播放現場，如果在早上7~9點把臉貼在玻璃窗上，你的臉就會透過電視轉播，讓全美國的人在Today節目上看到。而對直播節目感興趣的人，也可以參加NBC錄影室的參觀行程。

海峽公園 Channel Gardens

海峽公園剛好隔開大英帝國大廈與法國大廈兩棟建築，宛如分隔英法之間的英吉利海峽。狹長的公園內共有6個小水池，以花圃與雕塑分隔，花圃種植的花卉因四季遞嬗而有所不同。

中城西 Midtown West

MAP P.90C2

現代美術館

MOOK Choice

Museum of Modern Art

收藏最完整的現代藝術

從地鐵E線與M線的5 Av/53 St站，步行約2分鐘 11 W. 53 St 10:30~17:30 (週六至19:00) 成人$25，65歲以上$18，16歲以下免費 www.moma.org 須事先上官網預約時段票

掃地圖

簡稱MoMA的現代美術館，其創立最初要感謝3位具有遠見的女性：小洛克斐勒的妻子艾比(Abby Alderich Rockefeller)、瑪莉蘇利文(Mary Quinn Sullivan)以及莉莉布利斯(Lillie P. Bliss)。1921年，她們策展了一批包括畢卡索在內的歐洲藝術家作品，卻受到當時保守的紐約藝文界不留情面的批評，使她們決心設立一個以現代藝術為主的美術館。8年後MoMA誕生，自此開啟紐約接受現代藝術洗禮的大門。

MoMA讓美術館跳脫以往窠臼，也為紐約藝術注入新血，是紐約文化在20世紀發光發熱的重要因素。而讓它在世界藝文界立於不朽地位的，要屬首任館長阿弗烈德巴爾(Alfred Barr)，除了前衛繪畫與雕塑外，他的蒐集還包括建築、素描、攝影、裝飾藝術、印刷品、插畫甚至電影等，擺脫了美術館的刻板印象，使MoMA成為全世界擁有最完整20世紀藝術的美術館。

為了容納不斷增加的館藏，現代美術館歷經大規模擴建整修，於2004年重新開幕。日本建築師谷口吉生以東方藝術的創新理念融入建築設計，將原先封閉的庭院轉變成開放空間，庭院內擺放可親近的裝置藝術及雕塑作品，與參觀者有更直接的互動。陽光綠地、高樓建築和天空雲朵，巧妙投射在建物的巨大玻璃上，彷彿本身就是件美景天成的藝術品。

在室內展廳方面，1樓規劃為雕像花園、接待大廳和餐廳，2樓是當代繪畫、影像藝術，3樓是攝影、建築與設計，4、5樓以繪畫、雕塑作品為主題，6樓則是特別展示廳。超大片潔白的牆面，以簡約色調襯托出藝術多彩，樓梯的延伸線條則充分展露懾人的空間美學。舉例來說，1、2樓之間懸吊著一架直升機，就是為了表達空間無限寬廣的概念，而3、4樓的牆面還可看到拾階而上的人們，彷彿一幅生動的繪畫作品。

睡著的吉普賽人The Sleeping Gypsy

◎ 油彩、畫布，1897年，盧梭 (Henri Rousseau)

盧梭被歸為後印象派畫家，作品中總呈現出一種超自然的夢幻世界，這幅《睡著的吉普賽人》是最能說明其風格的代表作品。畫面裡一位黑皮膚的姑娘恬靜地沉睡著，而一旁有頭神秘詭譎的獅子正嗅著她的芳香，空寂的沙漠裡滲著陰冷的月光，這樣的畫面卻一點也不可怕，反而流露出一種超乎現實的魔幻感，而這樣奇異迷幻的氛圍，正是畫家筆下的典型特色。

星夜
The Starry Night

◎ 油彩、畫布．1889年．梵谷 (Vincent van Gogh)

梵谷是著名的印象派畫家，其作品對後來的表現主義與野獸派皆有很大的影響，本畫便是他的代表作品之一。畫面中大星、小星迴旋天際，呈現一種不同尋常的流動，而與其相對的村莊，則以平實的幾何擠壓在畫面下方；兀然突起的柏樹則有如火焰般直竄入天。這樣顫動的色光、濃厚的筆觸，展現畫家深刻的幻覺。凝視畫作的同時，梵谷的不安與煩悶也有如漩渦般躍然紙上，不停流轉著。

亞維儂姑娘
Les Demoiselles d'Avignon

◎ 油彩、畫布．1907年．畢卡索 (Pablo Picasso)

西班牙畫家畢卡索產量豐富且風格多變的創作，幾乎就是他一生浪漫傳奇的寫照。畢卡索早期創作注重強烈情緒的表現，因使用的主色調不同，分為「藍色時期」與「玫瑰色時期」。至1910年後，逐漸發展出以幾何圖形組合畫面的「立體主義」。這幅《亞維儂姑娘》是畢卡索1904年旅遊法國南部，受到當地燦爛陽光與豔美色澤所激發出的靈感而畫，是立體派發展雛形階段的作品，還可以看到具象的形體。

記憶的永恆 The Persistence of Memory

◎ 油彩、畫布．1931年．達利 (Salvador Dali)

這位西班牙的天才畫家對當時佛洛伊德的夢境與潛意識理論相當著迷，導致其繪畫建立在「妄想狂理論」上，是夢境、夢想、記憶、心理學、病理學的變形。達利對自己理論的定義是「一種理性自發的行為，是以精神錯亂聯想為基礎」，其作品呈現精確的袖珍畫技巧，描繪出錯覺而痛苦的夢幻世界。

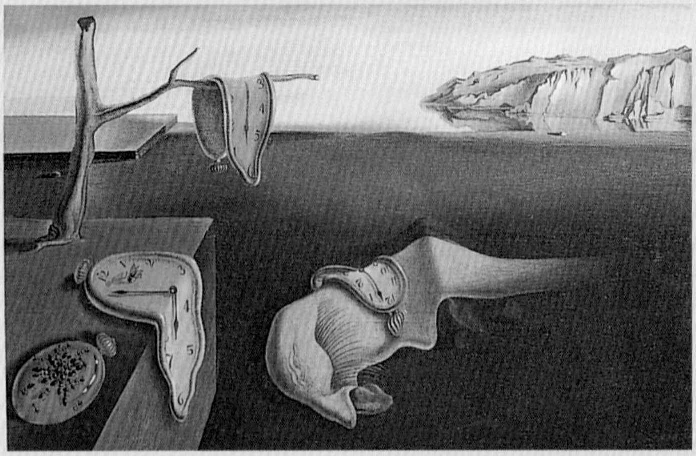

克里斯蒂娜的世界
Christina's World

◎ 蛋彩、畫布．1948年．魏斯 (Andrew Wyeth)

魏斯一直都住在鄉村，他擅長將平日觀察的人物、事件、場景轉換成精細的寫實作品。他第一個系列創作即是以一位身障女子——克里斯蒂娜為主角的四幅畫，把這位殘疾女子孤獨苦澀的心理與情狀表現得淋漓盡致。而其使用的蛋彩顏料，也讓畫面透露著古樸典雅的風采。

金色夢露
Gold Marilyn Monroe

◎ 絹印、畫布．1962年．安迪沃荷 (Andy Warhol)

安迪沃荷以絹印複製刷色出來的夢露，一推出便廣受好評，更奠定了他一代普普大師的地位。而MoMA收藏的金色夢露，有別於其他的複製夢露組圖，是唯一一幅使用金色的圖像。金色的高度光感，象徵夢露的巨星光芒，但卻易逝且脆弱，四周的留白更顯出其渺茫的孤絕狀態。安迪沃荷大量複製夢露之餘，似乎也以畫作感嘆著夢露傳奇的一生。

中城西 Midtown West

MAP ▸ P.90C2

佩雷媒體中心

The Paley Center for Media

完整保存美國廣電史上的足跡

從地鐵E線與M線的5 Av/53 St站，步行約3分鐘 25 W. 52 St (212) 621-6600 12:00~18:00 休週一、二 $成人＄20，長者＄16，12歲以下免費 www.paleycenter.org 建議事先上官網預約時段票

掃地圖

昔日名為廣播電視博物館的佩雷媒體中心，成立於1975年，是個非營利組織，由威廉佩雷(William S. Paley)創立，目的在完整有序地保存電視、廣播等媒體在發展過程中，所製作過的經典節目，以及具有劃時代價值的視聽影像和廣告片段等，具有發揚藝術文化的理念。除此之外，這裡也規畫過不少頗富意義的展覽、視聽節、專業講座論壇以及相關的教育課程，向大眾展示超過10萬個電視、廣播和廣告節目。館內的視聽室並定期播放一些被博物館所保存的早期影片，甚至還可以看到披頭四首次登上美國電視的影像記錄喔！

©The Paley Center 提供

©Jeff Goldberg 提供

中城西 Midtown West

MAP ▸ P.90C1

卡內基廳

Carnegie Hall

音樂人的最高殿堂

從地鐵N、Q、R、W線的57 St-7 Av站出站即達 7th Ave與W. 57th St路口 www.carnegiehall.org

◎卡內基廳導覽

(212) 247-7800 平日11:30、13:00、14:30，週六11:30、13:00出發 $成人＄20，62歲以上＄16 若遇演出或預演，則導覽暫停

掃地圖

有則都市傳聞是這樣說的：曾有觀光客問一位手拿小提琴的老先生：「請問如何才能到卡內基廳呢？」老先生回答說：「唯有不斷練習、練習、再練習」。雖是趣談，卻也精確點出所有音樂人的心聲。打從1891年百萬富翁卡內基建立紐約市第一座大型音樂廳以來，這座義大利文藝復興風格的音樂神殿就變成了神話，特別是開幕首演當天，還是由俄國作曲家柴可夫斯基親自擔任指揮，表演自己的作品，當時紐約的名人雅士蜂擁而至，一時間冠蓋雲集。一百多年來，曾經在這裡演唱或演奏過的個人或團體，無一不是影響樂壇至深且鉅的重量級人物。

中城西 Midtown West

MAP ▶ P.90D1-D4

第五大道

MOOK Choice

The Fifth Avenue

貴氣逼人的購物大街

從地鐵E線與M線的5 Av/53 St站，出站即達

掃地圖

世界當紅的知名品牌，都希望能落腳第五大道，尤其是在洛克斐勒中心以北至中央公園這段區域搶得一席之地。因此，各式高級品牌和櫥窗設計，絕對是街道上的最大特色，不論華麗頹廢或都會的極簡主張，都引領時尚潮流，共同創造出這裡的特別光景。對名牌如數家珍的人，一定要到這條大道逛逛，感受紐約的萬千魅力！

在這條街上，約在53和46街之間的範圍是最熱鬧的，同時也聚集眾多名牌商店，一家家高級精品櫥窗在此爭奇鬥豔，雖不是人人消費得起，但光是瀏覽櫥窗裡的新品，一樣令人心悅神怡。此外，這一帶也有Banana Republic、Zara、Gap、H&M等平價品牌，就算一般遊客也能買得不亦樂乎。

中城東 Midtown East

MAP ▶ P.90D2

聖派翠克大教堂

St. Patrick's Cathedral

世俗世界中的神聖領地

距地鐵E線或M線的5 Av/53 St站，步行約3分鐘 50th St與51st St之間的5th Ave上 每日09:00~18:00 saintpatrickscathedral.org 17:00前可租用語言導覽耳機，每台$25

掃地圖

在世俗化的洛克斐勒中心正對面、珠光寶氣的第五大道上，居然有這麼一座龐大而華麗的教堂！聖派翠克大教堂始建於1858年，由小詹姆斯倫威克(James Renwick, Jr.)設計，中間因南北戰爭停工了一陣子，直到1878年才完工。目前是天主教紐約總教區的主教座堂。

這座新哥德式樣的教堂，外觀有著高100公尺的醒目雙塔，從玫瑰窗、彩繪玻璃、內部祭壇到各個雕像，負責的藝術家與工匠都是一時之選。由於這一帶是愛爾蘭移民聚居地，而聖派翠克是愛爾蘭人的主保聖人，每年3月17日的聖派翠克節，愛爾蘭裔居民都會舉辦大遊行，以大教堂為中心，沿著第五大道從44街走到59街附近。遊行者全身都會穿著綠色服裝，因為這是幸運酢漿草的顏色，也是愛爾蘭的國旗顏色。

中城東 Midtown East

MAP P.90D3

MOOK Choice

中央車站

Grand Central Terminal

繼續繁忙一百年

從地鐵4、5、6號線，或7號線，或S線的Grand Central-42 St站，出站即達 89 E. 42nd St 每日05:15~02:00 www.grandcentralterminal.com **◎專人導覽行程** 集合地點在中央大廳的詢問處 每日15:00出發，行程1.5小時 成人＄35，65歲以上＄32，2~14歲＄30 www.takewalks.com

掃地圖

中央車站啟用於1913年，曾是世界最大的公共空間，也見證了美國火車旅行的黃金時代。目前這裡雖不是美鐵停靠站，但作為大都會北方鐵路在曼哈頓的總站與紐約地鐵的重要樞紐，龐大的通勤人潮使它仍是美國最忙碌的運輸建築之一。

從42街面對中央車站正立面，首先看到的是山牆頂上那面被海克力斯等希臘諸神所包圍的大鐘，那是目前世界最大片的蒂芬尼玻璃。走進面積廣達8萬平方英尺的中央大廳，挑高38公尺的天花板上彷彿有滿天星星閃爍，這是法國藝術家Paul Helleu根據中世紀的星空圖所繪製，共計有2,500顆星星，均以黃金為原料繪成，其中60顆主星更以燈泡突顯。當時就有人發現，這些星座的正反方向似乎有誤，而車站所給的回應是：這其實是從上帝的視角來看的。

詢問處上的四面鐘，是紐約人與朋友相約時最常用的指標，他們常說：「我們在鐘下碰面」，指的就是這裡。據說曾有拍賣公司估價，這座鐘市值1千萬美金以上，因此是整座車站最貴重的物品。而在Oyster Bar外的拱頂下方，便是著名的迴音廊(Whispering Gallery)，對著角落的柱子即便只是輕聲細語，遠邊對角柱子那裡也能聽得一清二楚。車站的另一個小祕密是，大廳裡的時刻表其實比火車實際發車時間早一分鐘，這是為了那些習慣拖拖拉拉的旅客而設計。

中城東 Midtown East

MAP P.90D1

川普大樓

Trump Tower

到美國前總統家樓下坐坐

掃地圖

從地鐵E線或M線的5 Av/53 St站，步行約3分鐘 725 5th Ave

樓高68層、202公尺的川普大樓，擁有者正是爭議話題不斷的紐約房地產大亨唐納川普(Donald Trump)，川普家族大部分時間就是住在這棟大樓的頂層。而川普在2017年當上美國總統後，這裡戒備也變得森嚴起來，雖然一般人還是進得去，但要經過X光安檢，而荷槍實彈的警衛也讓門口多了幾許殺氣。

大樓結合購物中心與商辦空間，外觀為黑色玻璃帷幕，由上往下俯瞰，形如鋸齒。大樓裝潢有著暴發戶極盡奢靡華麗的奇怪特性，大廳與挑高的中庭完全以粉紅色的大理石拼貼，黃銅色的樓梯扶手配上從角落投射的探照燈光，交織成金碧輝煌的錯覺。中庭牆壁上設計了一道80英尺高的瀑布，粼粼水光與潺潺流水聲提供水泥建築中的另類體驗。

中城東 Midtown East

MAP P.90D3

克萊斯勒大樓

Chrysler Building

以特殊的造型取勝

掃地圖

從地鐵4、5、6號線或7號線的Grand Central-42 St站，步行約2分鐘 405 Lexington Ave

樓高77層的克萊斯勒大樓落成於1930年，當時以282公尺的高度(加上天線尖頂為319公尺)，一舉攻上世界第一高樓寶座，雖然這頭銜只維持不到一年就被帝國大廈趕下，但其極富裝飾主義的外觀，讓它仍擁有無可取代的地位。在1950年之前，這棟大樓是克萊斯勒公司總部，許多特殊造型都是為了呼應克萊斯勒的汽車而設計，像是在31樓四角的翅膀與61樓外牆上的鷹頭，就是早期克萊斯勒汽車水箱蓋上的裝飾；而獨樹一幟的大樓尖頂，以圓孤形層層相疊，建材用的還是表面呈放射狀線條的電鍍金屬板，令人聯想到汽車的車輪鋼圈，有向當年欣欣向榮的汽車工業致敬的意味。而這座尖頂上的三角窗到了夜晚還會點上燈光，在紐約的夜景中讓人無法忽視。

MAP P.90D4

摩根圖書館與博物館

MOOK Choice

The Morgan Library & Museum

重量級的古代典籍收藏

從地鐵6號線的33 St站，步行約6分鐘 225 Madison Ave (212) 685-0008 10:30~17:00 (週五至19:00) 休 週一 成人＄22，65歲以上＄14，12歲以下免費 www.themorgan.org 週五17:00後免費，但需事先上網預約 建議事先上官網預約時段票

掃地圖

摩根圖書館建於1906年，最初是金融鉅子J.P.摩根(J. P. Morgan)的私人圖書館，收藏了許多稀有的古代典籍。J.P.摩根去世後，他的兒子小J.P.摩根依照他的遺願，於1924年將圖書館開放為公眾博物館，公開展示他的珍貴收藏。為了容納更多典藏品，博物館於本世紀初進行擴建，當時請來曾設計出巴黎龐畢度藝術中心的名建築師倫佐皮亞諾(Renzo Piano)操刀設計，並在2006年重新開放。不過博物館的參觀重點仍是在舊圖書館內，宏偉如教堂聖殿般的圓形大廳兩側，一邊是原始圖書館，一邊是J.P.摩根的書房，金碧輝煌的華麗裝潢加上滿書櫃的藏書，人說書中自有黃金屋，在這裡應是黃金屋中自有書。

重量級且公開展示的館藏有：1454年印刷的古騰堡42行聖經，那是西方文明史上見證印刷術奇蹟的第一批書籍；亦稱為「摩根聖經」的13世紀十字軍手繪本聖經，最初完全以精美的圖畫敘事，後來才加上拉丁文字，又由於曾經為阿拔斯大帝所擁有，因此又被加註了波斯文等多國文字；莫札特親筆手寫的第35號交響曲樂譜，以及貝多芬、德布西等樂聖級大師的手寫樂譜；梭羅、左拉、雪萊、狄更斯等人的親筆手稿；北方文藝復興大師魯本斯與林布蘭等人的素描畫作。其他館藏還包括多部珍貴的泥金裝飾手抄古本、早期的印刷書、上古時代西亞地區的滾筒印章等。

MAP P.90E3

聯合國總部大樓

United Nations Headquarters

聯合國的總部大營

從地鐵7號線的Grand Central-42 St站，步行約10分鐘 405 E. 42nd St

◎ **導覽行程**

報到處在801 1st Ave (與45th St的路口) (212) 963-8687 平日09:00~17:00，行程約1小時 成人$22，60歲以上$15，5~12歲$12 visit.un.org 須年滿5歲。基於惱人的國際現實，參觀聯合國必須使用台胞證查驗，不過根據編者經驗，台灣的國際駕照是有機會獲得承認的，而且同行者當中只要有一人持有即可

掃地圖

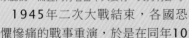

1945年二次大戰結束，各國恐懼慘痛的戰事重演，於是在同年10月通過《聯合國憲章》，聯合國於焉成立。當時聯合國曾在幾座城市之間尋找適合的總部地點，為了鞏固紐約在國際間的地位，小約翰洛克斐勒捐出850萬美金，買下這塊地送給聯合國，讓聯合國總部終於決定在曼哈頓落腳。今日這片18英畝的土地並不算是美國疆域，而是屬於國際領土。大樓建築奠基於1949年，由美國建築師華萊士哈里遜(Wallace Harrison)擔任規劃主任，並成立由10個國家組成的顧問委員會協助建造，1951年正式啟用辦公，爾後又陸續有所增建。

前往聯合國參觀，首先看到的是秘書處大樓前的藝術廣場，廣場上最著名的雕像是一把槍口打結的「和平之槍」，這是1988年盧森堡贈送的禮物，象徵意義不言而喻。導覽行程帶領遊客參觀聯合國大會堂、安全理事會、託管理事會、經濟暨社會理事會等會議廳，只要沒有會議進行，遊客都可以進去一睹廬山真面目。過程中也能了解聯合國對各種國際事務的參與，包括教育、人權、環保及維和部隊的運作方式等。

大樓內部擺放的藝術作品，許多都有發人深省的意涵，譬如來自日本廣島大教堂的聖阿格尼斯石像，正面看來一如往常，背面卻因原子彈的威力而焦黑熔化，令人顫慄於戰火的無情。諷刺的是人類似乎永遠學不到教訓，另一面牆上不斷跳動的數字，顯示當日全球軍火的成交量。最受遊客喜愛的，是面一層樓高的馬賽克拼貼畫，各個種族膚色的人聚在一起祈禱，前方寫著「己所欲，施於人」，這幅名為《金律》的作品，出自諾曼洛克威爾(Norman Rockwell)之手，表達了地球村公民共同生活的期許。

曼哈頓上城

Upper Manhattan

上城區以中央公園為中心，大致上可分為東邊的上東城、西邊的上西城與北邊的哈林區。中央公園除了如茵草坪外，還有多處湖泊、花園，甚至錯綜複雜的健行步道。市民們最愛晨起在公園的林蔭小徑間慢跑，也喜歡假日時來到湖泊上划船，這裡更有著多樣劇場、博物館等設施，每年夏天還會固定舉辦免費的莎士比亞戲劇節、露天音樂會等活動，培育出紐約旺盛的文化生產力。看著這和諧美好的風景，也許只有老一輩的人才記得，入夜後的中央公園曾是紐約最危險的地方之一，幸好2005年後中央公園有了自己的警察組織，目前這裡已是紐約犯罪率最低的區域，所有人都能安心享受遊憩。

中央公園兩側地段由於開發較晚，街道不像下城與中城那般繁忙擁擠，而流露出一股悠閒的假日氣氛。上西城百老匯大道上的經典住宅建築，一直以來都是紐約客眼中的理想住宅區；而上東城的「博物館大道」(Museum Mile)同樣功不可沒，高雅清幽的環境，吸引上流富豪在此置產定居，目前已是全曼哈頓最昂貴的社區。

往北到了哈林區後，貴族光環瞬間被打回平民世界，不過熱愛深度旅遊的人卻對這裡讚譽有加，畢竟相較於上東城的道貌岸然，哈林區的多彩與熱情更具人味，處處可見鮮豔的色彩。這裡的居民以非裔美國人佔了多數，他們的文化是構成美國重要的一環，沒有見識過這裡，對紐約的印象就得不到完整。

Where to Explore in Upper Manhattan
賞遊曼哈頓上城

上西城 Upper West Side

MAP P.125B8

哥倫布圓環
Columbus Circle

上城區的大門

從地鐵A、C線或B、D線或1號線的59 St-Columbus Circle站，出站即達

掃地圖

位處百老匯大道、第8大道與第59街交會點的哥倫布圓環，是上西城的知名地標，曾出現在不少電影場景中，2012年甚至還有一部以它為名的懸疑片。圓環一旁是蓊鬱的中央公園，另一邊則是氣派的時代華納中心。圓環內的哥倫布像是1892年時為紀念哥倫布發現新大陸400週年而豎立，大理石雕刻的哥倫布高高站在21公尺的圓柱上，柱子還裝飾了幾艘銅製的船，象徵哥倫布當時所帶領的探險艦隊。

上西城 Upper West Side

MAP P.125B8

藝術與設計博物館
Museum of Arts & Design

巧思加美感便是王道

從地鐵A、C線或B、D線或1號線的59 St-Columbus Circle站，出站即達 2 Columbus Circle (212) 299-7777 10:00~18:00 休週一 成人$18，65歲以上$14，18歲以下免費 www.madmuseum.org 週四門票半價。週三至週日11:30、14:30有免費導覽

掃地圖

看起來被包得密不通風的藝術與設計博物館，擁有非常現代風的外觀，事實上這間小巧的博物館創立已超過半個世紀，不過一路從當代工藝博物館、美國工藝博物館易名，也曾搬過幾次家，最後終於在2002年時選定哥倫布圓環旁的這處位置，以嶄新的面貌對外開放。

占地5千平方公尺的新館，面積足足要比上個場館大了三倍。陶土、玻璃、金屬、纖維和木頭等材質的當代手工藝品，都是這間博物館的收藏，不斷輪替的特展為它每年吸引約30萬名訪客。其中最特別的還包括對大眾開放的藝術家工作室，參觀者可以和進駐的藝術家面對面交談，了解他的創作意念。另外也別錯過該博物館的商店，裡頭各色首飾、居家和生活用品，充滿驚豔的設計感與巧思，每樣都教人愛不釋手。

曼哈頓上城地圖
N
哥大遊客中心
116 St-Columbia University (1)
哥倫比亞大學
Columbia University
晨邊公園
Morningside Park
116 St (B,C)
W 115th St
Adam Clayton Powell Jr Blvd
Amy Ruth's
116 St (2,3)
W 116th St
116 St (6)
E 115th St
Lenox Ave
哈林區
Harlem
Thomas Jefferson Park
聖約翰神明座堂
The Cathedral Church of Saint John the Divine
晨邊高地
Morningside Heights
W 112th St
Ricardo Steakhouse
Cathedral Pkwy (W 110th St)
Cathedral Pkwy (B,C)
Central Park North (2,3)
110 St (6)
E 110th St
Cathedral Pkwy (1)
Harlem Meer
東哈林區
East Harlem
Absolute Bagels
W 106th St
E 106th St
Riverside Dr
Henry Hudson Pkwy
溫室花園
Conservatory Garden
5th Ave
Madison Ave
Park Ave
Lexington Ave
2nd Ave
河濱公園
Riverside Park
HI New York City Hostel
103 St (B,C)
紐約市美術館
Museum of the City of New York
103 St (6)
103 St (1)
The Pool
E 102nd St
West End Ave
W 100th St
Central Park West
3rd Ave
HomeGoods
Target
FDR Dr
Broadway
W 97th St
E 97th St
1st Ave
W 96th St
96 St (B,C)
E 96th St
96 St (6)
96 St (Q)
96 St (1,2,3)
Amsterdam Ave
Reservoir
庫柏休伊特博物館
Cooper-Hewitt National Design Museum
Carmine's
W 90th St
E 90th St
上西城
Upper West Side
古根漢美術館
Solomon R. Guggenheim Museum
Columbus Ave
E 88th St
紐約新畫廊
9A
16
14
A
B
C
D
E
1
2
3
4

中央公園
Central Park
上東城
Upper East Side
哈德遜河 Hudson River
Henry Hudson
Joe DiMaggio Hwy
Riverside Dr
West End Ave
Amsterdam Ave
Columbus Ave
Central Park West
Broadway
Madison Ave
Lexington Ave
Park Ave
5th Ave
3rd Ave
2nd Ave
1st Ave
York Ave
FDR Dr
W 83rd St
W 81st St
W 79th St
W 75th St
W 72nd St
W 70th St
W 66th St
W 60th St
W 59th St
W 57th St
E 83rd St
E 80th St
E 77th St
E 72nd St
E 70th St
E 65th St
E 63rd St
E 60th St
E 57th St
Jacob's Pickles
Zabar's
The Lucerne
79 St (1)
Arthouse
Hotel Beacon
Hummus Place
72 St (1,2,3)
美國自然史博物館
American Museum of Natural History
紐約歷史協會
New-York Historical Society Museum & Library
達科他公寓
The Dakota
72 St (B,C)
81 St-Museum of Natural History (B,C)
美國民俗藝術美術館
American Folk Art Museum
66 St-Lincoln Center (1)
林肯中心
Lincoln Center
大衛魯賓斯坦中庭
David Rubenstein Atrium
Jean-Georges
時代華納中心
Time Warner Center
Per Se
哥倫布圓環
Columbus Circle
藝術與設計博物館
Museum of Arts & Design
59 St-Columbus Circle (A,B,C,D,1)
方尖碑
Obelisk
Turtle Pond
莎士比亞花園
Shakespeare Garden
貝爾維德城堡
Belvedere Castle
大湖
The Lake
愛莉絲夢遊仙境
Alice in Wonderland
Loeb Boathouse
草莓園
Strawberry Fields
畢士達噴泉
Bethesda Fountain
The Mall大道
Tavern on the Green
巴爾托銅像
Balto
中央公園動物園
Central Park Zoo
The Pond
JW Marriott Essex House
卡內基廳
Carnegie Hall
57 St-7 Av (N,Q,R,W)
7 Av (B,D,E)
57 St (F)
5 Av/59 St (N,R,W)
The Plaza
Bergdorf Goodman
川普大樓
Trump Tower
現代美術館
Museum of Modern Art
5 Av/53 St (E,M)
大都會美術館
Metropolitan Museum of Art
戴拉寇特劇場
Delacorte Theater
The Mark
Intermix
The Surrey
Zitomer
弗立克臨時展館
Frick Madison
Ralph Lauren
弗立克收藏館
The Frick Collection
Daniel
Manolk Blahnik
Loews Regency
59 St (4,5,6)
Bloomingdale
Lexington Av/59 St (N,R,W)
羅斯福島空中纜車
Roosevelt Island Aerial Tram
Club A Steakhouse
Lexington Av/53 St (E,M)
77 St (6)
68 St-Hunter College (6)
Lexington Av/63 St (F,Q)
Dallas BBQ
72 St (Q)
圖例
州道 隧道 步行道 公路出口 地鐵站 纜車站 景點 博物館
教堂 公園 糕餅 劇場 大樓 百貨 購物 住宿 餐廳 遊客中心

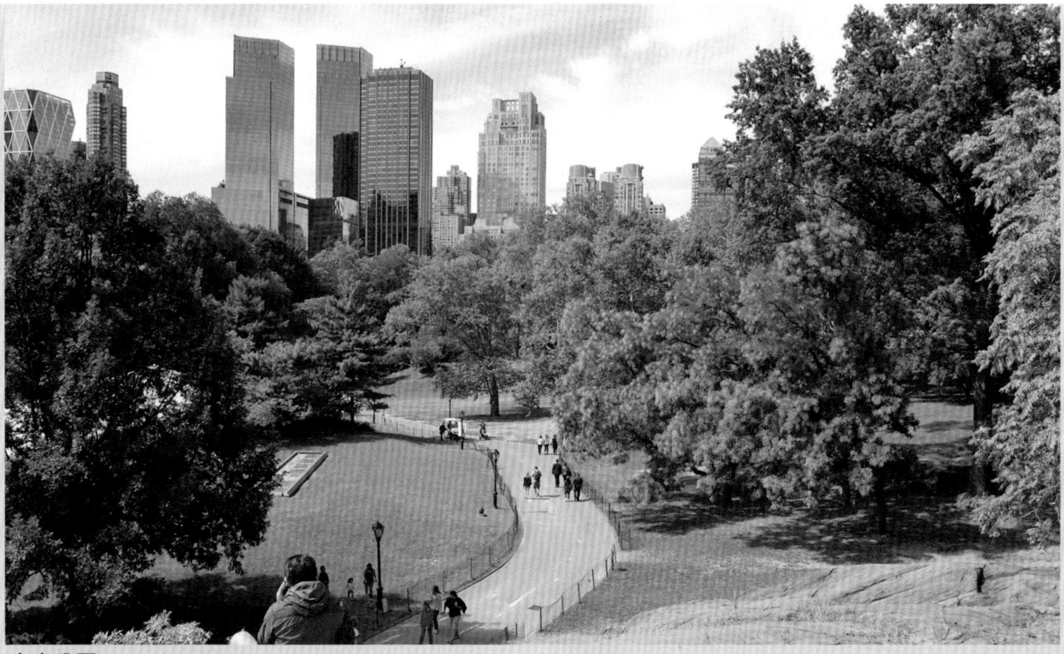

中央公園 Central Park

MAP P.124B2-P.125C8

中央公園

MOOK Choice

Central Park

高樓大廈間的魔幻森林

從地鐵A、B、C、D、1號線至59 St-Columbus Circle站；或地鐵B、C線至72 St與Cathedral Pkwy之間各站；或地鐵N、Q、R線至57 St-7 Ave與5 Ave/59 St站；或地鐵2、3號線至Central Park North站；或地鐵F線至57 St站，出站即達 W. 110th St、W. 59th St、5th Ave與Central Park West合圍的區域 公園：每日06:00~01:00。各遊客中心：每日10:00~17:00 免費 www.centralparknyc.org 提供多項免費或付費導覽行程，詳情請見官網

號稱「紐約之肺」的中央公園，面積廣達843英畝，從公園的最南走到最北，總長竟超過4公里遠，而從最東走到最西，也有大約800公尺距離，為水泥叢林曼哈頓保留了一大片長方形的綠色地帶。

這一帶原本是市區北邊的貧民窟，1857年時規劃成公園用地，並採用地景大師奧姆斯特(Frederick Law Olmsted)與沃克斯(Calvert Vaux)的計劃方案著手建設，由於連一草一木都經過精心安排，因此直到1873年才告完工。

中央公園的路燈密碼

走在偌大的中央公園，要怎麼不迷路呢？答案就在路燈上！路燈桿上多會標示4個數字，前兩個數字顯示鄰近第幾條街，後兩個數字若是偶數，則是靠近該街的東邊，奇數則是該街的西邊。

公園內有大片草坪、小山、水塘及運動場，而總長達93公里的步道也讓紐約人在曼哈頓市中心就能親近大自然。尤其在公園中段大湖與貝爾維德城堡之間的「The Ramble」，錯綜複雜的地形的確很有種在山林裡漫步健行的感覺，直到看見遠方高樓大廈的樓頂，才驚覺自己其實從未離開過都市。而公園南邊幾乎處處都可見到等待載客的馬車，這些馬車以分鐘計價，通常每分鐘為3美金。隨著馬蹄躂躂的聲響，緩緩行進在公園的林蔭之間，要擁有貴族般的享受，在紐約一點也不難。

中央公園動物園 Central Park Zoo

P.125C7　64th St與5th Ave路口　(212) 439-6500　4~10月10:00~17:00 (週末至17:30)，11~3月每日10:00~16:30　成人$13.95，65歲以上$10.95，3~12歲$8.95 (含兒童動物園及4D劇場的全體驗門票再多加$6)　centralparkzoo.com

掃地圖

卡通《馬達加斯加》中，故事開始的場景就是這座動物園！中央公園動物園最初只是在公園中的動物展覽，後來慢慢發展成動物園的規模，並以原生環境取代籠子，成為紐約兒童最喜愛的假日去處。目前在動物園裡可看到雪豹、棕熊、海獅、狐猴、企鵝等150多種動物，而過去在動物園裡還真的有隻像愛力獅一樣的動物明星──一隻名為Hattie的大象，雖然那已是二戰之前的往事了，但就像林旺之於台北動物園，Hattie在這裡仍有其象徵性的地位。

巴爾托銅像 Balto Statue

P.125C7

這隻名為巴爾托的西伯利亞哈士奇，是1925年阿拉斯加「血清救援雪橇隊」的狗隊長之一。那年冬天，諾姆(Nome)爆發嚴重的白喉傳染病，當地血清極度匱乏，港口又被厚冰封住，政府只好把血清從安克拉治用火車載到雷內納，再徵召20組雪橇犬隊，以六百里加急的速度接力送到諾姆，而擔任最後一棒把血清送進城的，就是由巴爾托領頭的犬隊，也讓牠成為家喻戶曉的英雄，故事還曾被環球影業拍成動畫片。

掃地圖

The Mall大道

P.125C7

掃地圖

長約500公尺的The Mall，是中央公園裡最寬闊的行人步道，也是唯一筆直的路。大道兩旁各種了兩排美國榆樹，構成一道綠意盎然的林蔭穹頂，即使在陽光炙熱的夏天，走在這裡仍覺涼快舒適，由是不難理解中央公園「紐約之肺」的暱稱由來。大道北端靠近畢士達露台與噴泉的地方，是街頭藝人擺攤表演的場域，雜耍、魔術、演奏樂器，每到假日總是聚集起人潮。而在南端通往奧姆斯特花圃的路段，則被稱為「文學步道」，因為這段兩側佇立多尊文學家銅像，包括美國詩人菲茲格林哈勒克、蘇格蘭小說家華特史考特與詩人羅伯特伯恩斯等。

愛莉絲夢遊仙境 Alice in Wonderland

P.125C6

掃地圖

公園裡的公共雕塑不知凡幾，其中最有名的就是這座「愛莉絲夢遊仙境」。雕像場景來自路易斯卡羅的同名名著，愛莉絲坐在一頂大蘑菇上，一旁主持茶會的是瘋帽匠，另一邊的白兔一如既往焦急地看著懷錶，昏沈沈的睡鼠則躲在愛莉絲的腳邊。而雕像周圍銘刻的字句，來自卡羅的另一首詩謎《The Jabberwocky》。

每到假日，成群孩童便會在雕像爬上爬下，有的坐在愛莉絲頭上拍照，有的玩起捉迷藏。他們完全有權利這麼做，因為這座雕像是慈善家 George Delacorte在1959年送給孩子的禮物，一方面也是為了紀念他過世的妻子，她生前經常唸這故事給她的孩子們聽。

畢士達露台與噴泉 Bethesda Terrace and Fountain

P.125C6

沿著The Mall大道走到底，便是中央公園最有名的風景——畢士達噴泉。噴泉主體是位水之天使(Angel of Waters)，在她下方的4名天童分別象徵和平、純潔、健康與節制，這是女雕刻家Emma Stebbins的作品。這座噴泉背倚公園大湖The Lake，周圍則以紅磚鋪成廣場，從露台上看去，有種來到歐洲皇室城堡的浪漫感，也因此這裡成了紐約人拍婚紗照的萬年場景。

大湖 The Lake

◎ The Loeb Boathouse

P.125C6　(212) 517-2233　每日10:00至黃昏　休11~3月

租金1個小時＄20，押金＄20　www.thecentralparkboathouse.com

每船限乘4人，只收現金

這片湖泊原是一片沼澤地，經過公園設計者奧姆斯特與沃克斯的巧思後，變成面積廣達20英畝的湖泊，而且名字取得很簡單，就叫做「The Lake」。除了搭乘馬車外，在大湖划船也是公園裡最受歡迎的活動，小船可以在大湖東岸的The Loeb Boathouse餐廳租借。由於大湖形狀曲折，因此沿岸景色多變，時而穿越橋下，時而划向亭臺，而大多數時候岸邊盡是濃密的樹林，恍如到了亞馬遜河探險。像這樣輕搖著槳櫓，隨興之所至泛舟湖上，便是紐約人從小印象中的悠閒。到了冬天，湖面結冰無法行舟，大湖又變成了一座溜冰場，許多以紐約為場景的電影中，戶外溜冰的鏡頭就是在此拍攝。

方尖碑 Obelisk

P.125C5

這座高21公尺、重200噸的花崗岩埃及方尖碑可不是跟隨潮流的贗品，而是貨真價實的古物。雖然紐約人喜歡叫它「克麗歐佩特拉之針」(Cleopatra's Needle)，但其實它和埃及豔后一點關係也沒有，年代也古老許多。這根方尖碑大約打造於西元前1450年代，下令建造者為埃及第十八王朝的圖特摩斯三世(Thutmose III)，他是人類歷史上第一個實質帝國的建立者，版圖橫跨亞非大陸。1880年前後，埃及政府為了籌措現代化建設的經費，將圖特摩斯大帝的兩座記功碑賣給西方國家，一支現今豎立在倫敦西敏市，另一支就在紐約中央公園。而在這座方尖碑的下方，還埋有一個時間膠囊，當中裝了1870年美國的人口普查報告、聖經、韋伯斯特字典、莎士比亞全集和獨立宣言的摹寫本等，等待未來某日重見天光。

戴拉寇特劇場 Delacorte Theater

掃地圖

P.125C5 從地鐵B、C線的81 St-Museum of Natural History站，步行約5分鐘 靠近W. 81st St的入口 publictheater.org

戴拉寇特劇場建於1962年，是座擁有1,800個座位的露天劇場。這裡的年度盛事是每年6~9月晚間20:00 (週一除外)舉行的「莎士比亞戲劇節」(Shakespeare in the Park)，該活動完全免費，期間從每天中午12:00開始發放票券，每人限領2張，直到送完為止。由於觀眾相當踴躍，基本上要早上6點公園一開門就去排隊，才有機會搶得到票。

貝爾維德城堡 Belvedere Castle

掃地圖

P.125C5 10:00~17:00 休週一、二

貝爾維德在義大利文中是「美景」的意思，當年沃克斯興築這座混雜羅馬與哥德式樣的城堡，就是希望打造出中央公園的制高點，用以欣賞公園內的草地、森林、水泊與公園外的城市風景。後來城堡有很長一段時間被作為氣象觀測站之用，直到1983年才又重新開放大眾登樓賞景。目前城堡1樓則是公園內5個遊客中心之一。

草莓園 Strawberry Fields

掃地圖

P.125B6 從地鐵B、C線的72 St站，步行約2分鐘 靠近W. 72nd St的入口

披頭四的主唱約翰藍儂在樂團解散後，和小野洋子定居在中央公園西側的達科他公寓裡，藍儂非常享受在紐約的生活，因為見多識廣的紐約人讓他可以像正常人一樣活動，而不像其他地方總是寸步難行。他的次子西恩也是在這座城市裡出生。然而1980年12月8日，一位瘋狂歌迷在公寓樓下朝著藍儂開槍，一代巨星就此殞落。

為了紀念藍儂，中央公園在靠近達科他公寓的一隅闢了處小小的廣場，並以藍儂在1967年所寫的名曲《Strawberry Fields Forever》，起名為「草莓園」。廣場中央以黑白相間的馬賽克地磚拼出一個圓形圖案，當中寫著藍儂另一首經典名曲——高唱世界大同的《Imagine》。即使40多年過去，每天仍有不分年齡的無數歌迷前來，為藍儂獻上鮮花致意。

中央公園 Central Park

MAP ▶ P.125C5

大都會美術館

MOOK Choice

Metropolitan Museum of Art

博大精深，莫過於此

從地鐵4、5、6號線的86 St站，步行約10分鐘 1000 5th Ave (212) 535-7710 10:00~17:00 (週五、六至21:00) 休週三 成人＄30，65歲以上＄22，12歲以下免費 www.metmuseum.org 可在同日免費參觀修道院美術館 須事先上官網預約時段票

掃地圖

這座西半球最偉大的美術館，總展示面積廣達20公頃，蒐藏品超過300萬件，從舊石器時代到當代藝術應有盡有，即使只是走馬看花，逛完一圈至少也要花上大半天時間。

大都會美術館的創立，起源於一群藝術家與慈善家，他們意圖建立一座能與歐洲大型博物館相匹敵的藝術中心，而於1870年開始籌畫。最初於1872年開放的博物館，其實是在第五大道一棟大廈內，後來隨著館藏愈來愈豐富，即使在20世紀初遷至現址，仍馬不停蹄地進行擴張工程，而今日博物館的面積已超過當年整整20倍，全方面且重量級的各類型收藏更是傲視全球，不辱紐約州的帝國之名。

目前博物館共分19個部門、數百間展廳，幾乎任何時代、任何地區、任何形式的藝術，在這裡都有非常可觀的收藏，而且創作者絕大多數都是各個時代的大師翹楚。以這樣的規模來說，如此全方面的展示，在世界上應該是絕無僅有的。

埃及藝術

這裡收藏的埃及古文物，年代橫跨5千多年！重要館藏包括紀元前24世紀古王國時期的Perneb古墓、出土自法老重臣Meketre墓穴中的日常生活模型、女法老Hatshepsut的坐像，與中王國、新王國時代的珠寶器具等。

最引人注目的，是埃及政府贈送的登度神殿(Temple of Dendur)，這座神殿建於羅馬統治初期(約西元前15年左右)，原本位於努比亞地區，為了讓神殿更傳神地展露風華，館方還特地仿造神殿原址的環境，在周遭設計了一彎流水。

美國館

大都會收藏的美國繪畫、雕塑與裝飾藝術，不但規模全美最大，內容也擲地有聲。經典之作包括沙金特的《X夫人肖像畫》與聖高登斯的《戴安娜》鍍金銅像等，後者這座羅馬獵神雕像，原型最初是麥迪遜廣場花園塔頂上的風向標，在當時算是紐約地標之一，而博物館中的這座則是比例縮小1/2的版本。

至於裝飾藝術也有不少可看傑作，像是蒂芬尼的玻璃工藝、法蘭克洛伊萊特的傢俱與室內設計等，為美國藝術史與家居生活，提供最佳的例證。

歐洲雕塑與裝飾藝術

佔據博物館1樓中央的大片區域，從義大利文藝復興時代到18世紀的法國，從貝尼尼到羅丹，歷代雕塑大師的作品都在收藏之列。這一區也重現了英、法最輝煌時期，王公貴族房間中的裝飾藝術，包括傢俱、金屬飾物、掛毯、珠玉、牆板裝飾等，極盡富麗堂皇之能事。

中世紀藝術

中世紀的藝術大多是為了宗教而服務，因此這裡的展品無論是聖母子像、彩繪玻璃、織錦掛毯、聖物裝飾；無論來自羅馬、拜占庭、塞爾特，都籠罩一股神聖的氛圍。

武器與鎧甲

人們走進鎧甲廳，立刻就被那列並轡而行的騎士隊伍所吸引，以「巡行」方式來陳列歐洲文藝復興時代的盔甲，是這個展廳最大的特色。除了歐洲騎士鎧甲與長槍、長戟外，這裡也有為數眾多的鄂圖曼土耳其、蒙兀兒帝國或日本武士的盔甲。這些盔甲不論來自何方，其鍛造、接榫與裝飾皆可看出當時工藝技術的精湛，也象徵那個時代武者的地位。

羅伯雷曼收藏

羅伯雷曼(Robert Lehman)是雷曼兄弟的第三代掌門人，也是位大收藏家，這個展廳就是來自他的捐贈。羅伯雷曼收藏的範圍很廣，從14到20世紀的作品，從繪畫到裝飾藝術，都在他涉獵之中，加上他財力雄厚、鑑賞眼光獨到，因此這個展廳中不乏赫赫有名之作，包括包提切利、艾葛雷柯、安格爾、高更、莫內、雷諾瓦、馬蒂斯等人的畫作，都能在這裡看到。

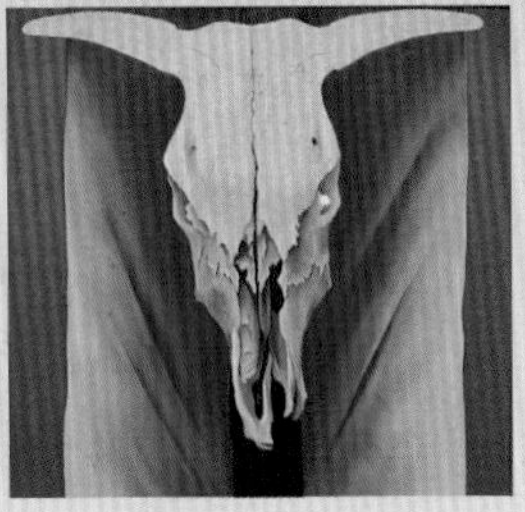

現代與當代藝術

若是醉心於20世紀的現代藝術與當代藝術，那麼這裡絕對會是你的寶庫，因為包括達利、馬格利特、畢卡索、波洛克、歐姬芙、霍普、杜庫寧、安迪沃荷、羅斯科、薄邱尼、夏卡爾、格里斯等人的作品，這裡都有極為豐富的收藏。

非洲、大洋洲與美洲藝術

這裡展出撒哈拉沙漠以南的非洲、太平洋諸島嶼民族、前哥倫布時期的中南美洲等各個部族的手工藝品及祭祀器物，所用材料包括木材、石頭、黃金、白銀、象牙、布料等，反映了這些民族的生活型態與宗教宇宙觀。

古希臘羅馬藝術

古希臘羅馬文化可說是現代西方文明的濫觴，這裡的收藏包括古希臘城邦、希臘化時代、羅馬帝國，乃至塞浦路斯、伊特拉斯坎等古老文明的各種器物。從當時的人物雕塑、陶罐上的彩繪等，不得不佩服在2、3千年前已有如此進步的藝術技巧，由此也可看出當時對於人物體態的美學風氣。

19至20世紀歐洲繪畫與雕塑

雖說是歐洲繪畫，但其實這裡的展出以法國藝術為主，尤其是台灣人所熟悉的印象派與後印象派畫作，像是莫內、梵谷、馬奈、高更、雷諾瓦、塞尚、畢沙羅、秀拉、竇加、羅丹等。至於非印象派的作品，許多也大有來頭，例如學院派的考特、現實主義的庫爾貝、野獸派的馬蒂斯與立體派的畢卡索等，每一位都為他的時代照亮新的藝術之路。

伊斯蘭藝術

說到伊斯蘭藝術，立刻就會聯想到繁複的線條與壯觀的掛毯，事實上大都會的展廳還遠不只於此。這裡有來自阿拉伯、土耳其、伊朗、中東等伊斯蘭世界的各類型藝術，包括毫雕、建築、可蘭經架、波斯地毯、玻璃器物、金屬飾品等，堪稱全球最齊全的伊斯蘭藝術收藏之一。

古代近東藝術

今日戰火不斷的近東地區，遠古時曾是強大文明的發源地，包括蘇美文明、亞述帝國、巴比倫帝國、新巴比倫、米底亞文明、波斯帝國、薩珊王朝等，都孕育於這片土地上。今日博物館保存了大量這些地區的古文物，像是建築、神像、銅器、各式器皿等，在極端主義者大肆破壞古代文物的現在，這些當年流落異域的寶物，更顯得格外珍貴。

樂器

來這裡逛一圈，才知道樂器不是只有我們認知中的那幾樣，只是有些樂器跟不上曲風喜好，慢慢被時代淘汰，或是轉變成另一種形式樣貌。這裡蒐集了來自世界各地的古今樂器，包括現存最古老的鋼琴、撥弦鍵琴、各種形制的弦樂器以及東方樂器等。有些宮廷樂器裝飾之氣派華麗，幾乎讓人忘了它們當初是為了音樂而存在。

亞洲藝術

收藏不少來自中國、日本、韓國、印度和東南亞的藝術作品，涵括的時期上自青銅器時代，下至20世紀，內容則包括繪畫、書法、佛像、漆器、瓷器、紡織品、玉器等。其中最特別的是用以展示明代傢俱的阿斯特中國花園(The Astor Chinese Garden Court)，完全仿造蘇州園林而設計。

1250-1800年的歐洲繪畫

這一區展示的歐洲繪畫，始於文藝復興運動開始成形之前，一直到浪漫主義時代結束。要從這些畫作中挑出一、兩張代表是很困難的，因為每一張都是震古鑠今的名畫，看看這些重量級的名字：喬托、曼太尼亞、克拉納訶、卡拉瓦喬、勉林、盧本斯、凡艾克、林布蘭、維梅爾、哈爾斯、韋拉斯奎茲、僕辛、哥雅、大衛……就該知道這一區多有看頭了！

上西城 Upper West Side

MAP P.125B7

林肯中心

Lincoln Center

世界級的藝術表演舞台

從地鐵1號線的66 St-Lincoln Center站，有站內通道前往 遊客中心位於大衛葛芬廳內(10 Lincoln Center Plaza) (212) 875-5456 遊客中心10:00~18:00 (週日12:00起)。表演場次及票價請詳見官網 www.lincolncenter.org

掃地圖

於1960年代耗資近2億美金興建的林肯中心，是目前美國最大的藝術殿堂，更是全球藝術家嚮往的表演舞台，有多達11個全球知名的藝術表演團體把總部設在這裡。主要建築為環繞噴泉廣場的3棟劇院：大衛寇屈劇院、大都會歌劇院與大衛葛芬廳，總面積達16英畝，可同時容納1萬8千名觀眾。

大都會歌劇院 Metropolitan Opera House

大都會歌劇院經常被暱稱為「The Met」，它是林肯中心最搶眼的核心建築，由曾經參與洛克斐勒中心工程的Wallace Harrison所設計建造。從5座巨大的玻璃拱窗，隱約可以看見內部璀璨的水晶燈飾，以及牆上的兩幅夏卡爾巨畫。這裡是大都會歌劇團與美國芭蕾舞團的駐在地，而像是卡列拉斯、帕華洛帝等世界級聲樂家，都曾在此獻唱。

大衛寇屈劇院 David H. Koch Theater

這裡原名紐約州劇院(New York State Theater)，2008年時因石油大亨大衛寇屈贊助整修，因而改為現名，不過許多老紐約人還是習慣以原來的名字稱呼。大衛寇屈劇院主要作為芭蕾舞、現代舞及其他各類型舞蹈的演出場地，目前也是紐約市立芭蕾舞團的駐在地，白色大理石的巨型雕塑是這棟建築最醒目的部分，因劇院內外均裝飾萊茵石柱及水晶吊燈，而有「小珠寶盒」的美譽。

大衛葛芬廳 David Geffen Hall

大衛葛芬廳是林肯中心裡的音樂廳，最初名為愛樂廳，而在過去很長一段時間裡因為受到費雪音響的老闆贊助，而改名為阿弗瑞費雪廳，直到2015年冠名期終止，才由葛芬唱片的老闆取得新的冠名權。這裡是紐約愛樂交響樂團(New York Philharmonic)的駐在地，也是莫札特音樂節的主要舞台，多年來在內部音響設備不斷升級後，已名列國際頂級音樂會表演場地。

茱利亞學院 Juilliard School

林肯中心北邊還有專門培養戲劇、音樂及舞蹈人才的茱利亞學院，包括華裔大提琴家馬友友、女高音芮妮弗萊明、爵士樂傳奇人物邁爾士戴維斯等，都是這裡的校友。而學院中的愛利斯杜利廳(Alice Tully Hall)則是紐約影展的舉辦場地與林肯中心室內樂協會的總部所在。

大衛魯賓斯坦中庭 David Rubenstein Atrium

61 W. 62nd St　08:00~22:00 (週末09:00起)　www.lincolncenter.org/venue/atrium

在近幾年的整修中，林肯中心又於東側對街建了一棟大衛魯賓斯坦中庭，作為咖啡廳與折扣票的售票處。在許多日子的晚上19:30，中庭內都有免費表演可以欣賞，詳細日期請上官網查詢。

丹姆羅許公園 Damrosech Park

每年夏天的林肯中心藝術節中，最受歡迎的就是在丹姆羅許公園上舉行的「仲夏夜搖襬」(Midsummer Night Swing)，只見舞者們熱情跳起華爾滋、探戈與各種現代流行舞步，現場瀰漫勁歌熱舞的歡樂氣氛。

上西城 Upper West Side

MAP P.125B6

達科他公寓

The Dakota

約翰藍儂最後居住的地方

從地鐵B、C線的72 St站出站即達　1 W. 72nd St　私人公寓，內部不開放參觀

掃地圖

這棟建於1884年的豪宅公寓之所以名為「達科他」，據說是因為當時這裡地處偏遠，人們調侃就像住在遙遠的達科他州一樣。達科他有著造型突出的山牆與屋頂窗，以及華麗的凸窗和陽台欄杆，讓它看上去就像座歐洲城堡。而高大的拱形正門則是因為建成當時，馬車仍是主要的交通工具。不過達科他的知名度並非來自其外觀，而是這裡最傳奇的住客——披頭四的主唱約翰藍儂，他生前最後幾年的時光，就是和小野洋子與他們的兒子西恩在此渡過。然而1980年12月8日，藍儂在公寓門前被瘋狂歌迷馬克查普曼槍殺，其動機眾說紛紜。至今仍不時能看到新舊歌迷們抬頭仰望公寓，心中祈禱時空旅人的出現，幫助藍儂躲開那顆子彈。

上西城 Upper West Side

MAP P.125B7

美國民俗藝術美術館

American Folk Art Museum

無師自通的藝術天才

從地鐵1號線的66 St-Lincoln Center站，步行約1分鐘　2 Lincoln Square (正門在65th St與66th St之間的Columbus Ave上)　(212) 595-9533　11:30~18:00　休 週一　$ 免費　folkartmuseum.org

掃地圖

這座小巧美術館裡的展覽品，充滿濃濃的民俗風味，包括早期美國婦女親手縫製的拼花被、雕刻品、手繪油畫，甚至於美國原住民部落所製作的手工藝品等。這些展品充分運用各種生活中隨處可見的素材，例如以麻繩、金屬、木材、石塊和銅片等製成，利用巧妙的創意來增添日常生活中的美感。最特別的是，這些創作者們都是無師自通的藝術家，他們的作品從未經過正式藝術訓練，技法和概念也不是傳承自其他前輩，他們完全倚靠不斷嘗試所累積出的自身經驗，天馬行空式的繽紛幻想，為我們打開另一扇鑑賞藝術的門。

上西城 Upper West Side

MAP ▶ P.125B5

美國自然史博物館

MOOK Choice

American Museum of Natural History

重生無需刻寫板

從地鐵B、C線的81 St–Museum of Natural History站，有站內通道前往 200 Central Park West (212) 769-5100 每日10:00~17:30 成人＄28，60歲以上＄22，3~12歲＄16 www.amnh.org 須事先上官網預約時段票

掃地圖

逛這間博物館的時候，你可能會覺得有些場景似曾相識，或是某些展品相當眼熟，是的，這裡便是電影《博物館驚魂夜》的主要拍攝場地，部分館藏也曾在片中「客串演出」。

美國自然史博物館簡稱「AMNH」，成立於1869年，今日共有45個大大小小的展覽廳，以及劇場、圖書館、天象館等設施，館藏超過3千2百萬件，是目前世界規模最大的同類型博物館之一，更是美國最重要的自然史研究和教育中心。

這裡的佈展主題橫跨生物學、古生物學、人類學、天文學與地球科學，館內收藏大致可分為古生物化石、動物標本模型、各民族文化藝術與礦物寶石幾個類型。還沒走進博物館，光是大廳裡那隻數層樓高的重龍化石，就已看得人目瞪口呆。其他重點收藏還包括海洋生物廳裡那隻28公尺長的藍鯨模型、數量豐富的恐龍與上古哺乳類動物化石、各地原住民的生活器具與手工藝品等。如果你要「追星」的話，喜歡玩撿骨頭遊戲的暴龍化石在4樓的蜥臀目恐龍廳、專搞惡作劇的捲尾猴在3樓的靈長類廳、老是說笨笨的復活島摩艾石像則在3樓的太平洋島民廳。

至於1樓的羅斯福紀念廳，是為了紀念老羅斯福總統對自然史博物館的支持，該廳常作為特展場地使用。此外，館方還設有一座圓球體的海登天象館(Hayden Planetarium)，放映的IMAX影片以探索太空星象為主，夏季並有雷射秀等特別節目。

上西城 Upper West Side

MAP ▶ P.125B6

紐約歷史協會

New-York Historical Society Museum & Library

進入老紐約的時代

從地鐵B、C線的72 St站，步行約5分鐘　170 Central Park West　(212) 873-3400　10:00~17:00 (週五至20:00)　休週一　成人＄21，長者＄16，5~13歲＄6　www.nyhistory.org　週五18:00後門票隨意捐獻

掃地圖

紐約歷史協會成立於1804年，是紐約市的第一座博物館，1908年遷至現今這棟帶有羅馬折衷主義風格的建築內，並於2011年重新整修開放。除了硬綁綁的歷史文獻、名人手稿外，這裡其實也有不少有趣的實物展示，例如製作於20世紀初葉的一系列蒂芬尼玻璃燈具、18世紀末仕女使用的梳妝台、奧杜邦手繪的鳥類圖鑑、以及各種銀器、珠寶、紡織品、玩具、武器、繪畫、雕塑等。其他像是美國婦女權的進展史、911事件始末等，在這裡也有詳盡的介紹，讓遊客得以了解從前紐約人的生活形態、社會氛圍、藝文發展，乃至於全美國的歷史演變等。

©New-York Historical Society

上東城 Upper East Side

MAP ▶ P.125E8

羅斯福島空中纜車

Roosevelt Island Aerial Tram

凌空飛渡城市上方

從地鐵N、R、W線的Lexington Av/59 St站，步行約3分鐘　E. 59th St與2nd Ave路口　06:00~02:00 (週五、六至03:30)，每7~15分鐘一班　＄2.75　rioc.ny.gov/302/Tram　只能用紐約地鐵的MetroCard進站

掃地圖

這條空中纜車連絡曼哈頓與羅斯福島之間的交通，是島上居民通勤的交通工具，雖然地鐵F線開通後，交通地位已大不如前，但因為在5分鐘的搭乘時間裡，可以飛越皇后區大橋(Queensboro Bridge)上空，俯瞰東河兩岸的天際線與上城街景，大受居民與觀光客歡迎，不但逃過停駛的命運，還成為觀光景點。

上東城 Upper East Side

MAP P.124C4

古根漢美術館

MOOK Choice

Solomon R. Guggenheim Museum

建築與收藏都是藝術

從地鐵4、5、6號線的86 St站，步行約9分鐘 1071 5th Ave (212) 423-3500 11:00~18:00 (週六至20:00) 成人$25，65歲以上$18，12歲以下免費 www.guggenheim.org 週六18:00後門票隨意捐獻(最少$1，建議$10)，需預約門票 建議事先上官網預約時段票

掃地圖

古根漢美術館的建築本身就是一件曠世鉅作，堪稱紐約最傑出的建築藝術作品。這棟美國當代建築宗師法蘭克洛伊萊特(Frank Lloyd Wright)的收山之作，從設計到完成都備受爭議，其白色貝殼狀混凝土結構的外觀，經常比館藏更受遊客青睞，而中庭內部的走道動線呈螺旋狀，大廳沒有窗戶，唯一的照明來自玻璃天棚的自然採光，五彩變化的顏色，讓參觀者仰頭觀賞時忍不住嘖嘖稱奇。

古根漢美術館的展示區包括大圓形廳、小圓形廳、高塔畫廊和5樓的雕塑區，館藏多半是實業家所羅門古根漢的私人收藏，也有不少是後來基金會從其他地方收購的當代名作，目前共計有雕塑、繪畫等3千多件藝術品。

美術館中不可錯過的收藏，包括米羅的《耕地》(The Tilled Field)，畫中以奇異的動物造型展現童稚的夢幻，讓欣賞者能夠透過他的思維創意，對於大自然、動物和花草樹木擁有另類思考。而雷捷(Fernand Léger)的《都市人》(Men in the City)，將人物畫成立體的幾何圖案，與周圍機器融合在一塊，象徵失去人性的世界。另一必看重點是康丁斯基(Wassily Kandinsky)的作品，他作為「藍騎士」畫派的代表人物，在現代繪畫史中極具影響力。其作品畫面抽象、色彩豐富、線條多變，收藏於古根漢中的代表作為《幾個圓形》(Several Circles)。

©Guggenheim Museum

©Guggenheim Museum

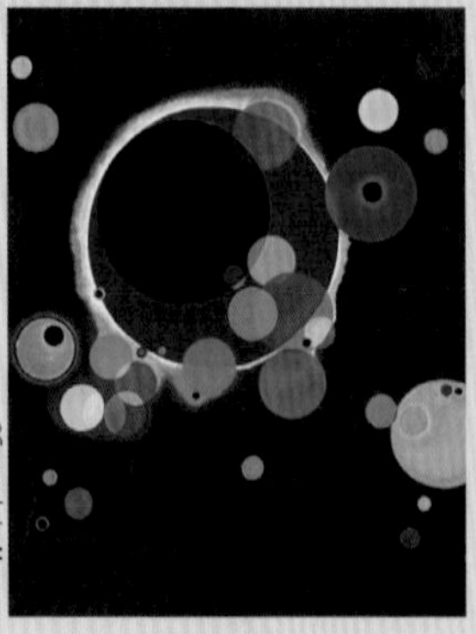

©Guggenheim Museum

上東城 Upper East Side

MAP P.125D6

弗立克收藏館

The Frick Collection

鋼鐵大王的畢生收藏

從地鐵6號線的68 St-Hunter College站，步行約7分鐘 1 E. 70th St (212) 288-0700 10:00~18:00 休週一至週三 成人＄22，65歲以上＄17，10~17歲＄12 www.frick.org 每週四16:00後門票隨意捐獻 建議事先上官網預約時段票。10歲以下謝絕參觀。目前本館整修中，臨時展館位於945 Madison Ave

掃地圖

這裡原是匹茲堡鋼鐵大王弗立克(Henry Clay Frick)晚年居住的豪宅，設計成18世紀歐式莊園風格，並擁有美麗的中庭花園。1919年弗立克去世後，為了展示其畢生收藏，於是在1935年將這裡開放為博物館。

弗立克的收藏品包括不少歐洲16至18世紀的頂尖畫作，這些都是他花了40多年時間精心蒐集的成果，例如法國洛可可畫家布雪的壁飾板畫、西班牙的韋拉斯奎茲的宮廷畫作、承先啟後的傳奇畫家哥雅與法蘭德斯的范戴克的人物畫、以及林布蘭的自畫像等。這些精巧細膩的油畫作品，在法式傢俱、瓷器餐具、波斯地毯等眾多骨董陪襯下，讓人彷彿穿越時空，進入歐洲王室宮廷。雕像也是這裡的重要收藏，多數為弗立克先生購入裝飾房屋之用，其中尤以義大利的小銅雕最為精緻。

©Neue Galerie

上東城 Upper East Side

MAP P.124C4

紐約新畫廊

Neue Galerie

收藏德國與奧地利名畫

從地鐵4、5、6號線的86 St站，步行約6分鐘 1048 5th Ave (212) 994-9493 11:00~18:00 (每月第1個週五至20:00) 休週二、三 成人＄25，65歲以上＄16 www.neuegalerie.org 每月第1個週五17:00後免費、 12歲以下謝絕參觀

掃地圖

看過2015年電影《名畫的控訴》的人，一定對片中那幅古斯塔夫克林姆的《艾蒂兒肖像一號》印象深刻，而這幅名畫現在就收藏於紐約新畫廊內！該畫繪於1907年，二戰時被納粹掠奪，戰後成為美景宮美術館的鎮館之寶，後來畫中主角的侄女與奧地利政府纏訟多年，終於在2006年要回此畫，但旋即又以1億3500萬美金的天價賣給富商收藏家Ronald Lauder (雅詩蘭黛的兒子)，從此成為紐約新畫廊的鎮館之寶。而電影上映後，這間美術館更是成為話題所在。

紐約新畫廊由Ronald Lauder與策展人Serge Sabarsky合創於2001年，旨在收藏20世紀初德國與奧地利名畫，除了克林姆這幅畫作外，著名的還有埃貢席勒的《綠意中的小鎮》、馬克思貝克曼的《拿著號角的自畫像》，以及表現主義大師克爾希納的多幅作品。

上東城 Upper East Side

MAP ▶ P.124C4

庫柏休伊特博物館

Cooper Hewitt, Smithsonian Design Museum

藝術就藏在生活之中

從地鐵4、5、6號線的86 St站，步行約10分鐘 2 E. 91st St (212) 849-8400 每日10:00~18:00 成人＄18，62歲以上＄12，18歲以下免費(官網購票可享＄2折扣) www.cooperhewitt.org 每日17:00後門票隨意捐獻。每日13:30有免費導覽

掃地圖

庫柏休伊特博物館最初成立於1897年，裡頭的收藏品大多是由庫柏學院創辦人彼得庫柏的3位孫女所蒐集，包括素描、油畫、手稿、傢俱、金屬製成品、陶器、玻璃、木雕與壁毯等器具，反應了那個時代的美學喜好與生活藝術。1967年時，史密森尼學院買下這些藝術品，並由卡內基企業提供場地，1976年新的庫柏休伊特博物館於焉誕生。目前館藏仍在不斷增加中，內容也愈來愈多元，例如近現代的平面藝術、生活中的風格設計與名人使用過的物品等。至於這棟擁有64個房間的建築，原本是鋼鐵大王卡內基在1901年時所興建的豪宅，當初純粹只是想在城外蓋一棟舒服的房子而已，沒想到現在卻成了上東城炙手可熱的展覽館。

東哈林區 East Harlem

MAP ▶ P.124C2

紐約市博物館

Museum of the City of New York

詳述紐約發展史

從地鐵6號線的103 St站，步行約7分鐘 1220 5th Ave (212) 534-1672 10:00~17:00 (週四至21:00) 休 週二、三 成人＄20，65歲以上＄14，19歲以下免費 www.mcny.org

掃地圖

1930年建立的紐約市博物館，是一幢殖民時代的喬治亞式華廈，記錄了紐約市從荷蘭移民建立新阿姆斯特丹迄今，各個時期的發展歷程。美術館內以不同的媒介形式來呈現這段歷史，包括實景模型、幻燈片、電影、素描與雕塑等，總攬所有重大紀事，幫助參觀者了解紐約這顆大蘋果的形成過程。其中較為特別的是關於紐約港的展覽，突顯港口對於整個紐約市的影響。

晨邊高地 Morningside Heights

MAP ▶ P.146B4

聖約翰神明座堂

The Cathedral Church of Saint John the Divine

MOOK Choice

規模龐大到蓋不完

從地鐵1號線的Cathedral Pkwy (110 St)站，步行約6分鐘 1047 Amsterdam Ave (212) 316-7540 09:30~17:00 (週日12:00起) 觀光客：成人$10，長者$8。禱告者免費 www.stjohndivine.org 建議事先上官網預約時段票

◎ 精華行程 Highlights Tour

週一、三、五13:00，週六11:00、13:00。行程1小時 成人$15，長者$12

◎ 登頂行程 Vertical Tour

週一、五14:00，週六12:00。行程1小時 成人$20，長者$18 須年滿12歲

掃地圖

聖約翰神明座堂佔地有2個足球場大，其哥德式的塔樓將近71公尺高，若依計劃完工，將成為全美國最大的教堂，並融合哥德、羅馬與法式等多重建築特色。然而自1892年開工後，卻因施工計畫屢屢變更以及遭逢兩次大戰，導致工程一再延誤，1個多世紀過去仍未完工，也讓教堂得到「未完成的聖約翰」的綽號。

門口巨大的銅製大門，四周雕刻了眾多聖像，建築外圍也裝飾著繁複的花紋和神獸，稍不留神，還以為走到了巴黎聖母院。教堂內部高大的圓頂，據說足以容納未帶基座的自由女神像，可見其規模之大。中殿兩側有14個壁凹間，每個都有不同主題，像是醫藥、勞工、法律、教育等，用以歌頌人類在各個領域的成就。其中藝術壁凹間以「詩人角落」著稱，地板石磚上鐫刻了美國著名文學家的名字，讓他們在這神聖的殿堂享受榮耀。而在主祭壇前方有一列偉人像，包括代表17世紀的莎士比亞、18世紀的華盛頓、19世紀的林肯、20世紀的甘地等，也相當具有特色。從聖壇前別忘了回頭看看大門上方的玫瑰窗，那可是全美國最大片的教堂花窗，直徑有12公尺，用了超過1萬片玻璃，光中央的基督像就有170公分高。至於圍繞著聖壇後方的7座禮拜堂，則分別代表最早移民紐約的7個族群，並以該族群的建築特色加以裝飾。

教堂裡還有多樣珍品，例如聖哥倫巴禮拜堂中的祭壇三聯畫，是出自塗鴉藝術家凱斯哈林之手；十字中區一旁描繪耶穌生平的巴貝里尼掛毯，是17世紀時在羅馬教皇的御用織布機上織成；而由斯基納(Aeolian Skinner)所打造的管風琴，據說餘音可繚繞8秒呢！

晨邊高地 Morningside Heights

MAP ▶ P.146A3-B4

哥倫比亞大學

Columbia University

以學術和學費聞名的常春藤名校

從地鐵1號線的116 St–Columbia University站出站即達

◎ **哥大遊客中心**

535 W. 116th St (位於洛氏紀念圖書館213室) 09:00~17:00 休 週末 www.columbia.edu

掃地圖

哥倫比亞大學的前身是創立於1754年的國王學院(King's College)，是紐約地區最古老的高等學府，簽署《獨立宣言》的美國國父中，有5位就是畢業自這所學校。美國獨立後，學院更名為哥倫比亞，1896年遷至現址，並正式定名為哥倫比亞大學。目前哥大已成為世界頂尖學府，校友中不乏諾貝爾獎得主、美國總統、大哲文豪、各國政要與企業大亨，學術地位相當崇高。

哥大校園建築普遍採用當時流行的布雜藝術風格，一般遊客可自由在校園內遊覽，不過若要進入學院建築就必須持有哥大證件。校園中心的洛氏紀念圖書館(Low Memorial Library)是遊客唯一可以進入的建築物，哥大的遊客中心也位於這裡，其名字是為了紀念遷校時的校長賽斯洛(Seth Low)。圖書館前的階梯上，有尊智慧女神雕像，出自名雕刻家Daniel Chester French之手，女神衣袍的皺褶裡藏了一隻貓頭鷹，傳說剛入學的新生中最先找到牠的，將成為該屆的風雲人物。

與洛式紀念圖書館相對的，是新古典主義式的巴特勒圖書館(Butler Library)，這是全美第8大的圖書館，藏書量超過1,100萬冊，當中包含為數可觀的珍貴善本古籍。

晨邊高地 Morningside Heights

MAP P.146A3

格蘭特將軍紀念堂

General Grant National Memorial

一代名將長眠之地

從地鐵1號線的125 St站，步行約9分鐘 Riverside Dr與W. 122nd St路口 (646) 670-7251 遊客中心：09:00~17:00。陵墓：10:00~16:00，每小時整點開放 休週一、二 $免費 www.nps.gov/gegr

掃地圖

尤里西斯格蘭特(Ulysses S. Grant)在美國歷史上的地位是無比崇高的，當年要是沒有他，林肯可能會輸掉南北戰爭，美國可能會分裂成兩個國家，往後的世界歷史也可能重新改寫。這位帶領北軍逆轉勝的英雄，在1863年時先後在維克斯堡與查塔努加奇襲擊潰南軍主力，兩年後又在阿波馬托克斯接受李將軍的投降。1866年他成為美國陸軍史上第一位四星上將，1869年更當選為美國第18任總統，而他同時受到南、北兩方人民敬重，也穩定了美國在戰後的統一局勢。

這座紀念堂落成於格蘭特過世12年後的1897年，以花崗岩及大理石構成雄偉的新古典主義式外觀，同時也是北美洲最大的個人陵墓。每到整點，墓室會開放幾分鐘讓遊人入內瞻仰，當中的兩口棺木，一個長眠著格蘭特將軍，另一個則是他的夫人茱莉亞。而在紀念堂的內部，也以馬塞克壁畫描繪出格蘭特一生中最重要的幾場戰役。

哈林區 Harlem

MAP P.146C3

阿波羅劇場

MOOK Choice

Apollo Theatre

傳奇巨星的搖籃

從地鐵A、C線或B、D線的125 St站，步行約3分鐘 253 W. 125th St (212) 531-5300 表演場次及票價請詳見官網 www.apollotheater.org

◎ 阿波羅歷史導覽 Apollo Historic Tours

(212) 531-5337 週一及週六11:00、13:00，週三11:00。行程約60~75分鐘 $每人$17 行程以20人以上的團客為主，散客若要參加，須視當日有無團客預約

掃地圖

開幕於1914年的阿波羅，當時標榜為高級脫口秀場，並且只限白人入場。直至1934年才在現實環境轉變下，以非裔音樂為特色，提供非裔樂手表演舞台。而非裔擅長的爵士、靈魂、藍調等樂風也才得以蓬勃發展，成為全球風靡的音樂類型。

這裡最著名的是週三的「Amateur Night」歌唱比賽，若表演得不好，觀眾可是有權用噓聲把歌手轟下台，所以非得有幾把刷子不可，也因此培養出大批赫赫有名的非裔樂手，像是艾拉費茲傑羅、比莉哈樂黛、吉米罕醉克斯、麥可傑克森等，都是從中脫穎而出，獲得發展演藝事業的機會，因此阿波羅劇院常被稱為「巨星的搖籃」，一點也不為過。

想進入阿波羅，除了觀賞節目外，也可參加導覽。在行程中還有機會登上那座傳奇舞台，想像自己參加比賽，或是摸摸那塊據說能帶來好運的大樹根，並有機會一窺巨星使用的化妝間、聆聽歌手們的奇聞軼事。

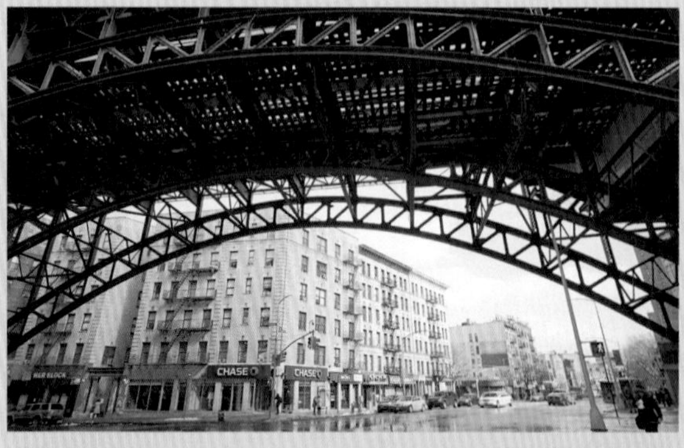

哈林區 Harlem

MAP ▶ P.43B7

哈林區

Harlem

感受非裔靈魂的魅力

大致上北起W. 155th St，南迄W. 110th St，西自哈德遜河、Morningside Ave，東至5th Ave

掃地圖

哈林區最早是荷蘭人的地盤，Harlem這個名字就是來自荷蘭的哈勒姆城。在紐約早期發展階段，這裡原是富裕的白人社區，19世紀末大批非裔族群北移，並開始聚居於這一帶，慢慢使這裡發展成北方最大的非裔社區。即使時至今日，種族歧視與階級對立的問題仍存在於紐約社會，不難想見一百年前非裔生存處境有多艱難。在這樣的環境下，要求非裔社區井然有序、安份守己有點強人所難，也因此哈林區在過去很長一段時間裡與治安敗壞老是劃上等號。不過隨著非裔美國人經濟條件提升與朱利安尼對黑幫的掃蕩，儘管有些人對哈林仍存偏見，但事實上這裡已經比過去安全許多，同時非裔美國人的熱情與直率，也讓哈林充滿可愛之情。

從1920年代開始，非裔美國人裡的智識人士與藝文圈帶動黑人文化覺醒，一時間詩文、小說、音樂上人材輩出，形成哈林區的黃金時期，有「哈林文藝復興」之稱，像是培育了如納京高等樂壇傳奇的阿波羅劇院，以及有艾靈頓公爵坐鎮的棉花俱樂部(Cotton Club)等，皆是當年文化盛況的見證。

今日哈林區最熱鬧的地方是在第125街上，若是在星期天時到訪，雖然許多店家拉下鐵門不做生意，卻正好可以欣賞鐵門上的美麗畫作。這些繪畫大多是街頭藝術家佛朗哥大帝(Franco the Great)的作品，有「哈林畢卡索」之稱的他，據稱在125街的店鋪鐵門上留下將近200幅畫作，讓這條街甚至因而被稱為「佛朗哥大道」。

哈林區地圖
Harlem Public
Sofrito
ROKC
145 St (1)
145 St (A,B,C,D)
Harlem-148 St (3)
145 St (3)
149 St-Grand Concourse (2.4.5)
San Fermin B&B
哈林區
Harlem
哈林河 Harlem River
紐約市立學院
The City College of New York
137 St-City College (1)
135 St (B,C)
135 St (2,3)
138 St-Grand Concourse (4,5)
哈德遜河 Hudson River
Dinosaur Bar-B-Que
棉花俱樂部
Cotton Club
125 St (1)
爵士樂博物館
The National Jazz Museum
The Park Ave North Hotel
阿波羅劇場
Apollo Theatre
125 St (A,B,C,D)
Red Rooster Harlem
125 St (2,3)
Harlem-125th St (Metro North)
125 St (4,5,6)
Aloft Harlem
哈林畫室美術館
The Studio Museum in Harlem
格蘭特將軍紀念堂
General Grant National Memorial
河濱教堂
The Riverside Church
馬庫斯加維公園
Marcus Garvey Park
哥倫比亞大學
Columbia University
河濱公園
Riverside Park
哥大遊客中心
116 St-Columbia University (1)
116 St (B,C)
Amy Ruth's
116 St (2,3)
116 St (6)
晨邊公園
Morningside Park
Melba's
聖約翰神明座堂
The Cathedral Church of Saint John the Divine
東哈林區
East Harlem
Cathedral Pkwy (1)
Cathedral Pkwy (B,C)
Central Park North (2,3)
110 St (6)
Broadway
Amsterdam Ave
Convent Ave
St Nicholas Ave
St Nicholas Terrace
Edgecombe Ave
Bradhurst Ave
Frederick Douglass Blvd
Adam Clayton Powell Jr. Blvd
Lenox Ave
Malcolm X Blvd
5th Ave
Madison Ave
Park Ave
Lexington Ave
3rd Ave
Morningside Ave
Manhattan Ave
7th Ave
Riverside Dr
Henry Hudson Pkwy
Hamilton Pl
Harlem River Dr
Major Deegan Expy / Gateway Center Blvd
Grand Concourse
W 150th St
W 145th St
W 135th St
W 125th St
W 116th St
W 110th St
圖例 地鐵站 景點 劇場 住宿 餐廳 博物館 遊客中心 教堂 火車站 公園 學校 酒吧

華盛頓高地 Washington Heights

MAP　P.43B7

修道院美術館

MOOK Choice

The Cloisters

中世紀的歐洲古文物

從地鐵A線的Dyckman St站，步行約10分鐘　99 Margaret Corbin Dr (在Fort Tryon Park內)　(212) 923-3700　10:00~16:30　休 週三　成人＄30，65歲以上＄22，12歲以下免費　www.metmuseum.org　可在同日內免費參觀大都會美術館　須事先上官網預約時段票

掃地圖

修道院美術館是大都會美術館的分館，專門收藏中世紀時期的歐洲歷史文物。館內收藏多數得自於美籍雕刻家與收藏家伯納德(George Grey Barnard)，他在一次世界大戰前花了很多工夫，從歐洲農民與地方人士手中收購中世紀的雕塑及建築藝術品，並在目前館區附近成立私人博物館。後來這些收藏被小洛克斐勒買下，捐給了大都會博物館，但由於館藏實在太多，無法全數展示，於是小洛克斐勒決定興建一棟新的建築，他將博物館北邊包括現在崔恩堡公園(Fort Tryon Park)一帶的空地買下，並委任建築師Charles Collens將5座法國中世紀修道院拆解後重組，不落痕跡地將羅馬式、哥德式建築，以及一座中世紀花園融合於一處。

新的修道院美術館以庫沙中庭(Cuxa)為中心，這座中庭原本位於東庇里牛斯山的一座修道院遺跡裡，柱頭上雕刻了許多花草和神獸，十分生動有趣，表現了古代工匠的活潑想像力。庫沙中庭南側有2座展廳：「獨角獸掛毯廳」和「九豪傑掛毯廳」。獨角獸掛毯廳展示的是小洛克斐勒所捐贈、以獨角獸為主題的7件尼德蘭掛毯，是世上僅存的中世紀藝術傑作，也是此地的鎮館之寶。掛毯以奢豪的金銀絲線和高級羊毛線編織而成，但它的身世和畫中隱喻至今仍不明確。

除了獨角獸掛毯，其它精品還包括象牙雕刻的聖母子像、細雕了92個人物的象牙十字架、以最後審判為主題的象牙祭壇、取自奧地利城堡教堂裡的鑲嵌玻璃等，都是12至15世紀的歐洲藝術精品。其他還有許多金銀器皿、象牙雕刻、彩繪手抄本等，集中在下層的珍品展覽廳中。

布魯克林區

Brooklyn

布魯克林在紐約五大區中面積僅次於皇后區，但卻是人口最多的行政區，約有273萬人居住在這片土地上，人口密度比台北市還要高。布魯克林最初開始建立聚落是在17世紀時，當時一群荷蘭人在東河東岸建了6個小村莊，而布魯克林的名字便是得自於他們的故鄉「Breukelen」。

雖然現今布魯克林是紐約市下轄的一個區，但在許多方面卻顯得自成一格，畢竟在19世紀時，布魯克林仍擁有自治市的地位，直到1898年才併入「大紐約」的版圖，當年促使雙城合併的，就是連結東河兩岸的布魯克林大橋。布魯克林主要景點集中的地方，包括布魯克林高地、丹波區、威廉斯堡和展望公園一帶，而布魯克林最南端的康尼島，則保留了昔日的娛樂趣味，成為美國最懷舊的遊樂園。

在近年一場音樂會上，布魯克林的區民代表曾在台上宣稱：「這世上只有兩種人，一種是住在布魯克林，一種是想要住在布魯克林。」話雖然說得狂妄，卻也表達了布魯克林人的心聲。從前的布魯克林，治安敗壞程度更甚於曼哈頓，而在經過90年代掃蕩後，現在的布魯克林遠比過去安全許多，而曼哈頓高昂的租金與物價，逼使許多人口及產業搬遷到此，於是能在曼哈頓享受到的，布魯克林通通都有，而且價格更為低廉。同時這裡豐富的就業機會，也讓許多布魯克林人久久才需過河一次。

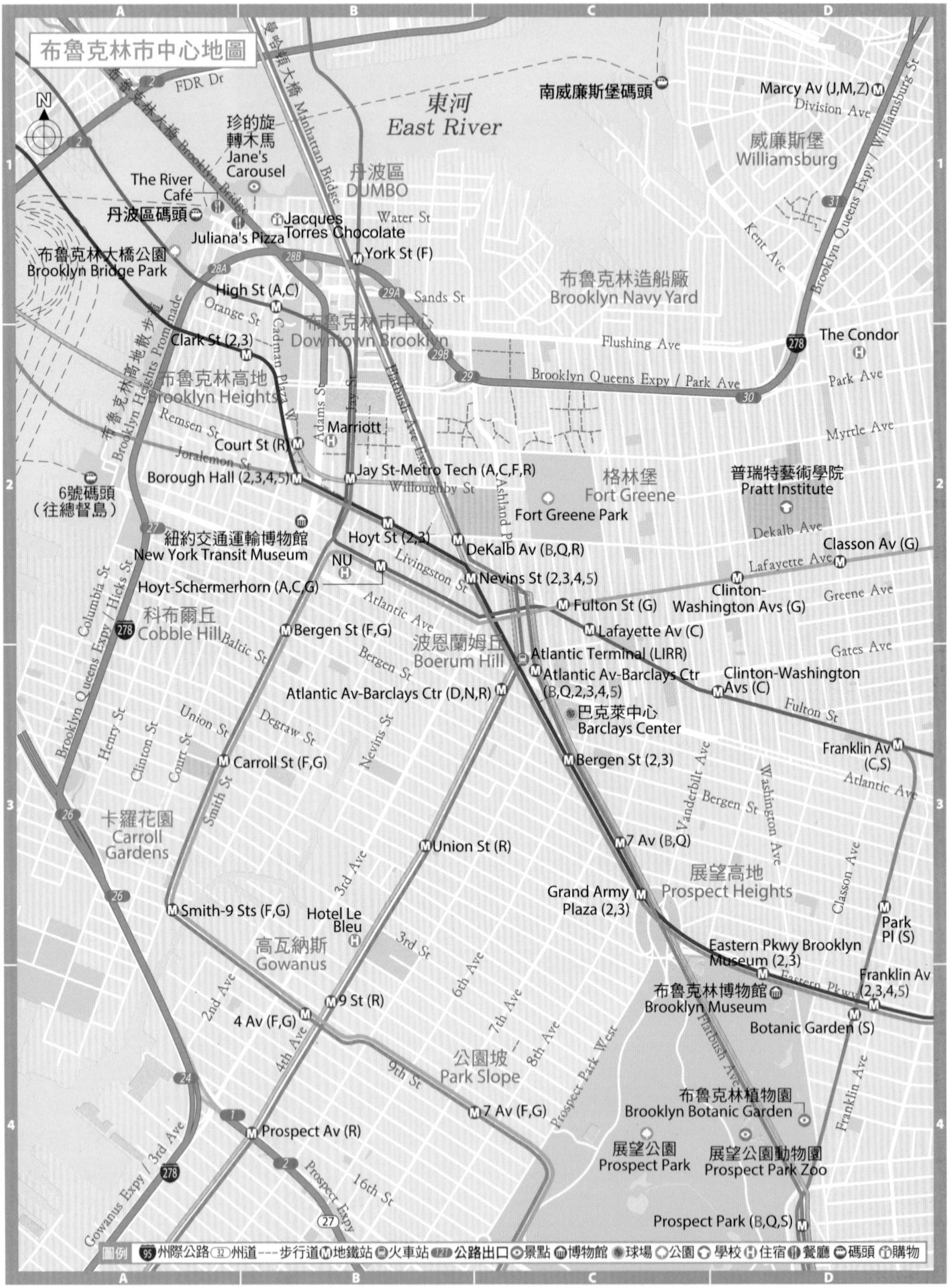
布魯克林市中心地圖
東河
East River
南威廉斯堡碼頭
Marcy Av (J,M,Z)
Division Ave
威廉斯堡
Williamsburg
FDR Dr
布魯克林大橋 Brooklyn Bridge
曼哈頓大橋 Manhattan Bridge
珍的旋轉木馬
Jane's Carousel
The River Café
丹波區碼頭
Juliana's Pizza
Jacques Torres Chocolate
丹波區
DUMBO
Water St
York St (F)
Kent Ave
Brooklyn Queens Expy / Williamsburg St
布魯克林大橋公園
Brooklyn Bridge Park
High St (A,C)
Sands St
布魯克林造船廠
Brooklyn Navy Yard
Orange St
Cadman Plaza W
布魯克林市中心
Downtown Brooklyn
The Condor
布魯克林高地散步道
Brooklyn Heights Promenade
Clark St (2,3)
Flushing Ave
Brooklyn Queens Expy / Park Ave
Park Ave
布魯克林高地
Brooklyn Heights
Adams St
Jay St
Flatbush Ave Ext
Remsen St
Marriott
Myrtle Ave
Court St (R)
Joralemon St
Jay St-Metro Tech (A,C,F,R)
Borough Hall (2,3,4,5)
Willoughby St
Ashland Pl
格林堡
Fort Greene
普瑞特藝術學院
Pratt Institute
6號碼頭
（往總督島）
Fort Greene Park
紐約交通運輸博物館
New York Transit Museum
Hoyt St (2,3)
DeKalb Av (B,Q,R)
Dekalb Ave
Classon Av (G)
NU
Livingston St
Lafayette Ave
Nevins St (2,3,4,5)
Hoyt-Schermerhorn (A,C,G)
Clinton-Washington Avs (G)
Greene Ave
Columbia St
Brooklyn Queens Expy / Hicks St
Atlantic Ave
Fulton St (G)
科布爾丘
Cobble Hill
Bergen St (F,G)
Lafayette Av (C)
Baltic St
波恩蘭姆丘
Boerum Hill
Gates Ave
Bergen St
Atlantic Terminal (LIRR)
Atlantic Av-Barclays Ctr (B,Q,2,3,4,5)
Atlantic Av-Barclays Ctr (D,N,R)
Clinton-Washington Avs (C)
Fulton St
巴克萊中心
Barclays Center
Union St
Degraw St
Nevins St
Henry St
Clinton St
Court St
Carroll St (F,G)
Bergen St (2,3)
Franklin Av (C,S)
Vanderbilt Ave
Washington Ave
Atlantic Ave
Smith St
Bergen St
卡羅花園
Carroll Gardens
Union St (R)
7 Av (B,Q)
3rd Ave
展望高地
Prospect Heights
Classon Ave
Grand Army Plaza (2,3)
Smith-9 Sts (F,G)
Hotel Le Bleu
Park Pl (S)
高瓦納斯
Gowanus
3rd St
Eastern Pkwy Brooklyn Museum (2,3)
Franklin Av (2,3,4,5)
Eastern Pkwy
2nd Ave
6th Ave
布魯克林博物館
Brooklyn Museum
9 St (R)
4 Av (F,G)
7th Ave
Botanic Garden (S)
8th Ave
4th Ave
Flatbush Ave
Franklin Ave
公園坡
Park Slope
9th St
Prospect Park West
布魯克林植物園
Brooklyn Botanic Garden
7 Av (F,G)
Prospect Av (R)
Gowanus Expy / 3rd Ave
展望公園
Prospect Park
展望公園動物園
Prospect Park Zoo
Prospect Expy
16th St
Prospect Park (B,Q,S)
圖例 州際公路 州道 步行道 地鐵站 火車站 公路出口 景點 博物館 球場 公園 學校 住宿 餐廳 碼頭 購物

Where to Explore in Brooklyn
賞遊布魯克林區

丹波區 DUMBO

MAP P.149B1

丹波區

DUMBO

大橋底下的熱鬧

從地鐵F線的York St站出站即達

掃地圖

丹波區是「曼哈頓橋通道下方」(Down Under the Manhattan Bridge Overpass)的縮寫，饒舌的原名，令人不禁懷疑就是為了湊成與小飛象Dumbo同名的簡稱。丹波區是紐約新興科技公司最集中的區域，因為與曼哈頓只有一水之隔，不少科技新貴過河來此創業。不過這裡最讓觀光客感興趣的，應該還是布魯克林大橋與曼哈頓大橋的橋下風光與下曼哈頓的天際線，由於此區被劃為歷史街區，因此許多早年的碼頭建築與紅磚倉庫都保存良好，並大都改裝為餐廳、商店或藝廊，使這裡成為時髦的餐飲與夜生活區域。

布魯克林高地 Brooklyn Heights

MAP P.149A1-A2

布魯克林高地散步道

MOOK Choice

Brooklyn Heights Promenade

觀賞曼哈頓金融區的天際線

從地鐵A、C線的High St站，步行約6分鐘；或2、3號線的Clark St站，步行約5分鐘；或R線的Court St站，步行約6分鐘
從Remsen St與Orange St之間的每條街道往西走，皆有通往散步道的入口

布魯克林高地西邊臨東河的地方，是一處落差不大的懸崖地形，當初為了交通需求，將這道斷

掃地圖

崖以懸臂工法，開鑿成4條呈階梯狀重疊的道路。最下面是Furman St，第二層是I-278東向公路，第三層是I-278西向公路，而最上面一層就是高地散步道了。這條因修築公路才出現的557公尺步道，現在已是布魯克林最高人氣的景點，原因無他，從紐約港到布魯克林大橋，整條曼哈頓下城天際線沿著東河彼岸一字排開，以世貿一號大樓為首的高樓大廈群輪廓，擺出各種姿態起伏著，這是紐約最迷人的線條，現代城市最經典的形狀。而散步道上綠樹成蔭，坐在蔭涼的長椅上眺望這片風景，不啻是種享受。

布魯克林市中心 Downtown Brooklyn

MAP ▶ P.149B2

紐約交通運輸博物館

New York Transit Museum

乘坐舊時地鐵車廂

從地鐵2、3號線或4、5號線的Borough Hall站，步行約5分鐘 99 Schermerhorn St (718) 694-1600 10:00~16:00 休週一至週三 $成人＄10，2~17歲及62歲以上＄5 www.nytransitmuseum.org 建議事先上官網預約時段票

掃地圖

走在布魯克林高地，明明地圖上沒有標示地鐵，眼前卻有個地鐵站入口，這是怎麼回事？其實這個入口通往的並不是地鐵站，而是紐約地鐵的歷史。這裡原本是1936年興建的Court Street地鐵站，車站關閉後成為MTA的陳列空間。地下1樓展示地鐵、公車等交通工具的發展歷史、現況、以及對能源、環保的展望，許多展品都讓遊客親自動手操作，非常受孩子們的歡迎。另外像是歷年月台閘門演變，與今昔每一代的代幣及票卡，也相當有趣。

地下2樓是博物館的重頭好戲，月台兩側長長的軌道，停靠了將近20輛車廂與車頭，最古老的甚至有百年以上歷史，像是1904年出廠的布魯克林聯合高架電車車廂與1910年出廠的電纜車頭等。除了可以觀察運輸動力的發展脈絡，更可以坐在這些老車廂的座椅上，聊發一會兒懷舊之情。車廂內部還保留當時的廣告與地鐵路線，一一瀏覽百多年來的消費文化和流行品味，也是件有意思的事。

展望公園 Prospect Park

MAP P.149D4

布魯克林植物園

MOOK Choice

Brooklyn Botanic Garden

園中之園的芬芳

從地鐵B、Q、S線的Prospect Park站，步行約2分鐘 990 Washington Ave (其他入口位於455 Flatbush Ave與150 Eastern Parkway) (718) 623-7200 3~10月08:00~18:00 (週末10:00起，7、8月的週二至20:30)；11月08:00~16:30 (週末10:00起)；12~2月10:00~16:30 休週一 成人＄18，65歲以上＄12，12歲以下免費 www.bbg.org 12~2月的平日隨意捐獻 部分花園會提早關園

掃地圖

佔地52英畝的布魯克林植物園創立於1910年，裡頭坐落著各式各樣的花園、溫室、甚至博物館和藝廊，使它贏得「園中之園」的美譽。其中最知名的當屬櫻花廣場(Cherry Esplanade)上超過200株的櫻花樹，它們最初是一次世界大戰後日本送給美國的禮物，今日已有42個品種，每年花季次第綻放，景色美不勝收。櫻花廣場不遠處有座落成於1915年的日式山丘池塘庭園，看著鴨子悠閒地划過鳥居與月橋，遊客也恍如穿越到地球的另一面。

櫻花廣場另一邊的玫瑰園，出自曾興建多處布魯克林地鐵隧道的工程師Walter V. Cranford之手，這裡的玫瑰多達1,400種，叢數更超過5千，每當花季盛開，爭媽鬥豔，芬芳醉人。而遍植100種荷花的荷花池，每年7~9月盛開時，池面伴隨藍天與溫室的倒影，構成植物園內最迷人的景色之一。

棕櫚屋是溫室中最大的一座，裡頭熱帶植物幾乎高聳參天；至於史坦哈特溫室(Steinhardt Convervatory)則分為上下兩層，可在水生植物室、溫帶展示館、熱帶展示館和沙漠展示館間展開一段環遊世界的小旅程。另外，這裡還有一座小型盆栽博物館和展示園藝相關的藝廊。

展望公園 Prospect Park

MAP ▶ P.149D4

布魯克林博物館 MOOK Choice

Brooklyn Museum

沉浸在藝術的懷抱中

從地鐵2、3號線的Eastern Parkway-Brooklyn Museum站出站即達 200 Eastern Pkwy (718) 638-5000 11:00~18:00 (2~8月及10月的第1個週六為17:00~23:00) 休週一、二 成人$16，65歲以上$10，19歲以下免費 (不含特展) www.brooklynmuseum.org 建議事先上官網預約時段票

掃地圖

緊鄰布魯克林植物園的布魯克林博物館，當它在1895年創立時，一度擁有稱霸世界博物館的野心，不過卻一直在維持建築與擴張館藏之間掙扎，直到20世紀下半葉才因大規模整修，得以展現其驚人的收藏力。

琳瑯滿目的展品中，包括大量超過3千年歷史的埃及與非洲文物，以及橫跨17~20世紀、來自各學派的繪畫、雕刻與裝飾藝術。於是一個轉身，便從法老王身旁來到印象派大師的世界，換個樓層旋即跌進古伊朗、殖民時期的美洲或是非洲部落。其中一個鎮館之寶，是女性藝術家Judy Chicago創作於1974~1979年間的《晚餐派對》，這件龐大的作品取材自39位神話和歷史名女人，包括印度教的卡莉女神、美國詩人艾蜜莉狄更斯、英國作家吳爾芙和美國當代藝術家歐姬芙等，透過各別符號意象來設計其杯盤及餐巾，一一展現這些女性的特質。

博物館的五層建築中，1樓為「連結文化」與「非洲革新」，旨在打破時空而以主題方式陳列，著名的作品有《三頭人像》等；2樓主要獻給亞洲和伊斯蘭藝術，值得一看的作品包括19世紀中葉的伊朗彩色磁磚、元朝的青花瓷酒甕，以及12世紀韓國的青瓷單柄壺等。3樓展出大量古埃及文物和歐洲繪畫，像是木乃伊、法老棺槨、眾神雕像等，收藏之豐讓人大開眼界；至於歐洲繪畫則展示於挑高的藝術中庭四周，莫內、哥雅、哈爾斯等大師作品在此展開跨世紀的藝術對話；4樓除了《晚餐派對》外，還重現了17、18世紀的貴族豪宅裝飾；5樓則是與美國文化相關的各色展覽。值得一提的是，博物館還設有一處「紀念雕刻庭園」，用來收藏從紐約市各建築遺跡中蒐集的裝飾元素。

威廉斯堡 Williamsburg

MAP P.149D1

威廉斯堡

MOOK Choice

Williamsburg

雅痞紐約客的祕密購物基地

搭乘紐約市渡輪至North Williamsburg或South Williamsburg碼頭；或搭乘地鐵L線至Bedford Ave站即達

掃地圖

威廉斯堡最初開發於17世紀，19世紀後快速發展，並曾經是座獨立的市。當時許多紐約富商開始在此區東面興建豪宅、創立基金會，甚至將工廠及公司總部遷移至此。特別是20世紀初威廉斯堡橋的落成，讓這裡湧入許多海外移民，也形成今日義大利人、猶太人和波多黎各人混居的社區。就是因為多元種族融合與該區洋溢的自由氣息，威廉斯堡也成為獨立搖滾和潮流文化重鎮。

近幾年來，隨著曼哈頓的房租節節高升，許多藝術家也來到東河東岸，在威廉斯堡的舊工廠中開起工作室，加速了此區藝文發展。儘管大型開發計畫隨後進駐，使這裡的住商空間經過重新洗牌，但當地居民有意識地投入社區經營與開發，許多打著在地生產品牌或是僅此一家的商店，都增添了此區的人文風景，成為威廉斯堡最迷人的特色。

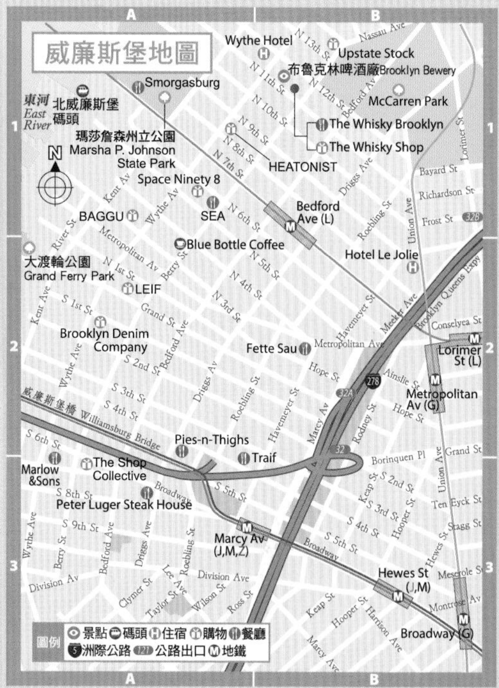

威廉斯堡 Williamsburg

MAP ▶ P.154A1

瑪莎詹森州立公園

Marsha P. Johnson State Park

曼哈頓島天際線在此延伸

搭乘紐約市渡輪至North Williamsburg碼頭，步行約6分鐘；或地鐵L線至Bedford Ave站，步行約6分鐘 90 Kent Ave 每日07:00~22:00 免費

掃地圖

在北威廉斯堡渡輪碼頭旁設有一條長長的棧道，沿著棧道走，可欣賞曼哈頓島上的帝國大廈、克萊斯勒大樓與威廉斯堡橋的景色。再繼續往北走，會來到一片占地7英畝的公園綠地，這處19世紀時的運輸碼頭和布魯克林首座火車站，因為有著曼哈頓美麗的天際線作為背景，在2006年時搖身一變，成為當地居民野餐、做日光浴、烤肉的絕佳場地。公園最初名為東河州立公園(East River State Park)，2020年時為紀念同性戀解放運動的核心人物瑪莎詹森而改為現名。如今這座公園更成為許多紐約藝文活動的表演場所，夏季經常上演熱鬧的音樂會，週六時更是以美食市集Smorgasburg著稱。

威廉斯堡 Williamsburg

MAP ▶ P.154B1

布魯克林啤酒廠

Brooklyn Brewery

布魯克林獨家啤酒味

從地鐵L線的Bedford Ave站，步行約7分鐘 79 N. 11th St (718) 486-7422 週一至週三16:00~21:00，週四16:00~22:00，週五14:00~22:00，週六12:00~23:00，週日12:00~20:00 brooklynbrewery.com 未滿21歲不得品酒

◎ **酒廠導覽行程**

週一至週四16:15、18:00，週五15:00、16:00、18:00，行程45分鐘 $20 可品飲4種啤酒 需上網預約

◎ **免費導覽行程**

週日13:00~18:00，每小時一梯

掃地圖

布魯克林長期以來便是移民者的天堂，在19世紀移民潮中，許多德國人將他們故鄉的啤酒滋味帶入美國，這群人日後也成為美國最重要的啤酒釀造者。百年以前，光是布魯克林就擁有約50家啤酒廠，不過隨著中西部大型酒廠的量產，並以新建成的州際公路運往美國各處，再加上強力放送廣告的行銷模式，使得布魯克林的啤酒廠紛紛面臨歇業困境。1984年時，因為在中東禁酒國家待過6年而學會自釀啤酒的Steve Hindy回到布魯克林，和鄰居Tom Potter創立了布魯克林啤酒廠，起初他們替其他啤酒品牌代工，1994年時請來當時的啤酒大師Garrett Oliver，設計出各種口味的啤酒，於是開始生產出屬於他們自己的產品。

康尼島 Coney Island

MAP ▶ P.43A8-B8

MOOK Choice

康尼島

Coney Island

魔幻寫實的歡樂海濱

從地鐵D、F線或N、Q線的Coney Island-Stillwell Ave站，出站即達 大部分設施於復活節(約3、4月)至萬聖節(10月31日)之間營業，通常國殤日(5月最後1個週一)到勞動節(9月第1個週一)之間為每日開放，其他時間僅週末開放。許多遊樂場所的營業時間是從中午到天黑，週末更是開到凌晨 www.coneyisland.com 6月最後一個週末至勞動節前，每週五21:30會有煙火施放

掃地圖

Lou Reed在1975年唱過一首《康尼島寶貝》，歌詞中有句：「噢，但記得這城市是個有趣的地方，有時像馬戲團或是臭水溝。」精準抓到康尼島的神韻。康尼島原來是座孤立的小島，後來因填海造地而與布魯克林相連，早在19世紀便已是著名的渡假海灘。海濱樂園裡的摩天輪緩緩旋轉，儼然就是康尼島的地標，而雲霄飛車、鬼屋、三色棉花糖、夏日煙火、Nathan's熱狗店的大胃王比賽等，讓這裡就像個永不拔營的嘉年華會。然而二戰結束後，這裡逐漸沒落，昔日樂園荒蕪如鬼城，幫派火拼趕走了孩子的歡笑。1953年的《小逃犯》與1979年的《殺手輓歌》等電影，就是以沒落的康尼島為背景。

進入21世紀後，康尼島重又找回生機，塵封已久的樂園再度開張，歡樂的笑聲與刺激的尖叫又在耳邊響起，海濱的沙灘與木棧道上也再現摩肩接踵的熱鬧。只是康尼島似乎還是沉睡了太久，忘了今夕是何夕，許多店招圖案與各種裝飾風格，都還停留在上個世紀初的品味，讓這裡的一切都有種魔幻寫實的味道。

月之樂園 Luna Park

掃地圖

1000 Surf Ave (718) 373-5862 每日營業時間不同，詳細日期時間請上官網查詢 可在園內購買儲值卡Luna Card，1個點數$1，購買100點送40點。每項設施需要的點數從3點至22點不等。或是購票一日券，成人$69，122公分以下兒童$42 lunaparknyc.com 在官網上購買1日券或指定日期的1日券，可享有大幅折扣

第一代月之樂園開業於1903年，是康尼島黃金時代的要角之一，可惜1944年因火警而歇業。為了喚醒康尼島的榮光，2010年在樂園舊址對面又開了一座新樂園，名字一樣叫做月之樂園。雖然樂園是新的，但招牌設施卻是建於1927年的「康尼島旋風」(Coney Island Cyclone)，這座木造軌道雲霄飛車的最高處達26公尺，軌道全長800公尺，時速可達97公里。其他遊樂設施還有30多項，最刺激的是2014年開放的「雷霆」(Thunderbolt)，過程中會從35公尺高的地方俯衝而下，並經歷4次翻轉，刺激難以形容。

編輯筆記

康尼島上的奇怪面孔

在康尼島上到處都可見到這張奇怪的臉，他的名字叫「Funny Face」，本尊是越野賽馬樂園(Steeplechase Park)的老闆George C. Tilyou，他在1897年創立該樂園時以自己的頭像設計出這個圖案，久而久之就變成了康尼島的logo。以1百年前的風氣來說，這張臉看起來或許很歡樂，但從21世紀的品味來看，就覺得有些詭異了。

戴諾的驚奇摩天輪 Deno's Wonder Wheel

掃地圖

1025 Boardwalk (718) 372-2592 4~10月營業，其中6月~9月初為每天開放，其他月份為週末開放，時間大約是中午至天黑 $45可買50個點數，成人遊樂設施為8~10點，兒童遊樂設施為5點 www.denoswonderwheel.com

這座摩天輪建造於1920年，開幕至今已有4千萬人次乘坐過，從45.7公尺高的地方俯瞰，不只康尼島的風景，就連曼哈頓天際線也一覽無遺。而其「驚奇」之處在於，摩天輪分為內外兩圈，外圈的白色車廂是固定的，就和一般的摩天輪相同，而內圈的紅、藍色車廂卻是架設在軌道上，隨著摩天輪的轉動而搖擺、滑行，100年前就有這種前衛設計，實在令人佩服。

紐約水族館 New York Aquarium

掃地圖

從地鐵F、Q線的W 8 St-NY Aquarium站出站即達 602 Surf Ave (718) 265-3474 夏季10:00~18:00 (週五、六至22:00，週日至19:00)，春、秋季10:00~17:00 (週末至17:30)，冬季10:00~16:30。售票至閉館前1小時 成人$29.95，65歲以上$27.95，3~12歲$25.95 nyaquarium.com

紐約水族館成立於1896年，是美國歷史最悠久的水族館，原址位於炮台公園的克林頓碉堡內，1957年搬到康尼島的現址。目前水族館的明星動物包括黑腳企鵝、牛鼻魟魚、沙虎鯊等，還可以觀賞加州海獅表演及水獺餵食秀。同時館內還有一間4D影院，播放精彩的海洋生態電影。

皇后區與布朗克斯

Queens & Bronx

皇后區以多元種族文化著稱，像是在傑克森高地耳邊經常能聽見西班牙語，或者看到穿著印度沙麗的女士從面前走過；法拉盛則是亞洲人的天下，熟悉的中式、日式、韓式料理滿街都是；而阿斯托利亞裡的希臘餐廳，說不定比雅典還多！

就像紐約市常被外國人與紐約州混為一談，長島市也很容易被人與長島搞混，長島指的是曼哈頓東方的一座狹長島嶼，皇后區與布魯克林只是長島西端的角落，而長島市則是皇后區最西端的社區。之所以如此稱呼，是因為這裡過去真的是一個市，不過長島市作為獨立市的時間很短，1870年成立，1898年就被併入紐約市了。這裡從前是紐約的工業區，工廠、倉庫林立，目前則被開發成中產階級化的新貴社區，最有名的便是其藝術特質，在不算大的街區裡，遍佈著美術館、藝廊、藝術學院與工作室。

法拉盛最初是荷蘭殖民地，以西印度公司主要商港Vlissingen命名，後來才被英譯為Flushing。大約1970年代，大批台灣移民湧入此地，滿街中文招牌與台灣商店，使得法拉盛街景幾與台灣無異，事實上當時這裡就常被稱為「小台北」。後來韓國與大陸移民愈來愈多，逐漸沖淡了法拉盛的台灣味，卻也讓這裡更加繁榮起來。911之後，許多曼哈頓唐人街

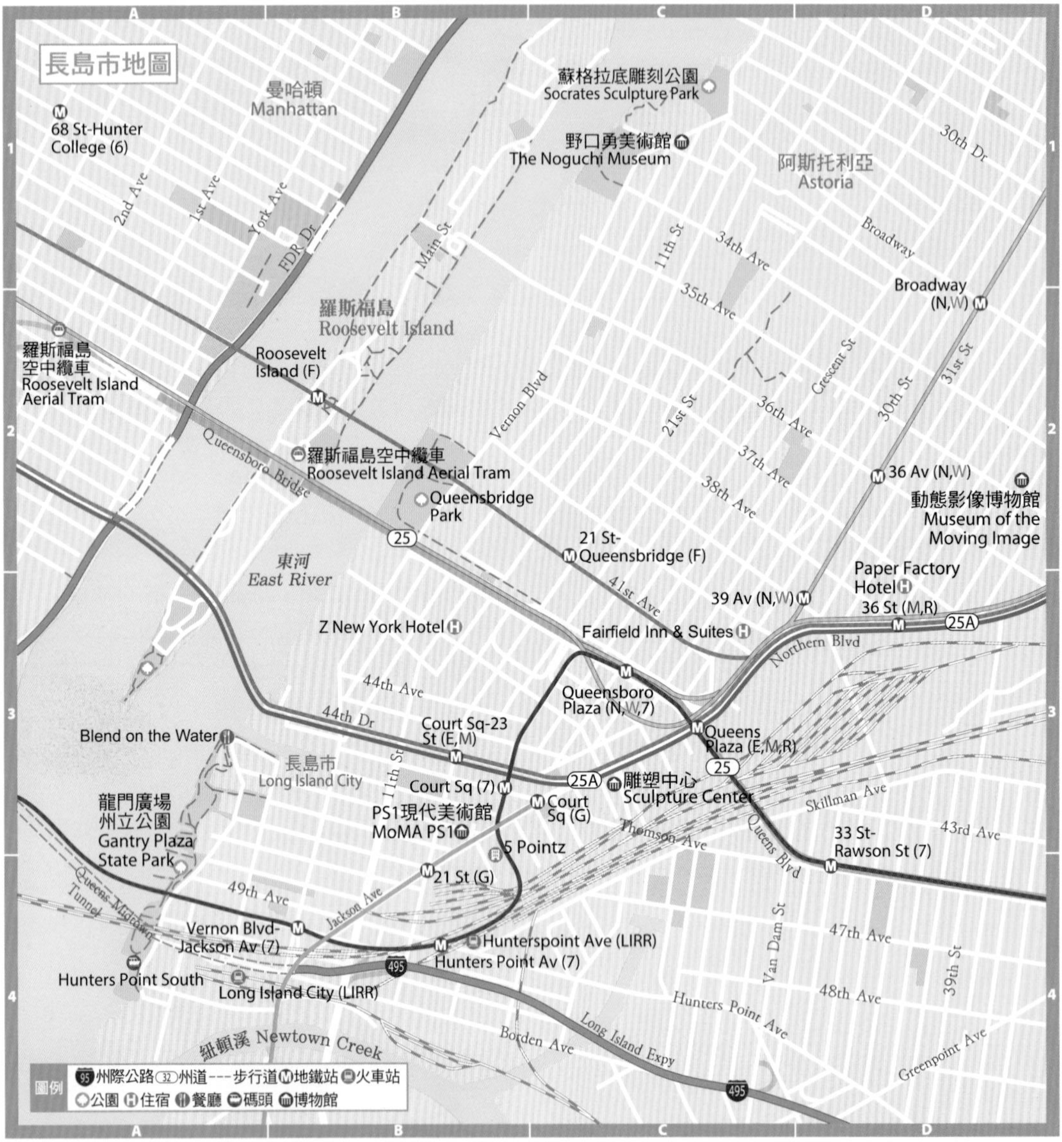

的老移民也遷居至此，法拉盛於是成為美東最大華埠。

而布朗克斯是紐約五大區中唯一和大陸相連的部分，名稱來自1639年最早定居於此的歐洲人Jonas Bronck。這裡開發較晚，19世紀末還是一片農地，直到20世紀初地鐵開通，人口才稠密起來。過去很長一段時間裡，布朗克斯都是紐約市的貧民區，居民以非裔及拉丁裔居多，種族衝突及幫派火併時有所聞，不過隨著洋基球場改建，也帶動起當地基礎建設更新，目前除了洋基球場外，紐約市最大的動物園與植物園也都位於這裡。

長島市 Long Island City

MAP ▸ P.159B3

PS1現代美術館

MoMA PS1

前衛藝術的溫床

從地鐵7號線或G線的Court Sq站，步行約3分鐘 22-25 Jackson Ave, Long Island City (大門在Jackson Ave與46th Ave路口處) (718) 784-2086 12:00~18:00 (週六至20:00) 休週二、三 成人＄10，65歲以上＄5，16歲以下免費 momaps1.org 持MoMA票根可於14天內免費參觀PS1

掃地圖

由Alanna Heiss所創辦的非營利組織，常將已廢棄的公立學校改建為工作室、藝廊及表演空間，而成立於1971年的P.S.1便是其中佳作，為空間再利用提供了最佳範例。P.S.1寬敞的空間不但讓作品有更大的呼吸場域，更於1976年起提供場地，成為國際藝術家駐館交流及創作之處，並為每年的駐館藝術家舉辦個展，進一步奠定紐約在當代藝術中的核心角色。2000年在市政府支持下，P.S.1正式加入MoMA體系，並於2010年更名為MoMA PS1。

MoMA PS1展出的作品以前衛著稱，例如數年前曾策劃過的「藝術與女性主義」特展，內容包括1965~1980年間120位藝術家關於女性議題的創作，其中包括對女性身體的描繪、性器官的探討，以及商業機制對女性身體的剝削等，以繪畫、雕塑、攝影、影片和行動藝術等方式呈現，許多作品即使在數十年後的今天看來，仍然十分大膽。

長島市 Long Island City

MAP ▸ P.159A3-A4

龍門廣場州立公園

Gantry Plaza State Park

眺望曼哈頓中城天際線

從地鐵7號線的Vernon Blvd-Jackson Av站，步行約7分鐘 4-09 47th Rd, Long Island City 每日08:00~22:00 免費

掃地圖

龍門廣場公園以碼頭邊上兩對巨大的龍門起落架命名，它們從前日以繼夜地裝卸著駁船上的貨物，現在則成為工業時代的紀念碑，標誌著長島市的過去。這座12英畝大的河濱公園，以觀看曼哈頓中城天際線而聞名，最佳的欣賞位置在突出於東河河面的4座碼頭棧橋上，克萊斯勒大樓與聯合國總部大樓是天際線上最明顯的地標，而帝國大廈與美國銀行大廈的尖頂也清晰可見。每到傍晚，這些碼頭往往被相機腳架佔滿，總有不少攝影玩家希望在此拍出能吸引大家按讚的紐約特寫。

阿斯托利亞 Astoria

MAP ▶ P.159C1

野口勇美術館

The Noguchi Museum

一代藝術大師的畢生心血

從地鐵N、W線的Broadway站，步行約16分鐘；或是出地鐵站後轉乘西向的Q104號公車，至Vernon Bl/33 Rd站即達 9-01 33rd Rd, Long Island City (718) 204-7088 11:00~18:00 休週一、二 成人$12，65歲以上$6，12歲以下免費 www.noguchi.org 每月第1個週五免費，須事先上官網預約。每日14:00有免費導覽 建議事先上官網預約時段票

掃地圖

野口勇是著名的日美混血藝術家，擅長雕塑和公共藝術，同時也為現代舞蹈之母瑪莎葛蘭姆設計舞台，並參與室內傢俱與庭園景觀等設計。多才多藝又多產的野口，可說是20世紀最重要的藝術家之一，例如紐約馬林米德蘭銀行大廈前的紅色方塊、洛克斐勒大樓上的雕刻、札幌モエレ沼公園、廣島和平公園的拱橋等，都是野口膾炙人口的公共藝術作品。

1981年，野口買下這棟位於東河畔的製版工廠，改建為工作室和展覽室，挑高又寬廣的空間正好用以展示雕刻作品。1樓的展示大多為半身人像和抽象作品，取材十分多元，包括石材、木頭、金屬和黏土。在這裡，野口勇的作品依不同時期、種類整理陳列，可從中窺見其創作脈絡。而半開放式的空間陽光充足，使光影與雕刻交融出多種可能性，其間有座別具禪意的小庭院，院中植物隨四季更迭，更為展廳帶來變化。2樓展廳為野口勇的傢俱展和其他藝術家的作品展。他為Herman Miller傢俱公司所設計的系列傢俱，造型乾淨俐落，同時兼顧功能性，可說是量產傢俱的始祖。像是造型優雅並展現竹子強大韌度的竹編椅、可多功能組合的咖啡桌，以及最著名的Akari紙燈系列，都在展示之列。

阿斯托利亞 Astoria

MAP ▶ P.159C1

蘇格拉底雕刻公園

Socrates Sculpture Park

露天的雕塑展覽

從地鐵N、W線的Broadway站，步行約14分鐘；或是出地鐵站後轉乘西向的Q104號公車，至Vernon Bl/Broadway站即達 32-01 Vernon Blvd, Long Island City 每日09:00~日落 免費 socratessculpturepark.org

掃地圖

在野口勇美術館的對街，有座露天雕塑公園。1986年之前，這裡只是片荒廢的填海地，堆滿了各種垃圾，後來在一群藝術家和社區人士努力下，終把滄海變為桑田，搖身一變成為藝術展覽空間及社區公園。公園以希臘哲人蘇格拉底為名，如今已是國際知名的露天博物館，當中的雕塑作品每隔幾個月就會換展一次，夏天時還會舉辦戶外電影等多種類型活動。

法拉盛 Flushing

MAP ▶ P.162C1-D2

法拉盛主大街

Flushing Main Street

彷彿回到台灣

從地鐵7號線的Flushing Main St站出站即達

掃地圖

現今法拉盛最熱鬧的地方，就是Main St與Roosevelt Ave路口，也就是地鐵7號線終點站附近，那裡不但有規模龐大的梅西百貨，隔壁的新世界商城(New World Mall)更是亞裔移民聚集的場所，當中的美食街被認為是紐約最棒的亞裔食堂。而法拉盛公車總站對面的皇后飛越購物中心(Queens Crossing)，也是當地的血拼重鎮。

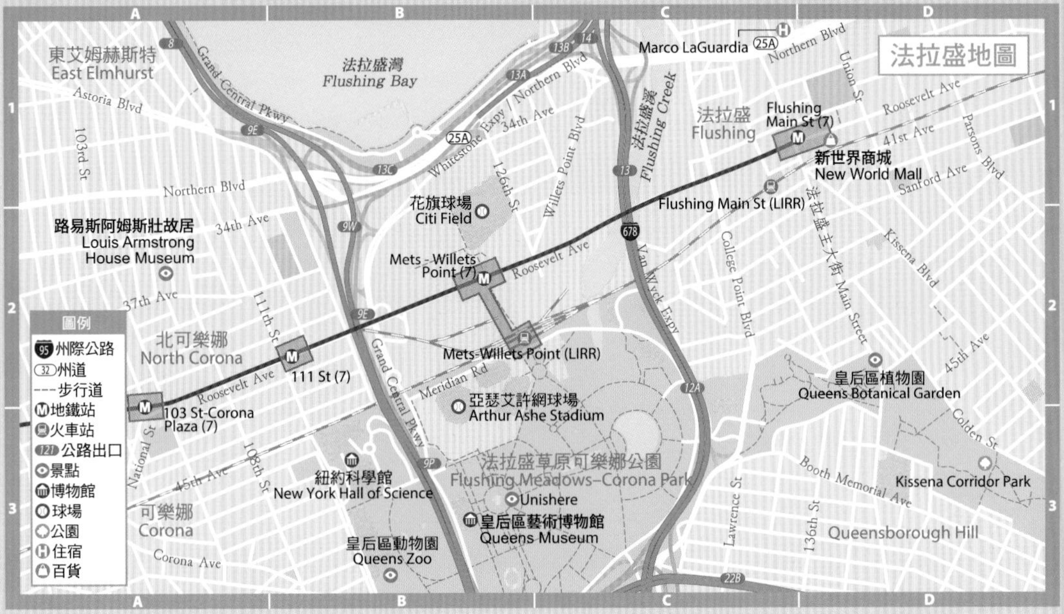

法拉盛草原 Flushing Meadows

MAP　P.162B2-C3

法拉盛草原可樂娜公園

Flushing Meadows-Corona Park

兩度舉辦世界博覽會的場地

從地鐵7號線的Mets-Willets Point站，有天橋相通

掃地圖

法拉盛草原可樂娜公園是紐約市第4大、也是皇后區最大的公園綠地，面積足足有363公頃。這裡原是一片沼澤區，法拉盛溪流經此地後注入海灣，20世紀初時，地產商原本屬意將這裡開發成港口碼頭，並運來大量煤灰與廢棄物用以填補溼地，計劃失敗後，才轉而開闢成公園。

變成公園的法拉盛草原風光熱鬧，於1939年和1964年兩度成為世界博覽會的舉辦場地，今日公園內最醒目的地標Unishere，就是1964年的世博會所留下來的禮物。這顆巨大的不鏽鋼架地球儀，直徑有37公尺長，總高度達43公尺，上頭以一片片鋼板組合成世界地圖，仔細看的話，連台灣島也沒有遺漏掉呢！

公園內景點眾多，包括紐約科學館、皇后區藝術博物館、皇后區動物園及皇后區植物園等。公園北側的比莉珍金網球中心(Billie Jean King National Tennis Center)是一處國際級的網球場地，一年一度的美國網球公開賽就是在當中的亞瑟艾許網球場(Arthur Ashe Stadium)舉行。比莉珍金與亞瑟艾許都是美國網球史上的名人堂球員，不但排名頂尖，更重要的是他們所代表的社會意義，前者是性別平權的代言人，後者是種族平權的宣揚者。至於地鐵線另一端的花旗球場(Citi Field)，則是大聯盟球隊紐約大都會的主場。

法拉盛草原 Flushing Meadows

MAP ▶ P.162B3

紐約科學館

New York Hall of Science

寓教於樂的科學遊戲

從地鐵7號線的111 St站，步行約8分鐘 47-01 111th St, Corona (718) 699-0005 10:00~17:00 (最後入館時間為16:00) 休週一、二 成人$16，2~17歲及62歲以上$13 nysci.org 3D劇場、科學遊樂場及迷你高爾夫需另外購票

掃地圖

1964年的世界博覽會留給法拉盛草原可樂娜公園的，並不只有Unishere而已，還有這間紐約科學館。紐約科學館以「設計、操作、玩樂」為其理念，這裡沒有死板的圖文模型，有的盡是引人躍躍欲試的互動式科學遊戲，不論是小孩還是大人，都能在豐富有趣的遊戲或競賽中，重新認識運行在生活周遭的科學原理，例如聲波的傳送、光影的捕捉、位相幾何學等，皆可親自動手體驗，就連複雜的牛頓定律公式，也在簡單的遊戲中讓人輕易了解。

其中最有趣的是位於2樓大展廳中的「連結的世界」(Connected World)，這是面接近360度的全景互動式屏幕，屏幕上共有叢林、沙漠、溼地、山岳、河谷與平原等6種環境，每個環境都有各自的動植物生態，而其共同水源則是屏幕中央高達11公尺多的瀑布。在遊戲當中，屏幕會感應遊客的手勢與動作幻化出不同結果，因此玩家的每個決定，包括個別的與集體的，都可能產生或好或壞的影響，要如何保持各生態體系間的平衡，其實需要動點腦筋。連結的世界有場次限制，想玩的人可以在現場領取免費的時段票。

法拉盛草原 Flushing Meadows

MAP ▶ P.162B3

皇后區藝術博物館

Queens Museum

鉅細靡遺的紐約市縮小模型

從地鐵7號線的Mets-Willets Point站，步行約14分鐘 New York City Building, Flushing Meadows Corona Park, Queens (718) 592-9700 12:00~17:00 (週末11:00起) 休週一、二 $免費 www.queensmuseum.org ！建議事先上官網預約時段票

掃地圖

皇后區博物館成立於1972年，剛開始時主要展示1964年世界博覽會中的收藏品，後來逐漸擴展及文化、藝術、歷史等範疇。常設展中最精彩的，當屬紐約市的縮小比例模型，這是1964年博覽會中最受人們喜愛的展示之一，紐約市五大行政區的城市地景都被濃縮在這座模型裡，雖然比例上有著1比1200的差距，不過紐約市的範圍廣達778平方公里，因此模型尺寸依舊大得驚人，當年遊客可是得搭乘遊園小火車來欣賞這件作品的！模型的創作者不是別人，正是規劃出紐約實際街道與公共建設的建築大師羅伯摩斯(Robert Moses)，他以木頭及塑膠製作了將近90萬座建物模型，總共動用200位工人，花了4年時間才告完成。除了建築之外，模型的街道及河面上還有迷你的車輛、船舶行駛，從拉瓜地亞機場還有飛機起降呢！而展間燈光也明暗交替，呈現出日出日落的效果。數十年來，這座模型也隨著紐約的城市發展而不斷更新，像是增加了洋基的新球場與花旗球場等，不過金融區的世貿雙子星卻始終沒有被替換，至少恐怖主義在這座微型樂土裡是不曾存在的。

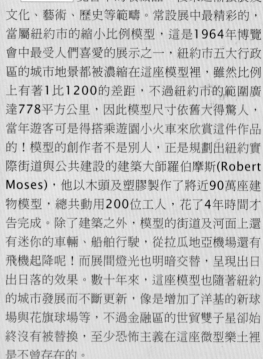

另一項重要館藏是路易斯蒂芬尼(Louis C. Tiffany)的玻璃燈具，作為美國20世紀玻璃藝術的旗手，蒂芬尼的著色玻璃燈罩讓燈具超脫傢俱範圍，而邁進藝術殿堂。色彩鮮豔的玻璃拼貼出各種動植物與幾何形象，燈光打開，立刻透射出奇幻光彩，展廳雖然不大，卻令人流連忘返。

可樂娜 Corona

MAP ▶ P.162A2

路易斯阿姆斯壯故居

Louis Armstrong House Museum

拜訪爵士樂之父

從地鐵7號線的103 St-Corona Plaza站或111 St站，步行約9分鐘 34-56 107 St, Corona (718) 478-8274 11:00~15:00，每小時整點一梯，行程約40分鐘 休 週日至週三 $成人＄15，兒童與65歲以上長者＄12，5歲以下免費 www.louisarmstronghouse.org ！須事先上官網購票。現場須出示疫苗完整接種證明

掃地圖

綽號「書包嘴」(Satchmo)的爵士樂傳奇人物路易斯阿姆斯壯，出身於紐奧良貧民區，從小就很喜愛音樂，擅長吹奏小號。他於1922年應邀前往芝加哥，加入Joe "King" Oliver的樂團，開始嶄露頭角，之後更自組樂團，展現獨特的即興能力，將爵士樂的發展帶入全新境界，同時也奠定了爵士樂裡小號手的地位。到了1930年代後，路易斯演唱機會漸增，他沙啞而感情豐富的嗓音，唱起《What a Wonderful World》、《Hello Dolly》等歌曲，總令人回味再三。而他獨特的歌唱技巧，也影響了日後的比莉哈樂黛與法蘭克辛納屈等人。

路易斯阿姆斯壯於1943年買下這棟房子，直到1971年去世前，都是住在這裡。1983年他的妻子Lucille也過世後，房子一度空置，後來在地方人士奔走下，被列為國家歷史地標建築，並於整修後開放供樂迷參觀。要進入屋內必須參加導覽行程，導覽員會詳細解說每個房間，甚至搭配錄音，重現阿姆斯壯夫婦在此生活的景況。由於路易斯長年出外巡迴，在家時間不多，所以屋內陳設所顯現的大多是Lucille的品味，因為她喜歡整齊，所以屋子裡的收納空間特別多。此外她的衣櫃間也貼滿了閃亮的壁紙，可見其獨特偏好。這裡同時也展示路易斯常用的2支小號和衣物等，都是朋友及熱心人士所提供。

布朗克斯 Bronx

MAP ▶ P.167B1

布朗克斯美術館

The Bronx Museum of the Arts

多元文化的藝術對話

從地鐵B、D線的167 St站，步行約5分鐘 1040 Grand Concourse (718) 681-6000 13:00~18:00 休 週一、二 $免費 www.bronxmuseum.org ！建議事先上官網預約時段

掃地圖

這間小巧的美術館於2004年時曾進行大規模整修，外觀大膽地使用幾面大塊切割的長形玻璃，巧妙連結3棟建築，大小不一的方塊形成極具張力的呈現方式。博物館的內部空間雖然不大，但展出作品相當前衛，永久館藏以布朗克斯的非、亞、拉美等族裔的文化創作，以及女性、勞工階層等弱勢團體為主題，藉由多種媒材和形式來展示，希望因不同文化背景的藝術陳列，達成其對話的可能性，因此在當代藝術裡扮演著重要角色。

©簡佑年提供

布朗克斯 Bronx

MAP ▶ P.167A2

洋基棒球場

MOOK Choice

Yankee Stadium

邪惡帝國的大本營

從地鐵4號線或B、D線的161 St–Yankee Stadium站，出站即達 1 E. 161st St www.mlb.com/yankees/ballpark

◎ 1小時經典導覽行程 Classic Individual Tours

在Gate 6旁的Hard Rock Café集合 每日09:00~16:40，開放梯次依日期變更，請查詢官網 成人$25，65歲以上及14歲以下$20 建議事先上官網購票，並至少提早15分鐘報到

◎ 賽前導覽行程 Pregame Tours

在161 St與River Ave路口的Gate 6外集合 詳見官網 每人$40 建議至少提早15分鐘報到

掃地圖

舊洋基球場建於1923年，洋基曾在那裡拿下26次世界大賽冠軍，不過隨著球場設施年事已高，洋基高層決定在隔壁興建一座新場地。新球場於2006年8月16日貝比魯斯逝世58週年那天動土，2009年球季開始前2個禮拜落成。雖然新球場的面積較大，位子卻反而變少，除了每個座位更加寬敞外，也增加了許多包廂。而在球場啟用的第一個球季，洋基便以4勝2負的成績擊敗費城人，奪得隊史第27座世界冠軍，為新主場贏得好彩頭。至於舊球場則於翌年拆除完畢，現在變身為一座多功能的休閒綠地「Heritage Field」。

舊球場著名的紀念公園(Monument Park)也被搬到新球場的中外野牆外，並照例在比賽前1小時開放參觀。石牆上排列著偉大球員與教練的退休球衣號碼，以及記述功蹟的牌匾，像是3號的貝比魯斯、5號的狄馬喬，還有2號的基特、42

號的李維拉與6號的前總教練托瑞等，每個號碼都曾為球迷帶來歡呼與驚喜。

若是無緣觀賞球賽，不妨參加球場導覽之旅，除了可以進入平常不對外開放的媒體室，還能一窺球員休息室的神祕面目，更可親手觸摸球場上的草皮和紅土，以及參觀紀念公園與洋基博物館。

下東城 Lower East Side

MAP ▶ P.62E3 Katz's Delicatessen

距地鐵F線的2 Av站，步行約3分鐘 205 E. Houston St (212) 254-2246 週一至週四08:00~23:00，週五08:00至週日23:00 $ $ $ katzsdelicatessen.com

掃地圖

Katz's Delicatessen開業自1888年，至今已超過百年歷史，並且一直都是由同一個家族經營。這間猶太快餐以煙燻牛肉三明治(Pastrami Sandwich)、醃牛肉三明治(Corned Beef Sandwich)與魯本三明治(Reuben)最為著名，其牛肉外皮香脆、肉質軟嫩、油脂飄香，因此就算連年漲價，門口依然總是大排長龍，即使在非用餐時刻也要等上一段時間，而併桌更是習以為常。從牆上政商名流的相片可看出這裡受歡迎的程度，如美國前副總統高爾、芭芭拉史翠珊等都曾是座上客，而電影《當哈利遇上莎莉》中最著名的橋段也是在此店拍攝。

下東城 Lower East Side

MAP ▶ P.62E3 Clinton Street Baking Company

距地鐵F線的2 Av站，步行約6分鐘 4 Clinton St (646) 602-6263 早午餐：每日09:00~16:00。晚餐：週三至週六17:30~22:00 $ $ clintonstreetbaking.com 只收現金，白天不接受訂位

掃地圖

這是下城最炙手可熱的早餐店之一，熱門到你若是不早點來，早餐就會變成午餐，不過這也無妨，因為他們的早餐全天候供應。這間餐廳以烘焙批發起家，只使用當季當地的食材，而且品質都是最高等級。餐點中最有名的是煎鬆餅，又香又綿又紮實的鬆餅，上面淋上看得見完整果實的藍莓醬，再搭配純正楓糖，不枉費讓人候位多時。其他如班乃迪克蛋、歐姆蛋捲、炸雞鬆餅等也都是招牌。晚餐除了多了漢堡外，最推薦的是浸過酪漿的炸雞，令人了解什麼叫吮指回味。

下東城 Lower East Side

MAP ▶ P.62E3 Beauty & Essex

距地鐵F線的Delancey St站，或J、M、Z線的Essex St站，步行約3分鐘 146 Essex St (212) 614-0146 週一17:00~22:00，週二至週四17:00~23:00，週五、六17:00~24:00，週日11:30~16:00、17:00~22:00 $ $ $ $ $ taogroup.com/venues/beauty-essex-new-york

掃地圖

推開大門，你可能會以為書上的地址寫錯了，怎麼會來到一間當鋪？先別著急，穿過當鋪後有扇小門，餐廳就藏在後頭呢！這間被認為是紐約最酷的餐廳共分兩層樓，樓下有熱鬧的音樂表演，樓上是較能聊天的包廂。不但裝潢時尚，食物更是有口皆碑，餐點為新美式融合風格，人多的話建議點小份的Tapas，最有名的是烤起士煙燻培根餃，裝在一支支盛著蕃茄湯的小湯匙裡；而醃鮪魚雲吞玉米餅則結合了墨西哥形式、夏威夷食材與中式手法，創意十足。主菜則有牛排、羊排等排餐，配菜以加了醃辣椒與香草醬的龍蝦起士通心粉最值得推薦。此外，他們的雞尾酒單也很豐富。

下東城 Lower East Side

MAP ▶ P.62E4 Doughnut Plant

距地鐵F線的Delancey St站，或J、M、Z線的Essex St站，步行約4分鐘 379 Grand St (212) 505-3700 #379 每日08:00~19:00 $ doughnutplant.com

掃地圖

店主Mark最初開店時，用的是祖父留傳的食譜，因為麵糰好吃實在，很快就大受歡迎。在這個基礎上，Mark開始發揮他獨特的創意，先是在甜甜圈中加上新鮮水果，接著又發明出以自製果醬為內餡的方形甜甜圈，後來還發展出結合蛋糕的甜甜圈Blackout(巧克力)與Tres Leches(牛奶)。近年又推出的烤布蕾甜甜圈，更讓Doughnut Plant再次成為紐約人的話題。目前除了下東區這家本店外，在中央車站、布魯克林市中心、威廉斯堡、長島市都開有據點。

蘇活區 SoHo

MAP ▶ P.62C4 Balthazar

距地鐵6號線的Spring St站，步行約1分鐘 80 Spring St (212) 965-1414 平日08:00~11:00、11:30~16:30、17:00~24:00，週末09:00~16:00、17:00~24:00 早餐$ $ $，午、晚餐$ $ $ $ www.balthazarny.com

掃地圖

Balthazar是紐約名廚Keith McNally的旗下餐廳之一，主打法國南部的鄉村菜餚，以其麵包及海鮮料理聞名於世。其麵包不雕琢於口味上的花巧，只追求麵包本身的烘焙技術，因此雖然簡單，卻香氣飽滿，甚至不少法國遊客覺得這裡的麵包比他們家鄉的還要迷人。如果在餐廳吃得還不過癮，隔壁就是他們的麵包店，可以買回去繼續品嘗。餐廳內部裝潢格外優雅，無論是雕刻人像的樑柱、宛如車站中的時鐘，還是充滿裝飾風格的吊扇與天花板，都讓人恍如穿越時空，來到上個世紀初的巴黎小酒館。著名喜劇演員Jerry Seinfeld，當年就是靠著這裡的浪漫氣氛一舉求婚成功。

諾利塔 Nolita

MAP ▶ P.62D4 Café Habana

從地鐵B、D、F、M線的Broadway-Lafayette St站，或6號線的Bleecker St站，或R、W線的Prince St站，步行約5分鐘 17 Prince St (212) 625-2001 #2 平日11:00~22:00 (週五至23:00)，週六10:00~23:00，週日10:00~22:00 $ $ www.cafehabana.com 不能訂位

掃地圖

Café Habana是家生意好得不得了的餐廳，而大部分客人都是專為了墨西哥烤玉米而來！這種烤玉米是在玉米上加上奶油、美奶滋、酸奶、Cotija乳酪和少許辣椒粉等配料燒烤而成，吃的時候一定要淋上萊姆汁，香濃的乳酪香和玉米的清甜，佐以萊姆的清新酸味，美味真是難以言喻。另外，這裡的古巴三明治、墨西哥軟捲餅Burrittos和Skirt Steak也很受歡迎。所謂的Skirt Steak是指牛的胸腹之間有筋膜的一塊肉，雖然肌理纖維較粗，但有足夠的脂肪且醃泡入味，所以烤出來十分軟嫩。

諾利塔 Nolita

MAP ▶ P.62D4 **Lombardi's Pizza**

距地鐵6號線的Spring St站，步行約1分鐘 32 Spring St (212) 941-7994 12:00~22:00 (週五、六至24:00) $ $ $ $ www.firstpizza.com 只收現金

掃地圖

開業於1905年，號稱是全美國第一間披薩店！這裡使用傳統方法以碳爐窯烤，略焦的餅皮吃起來香脆帶勁。基本款瑪格麗塔披薩以聖馬爾札諾蕃茄製成紅醬，搭配新鮮的莫札瑞拉起士和蘿勒，道地的拿坡里風味。而招牌的白披薩則是不使用蕃茄醬，只在餅皮上鋪滿莫札瑞拉、瑞可塔、羅馬諾等白起士，再灑上奧勒崗葉及大蒜油，烤好後香味濃郁，喜歡起士的人一定得嚐嚐看。如果想要再豐富一點，也可加點義大利燻腸、肉丸、鯷魚等配料。另外，這裡的卡頌餃(Calzone)同樣經典，裡頭包著濃濃的起士，再夾進自選的兩種配料當成內餡。

諾利塔 Nolita

MAP ▶ P.62D4 **Rubirosa**

距地鐵6號線的Spring St站，步行約2分鐘 235 Mulberry St (212) 965-0500 每日11:00~23:00 $ $ $ $ www.rubirosanyc.com

掃地圖

老闆在擁有超過50年歷史的家族食譜上做變化，創造出獨特的新風格，最有特色是的伏特加披薩(Vodka Pizza)，是以伏特加醬取代蕃茄醬，搭配莫札瑞拉起士，吃起來香甜過癮。而Tie-Dye Pizza則是伏特加披薩的進階版，其伏特加醬混合了蕃茄醬，上面再淋上一圈圈的義大利青醬，幾乎每個第一次來的人都會點這道。由於披薩選擇非常多，拿不定主意的人不妨要求雙拼，可以多嚐一種口味。

諾利塔 Nolita

MAP ▶ P.62D4 **Rice To Riches**

距地鐵6號線的Spring St站，步行約1分鐘 37 Spring St (212) 274-0008 11:00~23:00 (週五、六至01:00) $ $ www.ricetoriches.com

掃地圖

米布丁有點類似以米為原料的燕麥粥，Rice to Riches每天提供20多種口味的米布丁，還有數種不同的淋醬，二者都配合季節和特殊節日，時常更換口味。布丁名稱相當具有創意，例如Sex Drugs and Rocky Road，其實就是經典的巧克力口味；也有一些口味充滿奇想，像是鳳梨九層塔，有勇氣的人應該會很樂意嘗試！每種口味都可以先試吃，淋醬建議選擇味道帶酸的，因為畢竟還是甜點，搭配起來口感比較平衡。

格林威治村 Greenwich Village

MAP ▶ P.62D1 **Artichoke Basille's Pizza**

距地鐵L線的1 Av站，步行約2分鐘 321 E. 14th St (212) 228-2004 每日10:00~05:00 $ $ www.artichokepizza.com 只收現金

掃地圖

這間開業於2008年的披薩店，十分受到附近大學生喜愛，目前已在全美開有17間分店。其最大特色就是披薩尺寸大得驚人，加上餅皮紮實、起士濃郁、用料豪放，即使只吃一片，也足以當一餐的份量。披薩口味不多，內容也不花俏，但味道與口感的搭配卻很用心。招牌的朝鮮薊披薩，以大塊朝鮮薊心搭配菠菜、奶油、莫札瑞拉起士與羅馬羊奶起士，是初來此店必嚐的經典。其他如蟹肉披薩與瑪格莉塔披薩，也都各有其擁護者。店內幾無座位，大多數客人都是外帶，也有不少是買了直接就站在店外吃。

格林威治村 Greenwich Village

MAP ▶ P.62D2 McSorley Old Ale House

距地鐵6號線的Astor Pl站，步行約3分鐘 15 E. 7th St 11:00~01:00 (週日12:00起) $ mcsorleysoldalehouse.nyc 只收現金

掃地圖

這間位於庫柏學院旁的啤酒屋，外觀看來毫不顯眼，黑色的木頭窗框鑲嵌著一扇扇寫著古老字體的玻璃窗，上方只有一個綠底白字的招牌，標誌它創立於1854年，而它可能是紐約最古老的愛爾蘭酒館！儘管歷史跨越一個半世紀，然而卻直到1970年才開放女士入場，因而曾備受爭議。推門入內，空氣中洋溢著濃濃麥芽味，鋸屑地板、掛滿牆壁的剪報和歷史悠久的裝飾品、甚至上了年紀的酒保……讓人彷彿掉入另一個時空，許多人正因為這樣的氣氛慕名而來，也因此入夜後總被人潮擠得水洩不通。這裡的生啤酒只有淡啤酒和黑啤酒兩種，每份兩杯，要價6美金。

格林威治村 Greenwich Village

MAP ▶ P.62D2 Veniero's Pastry

距地鐵L線的1 Av站，步行約4分鐘 342 E. 11th St (212) 674-7070 08:00~22:00 (週五、六至23:00) $ $ venierospastry.com

掃地圖

這間義式甜點專賣店已有130年歷史，以其乳酪蛋糕最為知名。義式蛋糕以瑞可塔起士(Ricotta Cheese)為主要原料，吃起來口感比美式乳酪蛋糕稍微乾一些，甜度也略低一點，搭配香濃的Espresso咖啡，堪稱一絕！除了乳酪蛋糕，還可以試試西西里甜點Cannoli，薄而軟的餅皮內包著瑞可塔起士，口感很像泡芙，口味有巧克力、開心果等多種選擇。另一招牌Sfogliatelle，是有著硬脆且多層次餅皮的甜點，內餡是帶了點柑橘香氣的瑞可塔起士。而Almond Torte則是狀似圓拱屋頂的甜蛋糕，底部是海綿蛋糕，上覆杏仁糖，內餡是杏桃醬，吃起來口感濃郁多元。

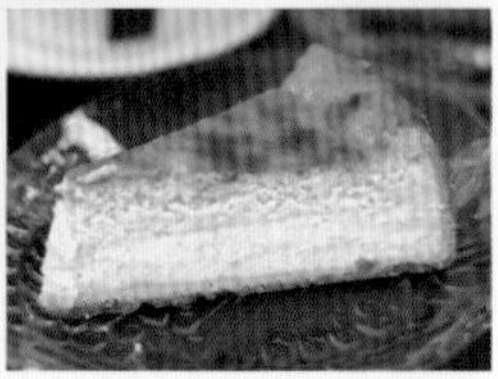

格林威治村 Greenwich Village

MAP ▶ P.62D2 Veselka

距地鐵6號線的Astor Pl站，步行約5分鐘 144 2nd Ave (212) 228-9682 08:00~23:00 (週五、六至24:00) $ $ veselka.com 不接受訂位

掃地圖

這家烏克蘭餐廳是紐約最具特色的異國餐廳之一，Veselka這個字的原義為彩虹，代表第一任老闆因逃避戰亂而落腳紐約時，對未來生活的美好期許。早期Veselka是烏克蘭移民聚會及享用家鄉美食的地方，到了70年代則成為藝術家、嬉皮、詩人聚集之處。最著名的一道菜是斯拉夫餃子(Pierogi)，外觀和做法很像我們的水餃，不過內餡卻是馬鈴薯和乳酪，另外也有地瓜、菠菜與乳酪、肉或酸菜與洋菇等選擇，作法也有水煮或油炸兩種。另一道傳統料理是五穀粥(Kasha)，這是東歐常見的農民主食，也很符合當今生機飲食的潮流。

格林威治村 Greenwich Village

MAP ▶ P.62C3 Mamoun's Falafel

距地鐵A、C、E、B、D、F、M線的West 4 St-Washington Sq站，步行約2分鐘　119 Macdougal St　週一至週三11:00~02:00，週四11:00~03:00，週五、六11:00~04:00，週日11:00~01:00　$　mamouns.com　只收現金

掃地圖

Falafel是中東地區非常流行的食物，它是將鷹嘴豆磨成泥，混合洋蔥、西洋芹、大蒜及其他香料後，壓成球餅狀再拿去油炸。這家Falafel專賣店創始於1971年，在格林威治村最風光的年代裡，許多著名音樂家、演員、名人經常來此光顧，今日已在紐約及紐澤西拓展了不少據點。Falafel可以單獨沾醬吃，也可以包在皮塔餅(Pita)裡做成三明治，還能搭配米飯成為盤餐。同時，這裡也有許多不同種類的烤肉，可以和Falafel與皮塔餅搭配成多種組合。

格林威治村 Greenwich Village

MAP ▶ P.62B2 Magnolia Bakery

距地鐵1、2、3號線的14 St站，步行約6分鐘　401 Bleecker St　(212) 462-2572　10:00~21:00(週五、六至22:00)　$　www.magnoliabakery.com

掃地圖

猶如馬卡龍之於巴黎，杯子蛋糕和紐約也有著類似的美味關係，因為小巧玲瓏，既可滿足口腹之慾，又不會對胃容量造成太大負擔，因而大受歡迎。影集《慾望城市》曾經風靡一時，幾乎所有劇中女主角吃的、穿的、用的，當時都形成風潮，而這間位於西村的糕餅店，和劇中凱莉的家只有一街之隔，因為米蘭達曾說過：「這裡是全紐約最好吃的杯子蛋糕」，結果因此聲名大噪，還擴展成國際連鎖店！除了每日現做色彩繽紛的杯子蛋糕外，千萬別錯過香蕉布丁，軟綿如慕斯狀的布丁口感濃郁，令人難忘。

©NYC & Company / Alexander Thompson

格林威治村 Greenwich Village

MAP ▶ P.62C3 Blue Note

距地鐵A、C、E、B、D、F、M線的West 4 St-Washington Sq站，步行約1分鐘　131 W. 3rd St　(212) 475-8592　每晚表演場次為20:00與22:30開場，週五、六偶爾也有00:30的場次。週日午場為12:30與14:30開場　入場費依表演場次而異，餐點$$$$　www.bluenotejazz.com/nyc

掃地圖

成立於1981年的Blue Note，歷史不算悠久，卻是紐約最知名的爵士樂俱樂部，也是當紅爵士樂手的表演聖地。俱樂部空間稍嫌老舊、狹長，卻絲毫掩不住樂手的精湛演出與樂迷的熱情回應。屋內牆壁上掛滿了曾經在此演出的老牌樂手留影，而像是Joe Lovano、John Scofield、Chris Botti、Bill Frisell這些早已名滿天下的樂手，現在還是會經常回到Blue Note演出。由於是紐約最具知名度的Live酒吧，幾乎場場客滿。而在餐飲方面，除了各類型酒水外，也有漢堡、三明治及海鮮、牛排等主菜。

劇院區 Theatre District

MAP ▸ P.104B3 Junior's

從地鐵N、R、W線的49 St站，步行約3分鐘 1515 Broadway (Broadway與8th Ave之間的W. 45th St上) (212) 302-2000 07:00開始營業，週日、一至23:00，週二~週四至24:00，週五、六至01:00 早、午餐＄＄，晚餐＄＄＄，起士蛋糕＄ www.juniorscheesecake.com

掃地圖

紐約人是出了名的愛吃乳酪蛋糕，而創立於1950年的Junior's則是紐約最著名的乳酪蛋糕店。Junior's的本店位於布魯克林(386 Flatbush Ave)，許多紐約客都是它的忠實顧客，如今已在紐約開有5家分店，其中又以劇院區這家人氣最旺。Junior's賣的是道地美式純乳酪蛋糕，也就是Cream Cheese和蛋的成分較高、口感滑順軟嫩，甜度也比義式乳酪蛋糕稍高一些。在眾多口味當中，最值得推薦的是草莓乳酪蛋糕，整顆新鮮草莓搭配草莓果醬，完美化解了蛋糕的甜膩。而在Junior's的餐廳內，亦有供應漢堡、三明治、烤雞、BBQ等美式餐點，想吃道地紐約魯本三明治的話，這裡也點得到。

劇院區 Theatre District

MAP ▸ P.104C1 The Halal Guys

從地鐵B、D、E線的7 Av站，步行約3分鐘 6th Ave與W. 53rd St路口 11:00~04:00 (週五、六至05:30) ＄ thehalalguys.com 只收現金

掃地圖

紐約路邊攤非常之多，但大多無法令人留下深刻印象，唯有這家餐車，一旦經過便難以忽略，因為實在是太香了。這是紐約第一攤販賣清真烤肉的攤販，肉類有雞肉與牛肉兩種，也可以混搭，因為生意極好，拿到的總是剛烤好熱騰騰的，再配上米飯、生菜與口袋烤餅，一起裝進圓形的餐盤裡，份量著實驚人。不得不提的，是店家獨特的調味醬料，紅醬是自製辣椒醬，辣度不可小覷，請酌量取用；而酸酸甜甜的白醬，則是店家的祕密武器，配方保持神祕，任由饕客自行猜想。目前The Halal Guys在紐約有7處據點，由於模仿的攤販很多，因此要認明他們的黃色制服，當然，因為永遠有大排長龍的顧客，也是不容易被認錯的。

劇院區 Theatre District

MAP ▸ P.104B3 Carmine's Midtown

從地鐵1、2、3號線或N、Q、R、W線或S線的Time Sq-42 St站，步行約2分鐘 200 W. 44th St (212) 221-3800 週日、一11:30~23:00，週二至週六11:00~24:00 ＄＄＄ www.carminesnyc.com

掃地圖

這間紐約知名的義大利餐館，本店位於上西城，但中城這家因為靠近百老匯，生意更是好得不得了。主打的餐點有義大利麵、海鮮與肉類主餐，味道偏向南義風味，雖然走的不是名廚式的精緻路線，對義裔饕客來說卻有著更親切的媽媽味。這裡最有名的是餐點的份量，臉盆一樣大的餐盤裡，盛著山也似的食物，讓人懷疑自己是不是誤闖了義大利人的婚禮。換句話說，這裡決不是兩三好友小酌一番的店，一家子的人殺進去暴飲暴食才是這間餐廳的王道。

中城西 Midtown West

MAP ▸ P.90C4 Keens Steakhouse

從地鐵B、D、F、M線的34 St-Herald Sq站，步行約2分鐘 72 W. 36th St (212) 947-3636 平日11:45~22:30，週六17:00~22:30，週日17:00~21:30 $ $ $ $ $ www.keens.com

掃地圖

Keens是牛排名店，自1885年開店以來，一百多年未曾中斷營業。牛排館前身是間文藝俱樂部，由於當時社會盛行抽長煙斗，而易碎的煙斗不便攜帶，經常寄放在俱樂部中，久而久之就成了這裡最大的收藏。如今餐廳天花板上掛了超過5萬支煙斗，也不失為極有特色的裝飾。這裡的牛排採用農業部認證的Prime等級牛肉，每一片都經過精挑細選，並以乾式熟成，不但鮮嫩多汁，而且風味飽滿。同時這裡的羊排(Mutton Chop)更是一絕，1905年時，英王愛德華七世的情婦女星Lillie Langtry為了一嚐Keens的羊排，狀告當時只准男士入內而將她拒於門外的餐館，結果法院判她勝訴，讓她成為第一位大啖Keens羊排的女性。

劇院區 Theatre District

MAP ▸ P.104B2 Bibble & Sip

從地鐵C、E線的50 St站，步行約1分鐘 253 W. 51st St (646) 649-5116 平日09:00~19:00，週末10:00~20:00 $ $ www.bibbleandsip.com

掃地圖

這間小小的咖啡館是紐約新崛起的排隊熱店，老闆曾在法式糕餅店接受紮實訓練，本身又受到亞洲甜點啟發，因而創造出東西合璧的新風潮。這裡所有甜點都是新鮮現做，甚至連熱巧克力裡的棉花糖與優格上的燕麥穀粒，都是出自店家自己的廚房。熱門飲品為薰衣草拿鐵，店家自製的薰衣草糖漿與拿鐵咖啡綿密的口感完美融合，充滿幸福的味道。而甜點中最有代表性的是和饅頭一樣大的泡芙，有抹茶、伯爵茶與黑芝麻三種口味，與這裡的咖啡堪稱絕配。

劇院區 Theatre District

MAP ▸ P.104B1 Gallagher's Steak House

從地鐵1號線，或C、E線的50 St站，步行約3分鐘 228 W. 52nd St (212) 586-5000 11:45~22:00 (週五、六至23:00) 午餐$ $ $，晚餐$ $ $ $ $ www.gallaghersnysteakhouse.com

掃地圖

Gallagher's開業於1927年，最初是一間禁酒令時代的地下酒館，禁令解除後則成了劇院區第一間牛排館。由於緊鄰百老匯，創始人又是秀場明星與傳奇賭徒，因此開店以來名流雲集，許多體育名人與政壇要員都是這裡的常客。這裡最著名的畫面，就是從玻璃櫥窗外望向裡頭的熟成室，架上一排排標記著熟成日期的牛肉，彷彿招喚著人們進來品嚐。主廚Alan Ashkinaze遵循90多年來的傳統，以山胡桃木炭烤牛排，因此這裡的牛排吃起來都帶有一種獨特的風味。

劇院區 Theatre District

MAP ▸ P.104C2 Le Bernardin

從地鐵1號線的50 St站，或N、R、W線的49 St站，或B、D、F、M線的47-50 Sts-Rockefeller Ctr站，步行約3分鐘 155 W. 51st St (212) 554-1515 午餐：平日12:00~14:30。晚餐：17:00~22:30 (週五、六至23:00) 休週日 $ $ $ $ $ $ www.le-bernardin.com 不接待10歲以下兒童

掃地圖

1972年創立於巴黎的Le Bernardin，是大廚Gilbert Le Coze的心血，他擅長以簡單的方式呈現海鮮自然甜美的原味，開業短短4年，就已拿下第一顆米其林星星。隨著餐廳擴充與星星增加，許多來自美國的客人讓他興起在紐約開店的念頭，並於1986年實現了這個夢想。Gilbert過世後，Le Bernardin不但沒有江河日下，反而在另一位名廚Eric Ripert掌理下邁向新的高峰，從2013年起便成為米其林三星餐廳至今，且在AAA指南中同樣名列五顆鑽石的至高評價。

©Le Bernardin / Daniel Krieger

©Le Bernardin / Shimon & Tammar

地獄廚房 Hell's Kitchen

MAP ▸ P.90B3 Five Napkin Burger

從地鐵A、C、E線的42 St-Port Authority Bus Terminal站，步行約4分鐘 630 9th Ave (212) 757-2277 11:30~23:30 (週日~週二至22:30) $ $ 5napkinburger.com

掃地圖

從地獄廚房起家的5 Napkin，最有名的招牌漢堡Orginal 5 Napkin，漢堡肉足足有10盎司重，搭配格呂耶爾起士、炒得顏色金黃的洋蔥、以及迷迭香蒜泥蛋黃醬，吃過後便不難理解為何這家店在美東如此有名。其他特殊口味的漢堡，包括美國少見的羊肉堡Lamb Kofta、在漢堡肉上鋪著厚厚一層酪梨醬的Avocado Ranch、以複合穀物泥代替漢堡肉的素漢堡5 Napkin Veggie、與拿掉麵包直接以生菜包覆的Inside Out等，不但新奇，而且美味。

熨斗區 Flatiron District

MAP ▸ P.91D6 Eataly NYC Flatiron

從地鐵R、W線的23 St站出站即達 200 5th Ave (212) 229-2560 每日09:00~22:30 www.eataly.com

掃地圖

Eataly是全球最大的義大利超市，本店位於都靈，2010年在美國名廚Mario Batali引介下，在紐約開設了新據點。看起來普通的門面，走進去竟是別有洞天，咖啡、甜點、冰淇淋、起士、葡萄酒、海鮮、燻肉、麵條……幾乎和義大利美食有關的一切都在這裡販賣著，而且面積之大超乎想像。市場中光是餐廳就有6間，包括專賣海鮮的Il Pesce、主打義大利鄉村料理的Serra by Birreria、高級餐館Manzo、義式麵食專賣店Il Pastaio di Eataly、生蠔酒吧Piazza d'Estate、披薩店La Pizza & La Pasta等。大概由於食材取得便利，每一家的餐點都是新鮮美味，吸引不少紐約客定期來此打牙祭。

©ABC Kitchen

©ABC Kitchen

©ABC Kitchen

©ABC Kitchen

熨斗區 Flatiron District

MAP ▶ P.91D7 ABC Kitchen

從地鐵N、Q、R、W線的14 St-Union Sq站，步行約2分鐘 35 E. 18th St (212) 475-5829 12:00~15:00 (週末11:00起)、17:00~23:00 午餐＄＄＄，晚餐＄＄＄＄ www.abckitchens.nyc 掃地圖

ABC Kitchen是家居店ABC Home旗下餐廳品牌，主打「從農地直運餐桌」，其使用的都是當地、當季有機食材，並遵守公平貿易原則，保護契作小農權益。通常這種標榜健康自然的餐廳，口味上有時過於清淡，但ABC Kitchen的餐點卻出奇美味，這是因為掌理這間餐廳的，正是米其林二星大廚Jean-Georges，在他的精心設計下，每道菜無論在烹飪還是調味上都有星級水準。別忘了點個鹹焦糖聖代冰淇淋當餐後甜點，加上花生脆糖與爆米花的冰淇淋，最適合作為這頓大餐的結尾。

熨斗區 Flatiron District

MAP ▶ P.91D6 Shake Shack

從地鐵R、W線的23 St站，步行約1分鐘 E. 23rd St與Madison Ave路口附近(麥迪遜廣場公園東南角) (212) 889-6600 每日10:30~23:00 ＄＄ www.shakeshack.com 掃地圖

號稱紐約最強漢堡，幾乎所有來過紐約的人都認證過它的美味！2000年時，它還只是在麥迪遜廣場公園裡賣奶昔的推車，不過短短23年光陰，在全球已開有394間分店，甚至股票還上了櫃。雖然奶昔依舊是這裡的招牌，但讓Shake Shack大鳴大放的卻是它的漢堡，其好吃祕訣來自當中的牛肉，100%採用不含荷爾蒙與抗生素的高品質安格斯牛，肉排只烤至半熟，因此鎖住鮮甜的肉汁，等待一口咬下的釋放。食量多的人建議選擇雙層或是Shack Stack，後者的肉排上加了一片油炸大香菇，當中包覆融化的明斯特起士與切達起士，無以復加的過癮。

熨斗區 Flatiron District

MAP ▶ P.91D6 Gramercy Tavern

從地鐵R、W線或6號線的23 St站，步行約4分鐘 42 E. 20th St (212) 477-0777 餐廳：11:30~14:30、17:00~21:30 (週五、六至22:00)。酒館：每日11:30~22:30 午餐＄＄＄＄＄，晚餐＄＄＄＄＄＄，酒館＄＄＄＄ www.gramercytavern.com 掃地圖

在2015年的Zagat Survey評鑑中，Gramercy Tavern被評為全紐約最熱門的餐廳，說起來，這間餐廳已是不知第幾次得到這項榮耀了。Gramercy Tavern開業於1994年，在名人老闆Danny Meyer與主廚Michael Anthony帶領下，先後拿到米其林1星、紐約時報3星和AAA的4顆鑽石。這裡在料理上走的是新美式融合風格，食材來自當地當季，午餐為3道式套餐，晚餐則為5道式，每道菜都有精心搭配的佐餐酒。同時，這裡吧台區的柴燒料理也很出色。

聯合廣場 Union Square

MAP ▶ P.91D7 Max Brenner

從地鐵N、Q、R、W線或L線的14 St-Union Sq站，步行約1分鐘 841 Broadway (646) 467-8803 10:00~23:00 (週四~週六至24:00) $ $ $ maxbrenner.com

掃地圖

Max Brenner是間販賣漢堡、披薩、排餐的啤酒餐廳，不過這裡最有名的卻是又溫暖又甜蜜的巧克力吧。在巧克力吧的菜單裡，巧克力披薩是最多人點的一道，香噴噴的披薩餅皮鋪上香濃的牛奶巧克力塊，上頭再撒上榛果粒、花生醬與烤棉花糖，這樣的誘惑叫巧克力的粉絲們該如何拒絕？而巧克力火鍋也是經典，看著新鮮水果與餅乾浸泡在巧克力醬中的模樣，所有減重計畫瞬間忘得一乾二淨。其他巧克力甜點還有華夫鬆餅、奶昔、蛋糕、可麗餅、聖代等，這裡甚至還有販賣巧克力注射器，將巧克力醬裝在針筒裡，讓人隨時都能一解巧克力的癮。

熨斗區 Flatiron District

MAP ▶ P.91D6 Eleven Madison Park

從地鐵6號線，或R、W線的23 St站，步行約3分鐘 11 Madison Ave (212) 889-0905 17:30~22:30 (週一~週三至22:00) $ $ $ $ $ $ www.elevenmadisonpark.com

掃地圖

無論從哪方面來看，EMP絕對都是紐約最好的餐廳，它不但是紐約5家米其林三星餐廳之一，同時還擁有AAA的五顆鑽石與紐約時報4星評價，更厲害的是，EMP已連續多年名列世界50大餐廳的前5名，2017年時排名更是衝上榜首。EMP的行政主廚Daniel Humm來自瑞士，他在家鄉時就已拿下1顆米其林星星，來到紐約後事業再創高峰。這裡供應的是融合紐約風格的歐洲菜系，Daniel以法國菜為基礎，再用他獨到的創意將他對紐約的感受注入到餐餚中。主餐菜單為8~10道式料理，雖然價格不菲，卻是饕客們一生一定要朝聖一次的終極聖地。

©Eleven Madison Park / Jake Chessum

©Eleven Madison Park / Evan Sung

©Eleven Madison Park / Evan Sung

中城東 Midtown East

MAP ▶ P.91E5 2nd Ave Deli

從地鐵6號線的33 St站，步行約3分鐘 162 E. 33rd St (212) 689-9000 每日11:00~20:00 $ $ $ www.2ndavedeli.com

掃地圖

2nd Ave Deli是紐約最知名的猶太料理之一，提供道地的傳統美味。入座後會先送上一道碎菜沙拉(Coleslaw)，和一般拌上美奶滋的碎菜沙拉不同，這裡以醋為佐料，口味更為香甜不膩。湯類以瑪索球雞湯(Chicken Matzoh Ball Soup)為最著名，瑪索是一種未發酵的麵包，把瑪索磨碎後加上蛋和調味料，就成了瑪索球，放入雞湯裡便是著名的猶太雞湯了。主餐部分以醃牛肉(Corned Beef)三明治和香料燻牛肉(Pastrami)這二款聞名全紐約。如果食量夠大，也可以點個三層三明治，同時品嘗醃牛肉和香料燻牛肉這兩種口味。

中城東 Midtown East

MAP ▶ P.90E2 Ess-a-Bagel

從地鐵E、M線的Lexington Av/53 St站，或6號線的51 St站，步行約2分鐘 831 3rd Ave (212) 980-1010 每日06:00~17:00 $ $ $ www.ess-a-bagel.com

掃地圖

Ess-a-Bagel是紐約客公認最好吃的貝果，老闆家族來自奧地利，世代以烘焙為業，來到紐約後於1976年開了第一家貝果店。數十年的經驗傳承，做出來的貝果口感與溼度都恰到好處，既有咬勁又香味撲鼻。來到店內會看到兩列大排長龍的隊伍，一排是外帶剛出爐的新鮮貝果，一排則是選擇豐富的貝果三明治。這裡招牌的A Signature Favorite，裡面夾有煙燻鮭魚片、新鮮蕃茄、生菜、洋蔥與酸豆，抹醬則是青蔥口味的奶油起士，由於內餡加得毫不手軟，吃起來非常過癮。另一款The Ess-A-BLTA中，除了基本的酥脆培根、蕃茄片與生菜外，還加進了酪梨，也很受歡迎。

中城東 Midtown East

MAP ▶ P.90E1 Club A Steakhouse

從地鐵N、R、W線的Lexington Av/59 St站，或4、5、6號線的59 St站，步行約5分鐘 240 E. 58th St (212) 688-4190 17:00~22:00 休 週一 $ $ $ $ $ $ www.clubasteakhouse.com

掃地圖

既然敢自稱Club A，這家牛排館絕對不只兩把刷子，看看掛滿四壁的名人合照，就知道這裡大有來頭。雖然Club A開店不過短短10多年，但其前身是大名鼎鼎的名流義大利餐館Bruno，老闆Bruno Selimaj為了追求新的理想，忍痛結束已經開了30年的名店，他融合傳統牛排館與新世界的現代元素，接續開創出個人生涯的另一段傳奇。這裡最有名的是腓力牛排與帶骨肋眼，另外也有一些海鮮選擇，由於餐點份量和品質都很傑出，加上氣氛優雅浪漫，在紐約是非常熱門的約會餐館。

©Club A Steakhouse

©Club A Steakhouse

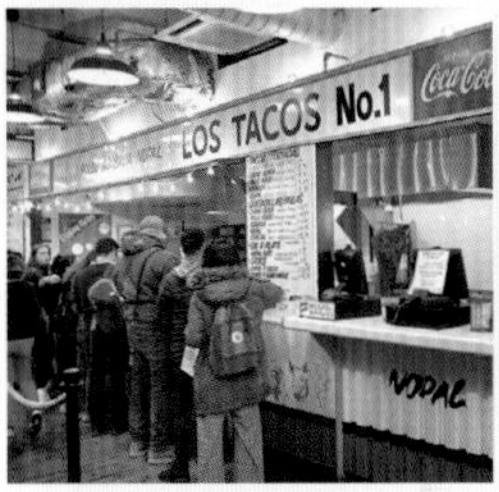

雀兒喜 Chelsea

MAP ▶ P.91B7 Los Tacos No.1

從地鐵A、C、E線的14 St站，步行約6分鐘 75 9th Ave (在雀兒喜市場中) 11:00~22:00 (週日至21:00) $ $ www.lostacos1.com

掃地圖

由來自墨西哥與加州的幾個好友合開的小店，以家族祖傳食譜與本地新鮮材料，製作出正統且美味的墨西哥塔可餅。這裡的菜單很簡單，分為玉米塔可餅(Tacos)與墨西哥起士餡餅(Quesadillas)兩類，當中的餡料則有烤牛肉(Carne Asada)、烤雞肉(Pollo Asada)、滷豬肉(Adobada)與烤仙人掌(Nopal)數種。香嫩多汁的肉類搭配獨特的墨西哥醬料，讓人情不自禁又加點了好幾個，所幸每個都只要4、5塊錢，不會對荷包造成太大負擔。飲料則可以選擇Aguas Frescas，這裡賣的是horchata口味，也就是加了肉桂等香料的墨西哥米漿。

©Jean-Georges

©Jean-Georges

©Jean-Georges

上西城 Upper West Side

MAP ▶ P.125B8 Jean-Georges

從地鐵A、C線或B、D線或1號線的59 St-Columbus Circle站，出站即達 1 Central Park W (在川普國際酒店中) (212) 299-3900 16:45~21:30 休 週日、一 $ $ $ $ $ $ www.jean-georgesrestaurant.com

出生於法國亞爾薩斯的Jean-Georges Vongerichten，已是當今公認的廚神級人物之一，旗下在世界各地共有30多間餐廳，在每屆詹姆斯比爾德獎中獲得獎項也猶如探囊取物。他於1985年來到紐約發展，開啟日後的名廚之路，1997年在川普國際酒店開了這間同名餐廳，3個月內就拿到《紐約時報》的4星評價，並被譽為全美洲法國餐廳前5強，目前也同時擁有米其林2星與AAA的5鑽。這裡的菜色以法式精緻為精神，著重醬汁調料與食材搭配，並使用美國本地食材，有時甚至從亞洲菜中汲取靈感，創造出新型態的融合菜系。

上西城 Upper West Side

MAP ▶ P.125B5 Jacob's Pickles

從地鐵1號線的86 St站，步行約3分鐘 509 Amsterdam Ave (212) 470-5566 平日10:00~02:00 (週五至04:00)，週六09:00~04:00，週日09:00~02:00 $ $ $ jacobs.picklehospitality.com

這間店熱門的程度，通常沒有1個小時是等不到位子的，還好吧台提供選擇豐富的雞尾酒，加上熱鬧的氣氛，讓等位也變成一種享受。這裡賣的是南方靈魂料理，主餐包括炸雞鬆餅、烤豬肋排、三明治等，不過既然店名為Pickles，每張桌子理所當然都點了醃物當作開胃小菜，像是小黃瓜、胡蘿蔔、甜菜、墨西哥辣椒，既清爽又夠味。小菜必點的還有Street Corn和Deviled Eggs，前者是在烤玉米上塗抹拌了帕瑪森起士碎粒的蒜油蛋黃醬，吃的時候再擰上新鮮萊姆汁，酸甜辣的口感一次滿足；後者是在切半的水煮蛋蓋上蛋黃沙拉醬，上面摻有醃過的芥末子和芝麻菜，再撒一點煙燻紅椒粉，滋味同樣令人難忘。

上西城 Upper West Side

MAP ▶ P.125B8 Per Se

從地鐵A、C線或B、D線或1號線的59 St-Columbus Circle站，出站即達 10 Columbus Circle (時代華納中心4樓) (212) 823-9335 每日16:30~20:30 $ $ $ $ $ $ www.thomaskeller.com/perseny

如果你看過皮克斯電影《料理鼠王》的話，一定記得那道讓冷酷食評神遊赤子的法國燉菜，這道菜可不是動畫師憑空想像，事實上當年皮克斯請來製作範本的，正是大名鼎鼎的美國廚神Thomas Keller。Keller可能是現在全美最出名的法式料理主廚，手上一共拿了7顆米其林星星，其中4顆在他本人坐鎮的加州納帕谷地，另外3顆就在紐約的這家Per Se。到Per Se用餐，菜單完全由主廚決定，客人只能決定吃葷還是吃素，主廚依據食材每日變換菜色，一頓飯加上甜點，約有8~9道菜，道道都是精彩絕倫。雖然一套要價2百美金起跳，但吃過的人都覺得人生因此更加完整。

哈林區 Harlem

MAP ▶ P.146A2 Dinosaur Bar-B-Que

從地鐵1號線的125 St站，步行約4分鐘 700 W. 125th St (212) 694-1777 12:00~21:00 (週四至22:00，週五、六至23:00) $ $ $ www.dinosaurbarbque.com

掃地圖

Dinosaur Bar-B-Que的構想來自幾位哈雷車友的共同想法，他們希望提供又快又好的食物給一路上風塵僕僕的重機騎士們。1983年的Dinosaur只是個簡單的餐車，在各大車展及城市慶典中擺攤，由於BBQ的火候掌握得恰到好處，肉質香嫩多汁、不柴不膩，醬汁風味又很獨特，很快就在美國東北各州闖出名號，至今已開有6家連鎖店面。這裡烤肉的品項包括手撕豬肉、豬肋排、烤雞、牛肉等，建議可以點份combo套餐，選擇其中兩、三樣，再搭配兩種配菜，這樣就可以同時吃到多種烤肉。其他小菜方面，有名的油炸綠蕃茄也別忘了點上一份。

哈林區 Harlem

MAP ▶ P.146C4 Amy Ruth's

從地鐵2、3號線的116 St站，步行約1分鐘 113 W. 116th St (212) 280-8779 週一至週四11:30~21:30，週五、六11:00~22:30，週日11:00~21:30 $ $ $ amyruths.com

掃地圖

來到哈林區，總要嚐嚐道地的「靈魂料理」(Soul Food)。Soul這個字眼被用在泛指非裔美國人的文化，Soul Food便是其一。因非洲母國的料理習慣，會食用動物的所有部分，例如內臟，與一般西餐大相逕庭，且料理方式通常以油炸或以洋蔥、大蒜、百里香等香料煎炒而成，口味較重。Amy Ruth's就提供道地的靈魂料理，其中以炸雞和豬排最為出名。與一般炸雞不同之處，在於炸得酥脆的雞塊上淋了蜂蜜，口味十分特別。玉米麵包也是特色之一，受美國原住民影響，玉米麵包用熱水處理，吃起來特別鬆軟滑潤。

©呂宛霖提供

©呂宛霖提供

威廉斯堡 Williamsburg

MAP ▶ P.154A3 Peter Luger Steak House

從地鐵J、M、Z線的Marcy Ave站，步行約6分鐘 178 Broadway (718) 387-7400 11:45~21:45 (週五、六至22:45，週日12:45起) $ $ $ $ $ peterluger.com 若不能在開店前抵達，建議事先訂位

掃地圖

Peter Luger開業於1887年，就算扣掉中間歇業轉賣的那幾年，仍是貨真價實的百年老店。這裡有項驚人記錄，就是連續30多年在Zagat Survey中獲得紐約第一牛排館的殊榮！雖然Peter Luger的服務是出了名的隨便，但他們的牛排也是出了名的好吃，牛肉用的是Prime最高等級，再經過自家乾式熟成，無論肉質、風味都是一流，而且算起來一個人只要台幣不到2千元，CP值極高。據說前網球球王山普拉斯每次美網奪冠後，都要來這裡慶祝。其他死忠顧客還包括驚悚大師希區考克，影星勞伯狄尼洛、前國務卿季辛吉、玉婆伊莉莎白泰勒等人。

威廉斯堡 Williamsburg

MAP▶P.154A2 Pies-n-Thighs

從地鐵J、M、Z線的Marcy Av站，步行約7分鐘 166 S. 4th St (347) 529-6090 週一至週四11:00~22:00，週五、六10:00~23:00，週日10:00~22:00 $ $ piesnthighs.com

掃地圖

2006年時，兩位年輕女性租下這棟啤酒倉庫，將之改造為一間小小的餐廳，供應脆皮炸雞腿、甜甜圈、三明治等餐點。她們喜好的口味雖然各異其趣，但都有一個共同點，就是對炸物和麵包愛得難以自拔，並鑽研成了這方面的專家。因此許多紐約客都說，這家店有著全紐約最好吃的炸雞鬆餅、最好吃的比斯吉麵包與最好吃的蘋果派。《紐約時報》更宣稱這樣的餐廳在大城市裡不容易發現，但一旦找到，很難不愛上它。

丹波區 DUMBO

MAP▶P.149A1 The River Café

從地鐵A、C線的High St站，步行約8分鐘 1 Water St (718) 522-5200 17:30~22:30 休週一、二 $ $ $ $ $ $ www.rivercafe.com

掃地圖

若說這裡是紐約景觀第二的餐廳，大概鮮少有人敢說自己是第一，因為The River Café就位於東河河岸第一排，布魯克林橋的下方，其夜景可想而知，燈火璀璨的曼哈頓天際線就這樣在客人眼前一字展開。因此儘管在此用餐要價不菲，但特地來此約會的人依舊絡繹不絕，即使事先訂位，往往也要排到月餘之後。雖然以景觀著稱，但光靠景觀是無法拿下米其林1星的，主廚運用頂級食材和近乎天馬行空的創意，創作出與眾不同的新美式料理，無論牛排、龍蝦，還是春雞、鴨胸，都給人前所未有的體驗。而用巧克力做成布魯克林橋造型的冰淇淋蛋糕，則是這裡的招牌甜點。

©The River Café

©The River Café

©The River Café

康尼島 Coney Island

MAP▶P.156A1 Nathan's Famous

從地鐵D、F線或N、Q線的Coney Island-Stillwell Av站，出站即達 1310 Surf Ave (718) 333-2202 每日10:00~22:00 $ $ nathansfamous.com

掃地圖

美國到處都看得到的Nathan's熱狗，創始店就是位於布魯克林的康尼島上，從1916年的小店發展到今日跨海外上千家連鎖規模，Nathan's的創業史經常被登載於美國商業雜誌上。而Nathan's當年名動公卿的程度，1939年英王夫婦來訪時，小羅斯福總統還特地用Nathan's的熱狗來招待他們呢！另一個有趣軼事是，默劇女星克拉拉鮑當年就是在Nathan's當服務生時被星探發掘，從此踏上星途。而自70年代起，這裡每年國慶日都會舉辦熱狗大胃王競賽，造就出小林尊、Joey Chestnut等家喻戶曉的大胃明星，萬人空巷的盛況，不亞於職業球類決賽。

金融區 Financial District

MAP ▶ P.63C6 西田世貿中心 Westfield World Trade Center

從地鐵E線的World Trade Center站，或R、W線的Cortlandt St站，或1號線的WTC Cortlandt站，站內可達 185 Greenwich St 週一至週六10:00~20:00，週日11:00~18:00 www.westfield.com/westfieldworldtradecenter 掃地圖

911事件之前，雙子星大樓的地下室裡即有一間全曼哈頓最大的購物中心，在世貿重建計劃中，其中一項就是要把這間購物中心給蓋回來，而在2016年夏天開幕的西田百貨，正是其實現結果。西田世貿中心目前已有包括Apple Store在內的100多間品牌專賣店進駐，而且百貨樓層總面積依然是全曼哈頓之最。地面建築名為「眼窗」(Oculus)，同時也是地鐵車站的總出入口，令人印象深刻的造型來自從孩子手中釋放的白鴿，這是西班牙建築師Santiago Calatrava的作品。

金融區 Financial District

MAP ▶ P.63C6 布洛克菲爾德廣場 Brookfield Place

從地鐵1號線的WTC Cortlandt站，步行約4分鐘 230 Vesey St 週一至週六10:00~20:00，週日12:00~18:00 bfplny.com 掃地圖

這處由4棟摩天大樓組成的建築群原名世界金融中心(World Financial Center)，以其冬季花園(Winter Garden)聞名於世：挑高36公尺的中庭以銅架與玻璃建造，自然光線由半圓形的天穹灑落，就像座超大型溫室；16株棕櫚樹是花園內唯一的植物，樹下偶爾會舉辦小型演奏會，花園外的步道則是欣賞哈德遜河碼頭的絕佳地點。911時這裡也曾遭受波及，2014年整修完成後，除了依經營權而改為現名外，目前已有包括Gucci、LV、Michael Kors等在內的40多間品牌專賣店進駐。

金融區 Financial District

MAP ▶ P.63C7 21世紀暢貨中心 Century 21

從地鐵R、W線的Cortlandt St站，或4、5號線的Fulton St站，出站即達 22 Cortlandt St www.c21stores.com 掃地圖

21世紀暢貨中心因「全年名牌批發價」而名聞遐邇，無論何時都可以用3至5折的低價將名牌入手。不來這裡走一趟，還真不知道在紐約穿著Gucci套裝，手提Prada皮包，腳登Bally皮鞋，原來是件這麼容易的事。21世紀共有6個樓層，商品價格約為市價的一半，難怪大家都要推個大籃子拼命下手搶貨。但也因為是過季或瑕疵品，所以要特別留心檢查細部。雖然2020年時，21世紀因不敵疫情而關門大吉，不過令人興奮的是，官網已宣告最快將在2023年初於原址重新開張。

諾利塔 Nolita

MAP ▶ P.62D4 Oroboro

從地鐵6號線的Spring St站，步行約3分鐘 217 Mott St 12:00~18:00 (週四~週六至19:00) oroborostore.com

掃地圖

這間帶點嬉皮味道的服飾店，從挑選的商品和店內佈置，不難看出它對環保的訴求：手工藝品、再生材質的首飾與雜貨、當成展示櫃使用的質樸木桌、以樹枝雕刻而成的衣架，就連更衣室也以一塊塊布料披掛而成，讓人彷彿置身於帳篷中，充滿野趣。服裝風格帶點波希米亞情調，強調舒適自然，不過最吸睛的是店內出自當地藝術家之手的陶瓷器、充滿異國風情的首飾和羽毛掛飾等小物。

諾利塔 Nolita

MAP ▶ P.62D4 Schott NYC

距地鐵B、D、F、M線的Broadway-Lafayette St站，步行約4分鐘 236 Elizabeth St 週一至週六11:00~19:00，週日12:00~18:00 www.schottnyc.com

掃地圖

1953年的電影《飛車黨》中，馬龍白蘭度穿著一襲皮衣騎跨在摩托車上的劇照，不知迷倒當年多少少女？大約同一時期，詹姆斯狄恩總是穿著一身皮衣亮相，也不知令多少迷妹瘋狂？而他們當時身上的皮衣，正是Schott的成名作Perfecto系列。Schott兄弟創業於1913年，最初以雨衣起家，20年代末開始跨足摩托車皮衣產業，靠著帥氣豪邁的剪裁與別出心裁的設計一炮而紅，不但創造出許多經典，更引領往後皮衣設計的概念。店內皮衣男女皆有，同時由於Schott兄弟在二戰期間曾是美國空軍的後勤指定廠商，因此軍用大衣也是另一熱門商品。

休北區 NoHo

MAP ▶ P.62D3 Bond No.9

從地鐵6號線的Bleecker St站，步行約1分鐘 9 Bond St 平日11:00~19:00，週末12:00~18:00 www.bondno9.com

掃地圖

這家香水專賣店是在地紐約客時常推薦的精品店，不只因香水本身經過名師調製，氣味獨特，每種香水更是以紐約地名來命名，例如Chelsea Flowers、Chinatown、Little Italy、Wall Street等等。因為每種香水都是融合多種香氣，有其獨特個性，正如同包容萬象的紐約，每個街區都各有特色。以香氣來記憶，也不失為收藏紐約的另一種方法。龐德街9號的產品，不論香水本身或包裝，都已達到藝術的境界，只可惜價格不菲。若有購物，請記得索取香水試用品，這裡連試用品都包裝得令人愛不釋手。

格林威治村 Greenwich Village

MAP ▶ P.62D2 Kiehl's

從地鐵L線的3 Av站，步行約1分鐘 109 3rd Ave 週一至週六10:00~20:00，週日11:00~18:00 www.kiehls.com

掃地圖

紐約知名保養品牌Kiehl's駐立於此已有一個半世紀了，2001年Loreal集團入主Kiehl's之前，這家店是當時全世界僅有的一家。店裡的商品通通可以試用，而且只要有消費，結帳時店員一定會送你多種試用品，只要說出想試用的商品和膚質狀況即可，千萬別客氣。即使不打廣告，Kiehl's仍是政商名流的最愛，像葛妮斯派特羅、妮可基曼就是1號護唇膏(Lip Balm #1)的愛用者；《慾望城市》的莎拉潔西卡派克，戲裡戲外都是它的老客戶；另外它的胺基酸洗髮乳，就連湯姆克魯斯也難逃其魅力！

格林威治村 Greenwich Village

MAP ▸ P.62C3 **Evolution**

從地鐵R、W線的8 St-NYU站，步行約4分鐘 687 Broadway 每日11:00~19:00 theevolutionstore.com

掃地圖

小小的店裡滿是各式標本，從蝴蝶、甲蟲、蝙蝠、鹿角，到獅子、獵豹、棕熊等大型動物，甚至是各種演化時期的類人猿頭骨和完整的暴龍標本，以及大白鯊牙齒化石、南美的超巨大堅果等怪異少見的東西，簡直就像間私人博物館！店家強調，這裡所販售的物品都是合法收購自自然學者、地質學者和考古學者。此外，這裡也有些美麗的礦石，可以當成墜子或項鍊，還有許多原住民製作的面具，可用來裝飾家裡。

格林威治村 Greenwich Village

MAP ▸ P.62C2 **思川書店 Strand Bookstore**

從地鐵N、Q、R、W線與4、5、6號線與L線的14 St-Union Sq站，步行約3分鐘 828 Broadway 每日10:00~21:00 (二手書：週四至週六10:00~14:00) www.strandbooks.com

掃地圖

思川書店以經營二手書起家，在大型連鎖書店遍地的時代裡，思川寫下了紐約的一頁傳奇。曾有記者撰文讚譽其為「紐約最值得保存的8英里」，從此思川便以「8英里藏書」聞名天下。在思川店外，永遠有1元起跳的便宜二手書，標示著思川的源起與精神。走進旗艦店，占地55,000平方英尺的寬闊空間，立著一排排直抵天花板的書櫃，整齊地依主題排列，藏書量多得可媲美一間小型圖書館，目前號稱藏書已達「18英里」之多。除了二手書外，新書比例也很高，且常有5至75折的折扣。

中城西 Midtown West

MAP ▸ P.90C2 **MoMA Design Store**

從地鐵E線與M線的5 Av/53 St站，步行約3分鐘 44 W. 53rd St (現代美術館對面) 10:00~18:30 (週六至19:30，每月第1個週五至20:30) store.moma.org

掃地圖

在現代美術館的宗旨中，設計是啟動現代文化的要素，MoMA的策展部門有項評估機制，用以發掘出具備商業潛力的創意設計。於是在這間以設計為主題的店裡，可以買到各種新奇有趣的巧妙商品，譬如以特殊開關控制的燈具，有的似書本一樣翻頁，有的模仿聲控的籠中鳥，有的則像變色龍會隨環境改變色彩。其他如廚房用品、時鐘、首飾配件、玩具禮品等，也都各有各的巧思。

中城西 Midtown West

MAP ▶ P.90C4 梅西百貨 Macy's

從地鐵B、D、F、M線或N、Q、R、W線的34 St-Herald Sq站，或1、2、3號線的34 St-Penn Station站，出站即達 151 W. 34th St 週一至週四10:00~21:00，週五、六10:00~22:00，週日11:00~21:00 www1.macys.com

掃地圖

創立於1858年的梅西百貨，如今在全美已有近8百處據點，最初就是從紐約起家的。這間位於先驅廣場的旗艦店開幕於1902年，過去很長一段時間裡，以世界最大的百貨公司著稱。其男女服飾分別位於兩棟樓，以1樓的穿堂相連接。除了設計師服飾品牌外，也販售不少生活用品，價位中等，外國遊客還能在遊客中心索取9折優惠卡。就算沒有購物需求，也不妨到此欣賞美麗的櫥窗和著名的木製古董電梯。此外，梅西百貨每年在感恩節所舉辦的大遊行也十分有名，如果時間剛好遇上，一定得去見識。

中城西 Midtown West

MAP ▶ P.90D2 The LEGO Store

從地鐵B、D、F、M線的47-50 St-Rockefeller Center站，步行約4分鐘 636 5th Ave 11:00~19:00 (週五、六至20:00) www.lego.com

掃地圖

洛克斐勒中心裡的這間樂高專賣店，是樂高在曼哈頓的旗艦店，因此佈置得就像間樂高博物館一樣，有各式各樣以樂高搭建的藝術作品，其中當然也不乏紐約市的地標建物，例如用樂高做成的洛克斐勒中心與自由女神等。偌大的商品陳列架上，樂高的各個系列豐富齊全，包括星際大戰、樂高玩電影、樂高城市、侏儸紀公園等，這裡都能買到。此外還有一整面的樂高零件牆，需要哪些材料，自己添補，是專業玩家一定要造訪的地方。

中城西 Midtown West

MAP ▶ P.90C2 Rough Trade

從地鐵B、D、F、M線的47-50 St-Rockefeller Center站，出站即達 30 Rockefeller Plaza 每日10:00~20:00 www.roughtrade.com

掃地圖

在串流當道的現代，你有多久沒有進實體唱片行逛逛了？對音樂迷來說，在21世紀還能看到這麼大間的唱片行，實在是值得淚流滿面的事。Rough Trade來自英國倫敦，在1976年的龐克時代開了第一家店，洛克斐勒中心的這間是Rough Trade在美國唯一的一間，店裡賣古典樂也賣金屬樂，賣流行曲也賣老經典，賣CD也賣LP，賣新到貨也賣二手貨，而剛發新專輯的歌手也時常來這家店裡舉辦簽名會。

中城西 Midtown West

MAP ▶ P.90C2 American Girl Place

從地鐵B、D、F、M線的47-50 Sts-Rockefeller Ctr站，或E、M線的5 Av/53 St站，步行約4分鐘 75 Rockefeller Plaza 每日11:00~18:00 www.americangirl.com

掃地圖

American Girl是美國小女生的標準玩具，這群身長18吋(約46公分)的洋娃娃可以穿搭不同服裝與配件，有各式各樣的職業及造型。而娃娃本身的樣貌也很多元，包含各個種族膚色、眼睛大小與頭髮質感，女孩們可以挑選外觀與自己相近的娃娃，再依自己的想法妝扮。店內甚至還有沙龍，可以同時幫小女孩與娃娃做美髮美甲，一旁則是間主題餐廳，供應午、晚餐及下午茶。

中城西／東 Midtown West / East

MAP ▶ P.90D1 波道夫古德曼百貨 Bergdorf Goodman

從地鐵N、R、W線的5 Av/59 St站，或F線的57 St站，步行約4分鐘 女裝部：754 5th Ave。男裝部：745 5th Ave 11:00~19:00 (週日至18:00) www.bergdorfgoodman.com

掃地圖

波道夫古德曼鎖定金字塔頂端的消費者，許多奢華新品都選擇在此舉辦新品展售。男、女裝部門分別位在隔街對望的兩棟樓裡，其中男性部門內部以高級煙斗、獵刀等，營造出男性的奢華品味。女裝部門則蒐羅了近年紅遍紐約的華裔設計師品牌Derek Lam、散發左岸人文氣質的Narciso Rodriguez、出身紐約的LV首席設計總監Marc Jacobs同名品牌，與代表紐約極簡風格的Donna Karan，在在流露出與眾不同的風範與貴族氣質。

中城東 Midtown East

MAP ▶ P.90D3 NBA Store

從地鐵7號線的5 Av站，或S線的Grand Central-42 St站，步行約5分鐘 545 5th Ave 10:00~20:00 (週五、六至21:00) store.nba.com

掃地圖

世界籃球的最高殿堂NBA美國職業籃球聯賽，其總部就設在紐約，因此這裡的品牌旗艦店當然也要是全球最大，3層樓的空間，大到和一間小型商場相仿。雖然位處紐約，但販賣的商品並不以主場為主，無論你支持的球隊是勇士、湖人、獨行俠還是塞爾提克，無論你崇拜的球星是柯瑞、LBJ、KD還是唐西奇，這裡都有完整的周邊商品販售，球衣、球鞋、運動衫、公仔，就連球星們的簽名球都能買到。

中城東 Midtown East

MAP ▶ P.90D2 Coach House

從地鐵E、M線的5 Av/53 St站，步行約1分鐘 685 5th Ave 週一至週六11:00~19:00，週日12:00~18:00 www.coach.com

掃地圖

Coach是紐約最具代表性的品牌之一，成立於1941年，向來以耐用著稱。從1995年起，Coach力求突破，以粉紅、檸檬黃等亮麗的色彩、更加時尚的設計，加上C字形的品牌標誌，以及每個月快速更新產品，使Coach迅速吸引年輕女性的喜愛，頓時成為時尚皮件的代表。其產品兼具設計感與精緻質感，價格又比歐洲品牌便宜3~4成，不但成功打造了Coach「唾手可得的奢華精品」形象，也成了年輕女性最想擁有的精品選擇。

中城東 Midtown East

MAP ▶ P.90D3 中央車站市場 Grand Central Market

從地鐵4、5、6號線或7號線或S線的Grand Central-42 St站，出站即達 89 E. 42nd St 平日08:00~20:00，週末11:00~17:00 www.grandcentralterminal.com/grand-central-market

掃地圖

中央車站不僅作為交通樞紐和地標景點，同時也是逛街購物和用餐的好地方，在這棟歷史建築裡總共有多達65家商店與35間餐廳，像是Apple Store、Banana Republic、歐舒丹等，都在車站內開有店面。而從四面鐘往萊辛頓大道的方向，樓梯的正後方有三條通道，中間那條便是聞名遐邇的中央車站市場，裡頭進駐有13家本地攤販，販賣海鮮、蔬果、起士、糕餅、香料、火腿等新鮮食材，也有壽司、沙拉碗、三明治等熟食，許多上班族會趁午休空檔前來買菜，順便外帶便當到附近的公園享用。

中城東 Midtown East

MAP ▶ P.90D2 薩克斯第五大道百貨公司 Saks Fifth Avenue

從地鐵E、M線的5 Av/53 St站，或B、D、F、M線的47-50 Sts-Rockefeller Ctr站，步行約4分鐘 611 5th Ave 週一至週六11:00~19:00，週日12:00~18:00 www.saksfifthavenue.com

掃地圖

薩克斯第五大道創立於1898年，是紐約歷史最悠久的精品百貨公司，也是布魯明戴爾最主要的競爭對手。旗艦店占地橫跨49~50街，風格屬於古典奢華。1樓的彩妝區品牌齊全，2~4樓為知名設計師的女性品牌，如Chanel、Escada、Louis Vuitton、Marc by Marc Jacobs等，5樓則是稍微平價的品牌如Juicy Couture、Temperley London、與U2主唱Bono創立的EDUN，另外再加上規模龐大的女鞋部門。至於6~7樓則為男性服飾。

劇院區 Theatre District

MAP ▶ P.104B2 M&M World

從地鐵N、R、W線的49 St站，步行約2分鐘 1600 Broadway 每日10:00~22:00 www.mms.com

掃地圖

以擬人化的黃、綠、藍、紅等彩色巧克力球打響名號的M&M，討喜可愛的外型總是吸引大人小孩的目光，儘管在世界各地大小商店都能買得到它，不過這間位於時報廣場的旗艦店卻有著別處找不到的特色紀念商品。高達三層樓的空間內裝滿琳瑯滿目的東西：鑰匙圈、T恤、馬克杯、拖鞋、睡衣、公仔……讓人眼花撩亂，同時這裡還有台能夠告訴你你是屬於甚麼顏色巧克力的辨識機器，總是大排長龍。當然這裡的巧克力也是與眾不同，像是粉彩色糖衣的M&M巧克力就是獨家限定版，可依個人喜好選擇份量與混裝。

劇院區 Theatre District

MAP ▶ P.104B3 Hershey's Chocolate World

從地鐵N、R、W線的49 St站，步行約1分鐘 701 7th Ave 每日10:00~23:00 www.hersheyland.com

掃地圖

彷彿不讓M&M世界專美於前，賀喜巧克力就在它對街也開了間旗艦店。除了大家熟悉的銀色角錐包裝外，這裡還有更多種顏色包裝與口味選擇，其中包括許多紐約限定版，像是尺寸有如包子般的世界最大賀喜巧克力與和磚頭一樣大的長排巧克力等，而賀喜的副品牌瑞氏花生醬巧克力(Reese's)也有專屬區域用來陳列商品。至於最受喜愛的周邊商品，則有賀喜巧克力造型的耳環、項鍊、抱枕與T恤等。如果還嫌熱量不夠，這裡也有點心吧，販賣用賀喜巧克力做的S'mose餅乾。

劇院區 Theatre District

MAP ▶ P.104B3 Disney Store

從地鐵N、R、W線的49 St站，步行約1分鐘 1540 Broadway 每日09:00~21:00 stores.shopdisney.com

掃地圖

紐約雖然沒有迪士尼樂園，但這間迪士尼旗艦店卻讓時報廣場人潮洶湧的街景看起來更加歡樂，彷彿真的有一座遊樂園一樣。兩層樓的寬闊空間裡，裝滿了大人小孩的童年夢想，從長輩級的米老鼠與唐老鴨、中生代的閃電麥昆與巴斯光年，到小鮮肉雪寶與杯麵，每部經典都有自己的專屬天地。而迪士尼近幾年的版圖擴張，讓絕地武士與漫威英雄們也在這裡佔有一席之地。店內還有個角落，固定會有故事姐姐為孩子們説迪士尼的經典故事，並不時有歌舞表演在此演出。

劇院區 Theatre District

MAP ▶ P.104B4 Yankees Clubhouse

從地鐵A、C、E線的42 St-Port Authority Bus Terminal站，步行約1分鐘 245 W. 42nd St 週一至週六09:00~24:00，週日10:00~22:00 www.lids.com

掃地圖

姑不論戰績好壞，紐約洋基隊一直都是商業市場中最成功的球隊，在全世界擁有眾多球迷。包括洋基球場在內，洋基隊在紐約一共有7間俱樂部商店，而位於時報廣場的這間，面積雖然不大，品項卻很齊全，除了熱賣法官大人賈吉、斯坦頓等現役球星的球衣及公仔外，貝比魯斯、米奇曼托等上古傳奇的球衣也依然未曾下架。其他像是球員卡、T恤及各種加油道具，都是洋基球迷們的收藏目標。

劇院區 Theatre District

MAP ▶ P.104B4 Midtown Comics

從地鐵1、2、3號線的Times Sq-42 St站出站即達 200 W. 40th St 週一、二11:00~19:00，週三08:00~21:00，週四~週六11:00~21:00，週日12:00~19:00 www.midtowncomics.com

掃地圖

這間已在時報廣場開了20多年的漫畫店，是曼哈頓中城區規模最大的一間，上下共有兩層樓，除了少數公仔、卡牌遊戲與電玩卡帶等周邊商品外，漫畫書還是佔了絕大多數。由於在台灣能在實體書店買到美漫的機率微乎其微，因此如果對DC或漫威等美國漫畫有興趣的話，到美國來玩的時候，就要把握機會。

劇院區 Theatre District

MAP ▶ P.104B3 Grand Slam New York

從地鐵N、R、W線的49 St站，步行約1分鐘 1557 Broadway 12:00~22:00 (週五~週日至24:00) www.grandslamnewyork.com

掃地圖

Grand Slam外觀看起來就像一般的紀念品店，走進去才發現這間店的規模實在非同小可，3層樓的店面，幾乎所有想得到的紐約特定紀念品，這裡通通都有，光是自由女神的模型擺飾，就有令人眼花撩亂的尺寸與風格。更別提各式各樣的紐約T恤：I Love NY系列、紐約地鐵系列、NYPD系列、FDNY系列，每一件都好紐約，好想買來穿在身上。還有一層樓專門販賣洋基、大都會、尼克、籃網等紐約球隊的球衣與周邊商品，其他如馬克杯、磁鐵、車牌、鑰匙圈等小玩意，在在教人目不暇給。

熨斗區 Flatiron District

MAP ▶ P.91D6 Fishs Eddy

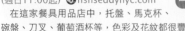

從地鐵R、W線的23 St站，步行約3分鐘 889 Broadway 10:00~18:00(週日11:00起) fishseddynyc.com

掃地圖

在這家餐具用品店中，托盤、馬克杯、碗盤、刀叉、葡萄酒杯等，色彩及花紋都很豐富，既有古樸低調的，也有現代風格的。而許多商品都展現了美式幽默的設計，更是得到不少人的喜愛，例如擺在廁所擦屁股用的捲筒衛生紙，上面居然印了美國前總統川普的頭像，印證了川普雖然住在紐約，但紐約不是他的票倉這個事實，令人不禁莞爾。同時這家店的價位十分合理，總是讓人一不小心就多買了幾件東西。

熨斗區 Flatiron District

MAP ▶ P.91D7 Fresh

從地鐵N、Q、R、W線的14 St-Union Sq站，步行約1分鐘 872 Broadway 週一至週六11:00~19:00，週日12:00~18:00 www.fresh.com

掃地圖

1991年，Lev Glazman和Alina Roytberg發明了招牌手工香皂Oval Soap Collection，也誕生了Fresh這個品牌，而後他們更將研發美妝產品的熱情投注於各個方面，成為第一個採用紅糖、牛奶、米、豆子等天然原料的先鋒，創造出令人驚豔的各個系列。最著名的產品包括大豆洗面乳、紅糖去角質霜、紅茶和玫瑰面膜，以及清酒沐浴油等。這間位於聯合廣場旁的旗艦店，展現該品牌訴求的清麗和優雅風格，寬敞的空間分為展示香水的感知吧、陳列所有商品的體驗吧和禮物吧，而位於中央的大廚檯，更是認識新產品的好地方。

基普斯灣 Kips Bay

MAP ▶ P.91D5 Kalustyan's

從地鐵6號線的28 St站，步行約2分鐘 123 Lexington Ave 週一至週六10:00~20:00，週日11:00~19:00 foodsofnations.com

掃地圖

擁有60多年歷史的Kalustyan's原是印度香料專賣店，後來香料的來源全球化，不論是來自歐洲的地中海香草、南洋的肉桂丁香、印度的咖哩香料、墨西哥的乾辣椒(Chipotle)等，凡是點得出名號的上選香料，這裡都找得到，而且品牌眾多。許多紐約知名的廚師都到這裡挑選心目中的理想味道，就連電視名廚瑪莎史都華也在節目中大力推薦Kalustyan's。就算不諳廚藝，也可以來這裡買包印度奶茶的香料，開心享用幾天香濃美味的下午茶。

上東城 Upper East Side

MAP ▶ P.125D8 布魯明戴爾百貨公司 Bloomingdale

從地鐵4、5、6號線的59 St站，或N、R、W線的Lexington Av/59 St站，出站即達 1000 3rd Ave 12:00~20:00(週三、四10:00起，週五11:00起，週日至19:00) www.bloomingdales.com

掃地圖

布魯明戴爾是梅西的姐妹店，在定位上較梅西高級。齊全的內衣和絲襪品牌是這裡的特色之一，寢具用品更是深具口碑。在60年代這裡曾開風氣之先河，讓Ralph Lauren開設店中店，結果成功獲取雙贏，因此與名設計師合作展示空間也成了布魯明戴爾的一項傳統。這間位於上城的旗艦店建於1930年，櫥窗設計獨具特色，典雅的裝飾藝術建築也常出現在美劇中，像是《六人行》的Rachel就曾在此工作。

上西城 Upper West Side

MAP ▸ P.125B8 時代華納中心 Time Warner Center

從地鐵A、C線或B、D線或1號線的59 St-Columbus Circle站，出站即達 10 Columbus Circle 週一至週六10:00~20:00，週日11:00~19:00 www.theshopsatcolumbuscircle.com

掃地圖

2004年落成的時代華納中心，以兩座高聳的玻璃帷幕大樓成為紐約新奢華地標，當中包括頂級飯店Mandarin Oriental Hotel、米其林三星名廚Thomas Keller所開的Per Se、由「壽司之神」Masa Takayama所掌理的Masa等，是一處集旅館、餐廳、商店和音樂中心於一身的綜合型商城。能進駐其中的都是大家耳熟能詳的品牌，像是Hugo Boss、Coach、J. Crew、Eileen Fisher、Michael Kors等。

上西城 Upper West Side

MAP ▸ P.125A5 Zabar's

距地鐵1號線的79 St站，步行約1分鐘 2245 Broadway 週一至週六08:00~19:30，週日09:00~18:00 www.zabars.com

掃地圖

1934年開張的Zabar's超市，老闆來自烏克蘭，原本是專售東、北歐食品的商店，如醃漬鯡魚、燻鮭魚、魚子醬等，經過多年擴張，占地已廣達一個街區。外帶熟食區的規模十分龐大，以猶太食物為主，像是Pastrami燻肉三明治、牛肉薯泥餅Knish和貝果等，都是經典美味。2樓為廚具區，有十多種知名品牌，喜愛料理的人千萬不能錯過。多年來Zabar's已成了上西區的招牌，許多電影都曾在這裡取景，例如湯姆漢克與梅格萊恩主演的《電子情書》就是當中有名的一部。

丹波區 DUMBO

MAP ▸ P.149B1 Jacques Torres Chocolate

從地鐵F線的York St站，步行約6分鐘 66 Water St 10:00~18:30 (週末至19:00) www.mrchocolate.com

掃地圖

Jacques Torres是常在電視上教授甜點製作的明星廚師，由他主理的這家巧克力店，標榜純手工製作，且不添加任何防腐劑。一排排櫥櫃上陳列著各式巧克力產品，從巧克力塔、瓦片、棉花糖、酒香松露巧克力，到因應各大節日的應景巧克力都有。透過特殊設計的玻璃窗，顧客可看見巧克力從可可豆開始的生產過程。店內還有個可可豆造型的吧台，招牌飲品是以蒸汽打出的熱巧克力，十分香濃可口，其中又以邪惡(Wicked)為名的口味最受歡迎！

威廉斯堡 Williamsburg

MAP ▸ P.154A2 Brooklyn Denim Company

距地鐵L線的Bedford Av站，步行約11分鐘 338 Wythe Ave 平日10:00~19:00，週末11:00~18:00 brooklyndenimco.com

掃地圖

如果你是牛仔褲的極度熱愛者，那就一定要到這家丹寧專賣店來。這裡販賣的都是高品質的牛仔服飾，品牌包括3Sixteen、Tellason、Closed、Schott NYC與Levi's中最高端的LVC等。這些牛仔褲不但選用有機布料，織工與染色都極其講究，稱得上牛仔褲中的精品，能夠在同一間店裡展售，也是件不容易的事。就像老闆所說的，來這裡選購牛仔褲，並不只是商業行為，更應該是牛仔褲同好者彼此間的交流。同時，這裡也提供牛仔褲的修補服務，技巧相當高超，不過也不便宜就是了。

威廉斯堡 Williamsburg

MAP ▶ P.154A1 Space Ninety 8

距地鐵L線的Bedford Av站，步行約4分鐘 98 N. 6th St 每日11:00~19:00 www.urbanoutfitters.com/uo-spaces

掃地圖

Space Ninety 8是美國潮流品牌Urban Outfitters的概念店，坐落在一棟含夾層共4層樓的舊倉庫裡。這裡賣的不只該品牌的男女服飾，也有不少生活家居用品，像是廚房用品、寢具、燈飾等，甚至連書籍、唱片和盆栽都有販賣，可以說只要是與生活風格相關的，這裡通通all-in-one。不只如此，Space Ninety 8還和超過40位本地藝術家合作，聯名設計出多款手工限量商品，並不時舉辦各類型藝術展演活動，將威廉斯堡的精神發揮得極為透徹。

威廉斯堡 Williamsburg

MAP ▶ P.154B1 Upstate Stock

距地鐵G線的Nassau Av站，步行約5分鐘 2 Berry St 平日08:00~18:00，週六08:00~19:00，週日09:00~18:00 www.upstatestock.com

掃地圖

走進這家小店，第一眼看到的是一間咖啡店，背景放著舒服的後搖音樂，乍然間還以為走錯了店，直到目光越過那群喝著咖啡的人們，才發現原來後邊還有一區商店。這裡賣的商品五花八門，從Red Wings的工作靴到香皂，從調酒用具到果醬，從筆記本到大榔頭，你根本很難歸類這是家什麼店。不過這些商品都有個共同點，就是它們全都是紐約製造，其中的毛線帽與蠟燭還是這家店的自製產品。當工廠紛紛外移到人力廉價地區的現代，這家店的存在就是在宣告，美國製造業所生產的高品質商品依然難以被取代。

中央谷地 Central Valley

MAP ▶ P.43A6 伍柏瑞暢貨中心 Woodbury Common Premium Outlet

位於紐約市西北約1小時車程處，有多家客運業者提供直達巴士，其中最常被使用的是CitySights NY (www.citysightsny.com)，每日有多個班次從Port Authority Bus Terminal發車，來回票價成人＄47、兒童＄26 498 Red Apple Ct, Central Valley, NY 10917 10:00~20:00 (週五~週日至21:00) www.premiumoutlets.com/outlet/woodbury-common

掃地圖

以購物狂自詡者，來到紐約很少不專程走一趟伍柏瑞的。在規畫成小鎮的暢貨中心裡，擁有超過200個獨立店面的國際知名品牌，折扣約5~8折不等，不過最值得下手的，還是美國本地精品，像是打到對折的Tory Burch女鞋和Kate Spade包包、特價後再對折的Coach皮包與皮夾，而Banana Republic和Gap更是下殺到不可思議的價格！總之，幾乎所有人來到伍柏瑞都買到手軟，甚至有人現場買個Samsonite行李箱，將所有戰利品一併打包回家。

波士頓

Boston

文 蔣育荏・彭欣喬
攝影 周治平

波士頓是麻薩諸塞州的首府，也是新英格蘭地區最大的城市。這座城市在美國歷史上有著舉足輕重的地位，1620年，一群清教徒搭乘五月花號登陸距離波士頓不遠的科德角，建立了樸利茅斯殖民地，這便是英國人正式殖民新大陸的開始。10年後，另一批清教徒也在現今的波士頓建立殖民地，將這裡逐漸發展成重要的貿易港口。1770年代，在波士頓發生的一連串事件，包括波士頓屠殺與波士頓茶葉事件，成為觸發殖民地獨立的打火石，而之後的列星頓和康科德戰役及波士頓圍城戰，更是打響了獨立戰爭的第一槍。可歌可泣的故事並未隨著獨立成功而落幕，南北戰爭前夕，波士頓作為廢奴主義重鎮，依舊扮演著相當重要的角色。雖然1872年的大火為波士頓帶來慘重損失，所幸大部份歷史景點都沒有受到波及，當局為這些具有歷史意義的建築規劃出「自由之路」與「黑色人權步道」兩條散步路線，成為遊覽波士頓市區時的經典項目。

過去的波士頓因烤豆出名，而有「豆城」(Beantown)之稱，不過現在一提到波士頓，第一個聯想到的卻是龍蝦！1826年開幕、美國現存最悠久的海鮮餐廳Union Oyster House是饕客旅遊波士頓必定要去報到的地方，以新英格蘭風味調理大西洋捕獲的新鮮牡蠣和龍蝦，海水與海風的鹽味正是波士頓的代表滋味。

波士頓之最 Top Highlights of Boston

波士頓茶葉事件博物館
Bostaon Tea Party Ship & Museum

這裡還原了1773年波士頓茶葉事件的歷史場景，從船隻到工作人員服飾都是18世紀的模樣，並以角色扮演的方式進行導覽，讓人有穿越時空之感。（P.205）

法尼爾廳市場
Faneuil Hall Marketplace

座落於將近200年歷史古蹟中的昆西市場，連同毗鄰的南、北市場與法尼爾廳，共同構成波士頓最熱鬧滾滾的地方。（P.207）

芬威球場
Fenway Park

大聯盟紅襪隊的主場，啟用至今已有百年歷史，無數棒球史上的傳奇與軼事都在這座球場上發生，就算不是紅襪球迷也會前來朝聖。（P.220）

波士頓美術館
Museum of Fine Art

國際級的一流博物館，擁有美國最重要的藝術收藏，尤其是豐富而完整的美洲藝術，值得藝術愛好者在這裡耗上一整天。（P.221）

哈佛大學
Harvard University

美國歷史最悠久的大學，同時也是世界大學排名前五的學府，校園內的博物館與美輪美奐的建築，讓學校變成波士頓的熱門景點。（P.225）

波士頓地圖
A
B
C
D
1
2
3
4
5
6
Lechmere
往哈佛大學
Central
劍橋市
Cambridge
Otis St
查爾斯鎮
Charlestown
科學博物館
Museum of Science
Thorndike St
Spring St
Charles St
Bent St
Rogers St
Binney St
Broadway
Harvard St
Hampshire St
Webster Ave
Berkshire St
Cardinal Medeiros Ave
Fulkerson St
Tremont St
Elm St
Inman St
Prospect St
Norfolk St
Columbia St
Windsor St
Washington St
Portland St
Massachusetts Ave
Magazine St
Pearl St
Brookline St
Sidney St
Landsdowne St
Albany St
Vassar St
Waverly St
Amherst Alley
Memorial Dr
Main St
Ames St
6th St
5th St
3rd St
2nd St
1st St
Sciarappa St
Edwin H Land Blvd
Cambridge Pkwy
歐提斯故居
Otis House Museum
Kendall/MIT
史塔塔中心
Stata Center
麻省理工博物館
MIT Museum
非裔美國人歷史博物館
Museum of African American History
Longfellow Bridge
麥克勞倫大樓與大圓頂
Maclaurin Building & Great Dome
李斯特視覺藝術中心
MIT List Visual Arts Center
尼可斯故居博物館
Nichols House Museum
麻省理工學院 MIT
無盡的長廊
Infinite Corridor
電漿與核融合研究中心
MIT Plasma Science and Fusion Center
羅傑斯樓
Rogers Building
基里安中庭
Killian Court
菲利浦學校
Phillips School
史密斯之家
John J. Smith House
麻州議會廳
Massachusetts State House
奎斯吉禮堂
Kresge Auditorium
查爾斯街教堂
Charles St Meeting House
橡實街
Acorn Street
Robert Gould Shaw & 54th
禮拜堂
The Chapel
Harvard Bridge
查爾斯河
Charles River
Charles River Esplanade
Storrow Dr
Berkeley St
Clarendon St
Dartmouth St
Beacon St
後灣區
Back Bay
Commonwealth Avenue
Newbury Street
紐貝里街
Fairfield St
Gloucester St
Hereford St
Bay State Rd
波士頓大學
Boston University
BU East
Commonwealth Ave
肯默廣場
Kenmore Square
Blandford St
Kenmore
Hotel Commonwealth
老南教堂
Old South Church
卡布里廣場
Copley Square
三一教堂
Trinity Church
波士頓公共圖書館
Boston Public Library
Copley
Lenox
約翰漢考克大樓
John Hancock
Courtyard
Mandarin Oriental
Stuart St
Westin
Hynes Convention Ctr
Copley Square
Back Bay
Lansdowne
Lansdowne St
Ipswich St
芬威球場
Fenway Park
Beacon St
保德信中心
Prudential Center
卡布里購物中心
Copley Place
Sheraton
Colonnade
Prudential
Boylston St
Van Ness St
伯克利音樂學院
Berklee College of Music
Belvidere St
Park Dr
Fenway
芬威-肯默
Fenway-Kenmore
瑪麗貝克艾迪圖書館
The Mary Baker Eddy Library
Huntington Ave
St Botolph St
W Newton St
Columbus Ave
Westland Ave
Peterborough St
Kilmarnock St
Brookline Ave
Jersey St
Agassiz Rd
Hemenway St
基督科學第一教會
First Church of Christ, Scientist
Symphony
Tremont St
波士頓大學芬威校區
Emmanuel College
後灣沼澤
Back Bay Fens
St Stephen St
Camden St
Mass. Ave
Avenue Louis Pasteur
Northeastern
南角
South End
E Newton St
波士頓美術館
Museum of Fine Art
Forsyth St
Newton St
伊莎貝拉嘉納博物館
Isabella Stewart Gardner Museum
Museum of Fine Arts
東北大學
Northeastern University

E
F
G
H
憲法號帆船護衛艦
USS Constitution Museum
Green Turtle Floating B&B
Charlestown
往Mount Vernon Restaurant & Pub
卡森楊號
USS Cassin Young
Maverick St
Bremen St
Orleans St
Maverick
科柏丘墓園
Copp's Hill Burying Ground
N Washington St
Commercial St
Charter St
Snow Hill St
Sumner St
往波士頓羅根國際機場→
Boston Logan International Airport
Marginal St
東波士頓
East Boston
O'Brien Hwy
Nashua St
Science Park
North Station
TD花園球場
TD Garden
Causeway St
Prince St
老北教堂
Old North Church
北角
North End
Mike's Pastry
The Daily Catch
Giacomo's Ristorante
西角博物館
West End Museum
Onyx
Lomasney Way
Portland St
Friend St
Canal St
Salem St
Hanover St
North St
Atlantic Ave
保羅李維故居
Paul Revere House
Merrimac St
西角
West End
Blossom St
Staniford St
New Chardon St
Haymarket
新英格蘭二次大戰屠殺紀念碑
The New England Holocaust Memorial
米朵藤之家
dleton Hous
Sudbury St
Cross St
Fulton St
Commercial St
哥倫布海濱公園
Christopher Columbus Waterfront Park
Cambridge St
Bowdoin
市中心區
Downtown
Union Oyster House
The Bostonian Boston
Phillips St
市政廳City Hall
法尼爾廳市場
Faneuil Hall Marketplace
Revere St
Joy St
Bowdoin St
Somerset St
法尼爾廳
Faneuil Hall
Long Wharf
Aquarium
Boston & Maine Fish Company
Derne St
Court St
State St
新英格蘭水族館
New England Aquarium
Pinckney St
XV Beacon
Gov't Ctr
State
Harborside Inn
W Cedar St
Mt Vernon St
舊市政廳Old City Hall
舊州議會廳
Old State House
國王禮拜堂King's Chapel
Milk St
Broad St
波士頓內港
Boston Inner Harbor
Chestnut St
Water St
Oliver St
Batterymarch St
舊街角書店
Old Corner Bookstore
與54軍團紀念碑
nent Monument
Park St
Washington St
Club Quarters
The Langham
公園街教堂
Park Street Church
Tremont St
Hawley St
Franklin St
Boston Harbor
老南聚會所
Old South Meeting House
Rowes Wharf
波士頓公園
Boston Common
Devonshire St
Federal St
Congress St
海濱區
Waterfront
老穀倉墓地
Granary Burying Ground
Summer St
High St
Purchase St
Seaport Blvd
The Barking Crab
當代藝術中心
Institute of Contemporary Art
眾花園
lic Garden
Charles St
Ritz-Carlton
Northern Ave
Boylston
Chinatown
Essex St
South Station
Sleeper St
Courthouse
Boylston St
Downtown Crossing
中國城牌坊
波士頓茶葉事件博物館
Boston Tea Party Ship & Museum
兒童博物館
Children's Museum
Boston Wharf Rd
世貿中心
World Trade Center
Hi Boston Hostel
Penang
Omni Parker House
Revere
Congress St
Seaport Blvd
中國城
Chinatown
Kneeland St
Summer St
Tufts Medical Center
Fort Point Channel
Seaport Boston
灣村
Bay Village
Harrison Ave
World Trade Center
Silver Line Way
Herald St
Tremont St
Herald St
A St
West Side Dr
Massport Haul Rd
波士頓會展中心
Boston Convention & Exhibition Center
Bass River
East Berkeley St
East Side Dr
Fargo St
術中心
for the Arts
E Berkeley St
Traveler St
W 2nd St
S. Boston Bypass
D St
Summer St
Waltham St
Broadway
W 4th St
E St
Pappas Way
Union Park St
Dorchester Ave
C St
南波士頓
South Boston
W 1st St
Harrison Ave
Malden St
B St
W Broadway S
Athens St
Bolton St
Albany St
1
2
3
4
5
6
圖例
州際公路 國道 州道 隧道 步行道 公路出口 地鐵站 火車站 碼頭 巴士站 景點
博物館 教堂 公園 廣場 劇場 圖書館 球場 學校 百貨 住宿 餐廳 糕餅 大樓 遊客中心

INFO

基本資訊

人口：約69萬(市區)
面積：約232平方公里(市區)
區域號碼：617、857
消費稅：6.25% (生鮮食品雜貨免稅)

如何前往——航空

目前從台灣並沒有直飛波士頓的班機，最簡單的方式，是搭乘聯合航空的UA872班機從桃園機場飛往舊金山(SFO)，再轉機至波士頓。從舊金山直飛波士頓，飛行時間大約5小時45分鐘。

除了舊金山外，包括紐約紐華克機場、華盛頓特區、洛杉磯、休士頓、芝加哥等美國各大城市機場，都有飛往波士頓的班機。

波士頓羅根國際機場 Boston Logan International Airport (BOS)

P.195H1
www.massport.com/logan-airport

波士頓羅根國際機場位於內港東岸的東波士頓區(East Boston)，它是新英格蘭地區最大的機場，共擁有A、B、C、E四個航廈，除了E航廈為國際線外，其他3座主要供美加航線使用。機場內有多條免費接駁巴士，往來於各航廈、租車中心、地鐵站與水上交通碼頭之間。

機場至市區交通

銀線快速公車 Silver Line

從機場前往市區最便利也最省錢的方式，是搭乘SL1銀線快速公車，這條快速路線串聯起機場各個航廈與市中心的南火車站，不但從機場上車免費，還能免費轉乘地鐵！

每日05:30~24:30，從機場到南火車站，車程約25~35分鐘

地鐵 Subway

從機場各航廈，皆可搭乘22、33、55號免費接駁巴士前往地鐵藍線的Airport站。用這種方式雖然前往市區的時間稍微短一點，但要支付地鐵車資。

渡輪 Ferry

從機場各航廈可搭乘66號免費接駁巴士前往機場渡輪碼頭，這條渡輪航線直達新英格蘭水族館旁的Long Wharf (North)，船程只要10分鐘，不過單程船票要＄9.75，船班也不多。

羅根快線 Logan Express

若目的地在後灣區，可搭乘羅根快線巴士直達後灣車站，每日06:00~22:00每半小時一班，從機場上車免費，車程約25至30分鐘。

計程車 Taxi

航廈外設有計程車招呼站，到市中心約需15~25分鐘，車資視前往的區域而異，約在＄25~45之間。其中，從機場出發的附加費為＄2.25，前往機場的附加費為＄2.7，另外還須加上海底隧道或橋樑的過路費。此外，也別忘了支付15~20%的小費給司機。

租車 Rental Car

租車中心(RCC)位於機場旁的15 Transportation Way，可在各航廈外搭乘22、33、55號免費接駁巴士前往。在租車中心內則有Hertz、Avis、Alamo、National、Enterprise、Budget、Dollar、Thrifty、Sixt、Zipcar、Payless等11家租車公司櫃檯。

如何前往——陸路

火車

波士頓的3座火車站分別為：北車站、南車站與後灣車站，由美國國鐵經營。行經波士頓的國鐵路線有：Acela (經紐約、費城往華府)、Northeast Regional (經紐約、費城、華府往維吉尼亞海灘)、Lake Shore Limited (經克里夫蘭往芝加哥)與新英格蘭的Downeaster (往布倫瑞克)。除了Downeaster停靠北車站外，其他3條都是停靠南車站與後灣車站。

從紐約出發，車程約3.5~4.5小時；從費城出發，車程約5~6小時；從華府出發，車程約6.5~8小時。

波士頓北車站（North Station，BON）

P.195F1
135 Causeway St (TD Garden球場下方)

波士頓南車站（South Station，BOS）

P.195F4
2 South Station (Summer St與Atlantic Ave路口)

波士頓後灣車站（Back Bay Station，BBY）

P.194D5
145 Dartmouth St

美國國鐵 Amtrak

☎1-800-872-7245、(215) 856-7924
🌐www.amtrak.com

巴士

波士頓的長途巴士轉運站位於南火車站，主要有灰狗巴士與菲利克斯巴士兩家客運公司營運。從紐約出發，車程約4~5小時；從費城出發，車程約6~7小時；從華府出發，需在紐約轉車，車程約9.5~11.5小時。

南車站轉運中心 South Station Trans Center
⌂700 Atlantic Ave
☎(617) 523-1300
🌐www.south-station.net

灰狗巴士 Greyhound
☎(617) 526-1801
🌐www.greyhound.com

菲利克斯巴士 FlixBus
🌐www.flixbus.com

開車

波士頓的聯外公路，主要有縱貫美國東岸的I-95，和通往西岸西雅圖的I-90。從紐約開車前往約3.5小時，從費城約5小時，從華府或尼加拉瀑布約7小時。

麻州境內的I-90是計程收費路段，並且全程使用電子收費及車牌辨識系統，如果有開上I-90的必要，建議租車時加裝E-ZPass裝置，否則就得自行連上公路監理局官網，開設一次性帳號繳費。關於詳細通行費率，請上官網計算。

🌐www.mass.gov/ezdrivema

市區交通

波士頓的大眾運輸工具由麻薩諸塞灣運輸管理局(MBTA)營運，包括地鐵、公車、通勤火車、渡船等。地鐵和公車的車票稱為查理票(CharlieTicket)，

車資採均一票價，無論坐到哪一站價錢都一樣。這張紙卡可在車站自動售票機購買，餘額不足時也能在售票機上加值，或是加載T-Pass方案。如果要在波士頓生活一段時間，建議購買可申請網路帳戶的查理卡(CharlieCard)，不但可以線上管理，轉乘上也有優惠。

麻薩諸塞灣運輸管理局 MBTA

☎(617) 222-3200 🌐www.mbta.com

地鐵 Subway

波士頓地鐵是全美歷史最悠久的地鐵，早在1897

年就開通了首條路線，如今共有紅、藍、綠、橘4條路線。其中綠線又分為B、C、D、E線，4線在Copley站會合，B、C線只到Government Center站，D線到Union Square，只有E線到底站Medford/Tufts站，搭乘時要特別注意。地鐵站的出入口外，會有個寫著大大的「T」的圓形標誌，不同出入口的上方也會標明該月台的列車行進方向，請看清楚後再進入。

◎各線首班車與末班車的發車時間略有不同，平日和週末也有差異，營運時間大致在05:30~00:30之間

$單程＄2.4，1日票＄11，7日票＄22.5。11歲以下孩童若由成人陪同者免費，每位成人最多可帶2名孩童

銀線快速公車 Silver Line

銀線雖然和地鐵一樣以顏色為代號，但卻不是地鐵，而是行駛於路面專用車道上的快速公車，也就是所謂的BRT。銀線快速公車又分為5條路線，以南火車站為樞紐，SL1開往羅根機場，SL2開往濱海區的Design Center，SL3開往東北邊的Chelsea；而SL4與SL5則連絡與後灣區南方Nubian之間的交通。

◎各路線首班車與末班車的發車時間略有不同，營運時間大致在05:30~01:00之間

$SL1、SL2、SL3的票價機制和地鐵相同，SL4與SL5的票價機制則和一般公車相同

波士頓地鐵圖

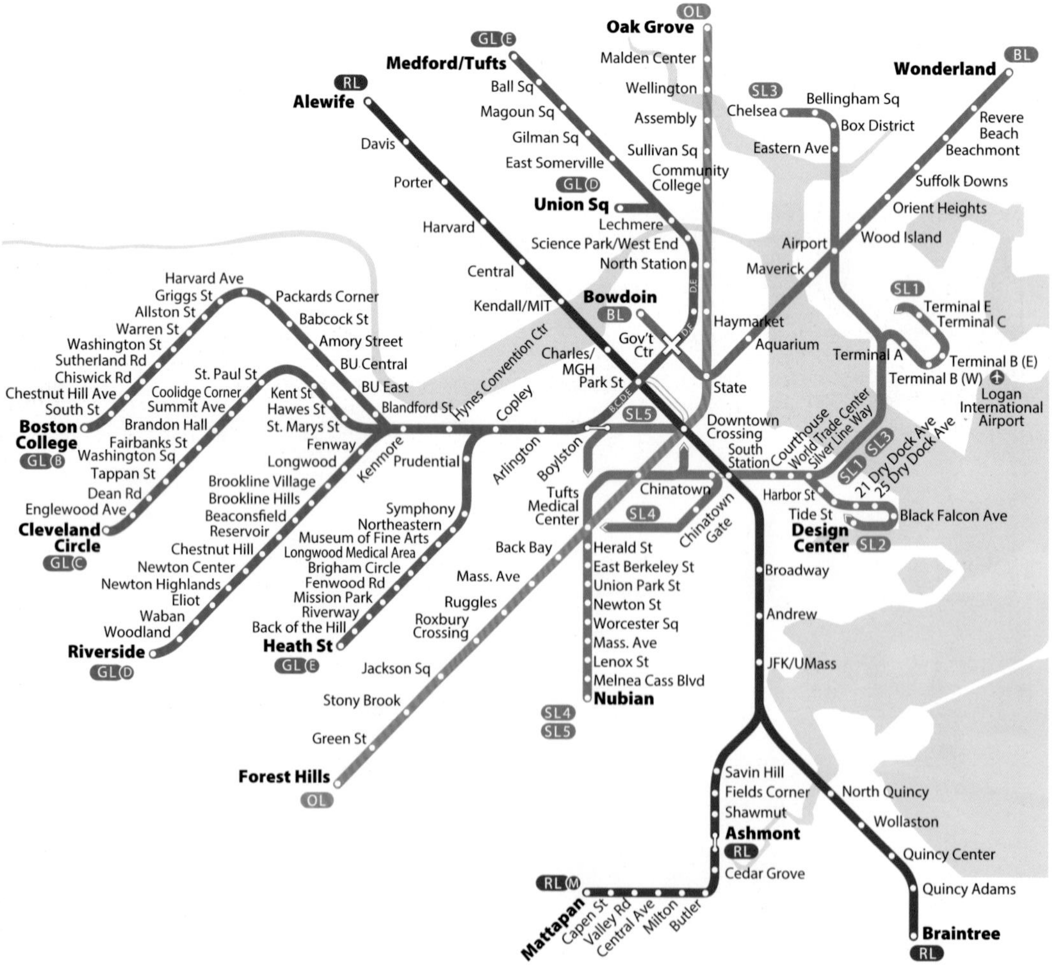

公車

波士頓的公車路線非常多，除行駛於市區內的一般公車外，還有停靠站點更少的快速巴士(Express Bus)。

💲一般公車單程＄1.7，快速巴士單程＄4.25

渡船

渡船共有3條航線，可從新英格蘭水族館旁的Long Wharf前往波士頓北邊的查爾斯鎮(Charlestown)、東波士頓、以及經羅根機場前往昆西灣(Quincy Bay)中的欣厄姆(Hingham)與赫爾島(Hull)。而要前往欣厄姆，也可以從濱海區的Rowes Wharf出發。

🕑各路線時間略有不同，營運時間大致在06:30~20:00之間，每15~30分鐘一班

💲查爾斯鎮線單程＄3.7，東波士頓線單程＄2.4，欣厄姆/赫爾島線單程＄9.75

通勤鐵路

13條通勤鐵路聯絡波士頓市中心與外圍郊區及鄰近城鎮之間的交通，以波士頓市區的三座火車站為樞紐，部份車站亦與地鐵站相通。不過由於是以通勤為主要目的，車次多集中於平日尖峰時段，一般觀光客不太會搭乘。

💲依距離遠近分段計費，大波士頓地區為1A區段，外圍分為1~10區。1A內的單程票價＄2.4，1~10區票價為＄6.5~13.25

計程車

波士頓計程車起錶為＄2.6，行駛每英里跳錶＄2.8，海底隧道過路費為＄5.25，至於其他過路費亦另外計算。若有需要放在後車廂的大件行李，每件行李要多給小費＄1，至於司機小費則是總車資的15~20%。

開車

波士頓的收費路段有3處：連結北區與東波士頓的Sumner Tunnel / Callahan Tunnel (Hwy-1A)、連結濱海區與羅根機場的Ted Williams Tunnel (I-90)，與連結查爾斯鎮與切爾西(Chelsea)的Tobin Memorial Bridge。以一般兩個輪軸的4輪小客車來

說，兩條海底隧道的通行費為＄2.05，而收費橋樑的通行費為＄1.55。使用E-ZPass會有折扣。
www.mass.gov/orgs/highway-division

觀光行程

老城無軌電車之旅 Old Town Trolley Tours

想快速認識波士頓，可隨上隨下(hop-on hop-off)的觀光巴士會是不錯選擇。老城無軌電車之旅的路線幾乎跑遍波士頓最有名的景點，沿途共有18站，車票效期內每一站皆可任意上下車。

車票在官網或上車購買
(855) 396-7433
每日09:00~17:00 (11月~4月中至16:00)
1日票：成人＄50.4，4~12歲＄29.4 (官網購票享9折優惠)。2日票：成人＄100.8，兒童＄58.8 (官網購票享75折優惠)
www.trolleytours.com/boston
參觀波士頓茶葉事件博物館或搭乘波士頓港灣遊船可享優惠

波士頓鴨子船 Boston Duck Tour

以二戰時期的兩棲裝甲車為靈感開發出的鴨子船，提供非常有趣的旅程，除了欣賞陸地上的沿途景點，還會開入查爾斯河繞行一圈，從另一個角度欣賞這座城市。鴨子船之旅共有兩條路線，全程都是80分鐘，從保德信中心或科學博物館出發的路線終年營運，而從新英格蘭水族館出發的路線則只有特定日子運行。

上車地點在保德信中心、科學博物館與新英格蘭水族館
(617) 267-3825
每日10:00至日落，每小時一班，行程約80分鐘
成人＄49.99，62歲以上＄41.99，3~11歲＄35.99，3歲以下＄10.99
www.bostonducktours.com
參觀多個景點行程享有折扣優惠

波士頓港灣遊船 Boston Harbor City Cruises

由Hornblower營運的波士頓港灣遊船，不但可飽覽城市沿岸景色，還能聆聽關於獨立戰爭的歷史故事與當地海洋生態。除了遊港觀景行程外，也有在船上用餐的行程可供選擇。

登船碼頭在新英格蘭水族館旁的Long Wharf
1-866-307-2469
班次時間隨季節調整，請上官網查詢
成人＄40，3~11歲＄35.65
www.cityexperiences.com/boston/city-cruises
須事先上官網預約，並於開船前20分鐘完成報到

優惠票券

以下所有票券都是在官網上購買，付款後，電子票券會寄送到電子信箱裡，可下載到手機中，或是列印下來。要特別注意的是，部分景點就算持有入場票券，仍然需要事先在官網上預約，因此安排行程時最好先上各景點官網確認。

Boston CityPASS

票券內容：這本通票當中共有4張票券，前2張分別為新英格蘭水族館門票、科學博物館門票，然後再從波士頓港灣遊船、富蘭克林公園動物園、哈佛自然史博物館這3個景點中選出2個參觀。如果全部用上的話，可省下49%的費用。

效期：連續9天，自第一張票券使用起計算。

價錢：成人＄67，3~11歲＄56

適合使用者：CityPASS必須4張票券全部用掉才會有省大錢的感覺，如果你只想去其中幾個景點，那麼就不夠划算了，因此較適合初訪波士頓，想把經典景點一次玩遍的遊客使用。

www.citypass.com/boston

Go Boston Card

票券內容：可使用Go City的景點與觀光行程多達40個，票券分為All-Inclusive Pass與Explorer Pass兩種，前者在限定時間內可造訪所有景點，後者是只能造訪特定數量景點，但效期長達60天。

價錢：

All-Inclusive	1日卡	2日卡	3日卡	5日卡	7日卡
成人	＄69	＄94	＄119	＄159	＄189
3~12歲	＄44	＄69	＄89	＄119	＄139

Explorer	2景點	3景點	4景點	5景點
成人	＄52	＄69	＄89	＄99
3~12歲	＄37	＄49	＄64	＄74

使用要領：All-Inclusive Pass去的地方愈多愈划算，以門票較貴的景點為優先；Explorer Pass則適合停留天數較長，想深入特定景點的人。
gocity.com/boston

旅遊諮詢

波士頓旅遊局

2 Copley Place, Suite 105
(617) 536-4100、888-733-2678
www.bostonusa.com

波士頓公園遊客中心
P.195E3
139 Tremont St
每日08:30~17:00

麻州旅遊局

136 Blackstone St, 5th Floor
(617) 973-8500、800-227-6277
www.visitma.com

波士頓港島嶼資訊站(季節性)
P.195G3
Long Wharf
(617) 223-8666

波士頓國家歷史公園遊客中心
15 State St
(617) 242-5642

劍橋市旅遊局
P.228A3
17 Dunster St, Suite 203, Cambridge
(617) 441-2884、800-862-5678

查爾斯鎮海軍碼頭遊客中心
P.195F1
55 Constitution Rd, Charlestown
(617) 242-5601

城市概略 City Guideline

波士頓市區三面臨水，西面、北面是查爾斯河，東面及東南面是波士頓港的水道，陸地就像一座小半島似的，往水中延伸出去。小半島中央的市中心是波士頓最熱鬧的地方，市中心東南部是高樓大廈林立的金融區，南部的中國城一帶是波士頓的劇院區，西部的波士頓公園則是「自由之路」的起點，而自由之路上的大部分景點也都位於市中心。

原本市中心東側的高架道路地下化後，地面上就出現了一條公園大道，自由之路越過這裡後，便來到有「小義大利」之稱的北角。除了延續波士頓的歷史之旅，北角更是有名的美食天堂，超過百間義式餐館，處處都聞得到義大利味。北角西邊的西角雖然景點不多，但位於查爾斯河上的科學博物館是波士頓的Highlight之一，而波士頓塞爾提克的主場TD Garden也是位於這裡。西角與波士頓公園之間的區域稱為碧肯丘，這裡是歷史悠久的高級住宅區，追尋廢奴歷史的散步路線「黑色人權步道」正是位於此區。

北角以南、公園大道以東的海濱區，也有一條規劃良好的散步道「波士頓港灣步道」(Boston Harborwalk)，除了有悠閒熱鬧的碼頭風情，新英格蘭水族館與波士頓茶葉事件博物館也位於步道上。

市中心西邊由填土造出的後灣區，是一處雍容的時尚地段，以卡布里廣場為中心，三一教堂、老南教堂、保德信中心、紐貝里購物街、波士頓公共圖書館等，都在舉步可達的範圍內。後灣區再往西邊走，則是紅襪隊主場所在的芬威區，這一區不但是體育迷的心頭好，更是藝術愛好者的朝聖地，因為世界級的波士頓美術館就座落在後灣沼澤南緣。

與波士頓市隔查爾斯河對望的劍橋市，是美國有名的大學城，一過橋便是目前世界大學排名第一的麻省理工學院，再過去則是赫赫有名的哈佛大學。這兩座學院不但學風鼎盛、校區美麗，校內的博物館更是精彩萬分。

波士頓行程建議
Itineraries in Boston

如果你有1~2天

初來乍到而又時間不多，那就一定要先去完成所有觀光客都會做的事——走一趟自由之路，這是認識波士頓歷史最有效率的方式，而歷史正是波士頓最引以為傲的地方，就算對歷史毫不感興趣，也會為迷人的建築與氛圍傾倒。如果還有時間，可以沿著濱海區的港灣步道走回來，感受碼頭熱鬧的氣氛，或是參觀新英格蘭水族館與波士頓茶葉事件博物館。當然也別忘了來頓龍蝦大餐，才算不枉此行。

第二天可以到後灣區與芬威區逛逛，登上保德信中心的觀景台鳥瞰波士頓市容，或是在紐貝里街血拼。喜歡藝術的人建議直奔波士頓美術館，那裡肯定能讓你沈迷一整天。若是遇到紅襪隊的比賽日，千萬別錯過難得的機會，就算是別隊球迷，也會衝著芬威球場的傳奇前去觀賽。

如果你有3-5天

時間較多的遊客，除了可以好整以暇地好好遊覽前兩天的遺珠之憾，還能到劍橋市參觀哈佛大學與麻省理工的校園，前者的自然史博物館及皮巴迪博物館，與後者的MIT博物館，都保證值回票價。如果待的時間更長，而且又有租車的話，波士頓東北16英哩的「女巫小鎮」塞勒姆(Salem)與波士頓東南70英哩的科德角(Cape Cod)，也是著名觀光勝地。

散步路線
Walking Route in Boston

自由之路 Freedom Trail

①波士頓公園 Boston Common→②麻州議會廳 Massachusetts State House→③公園街教堂 Park Street Church→④老穀倉墓地 Granary Burying Ground→⑤國王禮拜堂與墓地 King's Chapel & Burying Ground→⑥波士頓拉丁學校遺址 Boston Latin School Site→⑦舊街角書店 Old Corner Bookstore→⑧老南聚會所 Old South Meeting House→⑨舊州議會廳 Old State House→⑩波士頓大屠殺遺址 Boston Massacre Site→⑪法尼爾廳 Faneuil Hall→⑫保羅李維故居 Paul Revere House→⑬老北教堂 Old North Church→⑭科柏丘墓園 Copp's Hill Burying Ground→⑮憲章號軍艦 USS Constitution→⑯邦克山紀念碑 Bunker Hill Monument

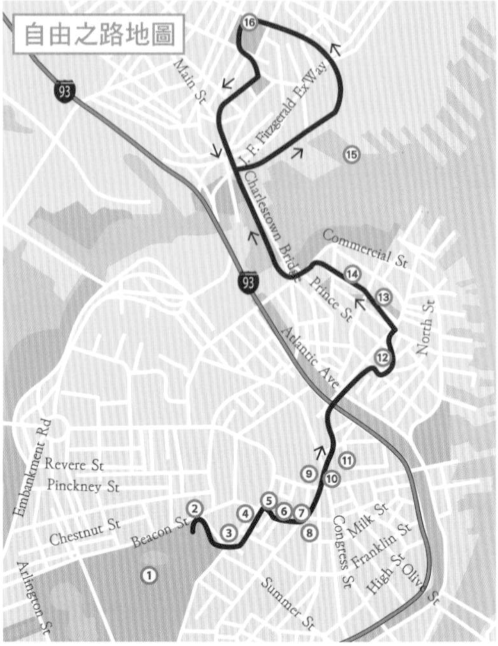

距離：4公里

所需時間：1.5小時

www.thefreedomtrail.org

「自由之路」長約4公里，串連起波士頓在美國獨立史中最具代表意義的16個景點，是參觀波士頓最經典的旅遊路線。規劃自由之路的構想，最初是於1951年由當地記者William Schofield提出，當時的市長John Hynes欣然採納這個建議，之後每年都吸引約4萬名遊客前來遊覽，至今歷久不衰。

自由之路的第一站在波士頓公園，沿著人行道上的紅磚或紅線前進，便能一路穿越市中心和北角，一一走訪路線上的每個景點。在這條路上，山繆亞當斯、保羅李維、約翰漢考克、詹姆斯歐提斯等革命先賢似乎都未曾遠去，他們就像站在每個街角與古蹟裡，向來往行人訴說著當年故事。在這些故事中，波士頓殖民地的居民們挺身而出，對抗大英帝國的橫徵暴斂，點燃了美國獨立戰爭之火。舊日的煙硝如今早已昇華為榮光，成為每位波士頓人心中的驕傲。

自由之路最後跨越查爾斯河，來到查爾斯鎮的憲法號軍艦與邦克山紀念碑，並以這處波士頓圍城戰中最關鍵戰役的古戰場作為路線終點。

波士頓市中心
Downtown Boston

市中心是波士頓發源的起點，也是觀光旅遊的菁華地帶，像是波士頓公園、國王禮拜堂、舊州議會廳和法尼爾廳等「自由之路」古蹟，全都聚集於此。此外，林立高樓大廈的金融區、百貨公司一爭高下的商業區、甚至熱鬧的昆西市場，更增添此區高低起伏的天際線和歡樂休閒的氣氛，因此無論平日或假日，城裡總是人潮洶湧，散發無比熱力。

而在大眾花園和波士頓公園以北的區域，稱之為碧肯丘，狹窄的街道、美麗的排屋、紅磚人行道與煤氣燈，勾勒出古色古香的風情。碧肯丘自古便是當地的高級住宅區，從前波士頓是廢奴主義重鎮，而在碧肯丘寧靜的巷弄裡，也保存不少與此相關的景點，並被規劃成「黑色人權之路」散步路線。碧肯丘東邊的北角，是波士頓的小義大利，自由之路上的保羅李維故居和老北教堂是這一區的必訪景點。

Where to Explore in Downtown Boston
賞遊波士頓市中心

海濱區 Waterfront

MAP ▶ P.195H4

當代藝術中心
Institute of Contemporary Art

發掘新銳藝術家

搭乘銀線快速公車SL1、SL2、SL3至Courthouse站，步行約5分鐘　25 Harbor Shore Dr　(617) 478-3100　10:00~17:00 (週四、五至21:00)　休週一　成人＄20，60歲以上＄17，18歲以下免費　www.icaboston.org　週四17:00後免費，但需事先預約門票

造型非常特殊的當代藝術中心，外觀猶如層層疊疊的玻璃櫃，白天看來素淨的外觀，入夜後點燈的模樣令人驚豔。

掃地圖

美術館創立於1936年，曾多次易名和更換場地，今日這棟碼頭旁的新建築建於2006年，靈感來自海濱的起重機架，外露的大階梯和擁抱海港景色的玻璃結構是其特色。由於目的在於推廣當代藝術，因此館藏以新興藝術家的作品為主，展覽經常隨主題更換，內容包括影像、繪畫、裝置藝術、甚至音樂和行動表演等，其中也不乏出自日常生活的素材。

MOOK Choice

海濱區 Waterfront

MAP ▶ P.195G4

波士頓茶葉事件博物館

Boston Tea Party Ship & Museum

觸發美國獨立的導火線

從地鐵紅線的South Station站，步行約5分鐘 306 Congress St (866) 955-0667 每日10:00~16:00，每30分鐘一梯，行程約1小時 成人$32，3~12歲$25 www.bostonteapartyship.com 必須參加導覽行程，且需事先上官網預約時段票

掃地圖

18世紀中葉時，英國在北美洲已擁有多處殖民地，為了維護本國利益，對殖民地極盡剝削之能事。從要求殖民地必須大量購買英國的糖、咖啡和酒等商品的《食糖條例》、對所有印刷品直接徵稅的《印花稅法》，到對殖民地紙張、顏料、茶葉、糖、鐵和棉花等日常用品開徵高額關稅的《唐森德條例》(Townshend Acts)等，一系列造成殖民地居民嚴重經濟負擔的壟斷政策和徵稅條款，使得這些在英國議會中沒有任何代表的北美居民高喊「無代表，不納稅」的口號。

於是殖民地在約翰漢考克等波士頓商人領導下，斷絕了和英國的商業互動，他們聯合當地居民共同抵制英國貨，改從加勒比海走私貨物來供給需求，其中特別是走私茶葉，讓東印度公司業績一落千丈。英國國會為此在1773年頒布了《茶葉法案》，讓東印度公司壟斷茶葉貿易，取得比走私茶葉更低的價格。同年11月，7艘大型商船前往北美，其中4艘於12月16日抵達波士頓碼頭，然而在山繆亞當斯的率領下，150名抗議分子打扮成原住民，兵分三路將3艘商船上的342箱茶葉拋入海中，並搗毀其他貨物以示對英國議會的抗議，這就是被認為引發日後獨立戰爭的波士頓茶葉事件。

這座結合船隻和建築物的博物館，將這段歷史以生動方式呈現於遊客眼前。行程從扮演約翰漢考克的導覽人員帶大家參與茶黨的密謀會議開始，每位遊客均扮演事件中的一個角色，並投身熱烈討論之中，接著登上英國商船將一箱箱茶葉丟進海裡。而在船上參觀的同時，也能了解當時的船隻與水手生活。最後進入室內博物館，透過一段段影片了解相關歷史背景，包括保羅李維的夜騎和列星頓戰役，以及一只在茶葉事件中殘存下來的茶葉箱。博物館樓上設有茶館，身著傳統服飾的工作人員讓人有重返18世紀的感受。樓下商店販售許多與茶相關的紀念品，非常適合當成伴手禮。

海濱區 Waterfront

MAP ▶ P.195G3

新英格蘭水族館

MOOK Choice

New England Aquarium

令人目眩神馳的海洋世界

掃地圖

從地鐵藍線的Aquarium站，步行約2分鐘　1 Central Wharf　(617) 973-5200　09:00~18:00 (9月初~5月底的平日至17:00)　成人＄34，60歲以上＄32，3~11歲＄25　www.neaq.org　IMAX電影與夏季賞鯨行程需另外購票，亦可購買與水族館的套票　建議事先上官網預約時段票

開幕於1969年的新英格蘭水族館，幾十年來隨著不斷擴建翻新，規模日漸龐大，不但新增了Simons IMAX劇院，更與Boston Harbor Cruises合作，提供出海賞鯨的行程。

建築主體以高達三層樓的巨型海水槽為主，水槽中模擬加勒比海珊瑚礁群生態，並安置有照明設備和反射圓頂設計，以及視野全面的觀賞窗。目前魚群數量已多達2千隻，種類則有140種，於是鯊魚、海龜、魟魚、鰻魚、梭魚和各式各樣的小型珊瑚魚群全都共聚一池，豐富的海洋生態令人眼花撩亂。

其他展示廳還包括提供趣味表演的斑海豹館、展示全世界最小型企鵝的藍企鵝館、群聚小丑魚和珊瑚的熱帶展覽廳、可以觸摸鯊魚和魟魚的觸摸池、欣賞各種水母的水母展示廳等。2樓附設一座可看見暖溫帶海域魚類和海馬的展覽廳，3樓則有以緬因灣的海葵、章魚為主的北方水域區、可以觸摸海星、海膽及寄居蟹的海潮池畔，以及展示淡水水虎魚、電鰻、鮭魚、巨蟒等動物的淡水展覽廳。

市中心區 Downtown

MAP ▶ P.195F2

新英格蘭二次大戰屠殺紀念碑

The New England Holocaust Memorial

願受難者們安息

從地鐵橘、綠D、綠E線的Haymarket站，步行約3分鐘　Congress St上(法尼爾廳旁)　www.nehm.org

紀念碑的靈感來自一批逃過納粹大屠殺、並在波士頓地區展開新生活的猶太人。猶太裔建築師薩托維茨(Stanley Saitowitz)設計了這一系列紀念碑，於1995年落成。6座高約16.5公尺的玻璃塔，分別以6座二戰期間最惡名昭彰的納粹集中營為名，每座塔由22片玻璃板搭建，外牆刻上6百萬位屠殺受難者的編號，內牆則引述各個集中營生還者的話。此外，為了讓人們感受溫暖的氣息，設計師特別在每座塔下方的金屬柵欄裡，安置不斷噴出蒸氣的設備。

掃地圖

市中心區 Downtown

MAP ▶ P.195F2

法尼爾廳市場

MOOK Choice

Faneuil Hall Marketplace

全波士頓最熱鬧的地方

從地鐵橘、藍線的State Street站，步行約3分鐘 Faneuil Hall Square (617) 523-1300 週一至週六10:00~21:00，週日11:00~19:00 www.faneuilhallmarketplace.com

◎**法尼爾廳** 11:00~16:00 休週一、二 $免費

掃地圖

法尼爾廳市場以法尼爾廳旁的昆西市場(Quincy Market)為核心，包括位於昆西市場兩側的南市場和北市場。造型猶如希臘神殿般的昆西市場始建於1824~26年間，名字來自前市長約西亞昆西(Josiah Quincy)，這座市場就是在其任內規劃興建的。昔日市場內聚集著販售雞蛋、乳酪、肉類、蔬果等日常食材的店家，不過如今儼然已成為一條美食街，海鮮、三明治、披薩、鐵板燒、熱狗、果汁吧……讓人目不暇給，再加上價格比餐廳便宜，因此一整天都是人潮洶湧。市場中央設有兩層樓的座位區，但同樣一位難求。至於兩側的南、北市場則是逛街的好去處，除了Kate Spade、Urban Outfitter、A&F這些美國品牌外，不少特色攤商和擁有露天座位的餐廳、酒吧，也都聚集於此。

至於法尼爾廳由當地富商彼得法尼爾(Peter Faneuil)出資興建，1742年落成時為一處結合市集和聚會廳的場所，其圓頂上方特別請工匠製作了蚱蜢風向標，至今依舊在屋頂上隨風旋轉。這裡曾是山繆亞當斯和其他愛國者發表激昂演說的地方，就是這麼一次次的醞釀，終於點燃美國獨立之火，因而常被稱為「自由的搖籃」。而山繆亞當斯的銅像今日也被豎立於法尼爾廳前方的廣場上。

1806年時，波士頓從鎮升格為市，法尼爾廳在知名建築師查理布爾芬奇(Charles Bulfinch)的改建下成為今日面貌，並當作政府的會議廳使用。目前，法尼爾廳1樓為商場，並設有遊客中心，2樓的會議廳開放讓民眾參觀。同時這裡也是老字號炮兵團 Ancient and Honorable Artillery Company的總部，在4樓設有其博物館，展出內容以舊時兵器為主。

市中心區 Downtown

MAP ▶ P.195F3

舊州議會廳

Old State House

波士頓現存最古老的公共建築

從地鐵橘、藍線的State Street站，出站即達 206 Washington St (617) 720-1713 每日10:00~17:00 成人＄15，65歲以上＄14，12歲以下＄8 www.revolutionaryspaces.org 與老南聚會所共用門票

掃地圖

歷史回溯到1714年，這棟喬治亞風格的建築過去是波士頓殖民地的政治中心，總是雲集當時的政商名流，而亞當斯、漢考克和歐提斯等人，都曾在此辯論過英屬殖民地的未來。1776年《獨立宣言》初次在麻州公開宣讀時，波士頓的群眾就是聚集在這裡的東側陽台下聆聽，這項傳統一直延續至今，每年獨立紀念日時都會在此重現當時場景。美國獨立後，這裡被當成麻州政府所在，一

直到1798年位於碧肯丘的新州議會廳落成。如今這裡已成為一間博物館，以照片和文物陳列，述說波士頓的歷史與發展進程。

在舊州議會廳東側空地上，地面有片以石板拼成的圓形圖案，紀念1770年時死於英國軍隊之手的5位波士頓平民。由於當時殖民者在波士頓存放許多武器，造成軍隊和民眾間的緊張關係，騷亂之中有人群襲擊軍隊，引發軍隊向民眾開槍的悲劇，此事件因而被稱為波士頓大屠殺。

市中心區 Downtown

MAP ▶ P.195F3

老南聚會所

MOOK Choice

Old South Meeting House

引爆獨立戰爭的市民基地

從地鐵橘、藍線的State Street站，或地鐵橘、紅線的Downtown Crossing站，步行約3分鐘 310 Washington St (617) 482-6439 每日10:00~17:00 成人＄15，65歲以上＄14，12歲以下＄8 www.revolutionaryspaces.org 與舊州議會廳共用門票

掃地圖

在美國獨立戰爭爆發前，這裡曾聚集過無數群起激憤的民眾，展開過多場熱烈討論的會議與投票，像是1770年時人們在此抗議波士頓大屠殺事件，而1773年山繆亞當斯更是從這裡率眾出發，潛入葛里芬碼頭(Griffin's Wharf)引發波士頓茶葉事件，因此這棟歷史建築可說是美國邁向自由之路的基石之一！

老南聚會所興建於1729年，當時其實是一座

清教徒的教堂，班傑明富蘭克林便是在這裡受洗，另外像是黑奴詩人惠特利(Phillis Wheatley)也曾在此探討過自由的意義。儘管歷史意義喧赫，老南聚會所卻在19世紀末因大火摧殘而差點遭到拆除，所幸在波士頓人努力奔走下，這裡終於成為新英格蘭第一個法定保存的歷史建築。重建後的聚會所如今闢為博物館對外開放，一系列以《抗議之聲》為主題的展覽，透過珍藏古物、人物介紹及殖民時期的波士頓城市模型，解說這座城市豐富的歷史。

市中心區 Downtown

MAP P.195E3-E4

大眾花園和波士頓公園

MOOK Choice

Public Garden & Boston Common

市中心的廣大綠地

掃地圖

從地鐵綠線的Arlington或Boylston站，或地鐵紅、綠線的Park St站，出站即達 **天鵝船** 登船處位於大眾花園湖泊東岸 (617) 522-1966 4月中~9月初，行程約12~15分鐘 成人$4.5，65歲以上$4，2~15歲$3 swanboats.com

這兩塊波士頓最美麗的綠地，隔著Charles St對望。創立於1837年的大眾花園，是美國首座以植物園方式對外開放的公共空間，中央環繞著一座湖泊，天氣晴朗時，總可以看見全家大小搭乘天鵝船遊湖的悠閒景象。綠樹、花朵和藍天倒影在湖水上，讓這片景色更加美麗。花園內聳立著包括美國總統喬治華盛頓等人的雕像，不過其中最著名的要屬出自童書《讓路給小鴨》(Make Way for Ducklings)的成排雕塑，姿態各異的小鴨跟隨著前方領路的母鴨，小朋友們總喜歡坐在這些小鴨身上玩鬧。

至於波士頓公園不但是自由之路的起點，更是全美國歷史最悠久的公園，早在1634年時便已創建，如今在它占地50公頃的綠地上，經常可見野餐、閱讀、閒聊的人們，甚至還有街頭藝人表演。不過在美國獨立之前，這裡曾經是座絞刑場，在1775年的列星頓和康科德戰役(Battles of Lexington and Concord)期間，還一度當成軍營使用。

市中心區 Downtown

MAP ▶ P.195F3

老穀倉墓地

Granary Burying Ground

長眠多位開國先賢

掃地圖

從地鐵紅、綠線的Park St站，步行約1分鐘 Tremont St 每日09:00~16:00

這座波士頓第三古老的墓園建立於1660年，因一旁的公園街教堂原址上原本有座穀倉，而被稱為老穀倉墓地。在這塊不算大的區域裡，長眠著多達5千位逝者，其中不乏美國知名的開國先賢，如《獨立宣言》的簽署者山繆亞當斯和約翰漢考克，以及因「夜騎」成名的保羅李維，還有多位麻州總督、神職人員和歷任市長。不過最引人注目的，當屬富蘭克林的家族墳墓(雖然班傑明本人並不葬在這裡)，就位於墓園正中央，為了紀念，當局甚至在1827年豎立了一座方尖碑，用以取代原本的墓碑。

市中心區 Downtown

MAP ▶ P.195F3

國王禮拜堂與墓地

King's Chapel & Burying Ground

波士頓第一座英國國教教堂

從地鐵藍、綠線的Government Center站，或紅、綠線的Park St站，步行約3分鐘 58 Tremont St (617) 227-2155 4~10月10:00~17:00 (週日13:30起)，11~2月週五、六10:00~16:00，週日13:30~16:00 成人＄5，14歲以下免費 www.kings-chapel.org

掃地圖

由英王詹姆斯二世下令興建的國王禮拜堂，是波士頓第一座英國國教(或稱聖公會)教堂，由於當時清教徒不願將土地賣給其他教派，因此這座教堂只好蓋在墓地上。教堂始建於1686年，最初只是一棟小型木造建築，直到1749年才在Peter Harrison的設計下，改建成以花崗岩打造的英國喬治亞式建築。

在英國鑄造的大鐘於1772年時掛上教堂鐘樓，不過這座鐘卻在1814年裂開，身為鐵匠的保羅李維於是將其重鑄，至今每逢週日依舊響起，招喚教區裡的信徒前來禮拜。而位於一旁的墓地則是波士頓最古老的墓園，包括第12任總督John Winthrop、殖民地第一位印刷工業主Hezekiah Usher，以及首位走下五月花號的女性Mary Chilton等，都下葬於此。

碧肯丘 Beacon Hill

MAP ▶ P.195E3

麻州議會廳

Massachusetts State House

波士頓的地標建築

掃地圖

從地鐵紅、綠線的Park St站，步行約3分鐘 24 Beacon St 08:45~17:00 休週末 malegislature.gov 進入前需通過安檢，因此輕裝簡行就好

◎ 州議會廳導覽行程 服務台在多利克廳 (617) 727-3676 平日10:00~15:30，行程約45分鐘 $免費 須事先以電話預約

這裡最初為約翰漢考克的牧場，1795年由時任州長的山繆亞當斯請來著名建築師查理布爾芬奇，3年後完成這棟擁有金色圓頂的宏偉建築，儘管已有2百多年歷史，今日看來依舊亮麗如新。

議會廳內部開放參觀，2樓有當作接待廳使用的多利克廳(Doric Hall)、紀念內戰期間辛苦照顧傷兵的護士廳、環繞大理石圓柱並展示從內戰戰場上帶回來之旗幟的旗幟廳、裝飾出自紐約藝術家R.M. Fischer之手的時鐘和麻州351座城市市旗的大廳。沿著華麗的主階梯往上走，一路欣賞以州徽為圖案的彩繪玻璃，抵達3樓後，除了有當作州長會議室的行政室和供40位參議員使用的參議院室外，最引人注目的就是眾議院了。麻州總共有160位眾議員，上層座位上方高掛著一條木製鱈魚，說明了捕魚業是該州重要的經濟來源。

碧肯丘 Beacon Hill

MAP ▶ P.195E3

尼可斯故居博物館

Nichols House Museum

一探上個世紀的波士頓家庭生活

從地鐵紅、綠線的Park St站，步行約7分鐘 55 Mount Vernon St (617) 227-6993 11:00~16:00，每小時一梯 休4~10月的週日至週一、11~3月的週日至週三 $成人$16，65歲以上$13，12歲以下免費 www.nicholshousemuseum.org 必須參加導覽行程

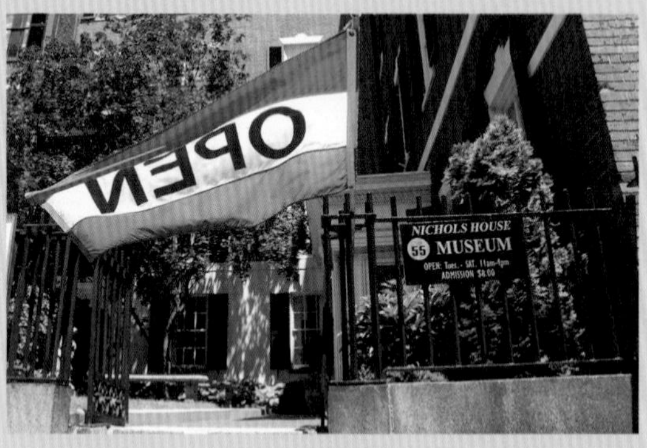

這棟建於1804年的房子，是知名景觀建築師、作家和女權運動者羅絲尼可斯(Rose Standish Nichols)的故居，她在這裡一直住到1960年過世為止。這位對抗世俗價值、終其一生未婚的女子，最終的遺願便是將其住處以博物館的形式對外開放。這裡展示許多歷經數代收藏與傳承的無價之寶，包括17~19世紀的歐洲與美國木製家具、先人的畫像、法蘭德斯掛毯、來自東方的小地毯、歐洲和亞洲藝術品等。同時由於羅絲是當時一流雕刻家聖高登斯(Augustus Saint-Gaudens)的外甥女，因此屋內也收藏不少他的作品。

掃地圖

碧肯丘 Beacon Hill

MAP ▶ P.195E2-E3

黑色人權步道

Black Heritage Trail

沿途認識廢奴運動的歷史

掃地圖

◎ **非裔美國人歷史博物館 Museum of African American History** 46 Joy St 10:00~16:00 休週一 $成人$10，13~17歲及62歲以上$8，12歲以下免費 www.maah.org

1783年時，麻州最高法院就已判定奴隸制度違反美國憲法，而根據1790年的聯邦紀錄顯示，麻州是全美唯一沒有奴隸登記的州。到了19世紀中期，波士頓成為廢奴主義的核心，當地享有自由身分的非裔人口組織起社團，在各地提倡廢奴運動，其中許多關鍵人物都住在碧肯丘一帶。當局於是規劃出黑色人權之路，讓遊客漫步街區時，也能對這段歷史有個初步認識。

黑色人權之路由蕭上校與54軍團紀念碑開始，沿著Joy St往北走，左轉Pinckney St後就能看到位於5~7號的米朵藤之家。這位獨立戰爭老兵戰後成為一位行動主義者，協助創立了自由非洲協會。繼續走到和Anderson St的轉角，便是興建於1824年的菲利浦學校，這裡因1855年麻州議會廢除種族隔離制度，而成為波士頓最早推行不分膚色的學校。另外，位於86號的史密斯之家，其主人開設的理髮店在當時是逃亡黑奴的庇護所，而史密斯本人也曾三度當選麻州眾議員。

在Charles St和Mt Vernon St轉角的查爾斯街教堂，曾是推動廢除種族隔離政策的據點，後來成為第一非洲衛理宗聖公會的教堂。再往北走到Philippe St，66號和2號分別為從列星頓逃亡到波士頓後投身廢奴運動的海登夫婦，以及幫助黑奴逃亡的約翰科本的故居。

最後坐落於史密斯中庭的，是5棟代表1800年代波士頓非裔生活環境的住宅，以及由自由非裔勞工興建於1806年的聚會所，除了宗教活動外，這裡也是自由黑人的教育、政治與社會活動中心，並在南北戰爭期間用作非裔的54軍團新兵招募站，如今則成為非裔美國人歷史博物館。

西角 West End

MAP ▶ P.195E2

歐提斯故居博物館

Otis House Museum

建國初年的上流豪宅

從地鐵藍線的Bowdoin站，步行約3分鐘 141 Cambridge St (617) 994-5920 6~10月週五至週日11:00~16:00，每小時一梯 $成人$15，長者$13，兒童$7 www.historicnewengland.org 必須參加導覽行程

掃地圖

一生精彩多姿的哈里遜歐提斯(Harrison Gray Otis)，是革命先鋒小詹姆斯歐提斯(James Otis, Jr.)的侄兒，他曾經當過商人、律師，一路從麻州眾議員、州議員最後當上波士頓市長，政壇地位舉足輕重。他在麻州前後共擁3棟房子，全都出自查理布爾芬奇之手，其中位於西角的這間是他的第一棟大宅，興建於1796年，展現聯邦式建築中古典對稱和細節精緻的特色，是了解歐提斯家族和聯邦時期生活的最佳寫照。由於該建築被後來的屋主當成診所和中產階級公寓使用，因此在成為博物館前，曾仔細根據歷史和科學考證重新整修，採用色彩明亮的壁紙、地毯和當時的傢俱，重現上流社會的優雅品味。

西角 West End

MAP P.195E1

科學博物館

MOOK Choice

Museum of Science

科學就在生活裡

從地鐵綠D、綠E線的Science Park/West End站，步行約3分鐘 1 Science Park (617) 723-2500 09:00~17:00 (週五至21:00) 成人＄29，60歲以上＄25，3~11歲＄24 www.mos.org 可加價＄6購買IMAX劇院或天文秀門票

這座博物館坐落於查爾斯河上的一小塊土地，最初起源於1830年時的波士頓自然史協會，由一群希望和他人分享科學樂趣的人士所發起。協會換過許多臨時場地，最後終於在後灣區興建了第一棟博物館建築，並命名為新英格蘭自然史博物館，後來因為新增了地理學等相關展覽，於是在1939年更名為科學博物館。

今日的館址是在二戰之後因原建築出售而另覓得來的新館，3層樓的建築內，分為紅、藍、綠三翼，擁有超過5百個互動式展覽品。館內展出大量礦石、動物標本、各類機械模型，並以有趣的互動實驗解釋光線、聲音、甚至數學問題。此外，在它高達兩層樓的電力劇場(Theater of Electricity)中，巨大的發電機在20分鐘的展示過程裡，產生令人驚異的室內閃電，並介紹照明及蓄電等原理。

博物館還有一些需要另外購票的部份，包括本地唯一的IMAX劇院(Mugar Omni IMAX Theater)，播放各種兼具視覺震撼與教育意義的科學影片。至於查爾斯海登天文台(Charles Hayden Planetarium)除了帶領遊客觀賞星空、探索宇宙奧祕外，週末夜晚還會播放平克佛洛伊德、酷玩樂團、碧昂絲等音樂家的音樂雷射秀。

掃地圖

北角 North End

MAP ▶ P.195F2

保羅李維故居

MOOK Choice

Paul Revere House

重溫夜騎的故事

從地鐵橘、綠D、綠E線的Haymarket站，步行約7分鐘 19 North Square (617) 523-2338 10:00~17:15(11月~4月中至16:15) 休1~3月的週一 成人＄6，長者＄5.5，5~17歲＄1 www.paulreverehouse.org

1775年4月18日，保羅李維發現英軍從海上而來，於是託人在老北教堂掛上兩盞信號燈籠，通知查爾斯河對岸的民兵後，便急忙翻身上馬，星夜飛奔至列星頓，告知山繆亞當斯和約翰漢考克英軍的動向。列星頓和康科德一戰，不但讓民兵初嚐勝果，也打響了獨立戰爭的第一槍。而保羅李維的「夜騎」(The Midnight Ride)也因為朗費羅的詩作，成為美國家喻戶曉的故事。

這棟外觀並不起眼的木造房屋大約建於1680年，是波士頓現存最古老的殖民式建築之一。李維一家在1770年左右搬來，也就是在這裡，保羅渡過了他一生中最轟轟烈烈的時光。保羅1800年賣掉房子後，這裡一度改建為糖果店、雜貨店和銀行，最後於1908年以博物館之姿對外開放。整修後的李維故居還原了最初面貌，包括大部份地板、椽子及內牆等，均為原始結構。此外，一進門即是廚房，以及廚房內的大型火爐，皆重現了殖民時期的建築特色。2樓房間裝飾著原屬於李維家族的傢俱，展示櫃中陳列珍貴的照片、文件及李維家用過的器具。在中庭裡，

掃地圖

還可看見保羅和兒子們鑄造的一口大鐘，以及憲章號軍艦上的小型迫擊砲與螺栓。

北角 North End

MAP ▶ P.195F2

老北教堂

Old North Church

掛上教堂的燈籠決定了美國命運

從地鐵橘、綠D、綠E線的North Station或Haymarket站，步行約9分鐘 193 Salem St (617) 858-8231 每日10:00~16:00 每人＄5，6歲以下免費 www.oldnorth.com

興建於1723年的老北教堂是波士頓最古老的教堂建築，創立之初原屬英國國教派，因此和英王有著密切關係。教友中不乏政府高官，在教堂前方的家族座席中，可看見王室總督專用的包

掃地圖

廂，英王甚至還贈送教堂儀式中使用的銀器。

在公園街教堂建成之前，老北教堂擁有全波士頓最高、達53公尺的尖塔，據信可能因為保羅李維年輕時曾擔任過老北教堂的敲鐘人，使他很早就發現這裡的視野，也因此不難想像為何他會在列星頓戰役前夕，拜託教堂司事勞伯紐曼(Robert Newman)在此懸掛信號燈籠。今日尖塔裡的大鐘、座席包廂以及銅製吊燈，都是歷史悠久的原件，讓老北教堂除了具有重要歷史意義外，本身也有相當的可看性。

後灣區與芬威區
Back Bay & Fenway

位於市中心以西、哈佛橋以東、臨查爾斯河南岸的後灣區，其實是19世紀時填土而來，在建築師吉爾曼(Arthur Gilman)的規劃下，開發成綠樹成蔭的棋盤式街區，如今它已和碧肯丘並列為波士頓最昂貴的住宅區。這裡以成排赤砂岩建築著稱，同時也是波士頓的時尚購物區，除了保德信中心和卡布里購物中心等洋溢現代風情的商場外，名店夾道的紐貝里街更是一條優美的購物大道。此外，後灣區的知名景點也不少，包括宏偉華麗的波士頓公共圖書館、歷史悠久的老南教堂和三一教堂等；至於可以登高望遠的保德信大樓觀景台，雖然這幾年受疫情影響而結束營業，但目前已預計在2023年以全新姿態復活，屆時將會是不能錯過的重點。

芬威區全名為「芬威-肯默」(Fenway-Kenmore)，以繞過後灣沼澤(Back Bay Fens)的芬威大道及靠近查爾斯河的肯默廣場命名。美國景觀建築之父奧姆斯德(Frederick Law Olmsted)在1890年代規劃此區時，原本預計在芬威大道旁興建高級住宅，沒想到隨著地價高漲，反而出現越來越多教育機構，20世紀初甚至有20多間大學和學院。今日的芬威區依舊是波士頓大學、東北大學、伯克利音樂學院等名校所在地，濃厚的學術和藝文氣息，更彰顯於波士頓美術館和伊莎貝拉嘉納博物館上。至於大聯盟球隊波士頓紅襪的主場——芬威球場，更是本區的一大亮點。

後灣區 Back Bay

MOOK Choice

MAP P.194D4

波士頓公共圖書館

Boston Public Library

建築本身和藏書一樣有看頭

從地鐵綠線的Copley站，出站即達 700 Boylston St (617) 536-5400 週一至週四09:00~20:00，週五、六09:00~17:00，週日11:00~17:00 www.bpl.org

導覽行程 行程開始地點在Dartmouth St入口進去的McKim Building前廳 週一14:00，週四18:00，週五11:00，行程約1小時，無需預約 免費 每團限額5人

掃地圖

波士頓公共圖書館落成於1895年，其完美比例的外觀令人印象深刻。端坐於大門前的兩尊雕像，分別象徵科學與藝術；而裝飾於拱心石上方的智慧女神密涅瓦，則出自名家莫拉(Domingo Mora)和聖高登斯之手。

外觀如此，圖書館內部更有看頭。洋溢古羅馬風格的門廊，天花板貼滿馬賽克鑲嵌和13位波士頓名人姓名，白色大理石地板上則裝飾著12星座的圖案。沿著主階梯通往2樓，穿過一道凱旋門後，兩隻紀念南北戰爭中第2和20軍團的大理石獅雄踞轉角。2樓的夏凡納迴廊牆上，彩繪著法國藝術家夏凡納(Pierre Puvis de Chavannes)的美麗壁畫，描繪9位繆思女神為啟蒙天才喝采的場景。不過說起最引人注目的壁畫，則非艾比室莫屬，出自美國藝術家艾比(Edwin Austin Abbey)之手的《尋找聖杯》，其華麗筆觸搭配裝飾繁複的椽子，令人為之讚嘆。

進入閱覽室的入口上方有頭聖馬克雄獅，很可能是來自威尼斯某座宮殿的16世紀作品。更上一層樓，來到既高且長的沙金特迴廊，美國畫家沙金特(John Singer Sargent)花了好幾年時間畫下一系列名為《宗教勝利》的壁畫，埃及、印度、猶太和基督教等神祇、先知全都翩然現身，既充滿異國風情而又神祕異常。

離開前，別忘了拜訪三面環繞著拱廊的美麗中庭，建築靈感來自羅馬的坎瑟勒里亞宮，雕刻家麥克莫尼斯(Frederick W. MacMonnies)的《酒神女祭司和幼年羊男》雕像，伴隨中央噴泉的水聲，提供靜謐、舒適的氣氛。

後灣區 Back Bay

MAP P.194D4

老南教堂

Old South Church

許多革命志士都是教友

掃地圖

從地鐵綠線的Copley站，出站即達 645 Boylston St (617) 536-1970 08:30~16:00 (週末09:00起) www.oldsouth.org

老南教堂所屬的「第三教會」屬於公理會的一支，1669年由波士頓「第一教會」的反對者創立。這個教派有許多大有來頭的教友，像是山繆亞當斯和班傑明富蘭克林都是信徒。第三教會的聚會所曾多次遷移，最有名的就是在現今市中心的老南聚會所，許多重要歷史事件都在那裡發生，只是1872年一場大火幾乎將其燒毀，信眾只好在1875年於後灣區的現址又建了這座老南教堂。

新的教堂以威尼斯哥德式風格為設計，層層米黃色和暗紅色砂岩輪流砌成條紋狀的外觀，屋頂上裝飾著紅色和深灰色的條板以及鐵製頂飾；而點綴著大量門拱和簡單花飾窗格的鐘樓，亦為此教堂的一大特色。教堂內部的精彩同樣不遑多讓，處處可見雕刻繁複的義大利櫻桃木裝飾與彩繪玻璃。20世紀初時，教會更請來工藝大師路易蒂芬尼來為聖殿裝飾。只是到了1950年代因極簡主義興起，這些華麗的裝飾細節有不少遭到移除，改以更接近清教徒根源的風格取代。

後灣區 Back Bay

MAP P.194C4-D4

紐貝里街

Newbury Street

美麗而奢華的購物大道

掃地圖

從地鐵綠線的Copley站，步行約1分鐘

19世紀中葉，波士頓海港因泥土淤積，於是填土形成今日的後灣區，由於是新造的土地，得以有計劃的建設，而紐貝里街也被規劃成街邊裝飾著花圃的美麗街道，兩旁林立著優雅的赤砂岩建築，成為當地最受歡迎的住宅區。如今的紐貝里街是波士頓最漂亮的購物大道，在這條長約1英哩的街道上，座落著最奢華的精品店、國際服飾品牌、設計師名店、藝廊，以及擁有露天座位的餐廳和咖啡館，時尚直逼比佛利山，因而又有「東岸的羅迪歐大道」之稱。

後灣區 Back Bay

MAP P.194C5

保德信中心

Prudential Center

即將重生的高樓觀景台

掃地圖

從地鐵綠E線的Prudential站，出站即達 800 Boylston St (617) 236-3100 11:00~20:00 (週日至19:00) www.prudentialcenter.com

幾乎在波士頓後灣區的任何一個角落，都可以看見這棟在陽光下散發湛藍色澤的摩天大樓。保德信中心落成於1964年，為保德信人壽名下產業，共有52層樓，屋頂高度達228公尺，是僅次於200 Clarendon大樓(原名約翰漢考克大樓)的波士頓第二高樓。除了商辦用途外，大樓底層的一整片街區是處結合東方文華酒店與喜來登酒店的大型購物中心，不但有多家知名品牌進駐，Saks Fifth Avenue百貨公司在波士頓的據點也開設在這裡。

自從約翰漢考克大樓的觀景台關閉後，位於保德信中心50樓的Skywalk就成了新英格蘭最高的觀景台。這裡擁有360度俯瞰波士頓的視野，就連查爾斯河對岸的劍橋市也能盡收眼底。只是2020年時受到疫情衝擊，Skywalk也因遊客數量下滑而被迫結束營業，不過人們始終認為波士頓需要一座觀景台，大樓業主BXP房產公司於是在2022年底宣布，全新的觀景台View Boston即將在2023年隆重回歸，屆時將佔據大樓頂部3個樓層，除了有室外雞尾酒吧，更會啟用多項多媒體互動設施，令人引頸期待。

後灣區 Back Bay

MAP P.194D5

卡布里購物中心

Copley Place

波士頓血拚重鎮

從地鐵橘線的Back Bay站，出站即達 100 Huntington Ave (617) 262-6600 週一至週六11:00~19:00，週日12:00~18:00 www.simon.com/mall/copley-place

結合商辦大樓和購物商城的卡布里購物中心，就位於後灣火車站對面，並且與威斯汀酒店及保德信中心之間，都有跨越馬路的玻璃天橋相連。卡布里購物中心1樓以歐美精品為主，包括Burberry、Christian Dior、Emporio Armani、Louis Vuitton、Salvatore Ferragamo、Tiffany & Co和Tory Burch等，感覺相當貴氣；2樓的品牌則相對平價，像是Victoria's Secret、Banana Republic、Gap、J. Crew、Coach和Nine West等美國品牌，幾乎應有盡有。

掃地圖

後灣區 Back Bay

MAP ▶ P.194D4

三一教堂

Trinity Church

建築與裝飾都是先驅

從地鐵綠線的Copley站，步行約2分鐘 206 Clarendon St (617) 536-0944 www.trinitychurchboston.org

◎ **導覽行程** 週三至週六10:00~17:00 每人＄10，16歲以下免費

掃地圖

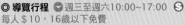

坐落於卡布里廣場上的三一教堂最初創立於1733年，而今日這棟複合式建築是由第一位引起國際注意的美國建築師亨利理查森設計，並於1872~1877年間興建。該教堂的屋頂、式樣繁複的門拱、以粗糙且多色的石頭所打造的立面和巨大中樓，奠定了「理查森羅馬式風格」的特徵，而這新的建築風格日後在美國發光發熱，大量運用於公共建築上。

除了外觀引人入勝，教堂內的壁畫和彩繪玻璃也是一大特色，理查森委託當紅畫家拉法吉，來替教堂內部總面積達2千平方公尺的牆壁作畫，他精心規畫每一吋空間，以基督教傳統繪畫主題搭配拜占庭和中世紀時期的裝飾圖案，勾勒出這一整片令人嘆為觀止的成果。

彩繪玻璃更是經典，其中24扇來自歐洲，像是《東方三賢朝拜》、《大衛王遺命所羅門》等，就是出自英國前拉斐爾派名家伯恩瓊斯之手。而拉法吉也以層疊乳白色玻璃的技術，設計出《耶穌復活》和《聖女演奏》等充滿開創性的彩繪玻璃傑作。

芬威區 Fenway

MAP ▶ P.194B6

伊莎貝拉嘉納博物館

Isabella Stewart Gardner Museum

大收藏家的心願

從地鐵綠線E線的Museum Fine Arts站，步行約4分鐘 25 Evans Way (617) 566-1401 平日11:00~17:00 (週四至21:00)，週末10:00~17:00 休週二 成人＄20，65歲以上＄18，18歲以下免費 www.gardnermuseum.org

伊莎貝拉是富商約翰嘉納(John Lowell Gardner)的妻子，他們夫妻倆鍾情遊山玩水，並大量收藏來自歐、亞、美，包括繪畫、雕塑、掛毯和裝飾藝術等作品，隨著收藏愈來愈多，嘉納夫婦開始動了創立博物館的念頭。1898年約翰嘉納去世，伊莎貝拉決定將這心願付諸實行，於是她買下沼澤旁的這塊土地，請來建築師打造出她最愛的威尼斯文藝復興風格，這間博物館就這樣在1903年誕生了。

目前這裡的館藏多達2,500件，其中不乏大師級的名作，像是提香的《掠奪歐羅巴》以及波提切利的《魯葵西亞的故事》等。2012年時，由義大利建築鬼才倫佐皮亞諾設計的新翼揭幕，以更明亮、寬敞的空間，提供特展、音樂會和多元節目展演。

掃地圖

芬威區 Fenway

MAP P.194B5

芬威球場

MOOK Choice

Fenway Park

大聯盟最傳奇的球場

從地鐵綠B、綠C、綠D線的Kenmore站，步行約5分鐘 4 Jersey St 賽程請詳見官網 視座位區和賽程而異 www.mlb.com/redsox/ballpark

◎導覽行程 售票處在Jersey St與Van Ness St轉角的Gate D票亭 (617) 226-6666 每日09:00開始(11~3月10:00起)，非賽日至17:00，比賽日至開賽前3小時。每小時整點出發，行程約1小時 成人$25，12歲以下$17

掃地圖

芬威球場是大聯盟美聯東區紅襪隊的主場，啟用於1912年，至今已有超過百年歷史。它是全美最古老也是最小的球場，僅能容納不到4萬名觀眾，因為建成年代久遠，當初的規劃沒有那麼多考量，又位於鬧區改建不易，使得這座球場有許多令球員又愛又恨的特點。例如左外野的距離太近，為避免全壘打滿天飛，因而築了一道37呎高的全壘打牆，被暱稱為「綠色怪物」(Green Monster)；而右外野的界外標竿則稱為「佩斯基標杆」(Pesky's Pole)，這是為了紀念「紅襪先生」強尼佩斯基在1948年擊出一支接近標竿的再見全壘打；從本壘板望出去，最遠的420呎盡頭是個詭異的三角地帶(The Triangle)，形成超級深遠的右中外野；而右外野看台上有張孤獨的紅椅，在一片綠色座位中顯得突兀，則是為了標記芬威球場紀錄中最遠的一支全壘打，由泰德威廉斯(Ted Williams)擊出的502呎距離。

不過在芬威球場的眾多傳奇中，最有名的還是令紅襪球迷扼腕憤怒的「貝比魯斯魔咒」(The Curse of Bambino)。紅襪是美聯最早的8支球隊之一，曾在1903至1918年間5度拿下世界冠軍，在1918年的世界大賽中，貝比魯斯以兩場勝投和全壘打王的貢獻，成為將紅襪送上寶座的頭號功臣，沒想到球隊老闆卻因為戲劇事業上的開銷，隔年將他以天價交易給紐約洋基隊，傳說當時忿忿不平的魯斯撂下狠話，詛咒紅襪100年內拿不到世界冠軍。獲得貝比魯斯的洋基從此平步青雲，成為大聯盟中戰績最顯赫的球隊，反觀紅襪不論實力多強，卻總是與世界冠軍擦身而過，於是貝比魯斯的魔咒一再被人們提起，而紅襪與洋基也成了大聯盟中最有看頭的世仇組合。所幸魔咒沒有真如貝比魯斯的願持續到第100年，紅襪終於在2004年重溫冠軍滋味，而後又在2007、2013與2018年三度高捧世界大賽冠軍獎盃。

芬威區 Fenway

MAP P.194B6

波士頓美術館

MOOK Choice

Museum of Fine Art

世界級的博物館之一

掃地圖

從地鐵綠E線的Museum Fine Arts站，出站即達 465 Huntington Ave (617) 267-9300 10:00~17:00（週四、五至22:00） 休 週二 成人$27，7~17歲$10，6歲以下免費 www.mfa.org

創立於1870年的波士頓美術館，是全世界最受歡迎的博物館之一，超過45萬件橫貫古今的館藏，讓它每年吸引超過百萬名訪客。美術館前身為波士頓文學藝廊，原本位於後灣區，1908年才遷入這棟新古典主義的新館內。之後博物館又陸續增建，包括1928年開幕並於1968年擴充的裝飾藝術翼、出自貝聿銘設計並於1981年開放的西翼、1997年落成的嘉德伍德庭園中庭，以及2010年才向遊客敞開大門的美洲藝術翼。

美術館內的展覽空間共分4層，以圓形大廳為中心，四周環繞著「美洲藝術區」、「古文明世界藝術區」、「亞洲、大洋洲和非洲藝術區」、「當代藝術區」以及「歐洲藝術區」，除了美洲藝術區貫穿所有樓層外，其他展區皆只占建築的1、2層。至於時序安排上，越往上層的展品，年代越接近現代。由於館藏實在太豐富，基本上很難在短時間內走完一圈，時間有限的人，不妨以下方的12件傑作為參觀重點。

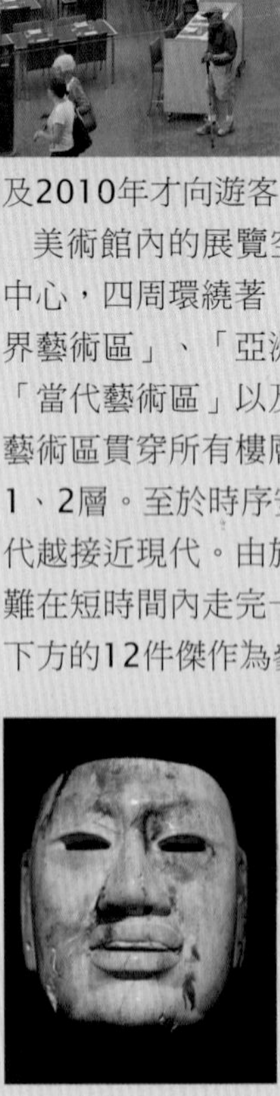

美洲藝術區
Art of the Americas

歐麥克面具 Olmec Mask

這件面具發現於墨西哥的韋拉庫魯斯(Veracruz)，年代距今大約2900~2600年。面具以硬石為材質，從上面的灰色線條推測，或許在獻祭儀式中曾經過火烤。至於面具的功用至今仍無法確定，很可能是在儀式中表演舞蹈時配戴。

橡木丘廳 Oak Hill Rooms

在這個由三間廳房組成的展覽空間裡，以符合當時風格的現代織品和壁紙，複製昔日塞勒姆富商之女Elizabeth Derby West及其丈夫Nathaniel West位於橡木丘鄉間別墅的餐廳、客廳和臥室的模樣。該別墅大約興建於1800年，由當時最知名的建築師設計，無論是裝飾華麗的傢俱，還是美麗的壁紙與地毯，都讓拜訪過的客人留下深刻印象。

湯瑪斯蘇利廳 Thomas Sully

1783年誕生於英國的蘇利，9歲時隨雙親移居美國，先後當過斯圖爾特(Gilbert Stuart)和韋斯特(Benjamin West)的學徒，然而影響其最深的莫過於英國肖像畫家湯瑪斯勞倫斯(Sir Thomas Lawrence)，也因此蘇利後來成為19世紀美國最知名的肖像畫家之一。他畫過的名人不少，包括年輕時的維多利亞女王以及美國總統傑佛遜等。在這個展覽廳裡，可欣賞他栩栩如生的筆觸，包括其最有名的《行經德拉瓦》(The Passage of the Delaware)。這幅作品完成於1819年，畫中場景為1776年的聖誕夜，華盛頓將軍出人意表地率領軍隊從賓州前往紐澤西，打算在暴風雪來臨時突襲英國軍隊，途中穿越這處因冰封而危機四伏的德拉瓦河，而蘇利則捕捉了華盛頓下馬渡河前的一幕。

沙金特廳 Sargent

沙金特(John Singer Sargent)是20世紀初知名的肖像畫家，雖然出生於佛羅倫斯，但其雙親皆為美國人。沙金特長大後在巴黎習畫，後來因其畫作《X夫人的畫像》(Portrait of Madame X)在巴黎沙龍展出時遭受批評，使他忿而轉往紐約和波士頓作畫。沙金特年輕時喜愛莫內、竇加和畢沙羅等印象派大師的作品，後來畫風受到委拉茲蓋斯的影響，而這些特色均出現在他的作品中。像是這幅1882年完成的《柏伊特的女兒們》(The Daughters of Edward Darley Boit)就是其一，該畫打破以往肖像畫的規則，以半肖像半室內畫的風格呈現，小女孩們構成一種對立的關係，其中甚至還有兩人隱藏於陰影中，融合了過去與現代的藝術風格。

波洛克廳 Pollock

抽象主義畫家傑克森波洛克(Jackson Pollock)1912年出生於懷俄明州，後來定居紐約，曾經跟隨班頓(Thomas Hart Benton)學畫。1947年，他開始以畫筆或棍棒沾滿顏料後滴在置於地板的畫布上，並隨意走動形成支離破碎或錯綜複雜的線條與網路，造就他獨一無二的「滴畫法」(drip painting)。這幅名為《1949年，10號》(Number 10, 1949)的作品，以油畫原料、瓷釉和鋁漆等媒材創作，展現移動的能量與生命力。

亞洲、大洋洲和非洲藝術區 Art of Asia, Oceania, and Africa

象頭神及其配偶雕像 Ganesha with his Consorts

這尊發現於北印度的象頭神格涅沙雕像，材質為沙岩，年代約在11世紀初。在印度教中象徵財富的象頭神，腿上坐著祂的妻子們，包括手拿蓮花、象徵繁盛的Riddhi，以及拿著盛裝甜點的碗、象徵成就的Siddhi。象頭神腳下還有祂的座騎——老鼠，正大快朵頤著掉下來的甜點。

佛寺廳 Buddhist Temple Room

279號展覽廳以類似日本佛寺正殿格局，展現日本寺廟的風情。歷史悠久的神像在昏暗的燈光照射下，充滿莊嚴而神祕的氣氛。

古文明世界藝術區 Art of the Ancient World

木乃伊 Mummies

在編號109的展覽廳中，收藏著大量木乃伊和棺木，可以一窺古埃及的王室葬儀。這具Nesmutaatneru木乃伊發現於底比斯的哈姬蘇女王神殿，年代約在西元前760~660年間，屬於第25王朝時期。包裹著麻布的木乃伊上方，覆蓋著可能是模仿神祇穿著的珠飾細工壽衣，除了木乃伊外，還可以看見其內、外棺。

奧古斯都皇帝半身像 Emperor Augustus

這尊奧古斯都過世後才完成的半身像，年代大約為西元1~2世紀，以來自希臘帕羅斯島、當時最昂貴的Lychnites大理石雕刻而成。彎曲的捲髮、柔和的骨骼結構以及沒有皺紋等細節，表現出受到希臘藝術影響的完美形象。

歐洲藝術區 Art of Europe

莫內廳 Monet

波士頓美術館中也收藏了這位印象派大師的多幅作品，包括卡蜜兒莫內身著日本和服的《日本女人》(La Japonaise-Camille Monet in Japanese Costume)、1908年所畫的《威尼斯大運河》(Grand Canal, Venice)、出現於1894年間的《盧昂大教堂》(Rouen Cathedral Façade)，以及他最知名的《睡蓮》(Water Lilies)系列等。

透納廳 Turner

1775年誕生於倫敦的約瑟夫透納(Joseph Mallord William Turner)，是英國浪漫時期的景觀畫家，年輕時便嶄露才華且獲得推崇，由於擅長使用對比色彩表現光線效果，因此有「光線畫家」(The Painter of Light)之稱。大自然現象經常成為他的題材，這幅《奴隸船》(Slave Ship)便是他最知名的畫作之一，靈感來自一首描述身陷颱風中的奴隸船的詩，以及1781年奴隸船船長Zong將生病的奴隸丟入海中以獲取保險金的真實事件。透納在畫中放大了大自然的恐怖威力，藉由熱力、翻攪的色彩以及貫穿海天的光線，產生戲劇般的效果。

當代藝術區 Contemporary Art

安納楚伊廳 El Anatsui

1944年誕生於迦納的安納楚伊，曾在迦納中部的科技大學藝術學院接受過訓練，目前是一位活躍於奈及利亞的雕塑家。經常以黏土和木頭為素材的他，在2006年時以鋁片、瓶蓋和銅線創作了這件名為《黑河》(Black River)的作品，將日常生活中的小物件變身為華麗的裝飾。

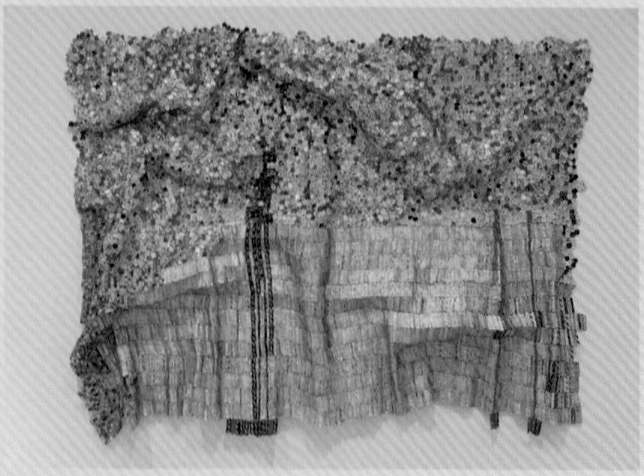

劍橋市
Cambridge

劍橋市隔著查爾斯河與波士頓的後灣區及芬威區對望，行政區劃上屬於麻州的米德塞斯郡(Middlesex County)。這裡的歷史可追溯到1630年，因為位於波士頓港上游的安全區域，得以輕易防衛來自海上敵船的攻擊，同時當地泉水也被認為具有療癒效果，於是被早期清教徒拓荒者選為定居地。而他們當年所建立的村鎮——新鎮(Newtowne)，便是位於今日的哈佛廣場上。

至於劍橋的名字則是來自於英國的劍橋大學，因為早期移民中有不少重要人士都是劍橋大學的校友，而他們也希望這裡可以像他們的母校一樣，發展成文風鼎盛的大學城。後來這裡的「新學院」果然不負眾望，成為全美首屈一指的名校——哈佛大學，再加上創立於1861年的理工科第一志願——麻省理工學院，讓美國的劍橋確實不亞於英國的劍橋，獨佔美國高等教育中心鰲頭。而畢業於這兩所學校的諾貝爾獎得主，幾乎占了歷年來所有名單的六分之一，除了吸引莘莘學子負笈前來，校園濃厚的學術氣息更讓這裡遊客如織，成為本地的旅遊賣點。

Where to Explore in Cambridge
賞遊劍橋市

MAP P.228A3

哈佛廣場
Harvard Square

大學城的青春活力

從地鐵紅線的Harvard站，出站即達　www.harvardsquare.com

17世紀時，700名清教徒在此處創立了本地第一個聚落，勾勒出劍橋市最初的輪廓。如今這個由Massachusetts Ave、Brattle St和John F. Kennedy St構成的三角地帶，已成為當地最熱鬧的商業區，餐廳、商店、咖啡館和書店林立四周，展現大學城特有的熱力和活潑氣息。

掃地圖

由於位於交通要衝，打從很久以前開始，哈佛廣場就是街頭音樂家和賣藝人聚集的場所，今日在Brattle St和Eliot St路口的人行道上，有一尊迷你的Doo Doo雕像，就是用來紀念20多年前在此表演的年輕木偶師Igor Fokin和其他街頭藝術家。至於位在廣場中央的Out of Town News報攤，其前身為哈佛廣場地鐵站的出入口，落成於1928年，儘管1981年時因地鐵站翻新工程而除役，不過已成為當地知名的歷史地標。

MAP P.194A1

哈佛大學

MOOK Choice

Harvard University

世界一流學府

從地鐵紅線的Harvard站，出站即達 www.harvard.edu

掃地圖

身為美國私立常春藤聯盟(Ivy League)名校的哈佛大學，是全美歷史最悠久的高等學府，其校史甚至比美利堅合眾國還要長。1636年草創時名為「新學院」(New College)，目的在訓練殖民地的神職人員；兩年後，一位名叫約翰哈佛的牧師臨終前，將大筆遺產和超過400本藏書捐給該校，使學院得以迅速擴充規模，為了感念其恩德，於是在1639年將校名改為哈佛學院。

由於該校早期領導者中，許多人都曾在劍橋大學接受教育，因此延續英國大學的授課方式，不過卻也符合當地的清教徒倫理。到了19世紀初隨著經營權易手，哈佛體制內的教育逐漸和宗教分離；19世紀中葉因為和聯邦主義者結盟，發展出一連串的私人社群，促成日後所謂「波士頓上流階層」(Boston Brahmin Class)的興起，並引發保守的神學人士抨擊。1869至1909年，查爾斯艾略特(Charles W. Eliot)擔任校長期間，刪除了過去教材中偏惠於基督教教義的元素，轉而讓學生自行選擇是否學習相關文化，這項改變讓教育本身更專注於人本價值和尊嚴，使每個人都有權力和能力去感知真理。這樣的變革也出現在哈佛校訓上，早期校訓為「真理」、「榮耀歸於上帝」和「為基督，為教會」，當時的校徽為兩本面上、一本面下打開的書本，象徵理性和啟示之間的關係，不過隨著信仰自由的開放，今日校徽為三本面上打開的書籍，上面寫著真理女神Veritas的名字。

目前校本部占地約85公頃，共計10所學院和1所高等研究所，其博物館藏書超過1,600萬冊，名列全美圖書館之首。在此畢業的名人不計其數，包括約翰甘迺迪和歐巴馬在內的8位美國總統和數十位富豪企業家，此外還有160多位諾貝爾獎得主曾在此受教或任職，為這所名校共創輝煌歷史。

麻薩諸塞廳 Massachusette Hall

P.228A3

掃地圖

從甘迺迪街的正門進入哈佛大學，首先出現於右手邊的紅磚樓房就是哈佛校區中現存最古老的建築，興建於1718~1720年間，最初是學生宿舍，包括約翰漢考克、山繆亞當斯等人都曾在此生活過。獨立戰爭初期和波士頓圍城期間，麻薩諸塞廳還曾作為軍營使用，昔日僅容納64名學生的空間在當時擠進了640名士兵。如今這棟建築則是行政大樓和大學新鮮人的宿舍。

約翰哈佛雕像 John Harvard Statue

P.228A3

掃地圖

在哈佛庭院(Harvard Yard)裡有棟立面寬敞的白色建築大學廳(University Hall)，一旁端坐著的便是約翰哈佛的青銅像。這位年輕人注視著前方，大腿上擱著一本攤開的書，而他略往前伸的左腳鞋面閃閃發亮，因為許多遊客總認為撫摸它會帶來好運。銅像雕刻於1884年，不過由於約翰哈佛本人沒有肖像傳世，雕刻者Daniel Chester French只好找一位哈佛學生充當模特兒。而雕像基座上寫著：「約翰哈佛－創辦者－1638年」也是另一樁爭議話題，雖然哈佛事實上並非由約翰創辦於1638年，但學校成立之初並沒有明確的創辦者，而哈佛能有今日成就，約翰的確功不可沒，因此校方也不表示異議。無論如何，這座銅像都是哈佛大學裡人氣最旺的留影處。

溫德紀念圖書館 Widener Memorial Library

P.228A3

掃地圖

哈佛校區分布著多座圖書館，其中溫德紀念圖書館是最主要的一座。在這棟布雜風格的磚造建築裡，收藏了300萬冊書籍，包括一份保存完好的《古騰堡聖經》，而光是用來放置這些書本的書架，排列起來可長達92公里。哈利溫德(Harry Elkins Winder)是1907年畢業於哈佛的書籍收藏家，在他喪生於鐵達尼號事件後，他的母親捐贈了這座圖書館，並於1915年落成啟用。

紀念教堂 The Memorial Church

P.228A3　每日09:00~17:00　memorialchurch.harvard.edu

掃地圖

今日的紀念教堂其前身為落成於1858年的艾波頓禮拜堂(Appleton Chapel)，當時參與早禱仍屬學生義務，不過到了1886年，當基督教教義與哈佛教材分離時，參與早禱便成了個人意願。如此一來，教堂對早禱來說就突然變得太大，但卻又不足以成為週日禮拜的場所。儘管哈佛大學一直想要另建一處更合適的禮拜堂，不過直到1932年才以這座教堂取代。紀念教堂紀念的是喪生於一次大戰中的哈佛畢業生，在教堂內部牆壁上可以看見這373位校友的名字，後來又陸續增加了二次大戰、韓戰和越戰中為國捐軀的哈佛畢業生紀念碑。

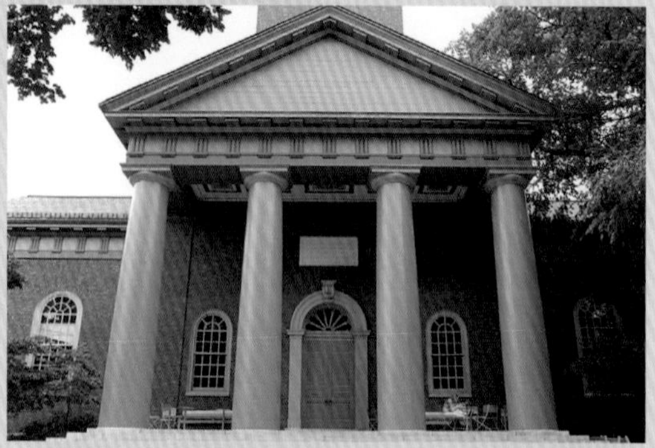

紀念廳 Memorial Hall

P.228B2

掃地圖

這棟興建於1865~1868年間的宏偉維多利亞哥德式建築，由哈佛校友William Robert Ware和Henry Van Brunt所設計，用來紀念在獨立戰爭中犧牲生命的哈佛人，裡頭包括桑德斯劇院(Sanders Theater)、安納柏格廳(Annenberg Hall)和紀念袖廊(Memorial Transept)，目前只有紀念袖廊對外開放，不過依舊讓人大開眼界。高18公尺的哥德式拱頂聳立於大理石地板上，四周牆壁裝飾著黑胡桃木嵌板，以及列名136位哈佛人的大理石板。不過最引人注目的，還是位於兩扇大門上方的彩繪玻璃，這些都是出自拉法吉、路易蒂芬尼等藝術大師之手，於1879~1902年間安裝。

皮巴迪考古學和人種學博物館 Peabody Museum of Archaeology and Ethnology

掃地圖

P.228B2　11 Divinity Ave, Cambridge　(617) 496-1027　每日09:00~17:00　成人＄15，65歲以上＄13，3~18歲＄10　www.peabody.harvard.edu　與自然史博物館共用門票

創立於1866年的皮巴迪是全世界以人類學為主題、特別是「新世界」人種學和考古學的博物館中最古老的一座，以其捐贈者麻州富商喬治皮巴迪(George Peabody)為名。1876年博物館現址落成後，又曾歷經多次擴建，如今已成為超過120萬件文物、50萬張照片以及大量文獻紀錄的家。

博物館的館藏每隔幾年就會輪換，透過這些展覽，人們可以學到不少人類學方面的知識，像是從修復獨木舟的學者身上了解有關阿拉斯加的原住民傳統、看看北美原住民初次面對歐洲人時的反應、從雕刻和紡織品等文物探索前殖民時期的美洲在地文化，以及波士頓海上貿易盛行時從太平洋島國帶回來的文物等等。

哈佛自然史博物館
Harvard Museum of Natural History

P.228B1　26 Oxford St, Cambridge　(617) 495-3045
每日09:00~17:00　成人＄15，65歲以上＄13，3~18歲＄10
www.hmnh.harvard.edu　與皮巴迪博物館共用門票

哈佛自然史博物館與皮巴迪博物館相通，可從2樓直接前往。自然史博物館創立於1998年，由哈佛大學標本館、比較動物學博物館以及哈佛礦物學博物館等3座研究博物館所組成，展示哈佛大學多年來的自然史研究收藏。

掃地圖

雖然只有1層樓的展示空間，但豐富多樣的收藏足以令人眼花撩亂，除了地球上各類生物的化石與標本，其他如各式各樣的隕石、礦石，甚至氣候變遷的影響等，全都擁有各自的

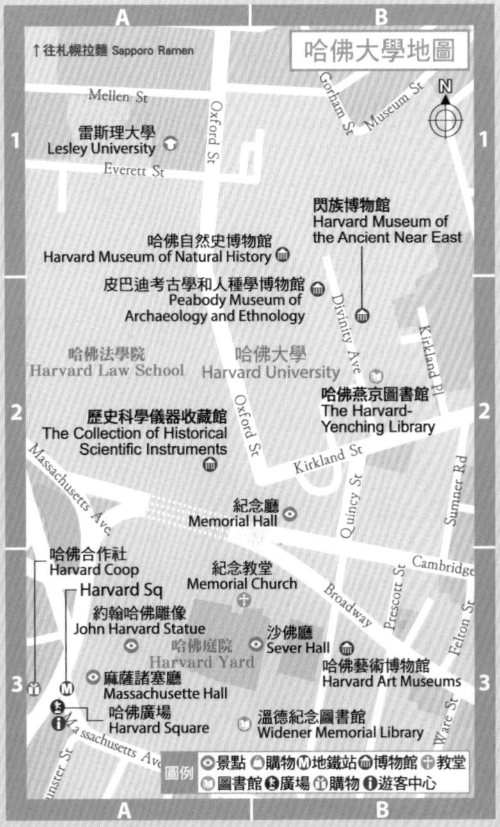

展廳。最引人注目的是玻璃花(Glass Flowers)的展覽，這一系列作品出自德國工藝家布拉斯卡父子(Leopold and Rudolf Blaschka)之手，為昔日哈佛植物博物館創辦人古德爾(George Lincoln Goodale)因教學目的委託製作的模型，共計847種植物、多達3千件成品。在這些栩栩如生的作品中，可以清楚看見葉脈、花萼、花冠、子房、雄雌蕊等細部構造，將植物的神祕世界放大於世人眼前。

其他值得一看的還包括哺乳類化石館，展示了達爾文物競天擇的進化理論；在脊椎動物古生物學館中，有隻長達42英尺的克柔龍和上三疊紀的板龍化石；至於在印度-亞洲鳥類和動物館、南美動物館和非洲館中，許多平日只出現在書本上的動物，全以標本之姿羅列眼前，由此不難理解為什麼自然史博物館是哈佛所有博物館中最受歡迎的一座。

MAP P.194B2-C3

麻省理工學院 MOOK Choice

Massachusetts Institute of Technology

理工科的第一志願

掃地圖

從地鐵紅線的Kendall/MIT站，出站即達

www.mit.edu

縮寫為MIT的麻省理工學院，於1861年時因美國工業化需求激增而創立，當初提案建校的威廉羅傑斯(William Barton Rogers)希望建立一所能快速促進科學發展的教育機構，而不只是一座專業學校，因此採用綜合技術大學模式，並著重於實驗室的教學方法。

學校最初位於波士頓，到了1916年才搬遷到現在的位置。早期學校的教學方針與工業密切結合，重視實際運用而非科學理論，到了1930年代，在校長Karl Taylor Compton和副校長Vannevar Bush帶領下，轉向物理與化學等基礎科學研究，將目光放在培養科學界和工程學界的領導者上。此外，有別於常春藤名校吸收上流家族成員為學生，MIT較傾向以中產階級家庭的優秀子弟為對象。

這樣的教育政策，使它在電子計算機、雷達和慣性導航系統方面的努力，於二次大戰及冷戰期間有目共睹，之後更在James Killian等多位校長領導下，將學術研究推往生物學、經濟學、語言學和管理學等多元領域上。如今MIT共擁有36個學術部門，成為影響世界理工圈的知名學府。該校培育出的優秀人才多不勝數，如華裔建築大師貝聿銘、前聯合國秘書長安南(Kofi Annan)，以及包括知名經濟學者克魯曼(Paul Krugman)等在內的30多位諾貝爾獎得主。

無盡的長廊 Infinite Corridor

P.194B3

掃地圖

以創辦人命名的羅傑斯樓(Rogers Building)又稱為7號建築，被視為進入校區的「大門」，原因在於該建築內有條長達250公尺的「無盡長廊」，讓人穿行其中便能往來校區間的東西翼，也因為站在入口處望到的前景「深不見底」，因而有了這樣的綽號。值得一提的是，7號建築是MIT後來擴建的部份，擁有一座非常宏偉的大廳，諮詢中心也設在這裡，大廳上方覆蓋著新古典主義式的圓頂，令人印象深刻。而在大廳進入長廊的入口旁，可以看見麻省理工學院的校徽：兩人倚靠著的碑座下方寫著「理論與實踐並重」的校訓。

麥克勞倫大樓與大圓頂 Maclaurin Building & Great Dome

P.194B3

掃地圖

位於查爾斯河畔、編號10號的麥克勞倫大樓，連同3、4號建築形成環繞基里安中庭(Killian Court)的ㄇ型結構，構成MIT最經典的取景畫面。大樓正立面有一列雄偉的愛奧尼亞式圓柱，中央圓頂的靈感來自羅馬萬神殿，裡頭則容納了一座小型圖書館和閱讀室。基於麥克勞倫大樓在整個校園裡的位置，MIT人總喜歡稱呼大圓頂為「宇宙的中心」。

禮拜堂 The Chapel

P.194B3

掃地圖

在校區內編號為W15的禮拜堂，外觀猶如一座毫不起眼的水塔。芬蘭設計師沙里寧(Eero Saarinen)以磚塊打造這棟高9公尺、不針對任何宗教信仰的禮拜堂，並在上方安置一座由Theodore Roszak創作的迷你銅鐘塔。禮拜堂四周環繞著一道淺淺的壕溝，隔離出這座寧靜之島的世界，內部呈波浪狀的牆面，以律動將視線焦點帶往中央的祭壇。高掛於祭壇後方的金屬片出自雕塑家Harry Bertoia之手，讓禮拜堂多了點神祕和浪漫的味道。

奎斯吉禮堂 Kresge Auditorium

P.194B3

掃地圖

奎斯吉禮堂和一旁的禮拜堂同樣出自沙里寧之手，兩者同時落成於1955年，然而在外觀上卻有著天壤之別。相較於禮拜堂的低調質樸，以玻璃帷幕打造的奎斯吉禮堂卻高調炫亮，特別是在天氣晴朗的日子，每個角度均反射出閃閃光芒，猶如一艘發亮的太空船，而其圓形屋頂正是以1/8天體為比例設計而成。

史塔塔中心 Stata Center

P.194B2

掃地圖

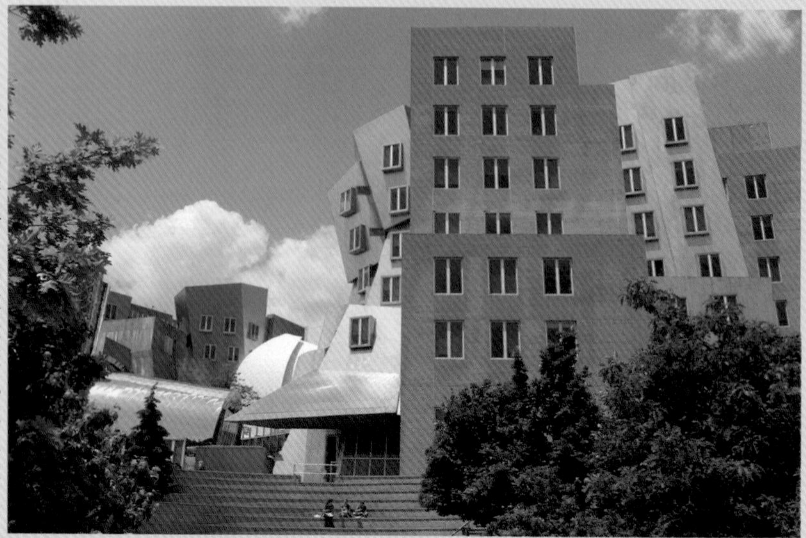

說到麻省理工最引人注目的建築，當屬編號20的史塔塔中心。這棟大樓落成於2004年，目前是輻射實驗室的家，由普立茲克獎得主法蘭克蓋瑞(Frank Gehry)設計，充分展現這位建築師最擅長的解構風格。大樓外觀猶如層層疊疊的紙盒，蓋瑞特別以變化多端的線條，展現出大膽、創新和自由的精神，並搭配銀色、黃色、棕色甚至藍天的顏色，讓這棟建築充滿童話屋般的夢幻色彩。

麻省理工博物館 MIT Museum

掃地圖

P.194C2　314 Main St, Gambrill Center, Building E-28, Cambridge　(617) 253-5927　每日10:00~17:00　成人＄18，65歲以上＄15，6~18歲＄10　mitmuseum.mit.edu

麻省理工博物館裡頭收藏了最具創意的科技和實驗成果！該博物館創立於1971年，因過去用來保存散布於學院內的歷史文物和文獻，而被稱為「MIT歷史收藏」，1980年後開始舉辦展覽並推出教育節目，才更改為今日名稱。

博物館共分3層樓，1樓是大廳和商店，2、3樓則用來展示麻省理工學院最新的研究，展覽不定期更換，主要以科學、科技和藝術方面的創新為主。像是《8位愛因斯坦》就是利用混合影像，造成大腦視覺感知的錯覺，使得不同人物的照片會在某一特定角度都變成愛因斯坦。一旁還有個角落專門展出各式各樣的測量尺，看看在過去沒有計算機或電腦的年代，工程師如何運用這些尺規計算出所需的數據。

其他展示包括全像攝影收藏，這是麻省理工學院1993年從已歇館的紐約全像攝影博物館(Museum of Holography)取得的系列作品，這些3D雷射光攝影照片說明了科技和藝術在表現手法上的進化，題材橫跨宗教、醫學與藝術等，是平常相當罕見的展覽。機器人的系列展覽也是該博物館的重點，除了許多20世紀中葉的電動機械手臂外，還能看到90年代末期MIT畢業生Cynthia Breazeal發明的Kismet機器人。

Where to Eat in Boston
吃在波士頓

市中心區 Downtown

MAP ▶ P.195F2 Union Oyster House

從地鐵橘、綠D、綠E線的Haymarket站，步行約4分鐘 41 Union St (617) 227-2750 11:00~21:00 (週五、六至22:00) 午餐＄＄＄，晚餐＄＄＄＄ www.unionoysterhouse.com

掃地圖

創立於1826年，這間全波士頓最古老的餐廳已成為當地地標！事實上早在它成為餐廳以前，矗立於此的建築便已見證無數歷史：1771年美國最古老的《麻薩諸塞探查報》創立於此，1796年後來當上法國國王的路易菲利浦也曾居住於此，而變身為餐廳後，更成了波士頓人享受生活的去處。因為緊鄰海濱，新鮮的海產自然是它最大的特色，清蒸蛤蠣、白灼龍蝦、巧達濃湯等新英格蘭美食，從甘迺迪家族到好萊塢明星麥特戴蒙，都難逃其魅力。

海濱區 Waterfront

MAP ▶ P.195G4 The Barking Crab

搭乘銀線快速公車SL1、SL2、SL3至Courthouse站，步行約3分鐘 88 Sleeper St (617) 426-2722 12:00~20:00 (週四~週六至21:00) ＄＄＄＄ www.barkingcrab.com

掃地圖

這家當地知名的海鮮餐廳，位於Fort Point Channel河畔，由一棟紅磚建築和一片半露天的帳篷區組成，洋溢著一種輕鬆熱鬧的啤酒屋氣氛，用餐時間總是擠滿人潮。龍蝦、螃蟹、干貝、淡菜、蛤蠣等以各色海鮮為食材的餐點及三明治，各種搭配選擇非常豐富，是這間餐廳最吸引人的地方。除了美食之外，餐廳在夏日夜晚還會有現場音樂表演。

市中心區 Downtown

MAP ▶ P.195F2 Boston & Maine Fish Company

從地鐵橘、藍線的State Street站，步行約5分鐘 200 Faneuil Hall Marketplace (昆西市場大樓內) (617) 723-4111 09:00~21:15 (週日至19:15) ＄＄＄ www.quicklobster.com

掃地圖

如果預算有限，無法一個人大啖整隻龍蝦，或是想嚐嚐龍蝦的另一種吃法，這間海鮮餐廳所提供的龍蝦沙拉三明治，將會是不錯的選擇。濃郁的沙拉醬中吃得到成片的龍蝦肉和蝦卵，夾在鮮綠的生菜葉和麵包內，口感清爽鮮甜，再喝一碗以玉米、雞肉等食材長時間熬煮的巧達濃湯，讓人大呼滿足，也難怪這間小小的美食攤前經常大排長龍。這裡午間也常推出龍蝦三明治搭配巧達濃湯的套餐，大約24美金，相當划算。

薩默維爾 Somerville

MAP ▶ P.195E1 Mount Vernon Restaurant & Pub

從地鐵橘線的Sullivan Square站，步行約5分鐘 14 Broadway, Somerville (617) 666-3830 11:30~20:00 (週五、六至21:00) ＄＄＄ www.mtvernonsomerville.com

掃地圖

想要奢華的大吃一頓龍蝦大餐，一定要來這間當地人經常拜訪的海鮮餐廳。餐廳位於波士頓北邊的薩默維爾，從市中心的法尼爾廳搭乘地鐵前往也不過才幾分鐘的時間，不過你會驚訝地發現，這裡的龍蝦價格比起市中心，便宜了足足將近一半，也因此許多人都是專程前來。店內分為酒吧區和餐廳區，沒有過多裝潢，不過卻有著家庭餐廳的親切氣氛。週日至週四提供雙龍蝦特餐，價格約在30美金起，儘管只是清蒸，龍蝦鮮美的肉質卻令人回味無窮。

剣橋市 Cambridge

MAP ▸ P.228A1 札幌拉麵 Sapporo Ramen

從地鐵紅線的Porter站，步行約2分鐘 1815 Massachusetts Ave, Cambridge (617) 876-4805 11:30~15:00、17:00~21:00 (週日至20:00) $ $ sapporo-ramen.business.site

掃地圖

劍橋市的波特廣場(Porter Square)一帶，有處由超市、購物中心、餐廳、書店所構成的小商圈，從這裡沿麻薩諸塞大道往哈佛大學的方向走，沒多遠便會遇見雷斯理大學(Lesley University)的大學廳(University Hall)。令人意外的是，大學廳的1樓居然林立著餐廳和商店，其中更因為多家日本餐廳相鄰而被稱為「小日本」。無論是生魚片還是壽司、丼飯、日式便當，這裡都能找得到。而這間札幌拉麵更是將日本北國濃郁的味道帶到波士頓，雖不能説百分之百原味，卻也差之不遠矣。

北角 North End

MAP ▸ P.195F2 Mike's Pastry

從地鐵橘、綠D、綠E線的Haymarket站，步行約7分鐘 300 Hanover St (617) 742-3050 08:00~22:00 (週五、六至23:00) $ $ www.mikespastry.com 只收現金

掃地圖

北角因為早期聚集大批義大利移民，而被暱稱為「小義大利」，區內林立多間義大利餐廳，其中又以Hanover St為最。而在這一片義大利美食中，最有名的甜點店要屬Mike' s Pastry，即使店內空間寬敞，仍不足以容納人潮，無論店內店外總是人聲鼎沸。長長的櫃檯陳列著色彩繽紛的義式甜點，其中又以來自西西里島的卡諾里(Cannoli)最為知名，這是把雞蛋和麵粉調合成的麵皮油炸後，包裹里考塔軟酪(ricotta cheese)，再加上草莓、巧克力、開心果等各色餡料，最適合搭配黑咖啡和濃茶享用。

北角 North End

MAP ▸ P.195F2 The Daily Catch

從地鐵橘、綠D、綠E線的Haymarket站，步行約7分鐘 323 Hanover St (617) 523-8567 11:00~21:00 (週五、六至22:00) $ $ $ thedailycatch.com 只收現金

掃地圖

The Daily Catch開業於1973年，以西西里式海鮮和義大利麵打響名號，如今已在波士頓擁有3家分店。其中位於北角的這家，是間僅能容納20人的小餐廳，由白色瓷磚和黃色牆面所構成的空間裡，高掛著手寫菜單黑板，除了幾張木頭桌椅外幾乎沒有多餘擺設。前來這裡用餐的人們，多半為的是店家自慢的墨魚麵，從它位於菜單中央最醒目的位置，便可見其招牌菜的地位。其他像是炸花枝和花枝肉丸等，也頗受好評。

北角 North End

MAP ▸ P.195F2 Giacomo's Ristorante

從地鐵橘、綠D、綠E線的Haymarket站，步行約8分鐘 355 Hanover St (617) 523-9026 12:00~22:00 (週五、六至22:30) $ $ $ www.giacomosboston.com 只收現金

掃地圖

小義大利區另一間人氣餐廳Giacomo's，和Mike's Pastry、The Daily Catch共同構成Hanover St上的美食金三角。説來誇張，由於餐廳不接受訂位，因此還沒到晚餐時段的4、5點鐘，餐廳門前就已大排長龍。小小的空間、開放式廚房、友善的服務、豐富的份量和美味的食物，是這間餐廳吸引人的地方。招牌菜包括淋上番茄醬汁的鮭魚、各式各樣以蝦入菜的餐點、炸花枝、以及南瓜義大利麵餃等，都很值得一試。

市中心區 Downtown

MAP ▸ P.195E4 檳城 Penang

從地鐵橘線的Chinatown站，步行約2分鐘 685 Washington St (617) 451-6373 11:00~21:30 (週五至22:30) $ $ www.penangcuisineboston.com

掃地圖

位於中國城裡的這間馬來餐廳，室內以木頭和竹子造景，洋溢濃濃的南洋風味，不但深受當地亞洲人歡迎，也經常可見西方人前來用餐。菜單琳瑯滿目讓人眼花撩亂，前菜光是印度煎餅就有Roti Canai、Roti Telur和Murtabak三種，此外還有沙嗲、馬來西亞蒸春捲Pebabg Poh Piah、酸辣海鮮湯和海帶湯等。主菜變化也很大，馬來西亞式排骨、芒果雞、馬來巴東牛肉(Beef Rendang)、檳城咖哩花枝等，喜愛麵食的人更不能錯過這裡的亞參叻沙麵(Asam Laksa)！

費城

Philadelphia

文 蔣育荏
攝影 周治平

Philadelphia的語源其實是希臘文，意指「友愛的城市」，因為唸起來太過繞舌而經常被暱稱為「Philly」。取這名字的，是費城建城者威廉賓恩(William Penn)，當時英國剛從瑞典及荷蘭人手中拿下新大陸的一片土地，而英王查理二世又因為欠了賓恩父親一筆錢，於是在1681年發給賓恩特許狀，讓他統治這片新領土，並以拉丁文「賓恩的林地」稱之為「賓夕法尼亞」。

賓恩是位虔誠的貴格派教徒，一生奉行該教派互助、平等的教義，作為統治階級，他並沒有為自己樹立權威，反而強調政治與宗教自由。這雖然為他個人帶來悲劇，卻埋下賓州民主思想的種子，並於90多年後開花結果。當新大陸與殖民母國劍拔弩張時，各州代表於1774年在費城召開「大陸會議」聯合向英王請願，1776年更簽署美國史上最重要的文件——《獨立宣言》。此後直到1800年華盛頓特區建設完成，除了幾次失守撤退與1785~90年間定都紐約外，費城一直都是議會與國會所在，也就是實質上的首都。而1787年《美國憲法》開始制定，到1789年正式生效，其背景也是在費城。因此說費城是美國誕生之地，一點也不為過。

今日費城觀光仍是以這段建國歷史作為主打，而厥功甚偉的賓州代表富蘭克林，更是人們引以為傲的費城英雄，幾乎滿街都可看到與他相關的事物。

費城之最 Top Highlights of Philadelphia

獨立廳 Independence Hall

這棟面積不大的古老建築，就是美國建國史上最關鍵的地點，包括《獨立宣言》與《美國憲法》，都是在這裡起草和簽署。（P.247）

瑞汀車站市場 Reading Terminal Market

美國歷史最悠久與最大的公共市場，擁有超過80個攤位，販賣不少具當地特色的食物及料理。（P.259）

費城藝術博物館 Philadelphia Museum of Art

在這棟雄偉壯觀的建築裡，收藏著西方各個時期的大師作品，是美國東岸最重要的世界級藝術博物館之一。（P.264）

賓恩博物館 Penn Museum

賓州大學附設的博物館，展示世界各地考古學上的豐碩成果，其館藏與研究地位皆在考古學界舉足輕重。（P.271）

東州教養所 Eastern State Penitentiary

這棟目前已功成身退的監獄，曾關押過包括艾爾卡彭在內等著名罪犯，除了展示從前的牢獄生活，也有不少藝術作品進駐。（P.272）

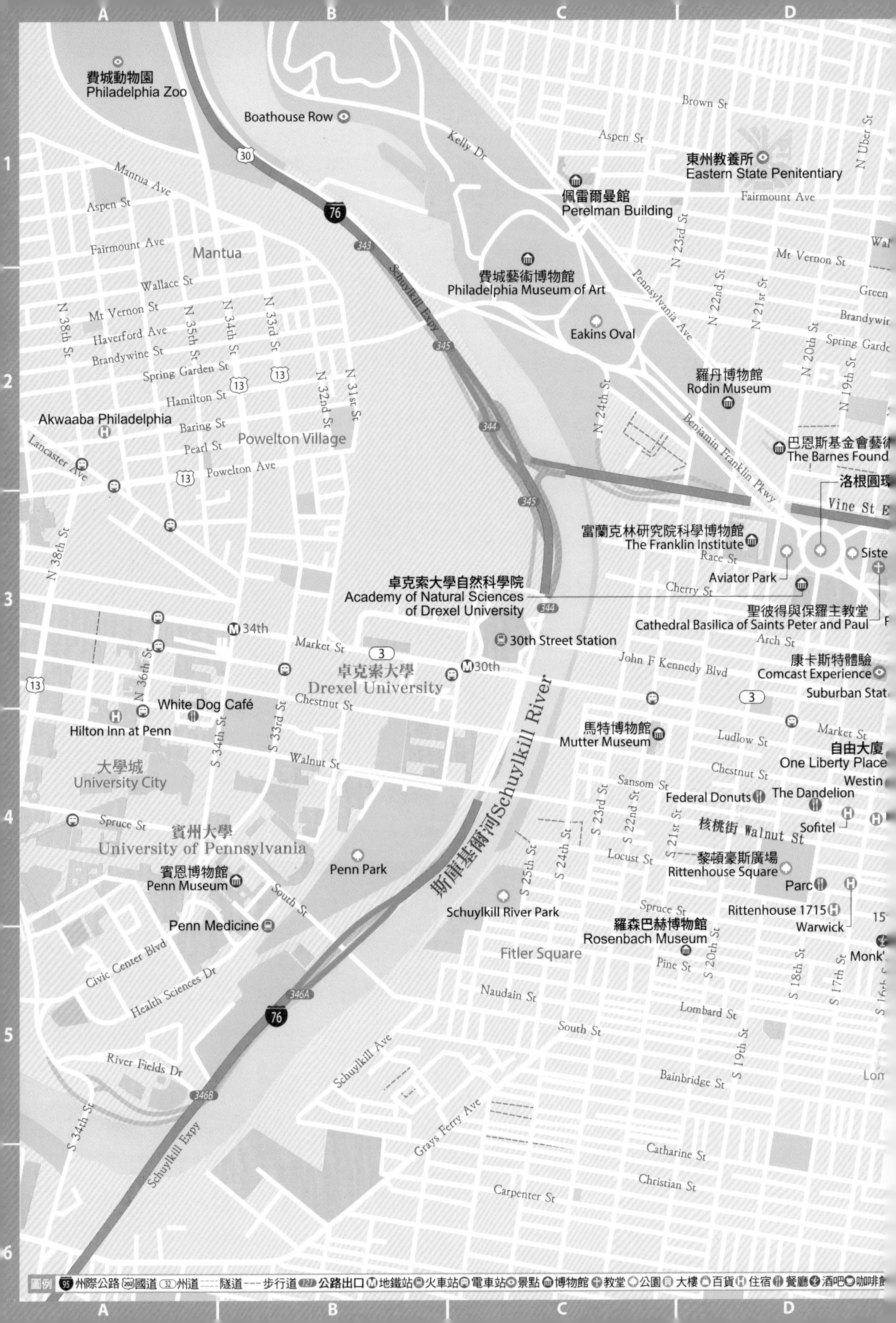
A
B
C
D
1
2
3
4
5
6
費城動物園
Philadelphia Zoo
Boathouse Row
Kelly Dr
Brown St
Aspen St
東州教養所
Eastern State Penitentiary
N Uber St
Fairmount Ave
佩雷爾曼館
Perelman Building
N 23rd St
Mantua Ave
Aspen St
Fairmount Ave
Mantua
Wallace St
Mt Vernon St
Haverford Ave
Brandywine St
Spring Garden St
Hamilton St
Baring St
Pearl St
Powelton Ave
Powelton Village
N 38th St
N 35th St
N 34th St
N 33rd St
N 32nd St
N 31st St
Schuylkill Expy
費城藝術博物館
Philadelphia Museum of Art
Eakins Oval
Pennsylvania Ave
N 22nd St
N 21st St
N 20th St
N 19th St
Mt Vernon St
Green
Brandywir
Spring Garde
羅丹博物館
Rodin Museum
N 24th St
Benjamin Franklin Pkwy
巴恩斯基金會藝術
The Barnes Found
洛根圓環
Vine St E
Akwaaba Philadelphia
Lancaster Ave
富蘭克林研究院科學博物館
The Franklin Institute
Race St
Aviator Park
Siste
Cherry St
卓克索大學自然科學院
Academy of Natural Sciences of Drexel University
聖彼得與保羅主教堂
Cathedral Basilica of Saints Peter and Paul
Arch St
34th
Market St
30th Street Station
30th
卓克索大學
Drexel University
John F Kennedy Blvd
康卡斯特體驗
Comcast Experience
Suburban Stat
N 36th St
White Dog Café
Chestnut St
Hilton Inn at Penn
S 34th St
S 33rd St
Walnut St
斯庫基爾河 Schuylkill River
馬特博物館
Mutter Museum
Ludlow St
Market St
自由大廈
One Liberty Place
Chestnut St
Westin
大學城
University City
Sansom St
Federal Donuts
The Dandelion
Spruce St
賓州大學
University of Pennsylvania
S 23rd St
S 22nd St
S 21st St
核桃街 Walnut St
Sofitel
S 25th St
S 24th St
Locust St
黎頓豪斯廣場
Rittenhouse Square
賓恩博物館
Penn Museum
Penn Park
South St
Parc
Spruce St
Rittenhouse 1715
Schuylkill River Park
羅森巴赫博物館
Rosenbach Museum
Warwick
Penn Medicine
S 20th St
Fitler Square
Pine St
Monk'
S 18th St
S 17th St
Civic Center Blvd
Health Sciences Dr
Naudain St
Lombard St
South St
S 19th St
Schuylkill Ave
River Fields Dr
Bainbridge St
Lom
S 34th St
Grays Ferry Ave
Schuylkill Expy
Catharine St
Christian St
Carpenter St
圖例 州際公路 國道 州道 隧道 步行道 公路出口 地鐵站 火車站 電車站 景點 博物館 教堂 公園 大樓 百貨 住宿 餐廳 酒吧 咖啡館

費城市中心地圖
Girard
Fairmount
Spring Garden
Race-Vine
Chinatown
11th
Jefferson Station
8th
5th
2nd
13th
15th
City Hall
Walnut-Locust
12th/13th
9th/10th
South
Callowhill
中國城
Chinatown
北自由區
Northern Liberties
老城區
Old City
獨立國家歷史公園
Independence National Historical Park
賓恩登陸處
Penn's Landing
珠寶街
Jewelers' Row
古董街
Antique Row
南街 South St
德拉瓦河
Delaware River
艾倫坡國家歷史遺址
Edgar Allan Poe National Historic Site
富蘭克林庭院
Franklin Court
班傑明富蘭克林博物館
Benjamin Franklin Museum
國家憲法中心
National Constitution Center
Franklin Square
賓州藝術學院
Pennsylvania Academy of the Fine Arts
賓州會展中心
Pennsylvania Convention Center
Le Meriden
愛之公園
Love Park
費城共濟會會所
Masonic Temple
市政廳
City Hall
費城華埠牌坊
瑞汀車站市場
Reading Terminal Market
Tommy DiNic's
基督教堂墓地
Christ Church Burial Ground
獨立公園遊客中心
Independence Visitor Center
貝蒂絲羅斯故居
Betsy Ross House
艾爾弗蘭斯巷
Elfreth's Alley
基督教堂
Christ Church
Penn's View
Franklin Fountain
Amada
Apple Hostels
梅西百貨
Macy's Center City
Loews
Barbuzzo
Elixr Coffee
Sampan
國立美籍猶太人歷史博物館
National Museum of American Jewish History
自由鐘中心Liberty Bell Center
Monaco
國會廳Congress Hall
夢幻花園馬賽克
Dream Garden Glass Mosaic
柯蒂斯中心Curtis Center
Morris House
華盛頓廣場公園
Washington Square Park
獨立廳
Independence Hall
第二銀行肖像館
Portrait Gallery in the Second Bank
Renaissance
木匠廳
Carpenter' Hall
Alexander Inn
Zahav
Hilton
獨立海港博物館
Independence Seaport Museum
巴庫納號潛艇
USS Becuna
Moshulu
Best Western Plus
費城魔幻花園
Philadelphia's Magic Gardens
Jim's Steaks South Street
美國革命博物館
Museum of the American Revolution
國家自由博物館
National Liberty Museum
Honey's Sit n' Eat
Vine St Expy
Benjamin Franklin Bridge
Delaware Expy
N Christopher Columbus Blvd
W Girard Ave
Germantown Ave
Poplar St
Parrish St
Fairmount Ave
Ridge Ave
North St
Francis St
Wallace St
Brown St
Green St
Spring Garden St
Callowhill St
Willow St
Wood St
Vine St
Spring St
Race St
Cherry St
Arch St
Filbert St
Market St
Chestnut St
Sansom St
Walnut St
Locust St
Spruce St
Pine St
Lombard St
Bainbridge St
Fitzwater St
Kater St
N Broad St
N 17th St
N 16th St
N 15th St
N 13th St
N 12th St
N 11th St
N 10th St
N Percy St
N 9th St
N 8th St
N 7th St
N 6th St
N 5th St
N Marshall St
N Randolph St
N Lawrence St
N 4th St
N Orianna St
N 3rd St
N American St
N 2nd St
N Front St
S 15th St
Broad St
S Juniper St
S 13th St
S 12th St
S 11th St
S 10th St
S 9th St
S 8th St
S 7th St
S 6th St
S 5th St
S 4th St
S 3rd St
S 2nd St
S Front St
S Christopher Columbus Blvd
遊客中心
往義大利市場 Italian Market

INFO

基本資訊

人口：約161萬(市區)
面積：約348平方公里(市區)
區域號碼：215、267
消費稅：8% (服飾、生鮮食品雜貨免稅)

如何前往——航空

目前從台灣並沒有直飛費城的班機，最簡單的方式，是搭乘聯合航空的UA872班機從桃園機場飛往舊金山(SFO)，再轉機至費城。從台北飛舊金山約11小時，從舊金山飛費城約5.5小時。

除了舊金山外，芝加哥、休士頓、丹佛和華盛頓特區杜勒斯機場等美國各大城市機場，都有飛往費城的班機。

費城國際機場 Philadelphia International Airport (PHL)

P.244A2
www.phl.org

費城國際機場位於市中心西南方，共有A西、A東、B、C、D、E、F等7座航廈。其中A西為國際航廈，有倫敦、法蘭克福等航線，其他都是飛航美加的國內線。而聯合航空使用的則是D航廈。除了F航廈外，各航廈在管制區內皆有通道相連。

機場至市區交通

SEPTA的機場線區域火車 SEPTA Airport Regional Rail Line

在A東、B、C/D、E/F航站，行李提領轉盤與登機門之間的人行通道上，可找到SEPTA的火車站入口。這條機場線區域火車可通往大學城、美鐵停靠的30th Street火車站、Suburban區域火車站及Jefferson區域火車站等。從機場到市區，車程大約25分鐘。

平日05:07~24:07，每30分鐘一班；週末06:07~24:07，每小時一班
單程＄6.75，使用Key Card＄6.5 (若上車才買票為＄8)

租車 Rental Car

包括Alamo、Avis、Budget、Dollar、Enterprise、Hertz、National等7家租車公司，都有提供免費接駁車前往，搭乘地點位於各航站行李提領轉盤外的Zone 2 (Arrivals Rd上)。

市區公車 SEPTA Bus

市區公車站牌位於A東航站至E航站行李提領轉盤外的停車場Zone 1，可搭乘37號公車至捷運BSL線上的Snyder站，或108號公車至捷運MFL線上的69th Street Transportation Center站。班距約30分鐘。

單程票＄2.5，使用Key Card＄2

計程車 Taxi

計程車在航站外的Zone 5搭乘，前往市中心Fairmount Ave以南、Washington Ave以北、斯庫基爾河以東、德拉瓦河以西的這片範圍內，公定均一價為＄28.5，每多一名12歲以上乘客加收＄1 (不含小費)。

如何前往——陸路

火車

美國國鐵在費城有2個停靠車站，分別為市中心斯庫基爾河西岸的30街車站，與市中心北邊的北費城車站。其中30街車站為費城主要的火車站，計有Acela (波士頓經紐約、費城往華府)、Carolinian (紐約經費城、華府往夏洛特)、Crescent (紐約經費城、華府往紐奧良)、Northeast Regional (波士頓經紐約、費城、華府往維吉尼亞海灘)、Pennsylvanian (紐約經費城、蘭開斯特往匹茲堡)、Silver Service (紐約經費城、華府往邁阿密)、Keystone (紐約經費城、蘭開斯特往哈里斯堡)、Vermonter (華府經費城、紐約往聖奧爾本斯)、Cardinal (紐約經費城、華府往芝加哥)。至於北費城車站則只有Northeast Regional、Silver Service、Keystone三條路線停靠。

從波士頓出發，車程約5~6小時；從紐約出發，車程約1.5小時；從華府出發，車程約1.5~2小時。

30街車站 (30th Street Station，PHL)

P.236C3

2955 Market St

北費城車站 (North Philadelphia，PHN)

P.244B1 2900 N. Broad St

美國國鐵 Amtrak

1-800-872-7245

www.amtrak.com

巴士

費城市中心的灰狗巴士站位於Jefferson區域火車站附近，有綿密的路線網通往全美各地。從紐約前往，車程約2小時；從華府前往，車程約4小時，從波士頓前往，需在紐約換車，車程約7小時。

灰狗巴士 Greyhound

1001 Filbert St

(215) 931-4075

www.greyhound.com

開車

費城的聯外公路，主要有縱貫美國東岸的I-95，和橫貫賓州至西邊俄亥俄州的I-76。從紐約開車前往約2小時，從波士頓約5小時，從華府約2.5小時，從尼加拉瀑布約6.5小時。

經過費城的公路中，I-76與I-476為計程收費路段。關於詳細通行費率，請上官網查詢：www.paturnpike.com/toll-calculator

市區交通

大眾運輸工具

費城的大眾運輸工具由賓州東南地區交通局(SEPTA)營運，包括地鐵、區域火車、電車、高速輕軌、公車等。

除了區域火車外，其他大眾運輸的車票機制均為通用，且無論遠近皆是統一票價。在車站售票機購買當日單程票(Quick Trips)或上公車付現金，每趟是＄2.5，不可用於轉乘。如果在費城待的時間夠長，

或是會頻繁搭乘大眾運輸，建議可購買感應式的儲值電子票卡Key Card，新卡價錢為＄4.95，效期3年。使用Key Card搭乘，每趟車資＄2，且在2小時內可免費轉乘1次，若需轉乘第2次也只要＄1。

Key Card除了一般儲值(Travel Wallet)外，也可加值為Pass。一日票(One Day Convenience Pass)票價＄6，可在當日搭乘8次；週票(Weekly TransPass) 為＄25.5，可搭乘56次；月票(Monthly TransPass) 為＄96，可搭乘240次。

賓州東南地區交通局SEPTA

(215) 580-7800

www.septa.org

費城地鐵圖

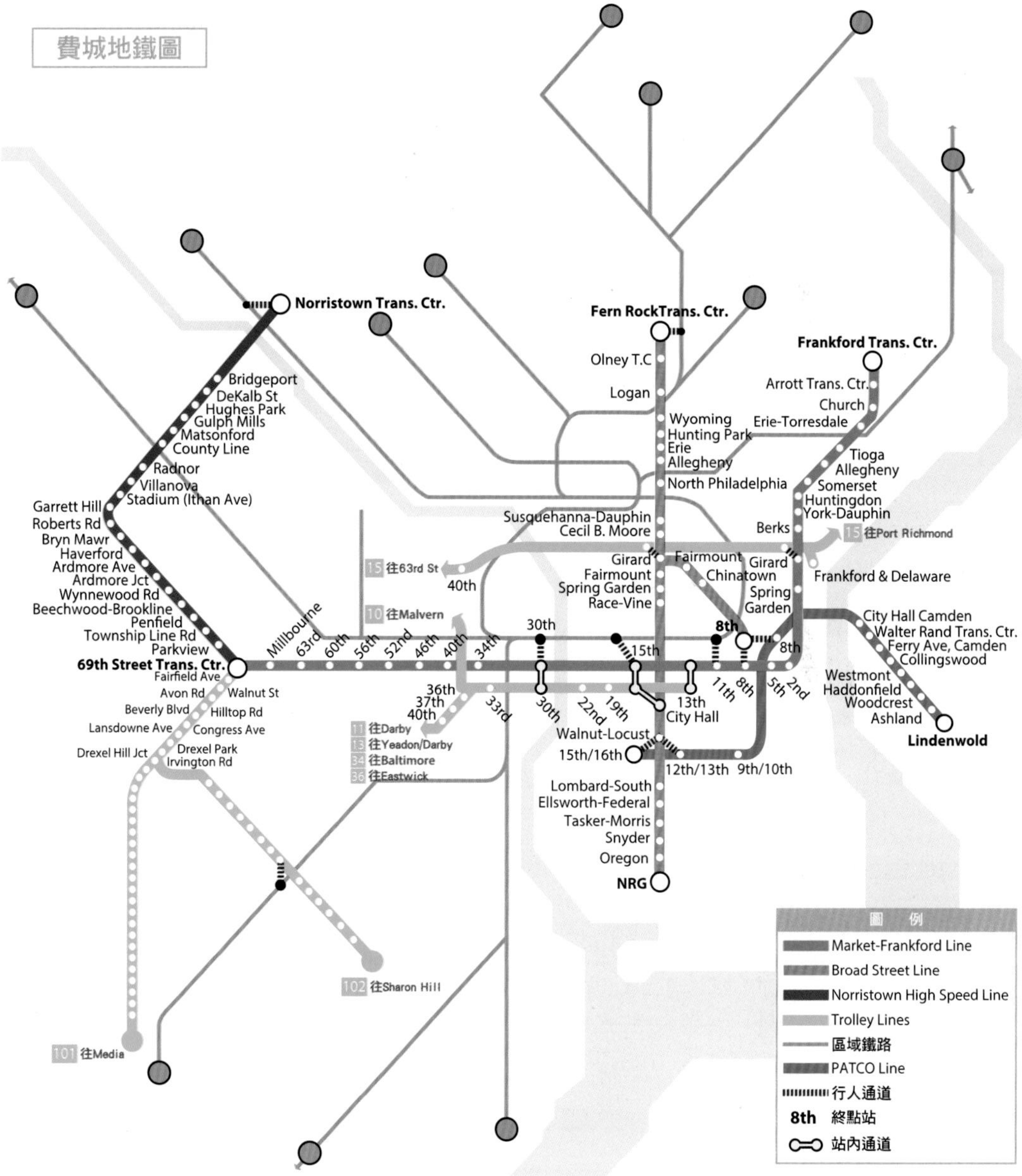

地鐵 Subway

費城地鐵只有東西向的Market-Frankford Line (MFL)與南北向的Broad Street Line (BSL)兩條，在市中心呈十字狀交會於市政廳。雖然路線極少，但費城市中心其實也不大，前往大部分景點都還算容易。

地鐵月台位於軌道兩側，部分車站內的月台沒有站內通道相連，因此務必先看清楚入口上標示的月台方向再下去。地鐵營運時間為每日05:00~24:00，平日白天約6~10分鐘就有一班，凌晨則由夜間巴士接駁。

電車與公車 Trolley Line & Bus

費城有8條電車路線與121條公車路線，以彌補地鐵之不足。其中最常被遊客搭乘的，是從市政廳前往大學城一帶的10、11、13、34、36號電車，這幾條路線在市區都是地下軌道，並常與地鐵站共用入口。另外還有行駛於Girard Ave路面上的無軌電車15號線，以及行駛於市區西郊的有軌電車101、102號線。

高速輕軌Norristown High Speed Line

SEPTA的高速輕軌連結市中心西邊的69街轉運站與費城西北邊的Norristown，一般遊客不太有機會搭乘。

PHLASH循環巴士

由於費城有些景點並不在地鐵站與電車站附近，公車路線又太複雜，這時不妨搭乘PHLASH循環巴士。PHLASH行經的景點包括：賓恩登陸處、獨立公園遊客中心、瑞汀車站市場、愛之公園、巴恩斯基金會藝術博物館、羅丹博物館、東州教養所、費城藝術博物館、富蘭克林研究院科學博物館等19個站點。

🕙4月底~9月初10:00~18:00 (5月初之前僅週五至週日營運)，每15分鐘一班

💲單程票＄2，一日票＄5，二日票(官網購買)＄9。4歲

以下及65歲以上免費
🌐www.phlvisitorcenter.com/PHLASH
可使用SEPTA Key Card的各種Pass

PATCO Line

由德拉瓦河港務局營運的PATCO列車，連結費城市中心黎頓豪斯廣場一帶與紐澤西州，共有13個車站，其中4個位於費城市區。若只在費城市內移動，單程票為＄1.4，過了德拉瓦河則依距離收費，但最多不超過＄3。若有時常轉乘PATCO與SEPTA系統的需求，可購買SEPTA的Key Card或PATCO的Freedom Share Card。

🌐www.ridepatco.org

區域火車 Regional Rail

由SEPTA營運的區域火車，通往費城大都會區的各個城鎮，是當地居民通勤的重要交通工具。費城市中心的3個主要車站，分別為瑞汀車站市場旁的Jefferson站、愛之公園旁的Suburban站，及大學城的30th Street火車站。票價分成5個區段，又有平日白天、夜間及週末之別，而且事先預購的票價又會比現場購買便宜。如有搭乘需要，可上SEPTA官網查詢票價。

計程車

費城計程車起錶為＄2.7，行駛每英里跳錶＄2.3，每趟燃油附加費為＄1，過路費另外計算。在費城若有放在後車廂的大件行李，無需另外付費，至於司機小費則是總車資的15~20%。

開車

隔開賓州與紐澤西的德拉瓦河上，靠近費城市區河段有4座橋樑，由德拉瓦河港務局(DRPA)管理，從北到南分別為Bestsy Ross Bridge (NJ-90)、Ben Franklin Bridge (I-676 / US-30)、Walt Whitman Bridge (I-76)與Commodore Barry Bridge (US-322)。這4座大橋都是西向收費，也就是從紐澤西到費城需支付過路費。如果你開的是一般自小客車，過路費為＄5，可使用E-ZPass，也有現金收費站。

觀光行程

隨上隨下觀光巴士 Big Bus Company Tour

在世界各主要觀光城市，都能看到雙層露天的大巴觀光巴士。而費城的大巴，從獨立國家歷史公園到費城藝術博物館，共有27處站點，幾乎城內所有景點都在路線上，而且乘客可在任一站上下車，解決不少在景點間移動的交通問題。

(215) 389-8687
每日09:30~16:00
1日票：成人$36，長者$33，兒童$17。2日票：成人$55，長者$51，兒童$24。3日票：成人$74，長者$68，兒童$28
www.phillytour.com
車上有中文語音導覽

歷史散步行程 Constitutional Walking Tour

這趟長約2公里的散步行程，路線包括獨立廳、自由鐘中心、貝蒂絲羅斯故居等20個歷史景點，在專業導遊解說下，對每個景點背後的歷史故事都能獲得充分認識。

集合地點在國家憲法中心正門外的石長椅
(215) 525-1776
4~11月週一至週六10:00、12:00、14:00，週日11:00、13:00、15:00，行程約75分鐘
成人$23，3~12歲$17
www.theconstitutional.com

優惠票券

以下所有票券都是在官網上購買，付款後，電子票券會寄送到電子信箱裡，可下載到手機中，或是列印下來。要特別注意的是，部分景點就算持有入場票券，仍然需要事先在官網上預約，因此安排行程時最好先上各景點官網確認。

Philadelphia CityPASS

票券內容：費城的CityPASS可在富蘭克林研究院科學博物館、國家憲法中心、東州教養所、巴恩斯基金會藝術博物館、美國革命博物館、卓克索大學自然科學院、費城動物園、Big Bus觀光巴士、與德拉瓦河東岸的探險水族館、紐澤西號戰艦博物館等10個景點或行程中，任選3、4或5個參觀，全部用上的話，可省下最多52%的費用。

效期：連續9天，自第一張票券使用起計算。

價錢：3景點：成人$52，3~12歲兒童$41。4景點：成人$68，兒童$49。5景點：成人$79，兒童$59

適合使用者：CityPASS必須所有票券全部用掉才會有省大錢的感覺，建議可優先選擇其中門票最貴的景點。

網址：www.citypass.com/philadelphia

Go Philadelphia Card

票券內容：可使用Go City的景點與觀光行程多達29個，票券分為All-Inclusive Pass與Explorer Pass兩種，前者在限定時間內可造訪所有景點，後者是只能造訪特定數量景點，但效期長達60天。

價錢：

All-Inclusive	1日卡	2日卡	3日卡	5日卡
成人	$59	$86	$103	$123
3~12歲	$36	$58	$68	$86

Explorer	3景點	4景點	5景點	7景點
成人	$55	$73	$83	$111
3~12歲	$40	$51	$63	$75

使用要領：All-Inclusive Pass去的地方愈多愈划算，以門票較貴的景點為優先；Explorer Pass則適合停留天數較長，想深入特定景點的人。

網址：gocity.com/philadelphia

旅遊諮詢

費城旅遊局 PHLCVB

1601 Market St, Suite 200
(215) 636-3300
www.discoverphl.com

獨立公園遊客中心
P.237G4
599 Market St
800-537-7676
每日09:00~17:00

市政廳遊客中心
P.237E4
市政廳內第121室
(267) 514-4757
平日09:00~17:00，部分週六11:00~16:00
目前因疫情暫時關閉中

愛之公園遊客中心
P.237E3
16th St與JFK Blvd路口
每日10:00~17:00

城市概略 City Guideline

費城市中心呈東西向的長方型，南起South St，北至Vine St，東西各以德拉瓦河與斯庫基爾河為界，西北角則以博物館大道和費爾蒙公園(Fairmount Park)突出一條長尾巴。

市中心東邊臨德拉瓦河的區域，就是當年威廉賓恩

開發費城的起點，今日第6街以東保留了不少歷史建築，包括獨立國家歷史公園中的獨立廳、國會廳等古蹟，在美國建國史上意義重大。

市中心其餘部分以市政廳為軸心，以南北向的Broad St與東西向的Market St為軸線，可分為4個區域。市政廳東北方的會展中心區有許多重要公共設施，像是賓州會展中心、瑞汀車站市場與Jefferson區域火車站等，而費城華埠也位在這裡。

市政廳東南的華盛頓廣場一帶則有不少特色街區，如Sansom St上的珠寶街(Jewelers' Row)、Pine St上的古董街(Antique Row)等，至於梅西百貨南邊的中城村(Midtown Village)則是餐廳、酒吧林立的夜生活去處。

市政廳西北是費城的博物館區，沿著班傑明富蘭克林公園大道兩旁，一路上都是收藏精彩的博物館，如巴恩斯基金會、羅丹博物館、富蘭克林研究院等，而大道路底更是世界級的費城藝術博物館。

市政廳西南的黎頓豪斯廣場則是購物中心聚集的商業區，這一帶尤以Walnut St最為熱鬧，名牌精品店、廚神級餐廳、特色酒吧與咖啡館，很多都集中在廣場周圍，不分晝夜地人潮洶湧。

斯庫基爾河西岸便是大學城，排行名列前茅的賓州大學與卓克索大學就是座落於此，而賓州大學校園裡的賓恩博物館也是費城觀光重點之一。

費城行程建議
Itineraries in Philadelphia

如果你有1天

要玩完整個費城，只有1天是絕對不夠的，因此這裡提供兩個選項：一是在歷史街區遊歷，參加獨立廳與國會廳的導覽行程，並參觀自由鐘中心、國家憲法中心、貝蒂絲羅斯故居等景點，傍晚到賓恩登陸處賞景，晚上在南街或中城村用餐。

另一個選項是參觀公園大道上的博物館，先去費城藝術博物館朝聖，再看時間參觀羅丹博物館、巴恩斯基金會、富蘭克林研究院與賓州藝術學院，晚上再去黎頓豪斯廣場周圍逛逛。

如果你有2-4天

除了上述兩個建議外，費城市區還有許多值得造訪的景點，像是瑞汀車站市場、東州教養所、賓恩博物館等，都值得好好遊覽一番。如果你有租車的話，到蘭開斯特來個兩天一夜或是當天來回的小旅行，也會是很特別的體驗。

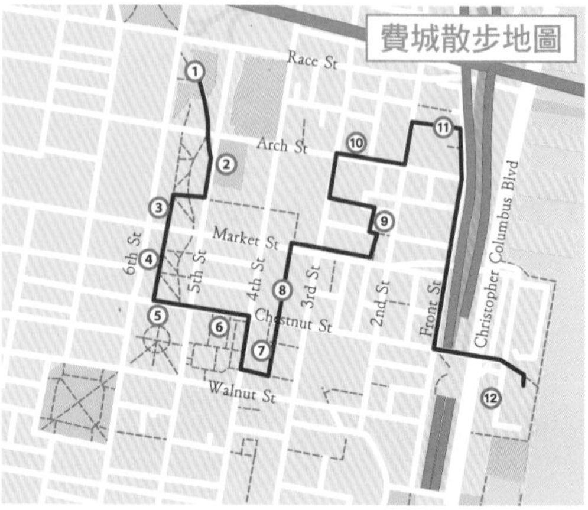

費城散步路線
Walking Route in Philadelphia

散步行程從**「國家憲法中心」**①開始，這裡展示美國最重要的法典歷史，以及建國以來的大小事。往南走到**「基督教堂墓地」**②，葬在這裡的有很多都是開國元老，其中包括大名鼎鼎的班傑明富蘭克林。再朝南不遠便是**「獨立公園遊客中心」**③，想參觀獨立廳記得先來這裡拿票。遊客中心對街就是**「自由鐘中心」**④，當初召集市民聆聽宣讀《獨立宣言》的大鐘，今日作為美國開國的象徵被保存在這裡。再過一條馬路，費城最著名的**「獨立廳」**⑤就在眼前，《獨立宣言》起草與《美國憲法》簽署，都是在這棟建築裡。

折而向東，首先看到的是**「第二銀行」**⑥故址，目前這裡用來展出建國初年的人物肖像。再往東一個路口的**「木匠廳」**⑦，是第一次大陸會議召開的地點，北面對街的**「富蘭克林庭院」**⑧則是班傑明富蘭克林故居的所在地。接著來到擁有高聳尖塔的**「基督教堂」**⑨，不少歷史上赫赫有名的人物都曾在此做過禮拜。

往北走到**「貝蒂絲羅斯故居」**⑩，這裡如今大門敞開，讓遊客走進這位第一個縫製星條旗的女士家中參觀。附近的**「艾爾弗蘭斯巷」**⑪是美國最古老且仍有人居住的街道，至今維持著18世紀初年的模樣。最後走過天橋，來到當年的**「賓恩登陸處」**⑫，以欣賞德拉瓦河岸風光作為散步行程的結束。

距離：約3.2公里
所需時間：約50分鐘

歷史街區

Historic District

費城市中心沿著德拉瓦河一帶，便是當年威廉賓恩登陸上岸的地方，他在這裡開發城鎮，建立居民地與市政組織，由此展開日後費城的輝煌歷史。今日這一區以獨立國家歷史公園為主，除了公園裡諸多與美國開國有關的歷史建築外，四周也有不少極富歷史意義的景點，像是貝蒂絲羅斯故居、艾爾弗蘭斯巷、賓恩登陸處等，古色古香的情境，使人產生回到18世紀的錯覺。而Jim’s Steaks South Street和Franklin Fountain等，則是來到歷史區一定要品嚐的費城美味。

Where to Explore in Historic District
賞遊歷史街區

MAP P.237G3-G4

獨立國家歷史公園

MOOK Choice

Independence National Historical Park

美國最富歷史意義的一平方英哩

從地鐵MFL線的5th St站，步行2分鐘至遊客中心 www.nps.gov/inde ◎遊客中心 6th St與Market St路口 (215) 965-2305 每日09:00~17:00 免費

獨立國家歷史公園由國家公園管理局管轄，號稱是「美國最富歷史意義的一平方英哩」，也是費城老城區裡最核心的組成部分。公園範圍內的重要建築不勝枚舉，像是獨立廳、國會廳、木匠廳等，在美國開國史上都佔有舉足輕重的地位，其中獨立廳更是在1979年時被列入世界文化遺產名錄中。這裡幾乎每一處角落都發生過重大事件，幾乎每一棟建築都留名歷史，而華盛頓、富蘭克林、亞當斯、傑佛遜等人的名字，三不五時就會出現，與某事某物取得關連，彷彿他們的時代從未曾遠去，而他們的靈魂始終在此地徘徊。

掃地圖

來到這裡，記得一定要先去遊客中心看看，可以先拿些資料，好讓自己對這裡的歷史有個初步了解。

獨立廳 Independence Hall

P.237G4　520 Chestnut St　每日09:00~17:00，平日每半小時、週末每20分鐘一梯導覽，行程約15~20分鐘　門票免費，但須事先上官網預約時段票入場，手續費＄1　1、2月平日無需領票，可自由入場　由於通過安檢需要排隊一段時間，因此最好在行程出發前30分鐘抵達

掃地圖

獨立廳始建於1732年，由於資金問題，直到1753年才完成。這裡最初作為賓夕法尼亞的議會，向來就是賓州權力核心，到了革命前夕，更成了風起雲湧的焦點。1775年第二次大陸會議在此召開，喬治華盛頓被任命為大陸軍總司令，翌年7月4日，眾代表們齊集在議事廳裡，通過了由湯瑪斯傑佛遜主筆的《獨立宣言》，正式與英國決裂。後來，獨立廳曾有幾年時間作為邦聯議會所在，即使在議會遷到紐約的那幾年間，這裡仍沒有失去重要性，因為1787年另一件美國史上的重要大事就在這裡進行著。那一年各州代表再次群集於獨立廳內，準備對《邦聯條例》提出修改，結果在詹姆士麥迪遜等人主導下，於9月17日簽署通過了《美國憲法》，於是美國聯邦政府正式宣告成立，也因此獨立廳常被視為「美國的誕生之地」，並以其崇高的象徵地位被印在百元大鈔的背面上。

現在參觀獨立廳，可看到當初各州代表們進行討論表決的會議室，室內陳設如今又還原為當時面貌，讓人耳邊似乎又響起慷慨激昂的辯論，彷彿又看見約翰漢考克拿起鵝毛筆，在宣言上簽下第一個名字。而當年華盛頓坐的那張椅背畫有半顆太陽的椅子，也依舊擺放在主席台上。據說富蘭克林曾私下和麥迪遜說：「我常分不清總統椅背上到底是日出還是日落，但現在我確信了，那是顆上升的太陽。」

自由鐘中心 Liberty Bell Center

P.237G4　526 Market St　每日09:00~17:00　免費　可向管理員要求中文影片導覽

掃地圖

自由鐘最初懸掛在賓州議會(即今日的獨立廳)塔樓上，用以召集議員前來開會。儘管歷史學者提出否定證據，但一般人相信1776年的7月8日約翰尼克森(John Nixon)宣讀《獨立宣言》時，曾敲響此鐘集合市民聆聽，因此這座鐘便被視為美國獨立與自由的象徵，在人們心中擁有崇高的地位。鐘體上的銘文刻著：「直到各方土地上的所有居民均宣告自由」，這句話語出《舊約・利未記》，後人也因此稱這座鐘為「自由鐘」。

雖然自由鐘作為一種象徵符號，擁有固若金湯的地位，但是它本身卻並未同樣堅固。1752年當它從英國送來費城時，就被發現裂痕，幾經重鑄修補，裂痕仍不斷出現，甚至愈來愈大，到了1846年華盛頓誕辰紀念時，裂痕已大到使它敲不出聲響，只好宣告退休。為了保存這別具意義的象徵物，2003年將它移至新建成的中心裡，以供來自四面八方的民主信徒們膜拜。

國會廳 Congress Hall

掃地圖

P.237G4　Chestnut St與6th St路口　每日09:00~17:00 (參議院為10:00~16:00)，每20分鐘一梯導覽，行程約15~20分鐘　免費，無需領票　1、2月沒有導覽，自由參觀

國會廳位於獨立廳西側，建於1787~1789年，最初只是要當作法院使用，但在1790~1800年費城作為美國首都期間，這裡卻是美國國會所在，也因此被稱為國會廳。在這裡所通過最重要的法案，當屬1791年的《權利法案》(Bill of Rights)，而喬治華盛頓連任總統與約翰亞當斯的總統就職典禮，也是在國會廳中舉行。

參觀國會廳必須加入導覽行程，一樓是從前的眾議院議場，二樓則是參議院與議員助理的辦公室。早期國會常稱參議院為「上面的房間」，就是出於這個典故。

國家憲法中心
National Constitution Center

掃地圖

P.237G3　525 Arch St　(215) 409-6600　10:00~17:00　休 週一、二　$ 成人$14.5，65歲以上$13，6~18歲$11　constitutioncenter.org

這是美國唯一以《美國憲法》為主題的博物館，就位於憲法誕生的獨立廳附近，不過當初的憲法原稿並不是收藏在這兒，而是保存在華盛頓特區的國家檔案館裡。

此處展覽包括一部360度螢幕的多媒體影片「自由崛起」，在短短17分鐘內，就讓觀眾身歷美國建國2百多年來的各個重要事件。這部影片每30分鐘播放一次，直至閉館前1個小時。至於主展覽則是「我們人民的故事」，透過各種互動式陳列，增進美國人的公民意識。例如利用觸碰式螢幕了解各行各業對美國國家的形塑，以及從大螢幕上觀看自己正在宣誓就職美國總統等。

而簽署者大廳(Signers' Hall)則有42尊等比例大小的銅像，包括華盛頓、富蘭克林等各州代表，或站或坐，或交談或沉思，重現當年簽署憲法前的場面。而遊客也可以加入他們的行列，一起見證這美國史上的偉大時刻。

©NPS提供

第二銀行肖像館
Portrait Gallery in the Second Bank

P.237G4　420 Chestnut St　$ 免費，無需領票　! 目前暫時關閉中，預計2023年6月重新開放

掃地圖

這棟仿希臘式的雄偉建築建於1824年，當時是美國第二銀行總部。目前這裡作為國家肖像館的分館，展出包括喬治華盛頓、第一夫人多莉麥迪遜、名畫家查理威爾森皮爾(Charles Willson Peale)、莫霍克族酋長約瑟布蘭特(Joseph Brant)等人在內的100多幅美國早期名人肖像畫。

富蘭克林庭院
Franklin Court

P.237G4 入口在Market St與Chestnut St上(3rd St與4th St之間)

掃地圖

在富蘭克林84歲的生命裡，最後20年就是住在這裡，當時他在大陸會議與國會中擔任賓州代表，因此也是他人生中最重要的時期。可惜1812年時，他的子孫不願維護老宅而將其故居拆除改建，只留下地基與糞坑，標示從前房子存在的位置。1976年時，費城出身的普立茲克獎得主文丘里(Robert Venturi)，利用框架組建出從前的房屋輪廓，讓後人不致憑空想像故居的樣貌。

而在庭院北側有棟富蘭克林郵局(B. Free Franklin Post Office)，這間以殖民時代為主題的郵局，是還在運作的郵局中唯一不升美國國旗者，這是因為當1775年富蘭克林被任命當郵政部長時，星條旗尚未問世。郵局二樓還有個小巧的博物館，展示郵政歷史與文物。

班傑明富蘭克林博物館
Benjamin Franklin Museum

P.237G4 位於Franklin Court 每日09:00~17:00 成人$5，4~16歲$2

掃地圖

班傑明富蘭克林不但是位政治家、外交家，他同時也是成功的作家、出版商與發明家，最有名的事蹟就是在雷雨天裡放風箏，以證明電的存在。這間近幾年才成立的博物館，以手工藝品、電腦動畫及各種互動式展覽，讓遊客認識這位開國元老多采多姿的生平。

©NPS提供

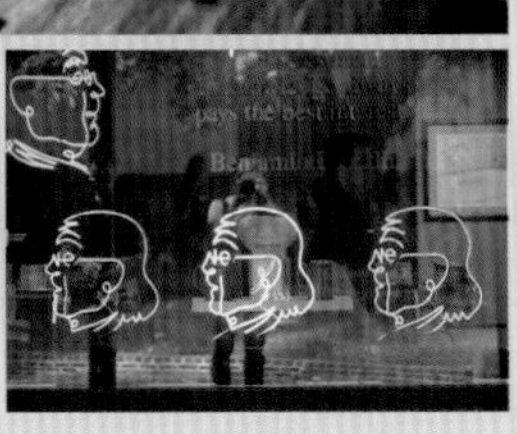

國家自由博物館
National Liberty Museum

P.237G4 321 Chestnut St (215) 925-2800 10:00~17:00 休週二、三 成人$12，65歲以上$10，6~17歲$6 www.libertymuseum.org

這間由出版家博羅斯基(Irv Borowsky)所創立的私人博物館，建築前身為一棟銀行，在4層樓的空間裡，以各式各樣的藝術作品及主題展覽，例如來自集中營的藝術創作等，企圖展現自由這個概念人性化的一面，讓人反思沒有自由的世界，藉以探求自由的邊界，與自由對今日人們所帶來的意義。其鎮館之寶是一尊高達6公尺的玻璃作品「自由之火」(The Flame of Liberty)，出自玻璃藝術大師奇胡里(Dale Chihuly)之手，而環繞自由之火的，則是在不同背景下捍衛自由的英雄事蹟。

掃地圖

基督教堂 Christ Church

P.237G4 ◎教堂 20 N. American St (215) 922-1695 12:00~16:00 休週一、二 $成人＄5，12歲以下＄2 www.christchurchphila.org 週日門票自由捐獻 ◎墓地 4th St與5th St之間的Arch St 12:00~16:00 休週一、二及1、2月 $成人＄5，12歲以下＄2。導覽行程：成人＄8，兒童＄3

掃地圖

基督教堂始建於1695年，是美國第一座聖公會教堂，也是美國聖公派教會的誕生地。教堂在18世紀初葉改建後，以其60公尺高的尖塔，成為殖民地最高建築達83年之久。作為費城最主要的教堂，包括喬治華盛頓、班傑明富蘭克林、羅伯莫里斯、貝蒂絲羅斯、班傑明羅許等人，都曾在這裡做過禮拜，因而常被稱為「國家教堂」(Nation's Church)。

教堂墓園位在約兩個路口外的國家憲法中心對面，埋葬於此最有名的人物，就是班傑明富蘭克林。時至今日，班傑明與其妻子笛波拉(Deborah)的墓上依舊放滿了銅錢與鮮花，可見美國人對他的敬重與懷念，兩百年不減。

©Museum Of the American Revolution 提供

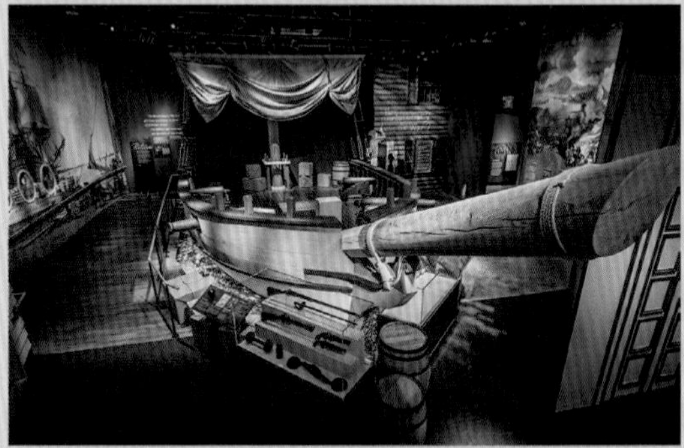

©Museum Of the American Revolution 提供

©Museum Of the American Revolution 提供

©Museum Of the American Revolution 提供

美國革命博物館
Museum of the American Revolution

P.237G4 101 S. 3rd St (215) 253-6731 每日10:00~17:00 $成人＄24 (官網購票＄21)，65歲以上＄19，6~17歲＄13 www.amrevmuseum.org 出示Key Card可折抵＄2

這間致力於介紹美國革命歷史的博物館，開幕於2017年4月19日，而這一天正是美國獨立戰爭的第一戰：列星頓與康科德戰役的242週年紀念日。博物館中收藏了數千件展品，包含大量獨立戰爭時期的槍支武器、信件、手稿、文獻記錄、軍旗、藝術品等，全都按照時間順序一一展開，帶領遊客從1760年代殖民地與英國之間的衝突矛盾，一路走向1776年《獨立宣言》與英國決裂，再來到1783年美國正式建國。除了風起雲湧的政治事件與軍事戰役，也介紹了不少當時的社會生活與文化思想，其中一間展廳甚至還複製了一棵原尺寸大小的波士頓自由樹。

最重要的一件館藏是喬治華盛頓的大營帳，這頂帳篷是華盛頓在獨立戰爭期間所使用的營房兼司令部，目前在博物館中作為劇場舞台的背景，而這個劇場所放映的便是華盛頓從將軍到總統一路以來的歷程故事。

掃地圖

木匠廳 Carpenters' Hall

P.237G4 320 Chestnut St (215) 925-0167 10:00~16:00 休週一及1、2月的週二 $免費 www.carpentershall.org

這棟喬治亞式風格的兩層樓磚造建築，是費城最古老的行會木匠公司的產業，大約建於1770年。1774年第一次大陸會議就是在這裡舉行，當時英國國會針對波士頓茶葉事件通過了《強制法案》，為了做出回應，各州代表們在這棟會議廳裡起草了《權利宣言》與《致喬治三世請願書》，揭開了美國獨立的序幕。而就是在這裡，派屈克亨利發表了如下演說：「維吉尼亞人、賓夕法尼亞人、紐約人、新英格蘭人之間的區別已不再存在，如今我已不是維吉尼亞人，我是美國人！」可說是美國國族最早的身份認同。

而木匠廳旁還有間軍事博物館(New Hall Military Museum)，展示過去美國各軍種的武器、制服與旗幟等，同樣免費參觀。

掃地圖

MAP P.237G4

貝蒂絲羅斯故居

MOOK Choice

Betsy Ross House

縫製第一面美國國旗

從地鐵MFL線的2nd St站，步行約5分鐘 239 Arch St (215) 629-4026 10:00~17:00 休週二 $成人＄8，長者及兒童＄6，語音導覽則每人多收＄2 historicphiladelphia.org/betsy-ross-house

掃地圖

貝蒂絲羅斯是美國史上最出名的女性之一，因為人們普遍認為，美國第一面星條旗就是出自她的手藝。這個故事原本只流傳於羅斯的家族之間，直到一個世紀後，她的孫子將文獻送交費城歷史學會，才廣為世人所知。故事是這樣的，羅斯在革命前已是位相當成功的室內設計廠商，並和喬治華盛頓相識，1777年的某天，華盛頓走進她的店裡，指派她縫製新國家旗幟的任務，後來她的設計獲得議會通過，第一面美國國旗於焉誕生。雖然羅斯的故事並沒有其他文獻佐證，但關於星條旗的誕生也同樣缺乏資料否定，而在以男性為主的美國建國史中，羅斯的女性角色格外鮮明，使她成為美國家喻戶曉的人物。

這棟建於1740年左右的排屋，今日以骨董傢俱、複製品與羅斯個人所有物，還原成1777年時的樣貌。遊客可以看到羅斯房間中堆放的布匹與縫紉工具，想像她當年臨危受命的情景，尤其1777年費城曾遭英軍佔領，羅斯必須讓出屋內部分空間給英軍進駐，使得縫製工作更加危險，因而也讓羅斯的故事染上些許英雄色彩。

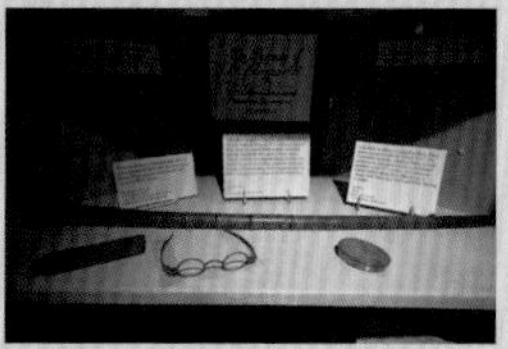

MAP P.237H4

艾爾弗蘭斯巷

Elfreth's Alley

回到18世紀初

從地鐵MFL線的2nd St站，步行約4分鐘 ◎**艾爾弗蘭斯巷博物館** 126 Elfreth's Alley 4~10月週五至週日12:00~16:00 成人$3，7~12歲$2 www.elfrethsalley.org 手機下載語音導覽為$3

掃地圖

在Front St與2nd St之間有條狹小的巷弄，看似尋常人家，卻有種說不出的古樸氣質。小巷以Jeremiah Elfreth為名，他是18世紀初的一位鐵匠，也是這條巷子的產權所有人。3百年來這裡幾乎維持原樣，32戶混合喬治亞式與聯邦式樣的紅磚建築，加上以鵝卵石鋪就的路面，皆是當時勞工階級住宅區的典型風格。如今這裡以「全美國最古老且仍有人居住的巷道」聞名於世，每天都吸引不少觀光客前來遊賞，如果想了解這裡更多一點，巷子中還有間小小的博物館開放。不過也請記得，艾爾弗蘭斯巷仍是當地居民住家，參觀時請保持安靜。

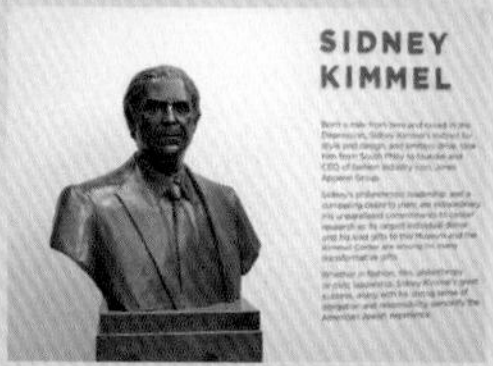

MAP P.237G4

國立美籍猶太人歷史博物館

Weitzman National Museum of American Jewish History

當猶太人來到新大陸

從地鐵MFL線的5th St站，出站即達 101 South Independence Mall East (5th St與Market St路口) (215) 923-3811 10:00~17:00 休 週一至週四 免費 theweitzman.org 10:00、14:00有專人導覽

掃地圖

這間博物館記錄了350年來猶太人來到新大陸的故事，透過1200件實物陳列、30部影片和13個互動式展品，遊客可以了解這群移民曾經面臨的抉擇與挑戰，他們一方面是如此渴望自由，一方面又得重新適應生活，當美國的環境改變了他們固有的習慣時，他們的努力也同時形塑了美國文化。

想知道猶太人對美國有哪些貢獻，可以在一樓大廳中的猶太名人堂找到答案，包括物理學家愛因斯坦、導演史蒂芬史匹伯、音樂家倫納德伯恩斯坦、道奇投手山迪柯法斯、作家以撒辛格、歌手芭芭拉史翠珊、化妝品企業主雅詩蘭黛等，都有他們使用過的個人物品在這裡展示。

MAP P.237F4

夢幻花園馬賽克

Dream Garden Glass Mosaic

兩位大師攜手下的傑作

掃地圖

搭乘地鐵MFL線至5th St站，步行約6分鐘 601 Walnut St (在The Curtis Center中，靠近6th St的入口) 07:00~18:00 休週末

夢幻花園原本是柯蒂斯出版社(Curtis Publishing Co.)的私人產物，當柯蒂斯新大樓於1916年建成時，該社請來田園風插畫家帕里什(Maxfield Parrish)來繪製壁畫，但單純的壁畫似乎無法滿足出版社，於是他們又聘請玻璃藝術大師蒂芬尼(Louis Tiffany)將壁畫重製成馬賽克作品。蒂芬尼使用了10萬片法夫萊爾玻璃(Favrile Glass)，共260種顏色，手工拼貼成這面長4.6公尺、寬14.9公尺的巨作，頓時讓柯蒂斯的新大樓門庭若市。1998年時賭場大亨史蒂夫永利買下這幅作品，打算運到旗下賭場，得悉消息的賓州藝術學院立刻出價350萬美金買回，使夢幻花園得以留在柯蒂斯大樓內。

MAP P.237E5-G6

南街

South Street

兼容並蓄，無所不包

掃地圖

從地鐵MFL線的2nd St或5th St站，步行約15分鐘

南街是費城市中心的南緣，最熱鬧的地方集中在東邊，從Front St開始一直到Broad St，近年來更有往Broad St以西延伸的趨勢。這裡最大的特色是什麼都有，就是沒有單調，300多間店面、60多家餐廳，賣的東西、走的風格幾乎沒有重複，吸引不同族群、不同年齡、不同職業的人一同走在大街上。同時這裡也開了不少藝廊與表演場地，無論你喜歡的是龐克還是爵士，感興趣的是前衛還是傳統，這裡都能找到心頭好。附帶一提，費城起司牛肉堡老店Jim's Steaks，就是在南街與第4街的路口上。

MAP P.237H4-H5

賓恩登陸處

MOOK Choice

Penn's Landing

來趟悠閒的河濱散步

掃地圖

從地鐵MFL線的2nd St站，步行約6分鐘
www.delawareriverwaterfront.com

這片位於德拉瓦河畔的公園，便是1682年威廉賓恩上岸的地方，可經由Chestnut St與Walnut St東端的天橋前往。天橋盡頭的大廣場在夏天經常舉辦各種活動，像是免費露天電影院、音樂演唱會與文化節慶等，即使沒有表演，人們也喜歡坐在看台或石椅上，眺望寬闊的德拉瓦河景與對岸紐澤西的天際線。

而在獨立海港博物館以南的區域，則稱為港灣公園(Harbor Park)，堤防內有出租天鵝船，每30分鐘租金10美元。公園裡有不少以貨櫃改裝的餐飲店家，讓遊客坐在碼頭的露天座位上，悠閒地享用餐點。不過最搶眼的還是那艘打造於1903年的四桅帆船Moshulu，今日已被改裝為景觀餐廳，供應當代新美式料理。

獨立海港博物館
Independence Seaport Museum

P.237H5 211 S. Columbus Blvd (215) 413-8655 每日10:00~17:00 成人$18，3~17歲及65歲以上$14 www.phillyseaport.org **◎ 巴庫納號潛艇導覽** 每日11:00、13:00、15:00出發 $12 **◎ 奧林匹亞號引擎室導覽** 每日14:00、16:00出發 $15

獨立海港博物館展示費城的海事歷史，陳列主題包括船隻原理、船舶模型、海上生活與遠洋貿易等。當中也有不少互動式的展品，以及一間小型造船廠，供遊客現場觀看早期木造船舶的打造過程。

報名行程還可登上停靠在港灣公園旁的巴庫納號潛艇(USS Becuna)，這艘潛艇自1944年起服役於美國海軍，曾在二戰時期執行過5趟太平洋任務，1969年退役後被移至賓恩登陸處碼頭旁，並成為博物館的一部分開放供民眾登船參觀。而停泊在巴庫納號旁的，是奧林匹亞號巡洋艦(USS Olympia)，這艘船打造於1892年，曾參與過美西戰役，後來在1922年時退役，目前也開放引擎室讓人參觀。

掃地圖

會展中心區
黎頓豪斯廣場
華盛頓廣場

費城市中心

Center City

在賓州會展中心附近，是費城繁忙的商業地段，這裡最熱鬧的就是擁有眾多美味食堂的瑞汀車站市場。而市場東北邊的中國城也不遑多讓，口味道地的亞洲餐館與極具風格的東方商行，讓街道上總是不乏西方臉孔。而南邊的華盛頓廣場是座綠意盎然的小公園，附近的古董街(Antique Row)與珠寶街(Jewelers' Row)都是這一區的特色街道。到了夜晚，梅西百貨南邊的中城村(Midtown Village)裡餐廳、酒吧紛紛開張營業，人潮更是洶湧。

市政廳西南方的黎頓豪斯廣場一帶，遍布高級精品店、法式餐館、露天咖啡座與特色酒吧，白天這裡是悠閒的公園與富有朝氣的購物街道，晚上更成了熱鬧的夜生活聚會地點。

Where to Explore in Center City
賞遊費城市中心

MAP P.237E4

費城共濟會會所

Masonic Temple

建築與市政廳相輝映

搭乘地鐵MFL線，或10、11、13、34、36號電車至15th St站，或地鐵BSL線至City Hall站，步行約4分鐘 1 N. Broad St (215) 988-1900 10:00~15:00每小時一梯導覽(12:00除外) 休週日、一 $成人＄15，65歲以上＄10，6~12歲＄5 pamasonictemple.org

掃地圖

這裡是共濟會賓州總會所在，奠基於1868年，只花了6年時間便告完工。會所中世紀諾曼式的建築外觀，華麗而又不失莊嚴，大膽卻又結構完整，尤其是線條繁複的花崗岩門廊，令人望之讚嘆，很難想像負責設計的建築師James H. Windrim，當時年僅27歲。要參觀會所內部必須參加導覽行程，裡面還有間小型博物館，展示費城共濟會的歷史與文物。

MAP P.237E4

市政廳

MOOK Choice

City Hall

美國最氣派的市政府

掃地圖 ◎搭乘地鐵MFL線，或10、11、13、34、36號電車至15th St站，或地鐵BSL線至City Hall站，出站即達 ⌂Broad St與Market St交會處 ◎遊客中心 ⌂位於121室 ◎09:00~16:30 休週末 ❗內部導覽行程及市府塔觀景台目前因疫情緣故，暫停開放

費城宏偉氣派的市政廳，位於市區兩條最重要道路Market St與Broad St的交會處，在地理上居於全城的中心位置。這棟第二帝國風格的建築由蘇格蘭裔建築師John McArthur, Jr.設計，自1871年開始動工，但由於規模浩大，直到30年後的1901年才落成。大樓北側帶有一座高167公尺的塔樓，原本興建時打算使它成為世界最高建築物，然而在建造過程中卻先後被華盛頓紀念碑與艾菲爾鐵塔超越，不過若是以樓房標準來說，直到1908年之前它都是世界第一高樓。同時這棟建築並非由鋼筋水泥支撐，主體以大理石砌造，塔頂是熟鐵框架結構，目前在世界上是僅次於都靈安托內利尖塔的第二高磚石建築。

市政廳最有特色的標的，就是塔頂高11公尺的威廉賓恩銅像，雕塑者為Alexander Milne Calder。雖然賓恩像距離地面遙遠，通常只能看到輪廓，但其實這尊雕像有著不可思議的精緻細節，包括五官表情、衣飾皺褶、甚至賓恩手中特許狀上的文字，全都一絲不苟地刻了出來。而賓恩面朝著的東北方，便是他當年與原住民簽約之地。過去費城的城市建設有個不成文的規矩，就是任何建築在高度上都不能超過賓恩雕像，然而1987年自由大廈(Liberty Place)卻打破行規，為求問心無愧，新高樓的頂部也放了尊小型賓恩像。

今日來到市政廳，可在121室的遊客中心報名參加導覽行程，走訪市長接待室、交誼廳、幹部會議室與州最高法院，也可登上塔頂觀景台，俯瞰費城的城市風景。

MAP ▶ P.237F3-F4

中國城

Chinatown

想吃家鄉味的來這裡

掃地圖

從地鐵MFL線的11th St站，步行約5分鐘

北起Vine St，南迄Arch St，東自7th St，西至Broad St

費城中國城的歷史可上溯自19世紀中，當時開始有廣東的移民來到這裡，以經營餐館及洗衣店營生。隨著華人移民愈來愈多，中國城的範圍也愈來愈大，成為美國有名的華埠之一。位於第10街與Arch St路口的友誼門，是1984年天津送給姐妹市費城的禮物，這是美國第一座以中國傳統工法建造的道地牌樓，也是費城中國城的地標。中國城內以第10街、Arch St與Race St上最為熱鬧，除了中國餐館，也有不少日、韓、越、泰料理，像是峨嵋、蘭州拉麵、點心園等，都是這裡的人氣店家。

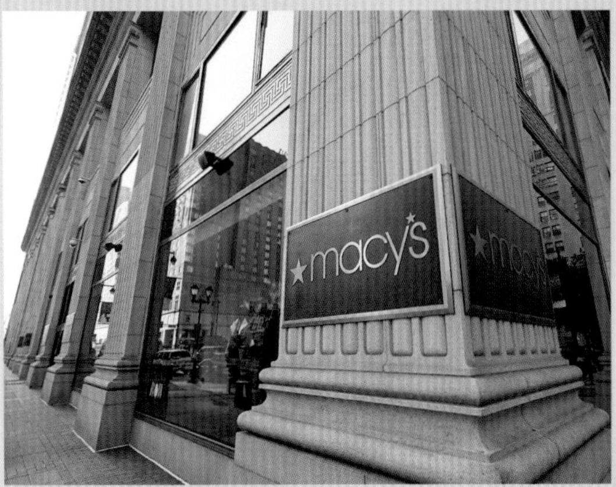

MAP ▶ P.237E4

梅西百貨

Macy's Center City

古蹟中的購物之旅

掃地圖

搭乘地鐵MFL線，或10、11、13、34、36號電車至13th St站，出站即達　1300 Market St　(215) 241-9000　週一至週六10:00~21:00，週日11:00~19:00　l.macys.com/philadelphia-pa

◎ **管風琴演奏**　週一、二、四、六12:00、17:30，週三、五12:00、19:00

費城這棟梅西百貨的前身，正是大名鼎鼎的沃納梅克百貨公司(Wanamaker Department Store)，由有「百貨公司之父」稱號的約翰沃納梅克興建於1902年，在當時是全球首屈一指的購物商場。在這裡血拼之餘，還可以看到目前世界最大的管風琴，這座管風琴第一次演奏是在1911年時，一百多年來演奏不歇，直到今日，每天仍能聽見兩次它莊嚴和諧的琴聲。另一件著名之物，是大廳裡的那隻銅鷹，這是德國名雕刻家高爾(August Gaul)的作品，約翰沃納梅克於1904年在聖路易世界博覽會上將它買下後便擺放在這裡，經常成為人們相約時的指定標的物。

MAP P.237F4

瑞汀車站市場 MOOK Choice

Reading Terminal Market

美國最大且最古老的公共市場之一

掃地圖

從地鐵MFL線的11th St站，步行約4分鐘 1136 Arch St (215) 922-2317 每日08:00~18:00 www.readingterminalmarket.org

1892年，瑞汀鐵路公司在費城車站的鐵軌下方，設立了一座面積廣達78,000平方英呎的室內市場，當時共有800多個攤販，各自兜售來自當地的新鮮農產，以及海外進口的特色食材，肉類、起士、蔬果、海鮮、香料、花卉，加上各式熟食與麵包，讓這裡每日熙熙攘攘，而上瑞汀車站市場買菜與用餐，也成了費城市民好幾代以來的生活傳統。

然而1971年，瑞汀鐵路聲請破產，市場於是迅速沒落，到了70年代末，市場裡只剩下23個攤商。80年代瑞汀公司決定著手修繕，並協同SEPTA將鐵路自市場上方移開，在市場旁另建一座市場東火車站(Market East，即今日的Jefferson車站)，而市場經營權也於1990年由賓州會展中心管理局接手。在各方努力下，市場又逐漸恢復往日的光榮。

目前市場內的商家約有80多個，其中包括不少阿米希人的攤販，他們每天一早從蘭開斯特前來，大多販賣熟食、糕點與酪農產品。如果你到這裡不知該吃些什麼，在此給你一些建議，像是以豬肉三明治聞名的Tommy DiNic's、號稱最好吃阿米希早餐的Dutch Eating Place、專賣扭結熱狗捲的Miller's Twist與老字號冰淇淋店Bassetts Ice Cream等，都很值得一試。

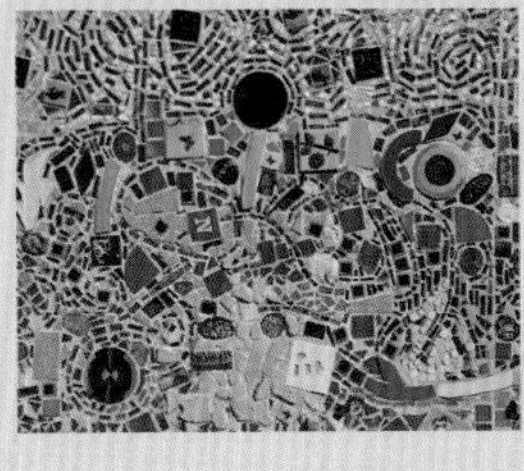

MAP ▶ P.237F5

費城魔幻花園

MOOK Choice

Philadelphia's Magic Gardens

瑰麗璀璨的馬賽克世界

從地鐵BSL線的Lombard-South站，步行約7分鐘 1020 South St (215) 733-0390 11:00~18:00 休週二 成人＄15，長者＄12，6~12歲＄8 www.phillymagicgardens.org 週三、五、六、日10:00有40分鐘專人導覽，每人＄25。週四、六、日12:00有75分鐘專人導覽，成人＄20，長者＄16，兒童＄8 須事先上官網預約時段票

掃地圖

以塞亞薩加(Isaiah Zagar)畢業於布魯克林的普瑞特藝術學院，他19歲那年在胡士托看到室外藝術家Clarence Schmidt的作品，啟發了他對室外藝術的興趣，後來又受到Simon Rodia的華茲塔與Ferdinand Cheval的理想宮等作品鼓舞，一種新的藝術思想逐漸在他腦中成形。1994年時，他燒製了數以千計的馬賽克瓷磚，開始拼貼其工作室外牆，接著他在隔壁空地上挖掘出隧道與洞穴，然後花了14年光陰，以瓷磚、碎瓷器、人偶、腳踏車輪、彩色玻璃瓶與上千面鏡子，一步步構築出這座馬賽克雕塑花園。這件驚人的巨作立刻得到世人重視，為了不讓這綺麗眩幻的花園毀於一旦，當地藝術協會與社區居民紛紛資助他將土地所有權買下，並開放成景點，讓一般民眾也能進入他的超現實世界。

除了這片魔幻花園，薩加在南街一帶還有30多幅馬賽克壁畫，而在費城藝術博物館與賓州藝術學院中，也能看到他的作品。

費城壁畫 Mural Art

費城壁畫計劃(Mural Arts Program)開始於1986年，由著名壁畫家Jane Golden主導，最初是為了解決費城日益嚴重的街頭塗鴉問題。這個計劃每年都動用了超過300名藝術家，其中還包括曾經的街頭塗鴉客，這些壁畫大都非常巨大，動輒兩、三層樓高，最長的一幅甚至長達180公尺。繪畫的主題十分豐富，風格筆法也相當多元，目前在市區內已有多達3,800件作品，不但成功美化市容，使費城贏得「壁畫之都」的美名，更引導愛塗鴉的孩子走上正軌，朝更高的藝術境界精進。這些壁畫在費城隨處可見，如果想了解更多，可參加由費城壁畫計劃推出的週末散步行程。

www.muralarts.org/tours

©PHLCVB, Bryan Lathrop 提供

MAP P.237E3

愛之公園

MOOK Choice

Love Park

大膽把愛說出口

掃地圖

搭乘地鐵MFL線，或10、11、13、34、36號電車至15th St站，或地鐵BSL線至City Hall站，步行約2分鐘 N. 16th St與JFK Blvd路口

這座公園原名甘迺迪廣場(JFK Plaza)，但因為普普藝術家羅伯印地安納(Robert Indiana)的「Love」雕塑，人們早已習慣稱呼它為愛之公園。印地安納的Love發想於越戰期間，當時他就已有不少Love的平面設計作品，後來他開始以耐候鋼做出實體雕塑，使得這個系列更加聲名大噪，如今在世界多個地方，包括紐約、倫敦、新加坡、甚至台北101前，都能看到這件作品。

費城的Love雕塑最初是1976年時作為臨時裝置藝術而放在公園裡，因為太受喜愛，政府藝術部門決定將其買下，永久展示。碩大鮮紅的Love字樣置於中空的鐵架上，讓彼此有愛的人們可以站在下方拍照紀念。Love後方是座定期更換顏色的噴水池，再後面就是公園大道與大道盡頭的費城藝術博物館，這樣的背景與構圖，使愛之公園逐漸取代獨立廳，成為費城的招牌地標。

MAP P.236D3

康卡斯特體驗

Comcast Experience

牆壁上的視覺藝術秀

搭乘地鐵MFL線，或10、11、13、34、36號電車至15th St站，步行約8分鐘 1701 Arch St (在Comcast Center的主大廳) 08:00~19:00 (週六至17:00) 休 週日 $ 免費

康卡斯特是美國龍頭級的傳媒與電信公司之一，其位於費城的總部大樓近年成為熱門觀光景點。走進大廳，看似木板質地的牆面突然跑出一群人，接著各種奇特的畫面在牆上蔓延開來，仔細一看，才發現這面牆其實是片高7.7公尺、寬25.4公尺的高畫質巨型LED螢幕。影片的內容千變萬化，有風景、有歷史、有特技、有生活，每部大約2~3分鐘，每天連續播放10多個小時，讓人不得不佩服康卡斯特在這產業上的技術。

掃地圖

MAP ▶ P.236D4

黎頓豪斯廣場

Rittenhouse Square

費城最熱鬧的角落

從地鐵BSL線的Walnut Locust站，步行約8分鐘。或PATCO列車的15-16th St & Locust站，步行約3分鐘 18th St與Walnut St路口

掃地圖

黎頓豪斯廣場之名，得自長住於費城的天文學家大衛黎頓豪斯(David Rittenhouse)。這座氣氛歡娛的小公園，當中有噴水池與多個公共藝術雕塑，平常就是費城人散步蹓小孩的地方，假日也常舉辦藝術市集等活動。不過這裡吸引觀光客的並不是公園本身，而是它周邊的街區。這一帶由於環境優雅，很早就是費城的高級住宅區，今日法國餐館、露天咖啡座、精品酒店、文青書局等，沿著公園四周一間接連一間；而附近巷弄裡的酒吧夜店，每間都擁有獨特的個性，讓黎頓豪斯廣場也成了費城的夜生活重鎮。

MAP ▶ P.236D4-237E4

核桃街

Walnut Street

精品店林立的購物大街

從地鐵BSL線的Walnut Locust站，出站即達

掃地圖

橫貫費城市區的核桃街，以靠近黎頓豪斯廣場的一段最為熱鬧，精品名店聚集所帶來的人潮效應，讓這條街上的店家租金名列全美前十名。像是從費城起家的服飾品牌Urban Outfitters與Anthropologie，旗艦店就分別位於17街與18街的路口，其他如Brooks Brothers、J. Crew、Athleta、lululemon、Dr. Martens、New Balance、Aesop、Apple Store等，也都把在費城的總店開設在這裡。如果想在美國買些當季的流行回去，建議可以在費城下手，因為服飾衣物免稅的政策，可不是每個城市都有的。

公園大道博物館區
Parkway Museum District

費城的道路大多為水平與垂直的棋盤格設計，唯有這條班傑明富蘭克林公園大道(Benjamin Franklin Parkway)以45度角從愛之公園延伸出去。當初規劃這條道路時，是以巴黎香榭麗舍大道為藍本，費城最重要的博物館如巴恩斯基金會、富蘭克林研究院、羅丹博物館等，就排列於大道兩側，而大道盡頭便是費城博物館之王——費城藝術博物館。

Where to Explore in Parkway Museum District
賞遊公園大道博物館區

MAP ▶ P.236D3

聖彼得與保羅主教堂
Cathedral Basilica of Saints Peter and Paul

費城的主教座堂

從地鐵BSL線的Race-Vine站，步行約7分鐘　18th St與Benjamin Franklin Pkwy路口　(215) 561-1313　平日07:00~17:00，週六09:00~18:30，週日08:00~19:30　免費　cathedralphila.org　可上官網下載語音導覽的MP3

有著雄偉帕拉第奧式立面與壯觀穹頂的聖彼得與保羅主教堂，是天主教費城總教區的主教座堂，興建於1846~1864年間，並於1971年被列入國家史蹟名錄中。教堂內部華美非常，祭壇的裝飾、禮拜堂的雕像與壁畫、彩繪玻璃與管風琴等，件件都是藝術，其中一幅風格現代的馬賽克拼貼畫也很特別。偌大的主殿可容納2千名信徒，1979年教宗若望保祿二世與2015年教宗方濟各訪問美國時，都曾在此主持過彌撒。

掃地圖

MAP P.236C1

費城藝術博物館

MOOK Choice

Philadelphia Museum of Art

接受藝術女神的洗禮

掃地圖

搭乘地鐵MFL線，或10、11、13、34、36號電車至15th St站，出站後步行至15th St與JFK Blvd路口轉乘往Wissahickon Transportation Center方向的38號公車，至Art Museum站下車，即達博物館西門。或是搭乘PHLASH循環巴士至第10站　2600 Benjamin Franklin Pkwy　(215) 763-8100　10:00~17:00 (週五至20:45)　休週二、三　成人＄25，65歲以上＄23，18歲以下免費(門票效期為連續兩天，適用於藝術博物館本館、佩雷爾曼館、羅丹博物館及歷史老屋)　www.philamuseum.org　每月第1個週日及每週五17:00之後，門票隨意捐獻　建議事先上官網預約時段票

費城藝術博物館創立於1876年，原本位於西費城的百年紀念廳內，但因為距離市區較遠，於是在1919年時決定在現址興建這座新館，並於9年後完工。博物館宏偉的神殿外觀，是建築師Julian Abele先前去希臘旅行時得到的靈感，彷彿就是要迎接藝術與智慧女神雅典娜的降臨，因此費城人時常將這裡暱稱為「帕德嫩神廟」。

目前費城藝術博物館名列全美第三大博物館，展示作品的年代跨越2千多年，總數超過22萬5千件，其中有不少是時常出現在藝術史課堂上的大師之作，從魯本斯到梵谷，從艾葛雷柯到畢卡索，從中世紀宗教藝術到後現代主義，收藏在這裡的原畫件件都是重量級經典。

另一個經常被提起的，是博物館正門前那條寬大的階梯，不知你是否覺得有點眼熟，因為這裡就是電影《洛基》中席維斯史特龍跑步訓練的場景。而階梯底部附近的洛基銅像，今日也成了人們來到費城的拍照打卡地標。

除了公園大道盡頭的本館之外，在Fairmount Ave與Pennsylvania Ave路口還有棟展示前衛藝術的佩雷爾曼館(Perelman Building)，館藏大多是服飾、紡織品、當代設計與攝影作品。

被縛的普羅米修斯 Prometheus Bound

◎ 油彩、畫布，1611~12年，魯本斯（Peter Paul Rubens）

普羅米修斯是希臘神話中的泰坦神明，因為看見人類生活悲苦，於是不顧宙斯禁令，為人類從奧林帕斯山上盜來神火，因而被宙斯鎖在高加索山，每天派一隻老鷹啄食他的肝臟。魯本斯擅長描繪扭曲的肢體，以增加畫面的戲劇張力。在這幅畫中，下方是因痛苦而掙扎的普羅米修斯，上方是斜張著翅膀極力固定對手的大鷹，富於動態的場景卻有著巧妙平衡，彷彿只要兩者稍微動一下，整個畫面就會瓦解，讓觀者不自覺地摒住氣息。這種構圖技巧，常是魯本斯為人津津樂道之處。

臨床教學 The Gross Clinic

◎ 油彩、畫布，1875年，艾金斯（Thomas Eakins）

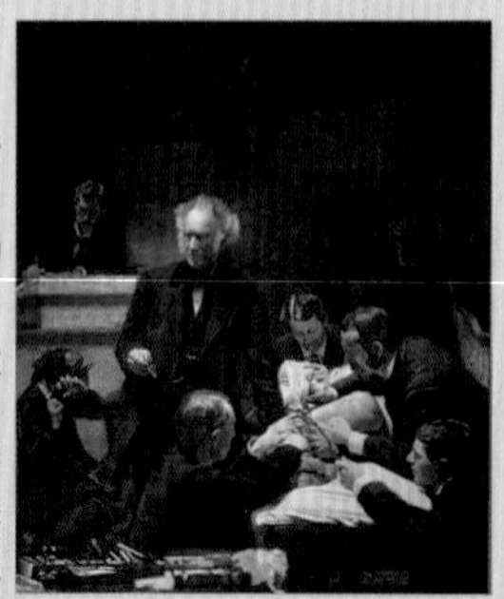

被稱為「美國繪畫之父」的艾金斯，是費城子弟的驕傲，不過當他畫下這幅作品時，還只是個名不見經傳的小畫家。艾金斯為了展示他在法國學習的成果，並榮耀費城在外科醫學上的成就，於是到名醫葛洛斯大夫(Dr. Samuel Gross)任教的傑佛遜醫學院，實地描繪其開刀現場。鮮血淋漓的病患肢體、神情嚴肅的葛洛斯大夫、專注操刀的實習醫生、不忍直視的家屬，艾金斯對各個細節的精確掌握，使這幅畫在建國百年展覽會上大放異彩。

眾多的沐浴者 The Large Bathers

◎ 油彩、畫布，1900~06年，塞尚（Paul Cézanne）

沐浴者是塞尚晚年經常描繪的主題，收藏在費城的這幅是他過世前的絕筆之作。雖然筆觸看似隨意，人物幾乎沒有任何細節，卻有一種令人平靜的和諧感，這便是塞尚所追求的自然的永恆性。他以完美的構圖、對比和諧的色彩、與層層敷色的筆法，營造出儘管眼前世間時刻變動，終要歸於永恆本質的概念，因而被認為是塞尚最好的一幅沐浴者。

浴女 The Great Bathers

◎ 油彩、畫布，1884~87年，雷諾瓦（Pierre-Auguste Renoir）

在河邊洗澡的其中一位浴女，戲謔著要把她的同伴們潑溼，這只是平淡午後的一個瞬間，卻在閃閃發光的背景襯映下，有種無以名狀的永恆感。事實上，雷諾瓦為了這個瞬間，花了整整三年才完成此畫，他採用17、18世紀流行於法國的乾畫法，小心翼翼地進行創作，企圖融和傳統技巧與當時題材。儘管現在看來這幅畫絕對是不可多得的傑作，但他畫完之後卻引來批評聲浪，使雷諾瓦決定放棄這種吃力嘗試，也讓這幅畫在他的作品中成為獨特的異類。

藍眼女子 Blue Eyes

◎ 油彩、畫布，1917年，莫迪里安尼（Amedeo Modigliani）

莫迪里安尼出生於義大利，留連於巴黎蒙馬特，他的一生窮愁潦倒，頹廢而又無可救藥的浪漫。這幅畫的主角是珍妮赫布特尼(Jeanne Hébuterne)，畫家的伴侶與繆斯女神，畫中的她有著修長的脖子與湖水般湛藍的眼睛，優雅而動人，卻又帶著孤寂的憂鬱，傳達出兩人之間那種絕望的愛。畫作完成3年後，年僅35歲的莫迪里安尼便因病逝世，珍妮也隨之跳樓殉情，為這幅畫更添一股哀傷的美。

大玻璃 The Large Glass

◎ 油彩、亮光漆、玻璃、鉛箔、鉛絲，1915~23年，杜象（Marcel Duchamp）

這件作品命題大約是「新娘被她的漢子們剝光」，作品上半部是倒懸著的新娘，下半部是9名穿著不同制服的漢子在使用一種奇怪的裝置。這是達達主義大師杜象繼《噴泉》(即小便斗)之後最著名的作品，他窮盡一生之力要打破藝術的先驗概念，意圖讓美學回歸智能運作，而非一味訴諸感官。因此以這幅作品而言，與其由作者向觀者解釋，不如由觀者自行拆解衍生獨立意涵，反而更合乎杜象的期待。至於金屬框與碎裂的痕跡，其實是當年搬運不慎的結果，不過似乎讓作品更多了某種層次。

MAP P.236D3

富蘭克林研究院

MOOK Choice

The Franklin Institute

延續富蘭克林的科學實驗精神

從地鐵BSL線的Race-Vine站，步行約13分鐘。或是搭乘PHLASH循環巴士至第12站 222 N. 20th St (215) 448-1200 每日09:30~17:00 成人＄25，3~11歲＄21(不含特展) www.fi.edu

掃地圖

眾所周知，班傑明富蘭克林不但是傑出的政治家與商人，也是位科學家與發明家。為了延續富蘭克林的實驗精神，這間研究院於1824年成立，是19世紀美國重要的科學研究及教育機構，對美國近代工業發展起著不可忽視的助力。到了1934年，這裡又開放部分空間為科學博物館，讓一般民眾也能認識科學的魅力。這裡的展示豐富多元，而且絕大多數都以多媒體互動，藉由設計精巧的遊戲與實際動手操作，不論大人小孩都能樂在其中。有名的展覽包括巨大心臟、你的大腦、運動科學、電力原理、航太科技等，另外還有一間IMAX劇場與天文台。

而富蘭克林紀念館(Benjamin Franklin Memorial)則位於2樓的博物館正門附近，前來參觀的遊客都會先去向富蘭克林致敬。

MAP ▶ P.236D2

巴恩斯基金會

MOOK Choice

The Barnes Foundation

偉大的後印象派收藏

從地鐵BSL線的Race-Vine站，步行約13分鐘。或是搭乘PHLASH循環巴士至第7站 2025 Benjamin Franklin Pkwy (215) 278-7000 11:00~17:00 休週二、三 成人＄30，65歲以上＄28，13~18歲＄5 www.barnesfoundation.org 門票效期為2天

掃地圖

巴恩斯(Albert Barnes)是費城出生的藥廠老闆，20世紀初他在歐洲經營生意時，透過時在巴黎的同鄉畫家William Glackens買了不少名畫，開始了他的收藏家生涯。他的收藏以後印象派(Post-Impressionism)與早期美國現代主義為主流，光是雷諾瓦的畫就有181幅，另外還有69件塞尚、59件馬諦斯與46件畢卡索作品，其他著名畫家的收藏更是不計其數。

不過這裡最特別的是巴恩斯佈置繪畫的方式，不像傳統博物館那樣以年代及流派分類，他是以內容、體裁，甚至是色彩來作安排，因此你可以很容易比較各畫派對浴女的詮釋、各時代對肖像的觀點；明代仕女圖隔壁放了魯本斯的裸女、塞尚與波西的畫作也能相互輝映。而在畫的周圍還佈置了雕塑、傢俱、鑰匙、鉤環等工藝品，加上室內的光線與空間配置，赫然發現其實巴恩斯本身也在創作，牆壁就是他的畫布，名畫成為他的構圖，而其他裝飾則是他的筆觸，最後整個牆面便是一件完整的藝術作品。

MAP ▶ P.236D2

羅丹博物館

MOOK Choice

Rodin Museum

巴黎以外最大的羅丹收藏

搭乘地鐵MFL線，或10、11、13、34、36號電車至15th St站，出站後步行至15th St與JFK Blvd路口轉乘往Wissahickon Transportation Center方向的38號公車，至Ben Franklin Pkwy/22nd St站即達。或是搭乘PHLASH循環巴士至第8站 2151 Benjamin Franklin Pkwy (215) 763-8100 10:00~17:00 休週二至週四 自由捐獻，建議行情為成人$12，65歲以上$11，18歲以下免費。亦可使用費城藝術博物館的兩日票進入 www.rodinmuseum.org

掃地圖

這是劇院大亨Jules Mastbaum送給故鄉費城的禮物，他從1923年開始，便以創立博物館為目的蒐集羅丹的作品，並請來法國建築師Paul Cret與Jacques Gréber為他設計博物館建築。當博物館於1929年開幕時，已擁有巴黎以外世界最龐大的羅丹收藏。

這間博物館最棒的地方在於，你還不用付門票，就能在庭院中看到羅丹最著名的幾件大型創作，包括《沉思者》、《加萊義民》、《三個亡靈》等。而從《地獄之門》旁的大門進去後，則能欣賞館內更豐富的收藏，像是《殉道者》、《號召武裝》，以及一系列以小說家巴爾札克為題材的雕塑。

MAP ▶ P.237E3

賓州藝術學院

Pennsylvania Academy of the Fine Arts

美國當代藝術家的搖籃

從地鐵BSL線的Race-Vine站，步行約3分鐘　118-128 N. Broad St　(215) 972-7600　週四、五10:00~16:00，週六、日11:00~17:00　休 週一至週三　成人＄18，55歲以上＄15，13~18歲＄10　www.pafa.org

掃地圖

賓州藝術學院是於1805年時由美國著名畫家皮爾(Charles Willson Peale)所創，為美國第一間教授藝術的專門學校，2百多年來作育英才無數，包括湯瑪士艾金斯(Thomas Eakins)、辛西亞布雜(Cecilia Beaux)、威廉卻斯(William Merritt Chase)等大師級人物，都是畢業或任教於此。學院的博物館建於1871至1876年間，大部分展示優秀校友與相關人士的創作，也有收購而來的19~20世紀美國名畫，像是溫斯洛霍默(Winslow Homer)與蔡爾德哈薩姆(Childe Hassam)等人的畫作亦在收藏之列。

MAP ▶ P.236C4

馬特博物館

Mütter Museum

有點恐怖的人體奇觀

搭乘10、11、13、34、36號電車至22nd St站，步行約1分鐘　19 S. 22nd St　(215) 563-3737　10:00~17:00　休 週二　成人＄20，65歲以上＄18，6~17歲＄15　muttermuseum.org　亦有販售與賓恩博物館的聯票，成人＄31，長者＄27，兒童＄21　須事先上官網預約門票。館內禁止拍照攝影

1856年外科教授Thomas Dent Mütter自傑佛遜醫學院退休時，將他在解剖學上的個人收藏悉數捐出，7年後這間博物館正式開幕。或許有人會覺得這裡有點恐怖，因為它裡面的收藏都曾

掃地圖

經是或屬於一個活生生的人類，你可以說這裡展覽的是屍體和器官，但它們確實對人類病理與醫學研究

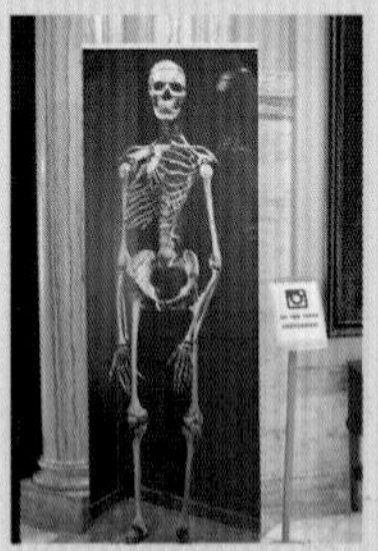

有著相當大的貢獻。這裡最重要的收藏包括：泰國連體雙胞胎昌與恩相連的肝臟(連體嬰的英文siamese twins就是從他們來的)、愛因斯坦部分的大腦切片、解剖學家Joseph Hyrtl's收集的各國人種頭顱骨，與1875年在費城出土的「肥皂夫人」(Soap Lady)。其中肥皂夫人是因其埋葬時土壤的鹼性、溫度及真空狀態，讓體內的油脂變質，導致屍體蠟化，是今日研究屍蠟現象最重要的對象。

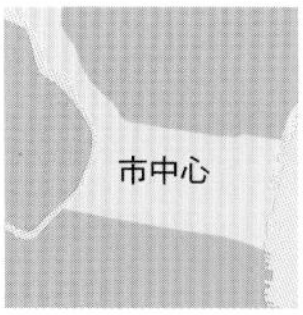

市中心外圍
Outside Center City

雖然費城景點大都集中在市中心，但市中心以外還是有些地方是你不能不去的，像是距離費城藝術博物館不遠的東州教養所，與費城國際機場附近的西蒙尼基金會博物館，就是錯過會相當扼腕的景點。而斯庫基爾河西岸的大學城，除了有建築優美的賓大校園，當中的賓恩博物館更是美國考古學界最精彩的展示之一。

Where to Explore Out of Center City
賞遊市中心外圍

MAP ▶ P.236A3-B5

大學城
University City

濃厚的學術氣息

從地鐵MFL線的30th St或34th St站，出站即達

賓州大學最初於1740年時由班傑明富蘭克林所創，是常春藤的8所盟校之一，以醫學院、商學院與法學院聞名於世，是美國數一數二的名校。1872年賓州大學從市中心搬到斯庫基爾河西岸後，逐漸擴展其規模，形成了今日的大學城。校園裡的氣氛寧靜典雅，古色古香的建築油然散發出學術氣質，而餐廳與商店大多開在34街以西的Walnut St與Chestnut St上，在那一帶又另有一股青春活力。大學城中還有另一所卓克索大學，也是全美排行名列前茅的學校。

掃地圖

MAP ▶ P.236B4

賓恩博物館

MOOK Choice

Penn Museum

集世界考古學之大成

搭乘地鐵MFL線至34th St站，步行約11分鐘。或搭乘10、11、13、34、36號電車至33rd St站，步行約8分鐘 3260 South St (215) 898-4000 10:00~17:00 休週一 $成人＄18，65歲以上＄16，6~17歲＄13 www.penn.museum 建議事先上官網預約時段票

掃地圖

成立於1887年的賓恩博物館是賓州大學的一部分，這裡保存了世界重要的考古學與人類學收藏，其中有不少來自舊約聖經中所記述的那個世界。著名的館藏包括一尊15噸重的人面獅身像，這座巨像以紅花崗岩刻成，年代可上溯自西元前20世紀的中王國時代，而在西元前13世紀時，著名法老拉美西斯二世又對它重新雕刻過，是目前西半球最巨大的人面獅身像。博物館裡也收藏了距今約5千年前的埃及象形文字，以及多個木乃伊，在半開放的木乃伊實驗室中，還可看到考古科學家們正在對木乃伊進行研究工作。

另一處重點館藏是出土自烏爾皇陵(今伊拉克)的陪葬品，年代距今約4千5百多年，包括以天青石及純金打造的牛頭里拉琴、灌木林中的公羊雕像、Puabi皇后裝飾花巧的金箔頭冠等。其他像是美索不達米亞、古代地中海沿岸、西非、中南美洲、亞洲等，都有豐富文物在此展示。

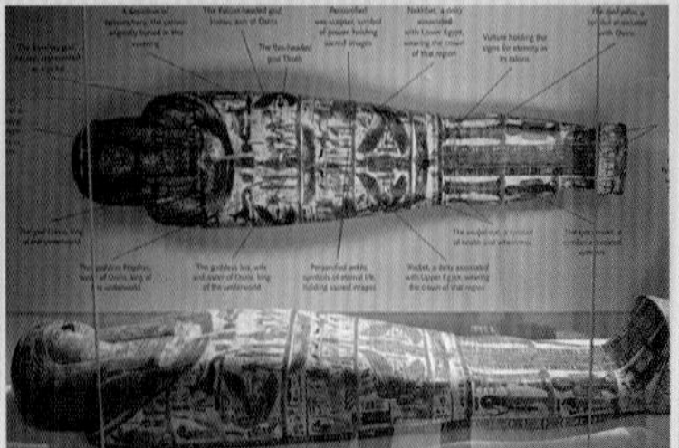

MAP ▶ P.236D1

東州教養所

MOOK Choice

Eastern State Penitentiary

身陷囹圄是何感受？

從地鐵BSL線的Fairmount站，步行約15分鐘。或搭乘PHLASH循環巴士至第9站。 2027 Fairmount Ave (215) 236-3300 每日10:00~17:00 (最後入場時間為16:00) 成人$19，長者$17，7~12歲$15 www.easternstate.org 事先上官網購票可享$2折扣，門票含語音導覽。夏季週四至週日有夜間行程 不建議7歲以下兒童參觀

掃地圖

東州教養所最初建於1829年，車輪輻條式的牢房設計，成為世界許多監獄的建造樣板。這間哥德式城堡風格的監獄使用了將近150年，1971年關閉後便任由其破敗，直到1994年才以廢墟之姿向世人開放。雖然有人覺得這裡的陰森環境有點恐怖，鬧鬼的傳聞甚至繪聲繪影，不過也有人就是喜歡這種荒廢的美感，尤其荒廢的背後還隱藏豐富的故事性。而像是布魯斯威利與布萊德彼特合演的《未來總動員》與《變形金剛第二集》等，都曾在此取景拍攝。

遊客從陰暗的牢房中可以想像當時的囚犯生活，然而你也會發現有間牢房與眾不同，有書桌、沙發、地毯、舒適的床，甚至還有一台收音機，這是美國犯罪史上最大尾的流氓——人稱「疤面」的芝加哥黑幫教父艾爾卡彭(Al Capone)的牢房。相比之下，銀行大盜「滑頭威利」沙頓(Willie Sutton)的牢房就簡陋極了，他在1945年參與了Clarence Klinedinst的逃獄計劃，在牢房牆上挖了一個大洞，只不過不到一天就被抓了回來(他日後在別的監獄倒是成功逃了6年)。從這裡逃走的舉動大多以徒勞收場，唯一的例外是Leo Callahan，他1923年翻牆越獄後，從此再不知道去向。

另一位特殊的囚犯名叫Pep，牠是美國史上唯一的狗囚犯，原本是州長養的寵物狗，1924年入獄的罪名是謀殺了一隻貓，人們傳言Pep之所以服刑，是因為受害的貓正是州長夫人的寵物。

MAP ▶ P.244A2

西蒙尼基金會博物館

MOOK Choice

Simeone Foundation Museum

世界最著名的賽車收藏

搭乘地鐵BSL線至Snyder站，轉乘往Chester的37號公車，在Lindbergh Blvd / 71st St站下車，步行約13分鐘　6825 Norwitch Dr　(215) 365-7233　10:00~18:00 (週末至16:00)　休 週一　成人$15，65歲以上$12，18歲以下免費　www.simeonemuseum.org　門票含語音導覽

掃地圖

西蒙尼醫生(Dr. Frederick Simeone)是美國有名的神經外科權威，不過現在他的賽車可能比他本人更有名。西蒙尼曾經花了超過50年時間收集賽車，他所收藏的車皆實際參加過各類型賽事，或是具有指標意義，從1907年的雷諾35/45 Vanderbilt Racer到1997年的福特Thunderbird，總共75輛。隨著西蒙尼年事已高，他擔心這些珍愛的收藏將來缺乏照顧，於是在2008年成立基金會，將賽車們全數捐出，並開放為博物館向公眾展示。

這些賽車多數依曾參與的比賽分類，像是利曼24小時耐力賽、納斯卡大賽、老爺車限定的義大利千哩賽等。而利曼展示區中，1970年的保時捷917與1962年的法拉利250 GTO，應是國內車迷們較為熟悉的車種；而曾經參加1921年格蘭披治大賽的Duesenberg 183，則是第一輛在國際賽中奪冠的美國車。說起冠軍，最後一定要到Winner's Circle拜見，這裡展示5輛冠軍車，包括1927年賓士S-Type Sportwagen、1936年布佳迪Type 57G Tank、1938年愛快羅密歐8C 2900B MM Spyder、1952年康寧漢C-4R Roadster與1958年奧斯頓馬丁DBR1。

這些車不僅外觀保養得極好，性能也維持在當初水準，館方每月會舉辦兩次展示日(Demonstration Days)，將部分賽車開到後方停車場上，屆時人們不但能聽見它們活力十足的引擎聲響，還能一睹它們過彎甩尾的丰采。

歷史街區 Historic District

MAP ▶ P.237G6 Jim's Steaks South Street

從地鐵MFL線的5th St站，步行至4th St / Market St公車站，搭乘往Whitman Plaza的57號公車，至4th St / South St站下車即達 400 South St (215) 928-1911 週一至週四10:00~01:00，週五、六10:00~03:00，週日11:00~01:00 $ www.jimssouthstreet.com 只收現金

掃地圖

起士牛肉堡是費城的招牌美食，而開業於1939年的Jim's Steaks，則是費城起士牛肉堡的招牌！能把牛肉堡做到街知巷聞，關鍵就在於牛肉。Jim's Steaks用的是農業部認證的上等安格斯牛排，切成極薄的薄片後，撒在鐵板上煎炒，光是聽那滋滋作響的聲音，就令人忍不住口水直流。接著選擇牛肉上要加的是美式起士還是波羅伏洛起士，當然你也可以選擇當地人喜歡的Whiz起士醬。別忘了要求炒得香氣四溢的洋蔥與蘑菇，通通夾進義式何奇麵包(hoagie)裡，就成了道地的起士牛肉堡。建議你不要外帶，二樓有座位區，熱騰騰的吃它才是王道！如果不吃牛的話，這裡也有販賣夾火腿或燻肉的何奇捲，也就是我們常說的潛艇堡。

歷史街區 Historic District

MAP ▶ P.237H4 Franklin Fountain

從地鐵MFL線的2nd St站，步行約1分鐘 116 Market St (215) 627-1899 每日11:00~24:00 $ $ www.franklinfountain.com

掃地圖

雖然走的是老式風格路線，其實這家冰淇淋店只有20年歷史。今日來到歷史街區，會發現這一帶幾乎人手一支冰淇淋，而Franklin Fountain門口的人龍，早已排到看不見盡頭。這是因為這裡製作冰淇淋的鮮乳，就來自費城西北邊的草飼牧場，每日新鮮直送，口感自然香醇。而且冰淇淋的口味眾多，使用的全是上等天然原料，不過建議你一次嘗試一種口味就行了，因為一球的個頭真不是普通的大，吃不夠快的話，可能會弄得很狼狽。

歷史街區 Historic District

MAP ▶ P.237G4 Amada

從地鐵MFL線的2nd St站，步行約3分鐘 217-219 Chestnut St (215) 625-2450 平日17:00~22:00，週末11:30~15:00、16:00~22:00 $ $ $ www.amadarestaurant.com Happy Hour為平日17:00~18:00，所有tapas皆$6

掃地圖

因為曾在電視真人秀競賽《美國鐵人料理》中贏得冠軍，厄瓜多裔的主廚Jose Garces在美國擁有相當高的知名度，如今他已在費城開了7家餐廳，而這間Amada正是他創業的起點。Amada是間結合傳統與新潮的西班牙餐館，在傍晚的Happy Hour也有供應選擇豐富的Tapas小菜。若是預算充裕，建議預訂個晚餐時段的桌子，點份新式主廚套餐，才能真正見識到料理鐵人的實力。

黎頓豪斯廣場 Rittenhouse Square

MAP ▶ P.236D4 Parc

從地鐵BSL線的Walnut-Locust站，步行約10分鐘；或搭乘PATCO列車至15-16th St & Locust站，步行約4分鐘 277 S. 18th St (215) 545-2262 平日08:00~22:00 (週五至23:00)，週末10:00~23:00 (週日至22:00) 早餐$ $，午餐及早午餐$ $ $，晚餐$ $ $ $ www.parc-restaurant.com

掃地圖

要在費城吃頓悠閒的一餐，許多當地人都會直接想到Parc，原因無它，光是那排面對著黎頓豪斯廣場公園的露天座椅，就夠令人嚮往的了。除了環境優雅、裝潢充滿法式浪漫，這間城裡有名的法國餐廳可不是浪得虛名的。其法式長棍麵包是店家自製，光看麵包就能想見這裡餐點的精緻。招牌菜是杏香鱒魚(Trout Amandine)與紅酒燉牛肉(Beef Bourguignon)，搭配產自法國的葡萄酒，味道層次更加豐富。此外這裡的早餐也非常有名，像是班乃迪克蛋、法國土司等，都讓一天有個美好的開始。

黎頓豪斯廣場 Rittenhouse Square

MAP ▶ P.236D4 Federal Donuts

搭乘10、11、13、34、36號電車至19th St站，步行約4分鐘 1909 Sansom St (215) 665-1101 每日07:00~20:00 (炸雞11:00開始供應) $ www.federaldonuts.com

掃地圖

這家費城有名的甜甜圈共有11間分店，靠近黎頓豪斯廣場的這家生意當然最好。這裡的甜甜圈約有8、9種口味，整體來說口味雖然偏甜，但還沒有到膩的程度，加上口感實在，嗜吃甜食的人想必會很喜歡。不過這裡有名的其實是炸雞，其特別之處在於上面的調味可以選擇乾溼兩種，乾式調味有中東香料Za'atar、椰香咖哩粉與酪漿沙拉醬，溼式調味則有辣椒大蒜、甜醬大蒜與蜂蜜薑汁，每一種都和炸雞絕配。

黎頓豪斯廣場 Rittenhouse Square

MAP ▶ P.236D5 Monk's Café

從地鐵BSL線的Walnut-Locust站，步行約5分鐘；或搭乘PATCO列車至15-16th St & Locust站，步行約1分鐘 264 S. 16th St (215) 545-7005 11:30~23:45 休週一 $ $ www.monkscafe.com

掃地圖

說起Monk's Café的獲獎紀錄，多到數也數不清。這家氣氛隨興的比利時小酒館，擁有20多款新鮮比利時啤酒，而其收集的瓶裝啤酒更是來自世界各地、種類超過200種。因此這裡最自豪的，就是無論你想喝什麼樣的口味，他們都能找出來給你。如果實在毫無頭緒，也可利用酒館裡的「啤酒聖經」，說不定就能找到方向。有了好酒，也要有好菜來配，除了漢堡、薯條這些酒館小吃，這裡也有牛排、鴨胸、燻鮭魚等精緻料理，毫不辜負費城第一酒館的美名。

黎頓豪斯廣場 Rittenhouse Square

MAP ▶ P.237E4 Elixr Coffee

從地鐵BSL線的Walnut-Locust站，步行約3分鐘 207 S. Sydenham St 每日07:00~19:00 $ www.elixrcoffee.com

掃地圖

這間咖啡店真是文青得可以，看看門口的自動販賣機，賣的居然是書本，店主大概是希望客人以閱讀來配咖啡吧。創立Elixr的是一群對咖啡懷有共同熱情的年輕人，他們本身各自開有咖啡店，但為了將咖啡藝術追求到極致，他們不吝於彼此分享咖啡來源與知識，以及烘焙咖啡豆的技巧，最後在2010年建立了這個通路，像聖杯騎士似的到世界各地尋找最好的咖啡豆。而在這間實體店裡，就能享受到他們四處探訪的成果，在此你喝到的不只是杯香濃的咖啡，更是這群人對於咖啡的愛。

華盛頓廣場 Washington Square

MAP ▶ P.237E4 Barbuzzo

搭乘地鐵MFL線，或10、11、13、34、36號電車至13th St站，步行約3分鐘 110 S. 13th St (215) 546-9300 晚餐：17:00~22:00 (週五、六至23:00，週日16:00起)。早午餐：週末11:00~15:00 $ $ www.barbuzzo.com

掃地圖

位於熱鬧的中城村(Midtown Village)大街上，這家餐廳只要開張，便是座無虛席，而人們也甘於等待，為的就是一飽口福。Barbuzzo賣的是新式地中海料理，有許多充滿創意的菜色，例如在其著名的柴燒披薩上，紅西洋梨、糖蜜石榴、風乾豬頰肉、茄子等，通通都可以當作配料，包管在其他地方吃不到相同的口味。而其根據料理特性所祕製的各種特調醬料，更是讓人充滿好奇。其他主菜如義大利肉丸、烤章魚、淡菜等，都是這裡的招牌。

會展中心區 Convention Center

MAP ▶ P.237F4 Tommy DiNic's

從地鐵MFL線的11th St站，步行約4分鐘 51 N. 12th St (在瑞汀車站市場內) (215) 923-6175 09:00~17:00 休 週日 $ $ www.tommydinics.com

掃地圖

這間由Nicolosi家族經營的肉鋪如今已傳到第4代了，自從50年代開始兼售三明治以來，名氣日漸響亮，現在更是瑞汀車站市場裡的活招牌，許多初來乍到的遊客都在這裡享用他們的費城第一餐。其三明治好吃，關鍵就在於肉，既然本業是肉販，肉的品質自然新鮮，加上店家對慢火燒烤的堅持，使得肉吃起來不油不柴，恰到好處，肉汁也很香甜。除了基本款的烤牛肉與烤豬肉，義式手撕豬肉(Pulled Pork)也是招牌，建議還要加上波羅伏洛起士與菠菜，尤其是菠菜，與烤肉的搭配相得益彰。

北自由區 Northern Liberties

MAP ▶ P.237G2 Honey's Sit n' Eat

從地鐵MFL線的Spring Garden站，步行約8分鐘 800 N. 4th St (215) 925-1150 平日09:00~14:00 (週四、五08:00起)，週末08:00~15:00 $ $ honeyssitneat.com 只收現金

掃地圖

雖然位處偏僻的北自由區，但這家店仍吸引了不少觀光客前往。Honey's以「當南方遇上猶太」為號召，完美融合美國南方菜與猶太料理的精神。像是搭配烤奶油甜椒醬的卡津風味炸鯰魚、酪漿雞柳條、辣味雞肉玉米餡餅(Chicken Chili Frito Pie)、油炸綠蕃茄等，都極有特色，再配上店內南方老奶奶風的裝潢，幾乎讓人忘了自己身處北方工業大城。

蘭開斯特
Lancaster

雖是賓州第8大城，蘭開斯特全城人口其實只有5萬多而已，這座以農業起家的城市，最初建於1734年，以英國的蘭開斯特命名，並且因為蘭開斯特家族的徽章，而常被暱稱為「紅薔薇之城」。在1812年賓州州治遷往哈里斯堡之前，這裡曾是賓州州治所在，而1777年9月27日那天，因為費城被英軍佔領，大陸議會流亡此地，而使得蘭開斯特曾經當過一天美國首都。

今日的蘭開斯特作為美國東北阿米希國度的外圍大城，不但是阿米希人農作集散的重鎮，也成為外界接觸阿米希文化的重要橋樑。住在這裡的阿米希人對待觀光客採取較為開放的態度，也有不少觀光產業以阿米希為號召，發展出各類型旅遊項目。因此如果你對阿米希人充滿好奇，這裡會是認識他們最好的起點。

INFO

如何前往

火車

從費城的30th Street火車站，可搭乘美國國鐵的Keystone線或Pennsylvanian線至蘭開斯特火車站，車程約1小時10分鐘。

蘭開斯特火車站 (LNC)

P.278下A1

53 McGovern Ave, Lancaster

開車

從費城開車前往，最快的路徑是經由I-76 W，從出口286下交流道接上US-222 S，全程約80英哩，需時約1.5小時。不過I-76是收費道路，若想避開收費站，可以在I-76 W的出口328A接上US-202 S，大約11英哩後，走外側車道接上US-30 W，看到往Greenfield Rd的出口下交流道，出匝道後右轉，右手邊即是遊客中心。不過這條路有不少是平面，車速較慢。

旅遊諮詢

蘭開斯特遊客中心

P.278上B1　501 Greenfield Rd, Lancaster

1-800-723-8824　10:00~16:00　休週日

www.discoverlancaster.com

MAP ▶ P.278下A2

蘭開斯特中央市場

Lancaster Central Market

跟著阿米希人去買菜

23 N. Market St, Lancaster　(717) 735-6890　週二、五、六06:00~15:00　www.centralmarketlancaster.com

掃地圖

市場最初設立於1730年，是目前美國仍在營運的市場中最古老的一座，原本是廣場上的露天市集，1889年時才依當時流行的羅馬式樣建了這棟市場大廳。目前市場裡約有75家攤位，其中不少是由家族經營數十年甚至上百年的老字號，由於這些攤販本業都是附近農夫，因此一週只集市3天，以便其餘時間從事農務。在這些攤販裡，約有十來家是阿米希人，因此阿米希的各種食衣用品，如烏比派(Whoopie Pie)、醃菜(chow chow)、草帽等，都可以在這裡買到。

MAP ▶ P.278上D1

阿米希馬車之旅

AAA Buggy Rides

坐上馬車遊阿米希國度

3461 Old Philadelphia Pike, Ronks (位於廚房水壺村中)　(717) 989-2829　10:00~16:00　休 週日　$ 35分鐘4哩之旅：成人＄22，3~12歲＄11。55分鐘5哩之旅：成人＄28，兒童＄14。65分鐘農場之旅：成人＄36，兒童＄18　www.aaabuggyrides.com　不需預約。官網上可下載＄2折價券

掃地圖

每當看到阿米希人駕著馬車在鄉間小路上躂躂走過，心裡是不是也很想去搭個便車呢？這個心願很容易就可以在廚房水壺村裡的AAA Buggy Rides達成！搭乘6人座的馬車，隨著馬步的起伏出發，兩旁是如詩畫般的鄉野景色，巨大的煤氣槽一如城堡豎立在原野上，牛群則在牧地間低頭吃草，微風輕輕吹來，不真實得如同夢境。駕駛馬車的導覽沿途也會講解阿米希的文化傳統，或是聊些住在這裡的生活趣事。若參加的是65分鐘行程，還會下車到鄰近的阿米希農場參觀，看看他們是如何飼養牲畜及收集牛乳。

MAP P.278上C2

阿米希村

MOOK Choice

The Amish Village

到阿米希人家中作客

掃地圖

從蘭開斯特開車約9英哩，需時約15分鐘，有免費停車場 199 Hartman Bridge Rd, Ronks (717) 687-8511 09:00~17:00 休1、2月 www.amishvillage.com

◎ **農家行程 Amish Farmhouse & Village Tour**

每15分鐘一梯，行程25分鐘 成人＄12，5~12歲＄7

◎ **巴士行程 Backroads Bus Tour**

首班車於開門後1小時出發，末班車於關門前1小時出發，行程90分鐘 成人＄25，12歲以下＄18

◎ **綜合行程 Premium Package Tour**

每小時出發 成人＄32，5~12歲＄22，4歲以下＄18

對阿米希人的生活充滿好奇，想更深入了解他們，卻又不得其門而入，那麼建議可以到蘭開斯特東郊的阿米希村走走。這裡首先要看的是一棟建於1840年的農舍，在導覽人員詳細解說下，阿米希人食衣住行的各種生活面相皆歷歷在目。在廚房中，你可以看見不插電的冰箱是如何保存食物；在客廳裡，你可以認識他們用什麼燃料使燈具發亮；臥房內掛起的衣服，說明阿米希男女在服飾上的規定；兒童房的玩具似乎也展示了阿米希人的童年。於是關於阿米希的種種想像，在25分鐘的行程內全都成了具體的知識。

而在這片面積4萬8千平方公尺的小農莊上，還有棟只有一間教室的學校，在這裡你可以發現阿米希人使用的字彙，很多都不是英文；隔壁的鐵匠鋪則陳列阿米希農夫使用的農具與生產裝備。此外，你還會看到阿米希鄉間常見的水車、廊橋與磨坊，並能購買飼料餵食他們的馬與牛，最後再到市場嚐嚐看阿米希人的傳統食物，如果喜歡的話也可到商店買些自製果醬、醃菜與烏比派(Whoopie Pie)回家。

阿米希人 Amish

如果你在街上看到男的戴高帽、蓄長鬚，女的穿農婦古裝，他們不是在拍歷史劇，你遇到的很有可能是阿米希人。阿米希人並不是什麼特殊的人種，而是地域色彩濃厚的宗教團體，源起於歐洲16世紀的新教革命，當時由門諾西蒙斯(Menno Simons)領導的再洗禮教派，主張自主選擇權、拒絕為君王參戰服役，因而四處遭受迫害。後來瑞士門諾主教雅各阿曼(Jacob Ammann)在日耳曼地區擁有不少影響力，跟隨他的人於是被稱作「Amish」。1682年威廉賓恩來到新大陸，他知道門諾教徒很多都是好農夫，遂招徠大批教徒前來開墾，教徒也為了躲避迫害，紛紛應募渡海以求安身立命，這當中便包含了不少阿米希人。

目前美加的阿米希人口約有15萬，主要分布在賓州、俄亥俄等中北部地區，他們最大的特色，也是他們與其他門諾教徒的區隔，便是他們保持了工業革命之前的生活型態。他們閱讀馬丁路德版的德文聖經，他們擁有獨立的教育體系，甚至在他們的語言裡還摻雜了許多古日耳曼語，老一輩阿米希人的口音，無論美國人或德國人都很難與他們溝通。

最令外界感興趣的，無非是他們拒抗現代文明的態度，阿米希人堅持穿著16世紀的樸素古裝，拒絕用電與開車，由於房子沒有牽電線，能源全靠天然氣，因此可依據屋外有無煤氣槽，來判斷該戶是否為阿米希人家。也因為阿米希人不開車，出入全靠馬匹，所以在阿米希的鄉間常可看到他們駕著馬車蹝蹝而過，而停車場中除了停車格，也有用來拴馬的木杆。不過隨著科技的強烈衝擊，住在社區外圍與外人混居的阿米希人迫於生存需要，已將原本嚴格的戒律鬆綁，譬如現在他們已經獲准使用3C產品，也能駕駛車輛，但前提是這些東西只能留在工作場合，不能帶回家中。

畢竟是強調自主選擇的再洗禮教派，阿米希的年輕人在成年前可出外見見世面，回鄉後再決定是否繼續當阿米希人。也許因為家庭情感緊密，又或許他們已無法融入外界生活，高達9成的青年都選擇留在阿米希的世界中。

最後要特別提醒的是，阿米希人非常忌諱外人對著他們的臉拍特寫照，倘若你想留下一些阿米希人的影像，背影與側臉是最大限度。

MAP ▶ P.278上C2

史特拉斯堡鐵道

MOOK Choice

Strasburg Rail Road

來趟鄉間的鐵道之旅

從蘭開斯特開車約11.5英哩，需時約20分鐘，有免費停車場 301 Gap Rd, Ronks 1-866-725-9666 關於每日各列車時刻，請上官網查詢 一般車廂及餐車車廂：成人＄22，2~11歲＄14。頭等車廂：＄32，2歲以下免費。品酒車廂：每人＄65 www.strasburgrailroad.com 餐車的餐點另外計費，成人餐＄20，兒童餐＄12.75

掃地圖

史特拉斯堡鐵道建於1832年，最初是用來載運貨物及礦產的貨運火車，1958年停駛後，隔年就轉變成觀光鐵路，載著遊客穿梭在阿米希的鄉間景色間。今日火車使用的，大多仍是原始的蒸汽引擎車頭，每一種型號，都代表一個時代的記憶。當汽笛響起，車頭冒出如烏雲般的黑煙，彷彿駛向的目的地不只是7公里外的田野，同時也回到了19世紀。

除了一般觀光車廂，旅客也可選擇沒有窗戶遮蔽的露天車廂，或是有舒適沙發與空調的頭等車廂，以及更豪華氣派的總統車廂。不過最熱門的，還是可以在車上享用熱騰騰美食的餐車車廂。每趟鐵道之旅大約45分鐘，沿途可飽覽牧歌般的田園美景。而在車站旁，也有一條復古的觀光大街，有餐廳、商店，與適合小小孩的多項遊樂設施。小朋友最喜歡的湯瑪士火車，每年也會有3次造訪史特拉斯堡，有興趣的人可以上官網確認當年度的活動日期。

MAP P.278上D1

廚房水壺村

MOOK Choice

Kitchen Kettle Village

多彩的阿米希購物村

從蘭開斯特開車約11.5英哩，需時約20分鐘，有免費停車場
3529 Old Philadelphia Pike, Intercourse, PA 1-800-732-3538 09:00~17:00 (5~12月的週六至18:00) 休週日
www.kitchenkettle.com 1、2月部分店家會縮短營業時間

掃地圖

最初在1954年時，Burnley夫婦在這裡經營一間小果醬店，隨著生意愈做愈大，逐漸吸引與他們志同道合的商家，於是發展成這處聚集40多個商店的購物村。而Burnley的果醬店，也就是今日村內最大間的商店——Jam & Relish Kitchen，除了各色古早味的果醬和果凍外，如果你想嚐嚐阿米希人的傳統食物，在這間店裡都能試吃得到。

有名的店還有Village Quilts，這裡的阿米希被單及紡織品花樣精巧、色彩多變，都是由當地婦女手工織就，平均一條要織上300~600小時，

每一件都可稱得上藝術。Lapp Valley Farms的冰淇淋也很受歡迎，這是使用當地品種Jersey Cows的鮮乳製成，雖然乳脂量較高，但乳香醇厚。另外像Pepper Lane Fudge & Sweets的巧克力牛奶糖、Aged and Cured的凝乳起士(cheese curds)、Waltz Vinyards的葡萄酒等，都保持了傳統風味。

華盛頓特區

Washington, DC

文 蔣育荏 攝影 周治平

美國首府華盛頓特區位於馬里蘭州與維吉尼亞州之間，不屬於50州中的任何一州，而是直轄於聯邦政府。其正式名稱為「哥倫比亞特區」(District of Columbia)，因特區中的核心城市為華盛頓市，故大多時候都被稱作「華盛頓特區」，又為了避免與華盛頓州相混淆，有時也直接簡稱為「DC」，而華人圈則較常稱之為「華府」或「美京」。

其實在獨立戰爭期間，美國政府一直位於費城，戰後受到各種因素考量，國會決定劃出一塊獨立區域作為首都所在，由於南北各州都對新國都的位置各執己見，最終妥協的結果，便以波多馬克河(Potomac River)為界，由維吉尼亞與馬里蘭各捐出部份土地，劃定一個菱形範圍，於1790年成立特區。只是到了1846年，維吉尼亞要求歸還波多馬克河南岸土地，特區才變成今日菱形缺了一角的形狀。

作為首都，美國最重要的官方機構如白宮、國會等，皆位於這裡，不過第二次獨立戰爭時特區曾被英軍攻陷，焚毀了大部分公共建築，因此今日所見的政府機構大多不是最初的原始樣貌。而華盛頓市容最重要的美化建設，是1901年的麥克米蘭計畫(McMillan Plan)，幾乎橫跨半個市中心的國家廣場就是在當時興建的，這片從國會大廈延伸到林肯紀念堂的長方形綠地，是世界最大的國家級博物館區，主要由史密森尼學會管理，而且大多免費參觀，是全球博物館迷必來朝聖之地。同時，在國家廣場內也有許多紀念堂與地標建築，象徵美國精神與民主傳統，不但在美國電影中經常出現，也成為烙印在人們腦海中的華府印象。

華盛頓特區之最
Top Highlights of Washington, DC

林肯紀念堂 Lincoln Memorial

紀念維持美國大一統的總統，堂前的倒映池，是經常出現在電影中的場景，許多人權運動也是以這裡為背景。（P.299）

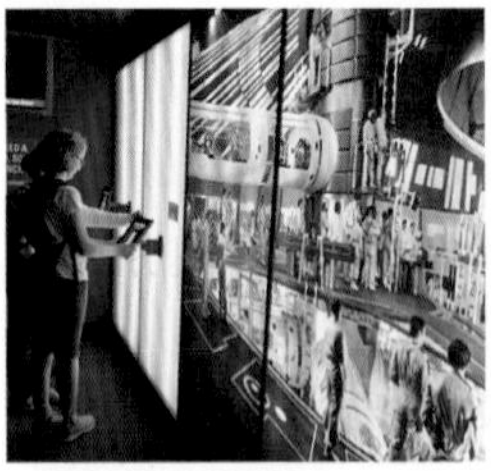

國際間諜博物館 International Spy Museum

這間博物館裡除了展示古今中外的間諜歷史與各種酷炫的間諜裝備，還有許多遊戲，測試你有沒有成為間諜的資質。（P.315）

阿靈頓國家公墓 Arlington National Cemetery

經常出現在電影中的墓地，埋葬對國家有功勞的官兵。墓園中有不少景點，也能看到衛兵交接，觀光氣味濃厚。（P.322）

華盛頓紀念碑 Washington Monument

華盛頓特區最有名的地標，曾是世界最高的建築物，今日遊客可以登上碑頂，俯瞰整個華府市區。（P.297）

國家藝廊 National Gallery of Art

美國最重要的藝術博物館，擁有美國唯一的達文西真跡。從文藝復興時代到後現代藝術，這裡都有豐富收藏。更棒的是：免費參觀。（P.304）

華盛頓特區市區地圖
喬治城
Georgetown
喬治城大學
Georgetown University
菲利普收藏館
The Phillips Collection
Dupont Circle
The Dupont Circle
杜邦圓環
Dupont Circle
The Royal Sonesta
杜邦圓環
Dupont Circle
Madera
Tabard Inn Restaurant
Courtyard
The Jefferson
西角
West End
Blue Duck Tavern
The Graham
Filomena Ristorante
Baked & Wired
2500 Penn
華盛頓圓環
Washington Circle
Farragut North
Farragut West
Farmers Fishers Bakers
喬治城碼頭
The River Inn
Foggy Bottom-GWU
Lombardy
Founding Farmers
倫威克美術館
Renwick Gallery
白宮
甘迺迪表演藝術中心
JFK Center for the Performing Arts
西奧多羅斯福島公園
Theodore Roosevelt Island Park
Rosslyn
美國國務院
霧谷區
Foggy Bottom
Theodore Roosevelt Memorial Bridge
美國海軍陸戰隊戰爭紀念碑
U.S. Marine Corps War Memorial
越戰紀念碑
Vietnam Veterans Memorial
非裔美國人歷
National Museum of African American His
二次大戰紀念碑
World War II Memorial
阿靈頓
Arlington
林肯紀念堂
Lincoln Memorial
倒映池
Reflecting Pool
韓戰紀念碑
Korean War Veterans Memorial
馬丁路德金恩紀念碑
Martin Luther King, Jr. Memorial
女性官兵紀念館
Military Women's Memorial
Arlington Cemetery
蓄潮湖
甘迺迪之墓
John F. Kennedy Grave Site
羅斯福紀念公園
Franklin Delano Roosevelt Memorial
阿靈頓宮（李將軍紀念堂）
Arlington House (The Robert E. Lee Memorial)
波多馬克河
Potomac River
阿靈頓國家公墓
Arlington National Cemetery
無名戰士墓
The Tomb of the Unknown Soldier
約翰潘興之墓
John J. Pershing gravesite
五角大廈
The Pentagon
海岸防衛隊紀念碑
Coast Guard Memorial
五角大廈紀念廣場
Pentagon Memorial
Pentagon
美國空軍紀念碑
Air Force Memorial
George Washington Memorial Pkwy
Custis Memorial Pkwy
Rock Creek and Potomac Pkwy NW
Arlington Memorial Bridge
Jefferson Davis Hwy
Constitution Ave NW
Independence Ave SW
Virginia Ave NW
Pennsylvania Ave NW
New Hampshire Ave
Whitehurst Fwy
Key Bridge
Canal Rd NW
Prospect St NW
M St NW
N St NW
O St NW
P St NW
Q St NW
Wisconsin Ave
Memorial Ave
Ohio Dr SW
Key Blvd
Wilson Blvd
Clarendon Blvd
Arlington Blvd
12th St N
Ord and Weitzel Dr
Sherman Dr
Schley Dr
King Dr
McClellan Dr
York Dr
Bradley Dr
Porter Ave
Arnold Dr
Patton Dr
S Washington Blvd
Pershing Dr
McPherson Dr
Carpenter Rd
McNair Rd
Grant Dr
Eisenhower Dr
Halsey Dr

E
F
G
H
Le Diplomate
Q St NW
Rhode Island Ave NW
蕭區
Shaw
Q St NE
Florida Ave NW
ChurchKey
洛根圓環
Logan Circle
15th St NW
14th St NW
13th St NW
8th St NW
New Jersey Ave NW
P St NW
50
洛根圓環
Logan Circle
6th St NW
5th St NW
New York Ave NE
1
Viceroy
Vermont Ave NW
29
N St NW
N St NW
世界語文博物館
Planet Word Museum
NoMa-Gallaudet U
湯瑪斯圓環
Thomas Circle
M St NW
M St NW
M St NE
Florida Ave NE
Zena
Mt Vernon Sq
11th St NW
10th St NW
North Capitol St NW
The Madison
L St NW
維農山廣場
Mt Vernon Square
1st St NW
1st St NE
3rd St NE
L St NE
家地理博物館
tional Geographic Museum
12th St NW
Hi Washington DC Hostel
4th St NW
K St NE
Hilton Garden Inn
9th St NW
7th St NW
中國城
Chinatown
NoMa
2nd St NE
4th St NE
5th St NE
6th St NE
McPherson Sq
New York Ave NW
Sofitel
395
H St NW
H St NE
國家肖像館與美國藝術博物館
National Portrait Gallery & American Art Museum
女性藝術博物館
l Museum of Women in the Arts
第一資本競技館
Capital One Arena
國家郵政博物館
National Postal Museum
G St NE
國立建築博物館
National Building Museum
Zaytinya
Metro Center
Old Ebbitt Grill
Gallery Place-Chinatown
聯合車站
Union Station
7th St NE
8th St NE
9th St NE
彼得森客棧
Petersen House
Judiciary Sq
F St NE
W
Monaco
E St NW
The George
E St NE
特戲院
heatre
8th St NW
Luke's Lobster
3rd St NW
Fogo de Chao
Brazilian Steakhouse
Rasika
15th St NW
Matchbox
國家藝廊
National Gallery of Art
10
Louisiana Ave NW
D St NE
Maryland Ave NE
ALT 1
Federal Triangle
Archives
C St NE
國家檔案館
National Archives
自然史博物館
Natural History Museum
Pennsylvania Ave NW
ALT 1
Constitution Ave NE
Massachusetts Ave NE
文化博物館
y and Culture
國家廣場
National Mall
雕塑花園
Sculpture Garden
國家藝廊東館
美國國會大廈
United States Capitol
美國聯邦最高法院
Supreme Court of the United States
A St NE
美國歷史博物館
can History Museum
史密森尼城堡
Smithsonian Castle
航太博物館
Air and Space Museum
原住民博物館
American Indian Museum
美國國會圖書館（傑佛遜館）
Library of Congress (Thomas Jefferson Building)
East Capitol St SE
頓紀念碑
ton Monument
弗瑞爾美術館
Freer Gallery
美國國家植物園
United States Botanic Garden
亞當斯館
John Adams Building
A St SE
North Carolina Av
Independence Ave SW
Independence Ave SE
Smithsonian
巴特勒迪公園
Bartholdi Park
麥迪遜紀念館
James Madison Memorial Building
難者紀念館
al Museum
亞瑟賽克勒美術館
Arthur M. Sackler Gallery
L'Enfant Plaza
3rd St SW
C St SW
C St SE
美國鑄印局
and Printing
14th St SW
非洲藝術博物館
African Art Museum
7th St SW
Washington Ave SW
Capitol South
國會山莊
Capitol Hill
Pennsylvania Ave SE
D St SW
D St SE
Federal Center SW
12th St SW
New Jersey Ave SE
Eastern Market
赫胥杭博物館
Hirshhorn Museum
E St SW
E St SE
E St SE
Ted's Bulletin
erson
Basin Dr SW
Maine Avenue Fish Market
G St SW
4th St SW
G St SE
藝術與工業博物館
Arts and Industries
695
Southeast Fwy
國際間諜博物館
International Spy Museum
I St SW
Maine Ave SW
6th St SW
Washington Channel
華盛頓水道
Delaware Ave SW
Half St SW
Half St SE
1st St SE
2nd St SE
3rd St SE
4th St SE
5th St SE
7th St SE
Buckeye Dr SW
西南水濱區
Southwest Waterfront
South Capitol St SW
M St SW
M St SE
Ohio Dr SW
Ohio Dr SW
Waterfront
Navy Yard-Ballpark
N St SW
Tingey St SE
海軍工廠
Navy Yard
東波多馬克公園
East Potomac Park
國民球場
Nationals Park
美國海軍博物館
National Museum of the United States Navy
P St SW
阿納卡斯蒂亞河
Anacostia River
R St SW
1
2
3
4
5
6
圖例
州界 州際公路 國道 州道 隧道 步行道 公路出口 地鐵站 火車站
景點 博物館 圖書館 劇場 公園 球場 住宿 餐廳 糕餅 遊客中心

INFO

基本資訊

人口：約66萬(市區)
面積：約158平方公里(市區)
區域號碼：202
消費稅：5.75% (餐廳10%，但生鮮食品雜貨免稅)

如何前往——航空

華盛頓特區周圍有3個主要機場，分別為位於維吉尼亞的華盛頓杜勒斯國際機場、阿靈頓的隆納雷根華盛頓國家機場與馬里蘭的巴爾的摩/華盛頓瑟古德馬歇爾國際機場。

目前從台灣並沒有直飛華盛頓特區的班機，最簡單的方式，是搭乘聯合航空的UA872班機從桃園機場飛往舊金山(SFO)，再轉機至華盛頓。若降落在杜勒斯機場，聯航班機會停靠在C或D登機區；若抵達的是隆納雷根機場，聯航用的是2航廈的B登機區；而在瑟古德馬歇爾機場，則是在D航廈。從台北飛舊金山約11小時，從舊金山飛華盛頓特區約5小時。

除了舊金山外，包括芝加哥、波士頓、休士頓、洛杉磯、西雅圖、達拉斯、拉斯維加斯等美國各大城市機場都有飛往華府的班機。

華盛頓杜勒斯國際機場 Washington Dulles International Airport (IAD)

P.289A2 www.flydulles.com

杜勒斯機場是華府的主要門戶，共有3棟航廈建築：主航廈、A/B登機區航廈、C/D登機區航廈。主航廈到A、B、C登機區，有機場輕軌(AeroTrain)相連；而從主航廈或A登機區到D登機區，則有接駁車連結。

◎杜勒斯機場至市區交通

捷運銀線 Silver Line Metrorail

捷運銀線延伸至杜勒斯機場的車站已於2022年11月正式啟用，從主航站行李提領樓層即可找到自動行人通道前往，從此前往市區更加便利。

平日05:00~24:00 (週五至01:00)，週末07:00~01:00 (週日至24:00)。每15分鐘一班，至市區車程約50分鐘
尖峰時刻$6，離峰時刻$3.85，週末$2

機場計程車 Flyer Taxi

在主航廈下層的2號門或6號門外，有24小時的計程車調度服務。從機場搭乘計程車到特區市中心，車資約$60~68。若是使用APP叫車，則是在2號門到6號門之間對面的車道中島上接送。

租車 Rental Car

機場旁有Alamo、Avis、Budget、Dollar、Enterprise、Hertz、National、Sixt、Thrifty等9家租車公司提供服務。從主航廈下層的2、4、6號門外，可找到前往租車處的接駁車站牌，每家租車公司皆會各自派出接駁車載客。

隆納雷根華盛頓國家機場 Ronald Reagan Washington National Airport (DCA)

P.289B4 www.flyreagan.com

隆納雷根機場是3個機場中最靠近市中心的一座，有兩棟相連的航廈，1航廈為A登機區，2航廈分為B、C、D、E四個登機區。各航廈與停車場、租車中心之間有24小時的免費接駁車來往。

◎隆納雷根機場至市區交通

捷運 Metrorail

捷運藍、黃線的高架車站就位於機場航廈旁，從2航廈的大廳樓層可經由行人天橋前往。

平日05:00~24:00 (週五至01:00)，週末07:00~01:00 (週日至24:00)。每15分鐘一班，至

市區車程約20分鐘 ⓢ尖峰時刻＄2.35，離峰時刻＄2.1，週末＄2

計程車Taxi

計程車招呼站位於各航廈行李提領轉盤外，從機場到特區市中心，車資約＄13~16，另外還要再加上＄3的機場附加費。

租車Rental Car

租車中心位於1、2航廈之間對面的1號停車場1樓，可循指標步行前往(約10分鐘)，或是在行李提領轉盤旁的4及8號門外搭乘免費接駁車前往。當中有Alamo、Avis、Budget、Dollar、Enterprise、Hertz、National、Payless、Thrifty等9家租車公司櫃檯。

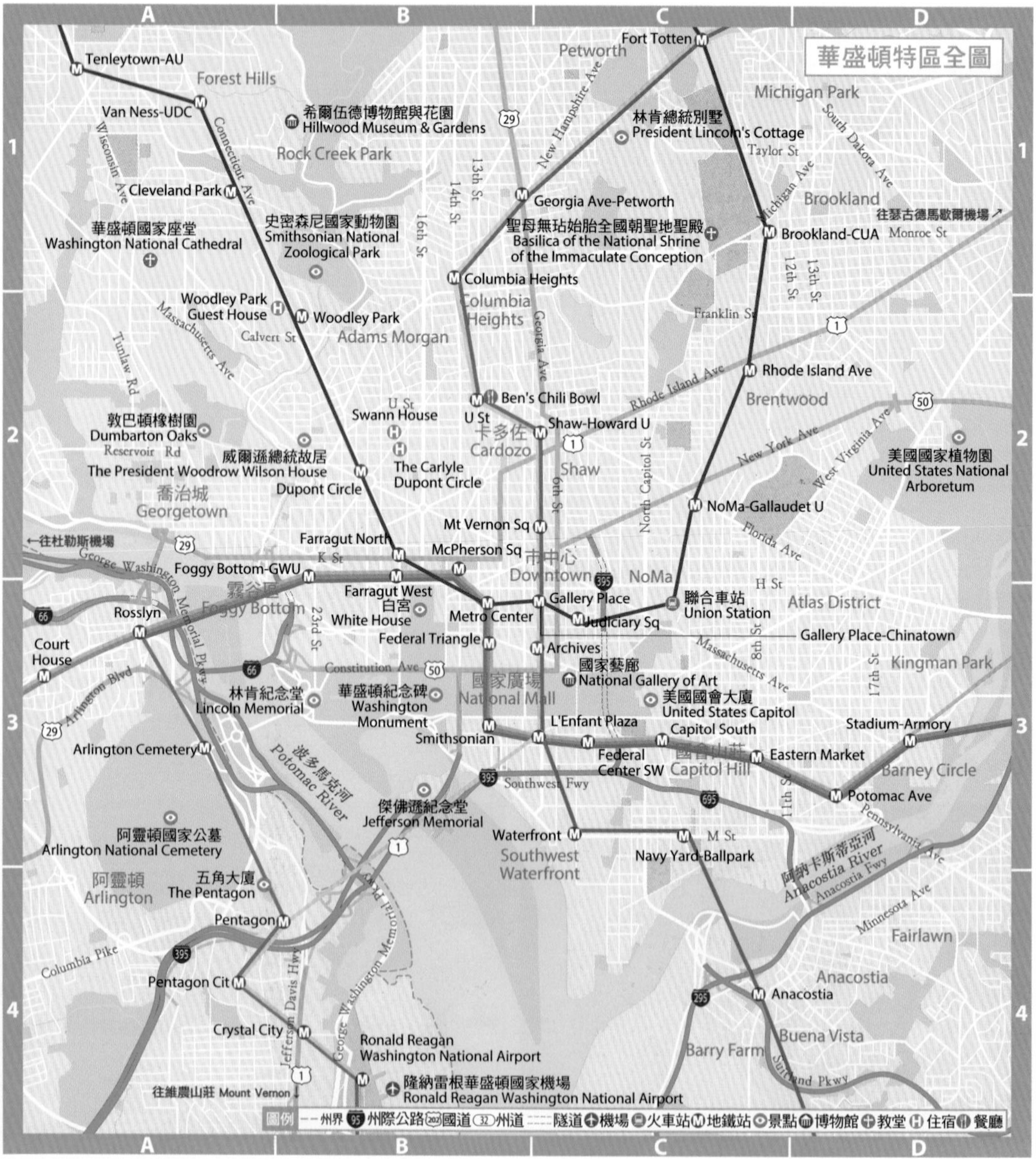

巴爾的摩/華盛頓瑟古德馬歇爾國際機場 Baltimore/Washington International Thurgood Marshall Airport (BWI)

P.289D1 www.bwiairport.com

瑟古德馬歇爾機場較靠近巴爾的摩，主航廈呈U字型，以放射狀延伸出A、B、C、D、E五座登機區域。

◎瑟古德馬歇爾機場至市區交通

雖然瑟古德馬歇爾機場內有一座輕軌車站，不過那是開往巴爾的摩市區，若要前往華盛頓特區，請利用以下幾種方式。

美國鐵路 Amtrak

美鐵停靠的BWI Marshall站距離機場不遠，在主航廈下層的1-2、8-9、14-15、17-18門外，可搭乘免費接駁車前往。接駁車每12分鐘就有一班，凌晨1點至5點則是25分鐘一班。從BWI Marshall站搭乘美鐵到市區的聯合車站，車程約35分鐘。

馬里蘭區域通勤鐵路 MARC Train

從BWI Marshall火車站，也可搭乘MARC的Penn Line前往聯合車站，車程約40分鐘。不過由於是通勤鐵路，所以上午尖峰時刻的南向與下午尖峰時刻的北向，車次較為密集，約15~30分鐘一班，其他時段約30~60分鐘一班，週末班次更少。

從BWI Marshall到聯合車站為＄8 mta.maryland.gov/marc-train

機場計程車 BWI Airport Taxi

計程車招呼站位於航廈下層外的車道，從機場前往華府市中心，車資約＄90。

(410) 859-1100 www.bwiairporttaxi.com

租車 Rental Car

租車中心位於機場外圍，可於航廈下層外搭乘接駁車前往。租車中心內有Alamo、Avis、Budget、Dollar、Enterprise、Hertz、National、Payless、Nextcar、Flightcar、Thrifty等11家公司櫃檯。

如何前往——陸路

火車

美國國鐵在華盛頓特區的停靠車站為位於國會大廈北邊的聯合車站，行經華府的路線有：Acela (經費城、紐約往波士頓)、Cardinal (紐約經費城、華府往芝加哥)、Capitol Limited (往芝加哥)、Carolinian (紐約經費城、華府往夏洛特)、Northeast Regional (波士頓經紐約、費城、華府往維吉尼亞海灘)、Crescent (紐約經費城、華府往紐奧良)、Silver Service (紐約經費城、華府往邁阿密)、Vermonter (經費城、紐約往聖奧爾本斯)。

從波士頓出發，車程約6.5~8小時；從紐約出發，車程約2.5~3.5小時；從費城出發，車程約1.5~2小時。

聯合車站(Union Station，WAS)

P.287G2 50 Massachusetts Ave. NE

美國國鐵 Amtrak

1-800-872-7245 www.amtrak.com

巴士

華府市中心的灰狗巴士站位於聯合火車站內，有綿密的路線網通往全美各地。從紐約前往，車程約5小時；從費城前往，車程約4小時；從波士頓前往，需在紐約換車，車程約9.5~10.5小時。

灰狗巴士 Greyhound

50 Massachusetts Ave. NE

(202) 289-5141 www.greyhound.com

開車

華府的聯外公路，主要有縱貫美國東岸的I-95，和幾乎橫貫美國中部至猶他州的I-70，並可經由I-66連

結縱貫美國東部至田納西州的I-81。從紐約開車前往約4小時，從波士頓約7小時，從費城約2.5小時。

市區交通

華府的大眾運輸工具由華盛頓都會區交通局營運，包括捷運、公車等。其車票為感應式的SmarTrip，可在車站售票處購買，每張＄10（當中包含＄8可用車資），也可從官網下載APP，搭配Apple Wallet或Google Pay使用。SmarTrip不但可搭乘捷運與公車，也適用於捷運站附設的停車場，甚至鄰近區域的大眾運輸工具。卡片餘額用完時，再到車站的自動加值機儲值即可。

除了每趟支付車資外，也有販售一日票(＄13)、三日票(＄28)與七日票(＄58)。另外還有一種短程七日票，雖然只要＄38，但只能搭乘車資在＄3.85以內的距離(市區範圍)。這些無限次數搭乘的票券，效期超過之後也可加值為一般SmarTrip使用。至於4歲以下孩童則免費搭乘，每位已付車資的成人最多可攜同2名幼童進站。

轉乘方面，捷運轉乘公車或公車相互轉乘，2小時之內都是免費，而公車轉乘捷運則有2＄折扣，不過須使用SmarTrip，上公車時投零錢的話是沒有轉乘優惠的。比較特別的是，捷運橘、藍、銀線的Farragut West與捷運紅線的Farragut North之間，現在可於30分鐘內免費出站轉乘，這樣就不用再多坐2站到Metro Center換車。

華盛頓都會區交通局 WMATA

www.wmata.com

捷運 Metrorail

華府捷運系統共有紅、橘、藍、銀、黃、綠等6條路線，範圍延伸到鄰近的維吉尼亞州與馬里蘭州。在市中心內，橘、藍、銀3條路線重疊，黃、綠2條路線重疊，而Metro Center、L'Enfant Plaza、Gallery Place為轉乘大站。

捷運站以「M」為標記，上車前請先看清楚該列車前往的底站，以判斷列車行進方向。假日時列車班次較少，有時也會誤點，電子看板上的列車到站時間僅供參考。

平日05:00~24:00（週五至01:00），週末07:00~01:00（週日至24:00） 依距離遠近計算，尖峰時段(平日05:00~09:30、15:00~19:00)為＄2.25~＄6；離峰時段為＄2~＄3.85。平日21:30之後及週末全天為＄2

公車 Metrobus

WMATA的公車路線有325條，車資可使用現金或SmarTrip，價錢相同，不過車上並不會找零，如要使用現金搭乘，請先算好確切金額再上車。

一般公車＄2，快速巴士＄4.25

循環公車 DC Circulator buses

華府循環公車共有6條路線：紅線從聯合車站出發，沿著國家廣場及蓄潮湖繞行一圈，是最常被遊客搭乘的路線；黃線也是從聯合車站出發，穿越市中心後前往喬治城北部；淺藍線從杜邦圓環出發，經喬治城前往羅斯林(Rosslyn)；綠線從市中心的McPherson Square地鐵站出發，往北前往Columbia Heights地鐵站，再折而向西前往Woodley Park地鐵站；橘線從聯合車站出發，往東南經Eastern Market地鐵站後，前往阿納卡斯蒂亞河南岸的國會高地(Congress Heights)；深藍線從市中心的L'Enfant Plaza地鐵站出發，往南經過國民球場與海軍碼頭後，前往Eastern Market地鐵站。

循環公車平均每10分鐘就有一班，必須在站牌下的候車區上車，詳細站牌位置與各線營運時間可上官網查詢。

成人＄1，長者半價，5歲以下免費，可使用SmarTrip。從公車轉乘免費，從捷運轉乘半價 dccirculator.com

開車

華盛頓特區的城市規劃是在18世紀末時，由法裔建築師朗方(Pierre Charles L'Enfant)參考巴黎街道而設計的，因此是以馬車行駛為考量。換言之，華府是座非常不適合開車的城市，無止盡的圓環加上放射狀道路，就連GPS都會暈頭轉向。而且市中心內極難停車，有錢也找不到停車位，因此最好還是多多利用地鐵。

如果你住在較遠的地方，如馬里蘭或維吉尼亞，建議把車停在郊區地鐵站的停車場內，停車費可以用SmarTrip支付，週末時則開放免費停車。

計程車

華府計程車起錶為＄3，行駛每英里跳錶＄2.16，等待時間每5分鐘約＄2。若有放在後車廂的大件行李，每件＄0.5，每多一名乘客加收＄1.5。至於司機小費則是總車資的15~20%。

華盛頓特區地鐵圖
RD
Glenmont
Wheaton
Forest Glen
Silver Spring
Takoma
Fort Totten
Brookland-CUA
Rhode Island Ave
NoMa-Gallaudet U
Union Station
Judiciary Sq
Gallery Place Chinatown
Metro Center
Farragut North
Dupont Circle
Woodley Park
Cleveland Park
Van Ness-UDC
Tenleytown-AU
Friendship Heights
Bethesda
Medical Center
Grosvenor-Strathmore
North Bethesda
Twinbrook
Rockville
Shady Grove
YL
GR
Greenbelt
College Park-U of Md
Hyattsville Crossing
West Hyattsville
Georgia Ave-Petworth
Columbia Heights
U St
Shaw-Howard U
Mt Vernon Sq
Archives
L'Enfant Plaza
Waterfront
Navy Yard-Ballpark
Anacostia
Congress Heights
Southern Ave
Naylor Rd
Suitland
Branch Ave
SV
Ashburn
Loudoun Gateway
Washington Dulles International Airport
Innovation Center
Herndon
Reston Town Center
Wiehle-Reston East
Spring Hill
Greensboro
Tysons
McLean
OR
Vienna
Dunn Loring
West Falls Church
East Falls Church
Ballston-MU
Virginia Sq-GMU
Clarendon
Court House
Rosslyn
Foggy Bottom-GWU
Farragut West
McPherson Sq
Federal Triangle
Smithsonian
Federal Center SW
Capitol South
Eastern Market
Potomac Ave
Stadium-Armory
Benning Rd
Capitol Heights
Addison Rd
Morgan Blvd
Downtown Largo
BL
New Carrollton
Landover
Cheverly
Deanwood
Minnesota Ave
Arlington Cemetery
Pentagon
Pentagon City
Crystal City
Ronald Reagan Washington National Airport
Potomac Yard
Braddock Rd
King St-Old Town
Van Dorn St
Eisenhower Ave
Franconia–Springfield
Huntington

Gallery Pl-Chinatown
To Glenmont via Union Station

觀光行程

◎Big Bus-Washington DC Bus Tours

這輛雙層露天的隨上隨下觀光巴士起站為L'Enfant Plaza的國際間諜博物館，行駛範圍包括國家廣場、阿靈頓國家公墓與市中心的潘恩區(Penn Quarter)，沿途共有13個站點，乘客於任一站點皆可隨意上下車。

09:30~16:30，每30分鐘一班

$ 一日票：成人＄54，3~12歲＄44。二日票：成人＄64，兒童＄54。三日票：成人＄74，兒童＄64 (官網購票享9折優惠) www.bigbustours.com 車上有中文語音導覽耳機

◎City Experiences-Monuments Sightseeing Tour

由Hornblower營運的City Experiences，推出多條波多馬克河的遊船行程，其中最熱門的是Monuments Sightseeing Tour，每週末從喬治城碼頭出發，開往阿靈頓南邊的亞歷山卓，沿途會經過傑佛遜紀念堂、林肯紀念堂等景點，並遙望華盛頓紀念碑，單程約60分鐘。

喬治城碼頭：3100 K St. NW。亞歷山卓碼頭：105 N. Union St, Alexandria 1-877-511-2628 週五至週日11:30、13:30、15:30從亞歷山卓出發；12:30、15:30、16:30從喬治城出發 $ 單程：成人＄27，62歲以上＄25，2~11歲＄21。來回：成人＄44，長者＄42，兒童＄32 www.cityexperiences.com/washington-dc

優惠票券

The Washington DC Sightseeing Pass

票券內容：可使用Sightseeing Pass的景點與觀光行程多達15個以上，票券分為Day Pass與Flex Pass兩種，前者在限定時間內可造訪所有景點，後者是造訪特定數量景點再加上Big Bus的1日行程，效期長達60天。

購買方式：在官網上購買，付款後，電子票券會寄送到電子信箱裡，可下載到手機中，或是列印下來。要特別注意的是，部分景點就算持有入場票券，仍然需要事先在官網上預約，因此安排行程時最好先上各景點官網確認。

價格：

Day Pass	1日	2日	3日
成人	＄62.3	＄104.3	＄139.3
3~12歲	＄58.8	＄97.3	＄132.3

Flex Pass	1景點	2景點	4景點
成人	＄54	＄64	＄89
3~12歲	＄33	＄40.5	＄59.25

使用要領：Day Pass去的地方愈多愈划算，以門票較貴的景點為優先；Flex Pass則適合停留天數較長，想深入特定景點的人。

www.sightseeingpass.com/en/washington-dc

旅遊諮詢

華盛頓特區旅遊局

(202) 789-7000
washington.org

◎白宮遊客中心
P.287E3
1450 Pennsylvania Ave. NW
(202) 208-1631
每日07:30~16:00

◎國會大廈遊客中心
P.287G3
E. Capitol St NE與1st St NE路口
(202) 226-8000
08:30~16:30
週末

◎史密森尼學會遊客中心
P.287E3
1000 Jefferson Dr. SW
(202) 633-1000
每日08:30~17:30

城市概略 City Guideline

華盛頓的街道，南北向的以數字表示，東西向的以英文字母表示，斜向的則按合眾國的各州命名。

國家廣場是華盛頓特區最精彩的區域，短短3公里的距離內，聚集了將近30處紀念碑、紀念堂和博物館，而且幾乎全都免費參觀。國家廣場東邊的國會山莊，是美國政府的核心部分，重要部門包括國會大廈、國會圖書館、聯邦最高法院等，這些地方都有針對觀光客的導覽行程，讓一般人也可以入內參觀。市中心位於國會山莊北邊，餐廳、商店林立，也有不少相當有意思的私人博物館。一旁則是華府的中國城，雖然滿街都是中文字，但其實走在路上的中國人並不多。

再往西北邊走，便是使館區的杜邦圓環，這裡的餐廳與街景都充滿歐洲情調，著名的菲利普收藏館也位於這一帶。杜邦圓環西邊是喬治城大學所在的喬治城，那裡是華府最熱鬧的購物與美食區。而杜邦圓環北邊的卡多佐(即U街一帶)，則是華府的非裔區，有許多劇場、沙龍及live酒吧，艾靈頓公爵當初便從這裡發跡，曾有「黑色百老匯」之稱。

而波多馬克河的西岸，是屬於維吉尼亞州的阿靈頓，埋葬國家英靈的阿靈頓公墓，與美國國防部的五角大廈，是這一區的著名景點。

華盛頓特區行程建議
Itineraries in Washington, DC

◎如果你有1天

就算用走馬看花的方式，光是國家廣場至少也得花上兩天，因此如果只有1天，就要先去最著名的景點，像是白宮、林肯紀念堂、華盛頓紀念碑、傑佛遜紀念堂等，而國家藝廊、自然史博物館與國家航太博物館中，只夠時間擇一參觀。晚上倒映池兩端的林肯紀念堂與華盛頓紀念碑都會打上燈光，想看夜景的話就來這裡。

◎如果你有2-4天

如前所述，國家廣場至少可以花兩到三天。波多馬克河西岸的阿靈頓公墓，足夠消磨半天時光，而市中心的福特戲院、間諜博物館與國家肖像館等，又能用掉剩下的半天。如果還有時間，保留一天給維吉尼亞州的維農山莊，去看看華盛頓總統居住過的莊園。

華盛頓特區散步路線
Walking Route in Washington, DC

這條散步路線基本上，就是帶你沿著國家廣場走一圈。路線從美國國家權力核心的**「國會大廈」**①開始，接著一路經過擁有重量級收藏的**「國家藝廊」**②、以希望鑽石作為鎮館之寶的**「自然史博物館」**③、訴說美國何以成為美國的**「國家歷史博物館」**④後，來到華府最高的地標**「華盛頓紀念碑」**⑤。紀念碑後方是悼念二戰傷亡者的**「二次大戰紀念碑」**⑥，沿著倒映池走，先繞個路去看一下**「越戰紀念碑」**⑦，再到一旁的**「林肯紀念堂」**⑧去朝拜美國最有名的總統。林肯紀念堂南邊不遠就是**「韓戰紀念碑」**⑨與新建好的**「馬丁路德金紀念碑」**⑩。

沿著蓄潮湖的岸邊，穿過**「羅斯福紀念公園」**⑪，就會來到紀念開國元老、美國第三任總統的**「傑佛遜紀念堂」**⑫。回到蓄潮湖東岸，首先看到的是**「大屠殺遇難者紀念館」**⑬，接著一路經過以展示亞洲藝術為主的**「弗瑞爾美術館」**⑭、遊客中心所在的**「史密森尼城堡」**⑮、擁有驚人航太收藏的**「國家航太博物館」**⑯、介紹各原住民文化的**「美國原住民博物館」**⑰，最後在**「美國植物花園」**⑱結束散步行程。

這條路線距離不短，如果中間有特別想參觀的景點，隨時可以中斷。

距離：約9.6公里

所需時間：約2.5小時

國家廣場與國會山莊
National Mall & Capitol Hill

雖然朗方在1791年規劃華盛頓特區格局時，就已設定要在市中心保留一片長方形的林蔭綠地，但後來因為種種因素，始終未能實現，直到1901年的麥克米蘭城市改造計畫，國家廣場的構想才得以成形。這條東西長3公里的草坪大道，中軸線東起國會大廈，中間豎立著華盛頓紀念碑，接著是通往西邊林肯紀念堂的倒映池；華盛頓紀念碑以東的綠地兩側，排列了十多間國家級博物館，而紀念碑以西則遍佈著總統、名人紀念堂與戰爭慰靈碑。華盛頓紀念碑往南隔著蓄潮湖，是古典優雅的傑佛遜紀念堂，往北越過種有國家聖誕樹的大橢圓草地(The Ellipse)，便是美國總統居住的白宮。因此國家廣場可說是華盛頓特區的觀光精華，人們出於對它的喜愛，也常暱稱其為「The Mall」。

國家廣場東邊的國會山莊，是美國國會與部分政府部門所在，除了雄偉的國會大廈外，美國聯邦最高法院與美國國會圖書館也位於這裡。不過比起政府建築，街道兩旁建於19世紀初的可愛排屋(rowhouse)，似乎更受遊人青睞。

©NPS

MAP P.287E3

華盛頓紀念碑

MOOK Choice

Washington Monument

特區最著名的地標

掃地圖

從捷運藍、橘、銀線的Smithsonian站，步行約10分鐘　2 15th St. NW　訂票專線：1-877-444-6777　每日09:00~17:00 (最後入場時間為16:00)　2歲以上需時段門票才能入場，當日門票可在紀念碑東側的Washington Monument Lodge免費領取(位於15街旁，08:45開始領票)。也可事先在官網或以電話訂票，但需付手續費＄1　www.nps.gov/wamo　門票為先到先領，每人限領6張，旺季時非常搶手，最好一大早就去排隊

若以國會大廈、白宮、林肯紀念堂與傑佛遜紀念堂作為國家廣場的四個角，則華盛頓紀念碑就位於兩條軸線交叉的中心位置。在特區裡，沒有其他建築比華盛頓紀念碑更加顯眼，因為美國政府明令規定，特區的所有建物皆不得超過華盛頓紀念碑的高度。

在古埃及，方尖碑常被用來表彰法老王的功績，而在新大陸，同樣的概念也被用來榮耀美國人最尊敬的國父。1832年為慶祝喬治華盛頓百歲誕辰，建造紀念碑的計劃正式起動，負責設計的是羅伯米爾斯(Robert Mills)，他原本的構想是在方尖碑基座設置列柱廊，裡面是30位開國元勛的雕像，不過由於預算困難，1848年動工時被迫放棄基座，以全力打造方尖碑本身。然而1854年開始，受到資金短缺與南北戰爭影響，工程停宕長達24年之久，這次停工導致石材來源不連貫，這便是紀念碑的外觀上下略有色差的原因。

經過風風雨雨，紀念碑終於在1888年完工，並以169.2公尺的高度，打敗德國科隆大教堂，成為當時世界最高的建築物。雖然這個頭銜隔年就被艾菲爾鐵塔搶走，但時至今日華盛頓紀念碑仍是世界最高的石造建築。紀念碑內部開放民眾參觀，登上碑頂展望台，特區風景皆一覽無遺。不過為了控制人數，門票採取時段制，數量有限，想入內的人最好早早排隊領取。

MAP ▶ P.287G3

美國國會大廈

MOOK Choice

United States Capitol

美利堅的權力核心

從捷運藍、橘、銀線的Capitol South站，步行約8分鐘　入口在1st St與E. Capitol St路口(遊客中心在國會大廈東側廣場下方)　(202) 226-8000　www.visitthecapitol.gov

國會遊客中心 Capitol Visitor Center

08:30~16:30　休 週末　進入之前需通過安檢，因此最好輕裝簡行

國會導覽行程 Capitol Tour

08:50~15:20，每10分鐘一梯，行程約1小時　休 週末　免費　參加行程需領取通行票，雖然偶爾也能在現場領到剩餘的票券，但最好還是事先上網預約。由於安檢需要一點時間，因此3~8月旺季最好提早45分鐘，9~2月淡季也要提早30分鐘到達

參、眾議院旁聽席 The Senate and House galleries

(202) 224-0057　會議進行時，以及休會期間的平日09:00~16:15　免費　外國遊客可至遊客中心樓上的參議院或眾議院櫃檯領取個別的通行證

掃地圖

美國國會大廈奠基於1793年，沒有等到正式完工，國會便迫不及待地於1800年從費城搬遷至此。後來隨著加入合眾國的州愈來愈多，席次逐漸不敷使用，於是又多次擴建成今日規模。目前大廈南翼為眾議院使用，北翼為參議院使用，全國性的政策都由這裡決議，歷任總統也是在此宣誓就職。

要進入國會大廈參觀，先至下層的解放大廳(Emancipation Hall)報到，觀看完名為「合眾為一」的13分鐘影片後，行程便由此展開。參觀的重點是中央圓頂下方的圓形大廳(The Rotunda)，這裡是歡迎國家來訪貴賓、舉行重要人物國葬等儀式的場地，環繞大廳的是許多精彩的巨幅帆布油畫，內容描繪美國獨立建國及發展壯大的各個關鍵時刻。而在近55公尺高的穹頂上，是一幅名為《華盛頓升天圖》的類宗教溼壁畫，這是義裔畫家Constantino Brumidi的作品。因為原本國會在興建時，將圓形大廳的地窖保留為喬治華盛頓的墓室，不過華盛頓本人的意願是葬在維農山莊，使得這個規劃最後沒有實現。

另一處重點是原為眾議院大廳的國家雕像大廳(National Statuary Hall)，這裡收藏的雕像是由各州自行選出的兩名代表人物，而解放大廳四周的雕像便是這個收藏的延伸。至於解放大廳裡那尊高6公尺的自由女神，則是1857年鑄造青銅像時所用的石膏模型，而當初鑄造的青銅像，現今正威風凜凜地佇立在國會大廈的圓頂上。

MAP P.286C3

林肯紀念堂

MOOK Choice

Lincoln Memorial

美國人的神殿

掃地圖

從捷運藍、橘、銀線的Smithsonian站，步行約25分鐘　2 Lincoln Memorial Cr. NW　24小時
免費　www.nps.gov/linc

林肯紀念堂落成於1922年，由亨利培根(Henry Bacon)設計，作為象徵國家統一的聖殿，大理石材的主體結構也仿照古希臘神殿常用的多立克樣式(Doric)而建。列柱廊上的36根廊柱，代表林肯遇刺時合眾國的36個州，而其屋頂欄飾的48個石花綵，則代表落成當年的48州。大廳中央端坐著5.8公尺高的林肯坐像，右側牆面刻有著名的蓋茨堡演說(Gettysburg Address)，像是「人皆生而平等」、「民有民治民享」等林肯名言皆出自於此，而在另一側牆面上刻的則是林肯連任總統時的就職演說辭。正對著紀念堂大門的，是條長達618公尺的倒映池(Reflecting Pool)，從林肯紀念堂的方向望去，可看到華盛頓紀念碑的完整倒影。

由於林肯的解放黑奴政策成為南北戰爭爆發的導火線，也是美國非裔人口獲得自由地位的轉捩點，因此林肯紀念堂在人權運動中也有著非凡的象徵意義，許多重要事件都是以這裡作為背景。最有名的當屬1963年時，馬丁路德金恩博士的著名演說《我有一個夢》(I have a dream)，就是在林肯紀念堂前發表的。

MAP ▶ P.287E2

白宮

White House

美國的總統府

掃地圖

從捷運藍、橘、銀線的Farragut West站，步行約6分鐘 1600 Pennsylvania Ave. NW www.whitehouse.gov

作為美國總統的官邸與辦公室，白宮於1792年由喬治華盛頓下令興建，不過當它於1800年完工時，華盛頓早已卸任，而他也成了唯一沒有住過白宮的美國總統。白宮的設計者為愛爾蘭裔建築師霍本(James Hoban)，他參考了故鄉的倫斯特府(Leinster House)，建造出這棟結合新古典主義與帕拉第奧式風格的府邸。

至於白宮名字的由來顯而易見，因為整棟建築都是白色。1814年特區曾被英軍短暫佔領，白宮在戰火中遭受波及，因此過去常見的說法是白宮在修復時被漆上白漆，因而得名，然而事實上，白宮至少在1811年時就已經是白色的了。

雖然每年白宮都有幾天向公眾開放，不過申請對象以學校教學為優先，一般遊客不太有機會入內參觀。而要一睹白宮外觀，可在E St上隔著圍欄看白宮的南面，或從Pennsylvania Ave看白宮的北面，後者距離白宮較近，圍觀的人也較多。

MAP ▶ P.286D3

二次大戰紀念碑

World War II Memorial

希望戰爭到此為止

掃地圖

位於林肯紀念堂倒映池與華盛頓紀念碑之間 1750 Independence Ave. SW 24小時 免費 www.nps.gov/wwii

這裡原本是座名為彩虹池(Rainbow Pool)的噴泉，2004年在小布希總統指示下，改建為二次大戰紀念碑。噴泉池的南北兩側各有28根石柱，代表二戰結束時的48州與8個海外領地；兩座小凱旋門則分別象徵太平洋與大西洋兩個主戰場。噴泉西側的自由牆(Freedom Wall)上共有4,048顆星星，每顆星皆代表了100名陣亡將士，牆前的題詞為：這裡標示了自由的代價。

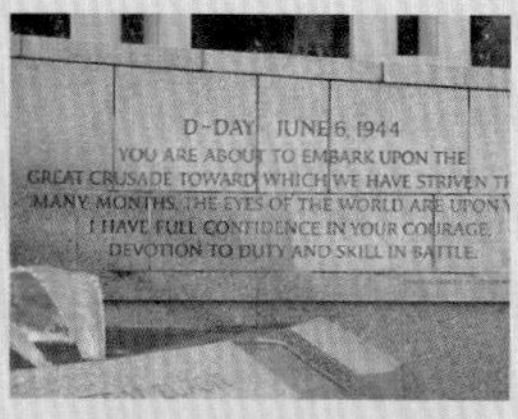

MAP P.286D3

韓戰紀念碑

Korean War Veterans Memorial

戰爭中的臉孔

掃地圖

就在林肯紀念堂東南側　10 Daniel French Dr. SW　24小時　免費　www.nps.gov/kowa

越戰紀念碑建成後，為韓戰豎立紀念碑的聲浪也開始出現。韓戰紀念碑於1995年對外開放，黑色花崗岩長牆以噴砂的方式印上超過2,500幀歷史照片，紀念牆北側有19名士兵的不鏽鋼塑像，彷彿正在韓國潮濕的林野中行軍，當他們的身影反映在石牆上時，人數就成了38人，代表著北緯38度線。長牆與步道盡頭是一處圓形淺水池，池畔邊石上標註了韓戰中美軍與聯合國軍隊的傷亡俘人數，一旁牆上則刻著簡單的銘文：自由不是免費的。

MAP P.286D3

越戰紀念碑

Vietnam Veterans Memorial

撫平戰爭傷痛

掃地圖

就在林肯紀念堂東北側　5 Henry Bacon Dr. NW　24小時　免費　www.nps.gov/vive

越戰是美國對外戰爭史上的一大傷疤，打了20年，將近6萬名美國子弟魂斷異鄉，活下來的人身心受創，許多無法回到社會正常生活。人性與道德在殘酷的戰場上備受折磨，而最終的結果，美軍撤出越南，越共贏得統一。為了撫平傷痛，越戰紀念碑於戰後7年的1982年完工，其主體是一道回力標形的黑色石牆，一端指向華盛頓紀念碑，另一端指著林肯紀念堂。紀念牆的中央約有3公尺高，高度向兩端逐漸降低，最後歸於大地，象徵悲傷終將撫平。牆上刻著58,300個名字，他們都是在越戰中陣亡與失蹤的美軍官兵，不遠處則有三位美國大兵銅像，正以沉重且疲憊的神情望著戰友們的姓名。附近還有一組三名婦女與一位傷兵的銅像，用以提醒人們婦女在這場戰爭中所作出的貢獻。

MAP P.287E4

傑佛遜紀念堂

MOOK Choice

Thomas Jefferson Memorial

賞櫻花的聖地

掃地圖

從捷運藍、橘、銀線的Smithsonian站，步行約20分鐘 16 E. Basin Dr. SW 24小時 免費 www.nps.gov/thje 櫻花嘉年華(National Cherry Blossom Festival)於每年3月20日展開，為期將近1個月

位於波多馬克河畔的傑佛遜紀念堂，與華盛頓紀念碑隔著蓄潮湖(Tidal Basin)相望，於1943年即傑佛遜誕辰200週年時完工。湯瑪斯傑佛遜是《獨立宣言》的主要起草人，後來也當選為美國第三任總統，這座紀念他的新古典主義聖殿由波普(John Russell Pope)設計，建築樣式參考了傑佛遜本人在維吉尼亞大學中所建造的圓形大廳。紀念堂中的傑佛遜銅像高5.8公尺，向北凝望著他曾入主過的白宮；淺圓頂下方的橫飾帶上，鐫刻著他的一段名言：「我曾在上帝神壇之前立誓，永遠與強壓個人意志的任何形式專政為敵」，這段話出自傑佛遜的個人書信，也說明了他所信仰的自由精神。而在銅像四周的牆面上，也刻著四段最能表現傑佛遜思想的文字，其中西南角的字句便是《獨立宣言》的一小段節錄。

紀念堂前的蓄潮湖是美國人賞櫻花的勝地，1912年時，東京市長尾崎行雄為了敦睦兩國友誼，送給華府許多吉野櫻和關山櫻的樹苗，此後每到春天，蓄潮湖畔一片櫻花盛開，吸引各地人們前來賞花，熱鬧程度不下於日本賞櫻名所。

MAP P.286D4

羅斯福紀念公園

Franklin Delano Roosevelt Memorial

在花園中緬懷小羅斯福的政績

掃地圖

從捷運藍、橘、銀線的Smithsonian站，步行約25分鐘 400 W. Basin Dr. SW 24小時 免費 www.nps.gov/frde

小羅斯福是20世紀最重要的美國總統，他所推行的新政成功帶領美國走出經濟大恐慌的低潮，面對隨後到來的二次大戰，他也不負眾望地讓美國站穩勝利的基礎。

這片面積廣達7.5英畝的公園分為4個區塊，分別象徵小羅斯福的4段任期，景觀設計師Lawrence Halprin以其慣用的「水意象」，將4個區域串連起來，不同流水各自隱喻當時局勢：直瀉而下的寬幅瀑布象徵經濟大恐慌的股市蕭條；多段階梯狀的瀑布代表田納西河谷管理局的建設；雜亂無章的大瀑布意指二次大戰時的混戰；而平靜無波的水池則象徵小羅斯福在任期內逝世。

流水之外，園內還有許多以當時為題材的著名銅像，像是大蕭條時期排隊領救濟麵包的失業者們、在收音機前關注小羅斯福爐邊談話(Fireside Chats)的老人、站在聯合國旗幟前的第一夫人艾莉諾(Eleanor)，以及小羅斯福與他的愛犬法拉(Fala)等。有趣的是，小羅斯福由於不良於行，總是以坐姿出現在公眾面前，並用大斗蓬遮蓋住輪椅，雕刻家George Segal如實雕出這個畫面，卻遭到身障團體非議。數年後美國身障組織自募經費，在公園入口旁另外豎立一尊小羅斯福坐在輪椅上的銅像，成為美國身障者們的打卡聖地。

MAP P.286D4

馬丁路德金恩紀念碑

Martin Luther King, Jr. Memorial

夢想種族平等和諧

掃地圖

從捷運藍、橘、銀線的Smithsonian站，步行約18分鐘 1850 W. Basin Dr. SW 24小時 免費 www.nps.gov/mlkm

在國家廣場範圍內，不是總統而享有紀念碑的人物本已不多，非裔人士更是僅此一位，由此可見金恩博士在美國歷史上的重要地位。不過就在幾十年前，美國非裔雖已成為自由之身，但卻過著次等公民的生活，不但無法與白人往來相處，就連在公車上都有向白人讓座的義務。少數族群之所以能在法律上擁有與白人平等的地位，很大程度要感謝金恩的努力，是他直接促成1964年民權法案的通過，並在同年因非暴力抗爭而獲得諾貝爾和平獎的榮耀。

這座紀念碑由中國雕刻家雷宜鋅操刀，於2011年落成，是國家廣場內的新景點。入口設計成中間有道缺口的山，從缺口走進去，便是高9.1公尺的金恩博士花崗岩雕像。其寓意來自金恩在林肯紀念堂的著名演說《我有一個夢》，當中的一句說道：「絕望之山的外頭，便是希望之石」，因此這尊金恩像也被稱作「希望之石」。

MAP ▶ P.287F3

國家藝廊

MOOK Choice

National Gallery of Art

美國最重要的繪畫聖殿

掃地圖

從捷運黃、綠線的Archives-Navy Memorial-Penn Quarter站，步行約4分鐘 3rd St與9th St之間的Constitution Ave. NW上 (202) 737-4215 每日10:00~17:00 免費 www.nga.gov

可上官網下載免費中文語音導覽

國家藝廊擁有美國最重要且風格完整的藝術收藏，難能可貴的是，這可能是全世界唯一不用門票的國家級博物館。其誕生要歸功於曾任財政部長的大收藏家安德魯梅隆(Andrew W. Mellon)，他為了要讓美國也能有一座世界級的博物館，不但將畢生收藏悉數捐給國會，還自掏腰包出資興建，即使在梅隆過世後，由他後人成立的基金會仍不斷透過拍賣會及私人收購，繼續充實國家藝廊的典藏。

藝廊原始建築是落成於1941年的西館，這棟雄偉的古典樣式建築由波普設計，中央的圓頂大廳靈感來自羅馬萬神殿，自大廳左右延伸的參觀動線經過精心規劃，讓遊客無需走回頭路就能瀏覽所有展廳。隨著館藏日益豐富，展示空間逐漸不敷使用，於是又請來名建築師貝聿銘增建新樓，而這現代風格的新展館，便是於1978年開放的東館。

目前西館主要展示中世紀到19世紀的歐洲繪畫，東館則是20世紀後現代藝術的陳列之地，東西館之間有地下通道相連。收藏於此的珍貴名作多不勝數，其中以文藝復興諸大師、北方文藝復興巨匠、法蘭德斯畫派、法國印象主義，以及安迪沃荷、畢卡索、馬諦斯等當代藝術家的作品最受歡迎。

另外，在西館一旁還有座面積廣達6英畝的雕塑花園，在幽靜的樹林與步道間，隱藏著不少令人驚喜的雕塑，包括露易絲布爾喬亞那有名的《蜘蛛》、羅伊列支敦士登的漫畫房子《House I》等。花園中央偌大的噴泉池到了冬天會變身為溜冰場，不過在這裡溜冰需要另收入場費。

吉內薇拉·班琪 Ginevra de' Benci

油彩、畫板·1474/1478年·達文西(Leonardo da Vinci)

這是唯一一幅在美國公開展示的達文西作品，1967年由梅隆基金會以5百萬美金的天價從列支敦士登王室手中購得，成為國家藝廊的鎮館之寶。畫中主角據信是翡冷翠女貴族吉內薇拉，背景的杜松(拉丁文ginepro)或許起了些許暗示作用。這幅畫經常被拿來與達文西的晚期作品《蒙娜麗莎》相提並論，但此時的達文西尚未鑽研出「sfumato」技法，人物的輪廓線條都還清晰分明，而臉頰旁的閃亮捲髮襯托著精緻五官，讓畫中人散發一股高貴氣質；其身後富於詩意的遠景，更使整幅畫帶有浪漫的神祕感。

諸神的祭典 The Feast of the Gods

油彩、畫布·1514/1529年·貝利尼與提香(Giovanni Bellini & Titian)

這幅畫是貝利尼受雇於菲拉拉城宮廷的一個房間所作，由於他當時年事已高，故畫作左側的背景部分是由提香完成。題材取自古羅馬詩人奧維德的《歲時記》，精靈洛緹絲與半羊神薩堤爾陪伴諸神在林中歡宴，生殖神普里阿普斯企圖掀開熟睡中的洛緹絲裙底，卻被西勒努斯的驢子壞了好事。畫面色彩鮮豔，人物姿態生動，表現技法成熟，更重要的是，它的內容已跳脫出基督宗教的傳統，轉而回到古代文學尋求靈感，象徵文藝復興時代人文主義的興起。

阿爾巴聖母 The Alba Madonna

油彩、畫板移至畫布·1510年·拉斐爾(Raphael)

此畫原為拿波里近郊一間教堂所作，18世紀時流入西班牙的阿爾巴公爵手中，後人因而習慣稱其為「阿爾巴聖母」。拉斐爾延續其在《草地聖母》的構圖，將聖母子與施洗者約翰安排在一個金字塔形的平衡畫面裡，三人姿態各異，但目光焦點都集中在耶穌握著的十字架上。與草地聖母相比起來，聖母雖然依舊高雅，但神情卻透露出不安的守護，彷彿預知悲劇的發生。將形象理想化向來是拉斐爾的特色，而觀者也能在這幅畫中感受他那「令自然女神畏懼」的超凡功力。

白衣女郎 Symphony in White, No. 1: The White Girl

油彩、畫布·1862年·惠斯勒(James Abbott McNeill Whistler)

與法國印象派交情匪淺的惠斯勒，無疑是19世紀最出色的美國畫家，在他的作品中，幾乎看不到故事性與情感，因為他所在乎的其實是色彩與形式的和諧與韻律，並賦予一個含有音樂術語的命題。以這幅題名《白色交響曲1號》的名畫來說，其所展示的就是白色與銀色的巧妙色階，畫中的白衣女郎反倒只是為了呈現此種意義而存在。這種「為藝術而藝術」的理念，在當時可是非常前衛的。

鐵路(聖拉札爾車站) The Railway (The Gare Saint-Lazare)

油彩、畫布·1873年·馬奈(Édouard Manet)

和馬奈大部份作品一樣，這幅畫初次露面時便飽受毫不留情的批評與嘲諷，當時人無法理解馬奈直率的作畫風格，對其主題與構圖也是一頭霧水。並不對稱的人物佔了畫面大部分空間，緊依著的粗重鐵欄杆形成奇特的背景，畫作主題的火車隱沒在濃濃蒸汽中，這些都和傳統學院教導的大相逕庭。然而隨著人們的審美觀逐漸開闊，以馬奈等人為首的印象主義反倒壓過學院派，成為今日炙手可熱的珍寶。附帶一提的是，畫中的女主角莫杭(Victorine Meurent)同時也是《草地上的午餐》、《奧林匹亞》等馬奈名畫中的模特兒。

婦人肖像 Portrait of a Lady

油彩、畫板．1460年．魏登(Rogier van der Weyden)

這幅畫無疑是法蘭德斯肖像畫名家魏登最負盛名的代表作品，其精彩之處就在於別出心裁的構圖。婦人頭上的白色三角形頭巾幾乎延伸到畫面之外，形成搶眼的背景，自然而然地將觀者的視線吸引到頭巾中央的婦人臉龐上。而婦人低視的眼神與搭在一起的雙手，則傳達出婦人內向害羞的個性，讓僅有單一主體的肖像畫，也能擁有戲劇性的效果。

自畫像 Self-Portrait

油彩、畫布．1659年．林布蘭(Rembrandt van Rijn)

林布蘭大概是藝術史上留下最多自畫像的畫家了，他畫下這些自畫像大多是為了練習肖像技法，並鑽研他那著名的「林布蘭光線」，但對後世而言，這些自畫像更讓我們親近了這位大師從年輕到老邁的一生。林布蘭從未企圖讓自己的面貌看起來更完美，而是忠實地記錄臉上的每一道細節，甚至連內在的情感都歷歷在目，於是當我們欣賞這幅自畫像時，似乎也同時被畫中深邃的雙眸所看穿。

勞孔 Laocoön

油彩、畫布．1610/1614年．艾葛雷柯(El Greco)

當完美的概念已被諸大師們表現得淋漓盡致時，便代表文藝復興時期走入尾聲了，不願模仿前人成就的藝術家們被迫另闢蹊徑，去追求新的藝術表現，而艾葛雷柯就是其中佼佼者。這幅勞孔是最能說明艾葛雷柯的作品之一，他捨棄文藝復興講究的和諧對稱，無論人物比例、場景配置與四處流動的光源，皆違背當時人們奉為圭臬的法則，但卻更能表現勞孔與諸神間的衝突及其激烈的悲劇下場，也讓畫面充滿超現實的現代感。

閱讀的少女 Young Girl Reading

油彩、畫布．1770年．弗拉戈納爾(Jean-Honoré Fragonard)

師承布歇與夏爾丹的弗拉戈納爾，是洛可可時代的最後一位大師，身為法王路易十五的宮廷畫家，他的成名畫作大多筆觸華麗、色彩豐富、主題輕快，甚或帶有一種夢幻氣息，以迎合國王的喜好。然而這幅《閱讀的少女》卻是個異類，少女的姿態自然純樸、用色溫潤和諧，雖仍不難看出洛可可的痕跡，但沒有過多華麗裝飾，在弗拉戈納爾的眾多作品中，顯得格外清新。

MAP P.287F3

美國原住民博物館

National Museum of the American Indian

保存美洲原住民的歷史與文化

掃地圖

從捷運藍、橘、銀線的Federal Center SW站，步行約7分鐘 4th St. SW與Independence Ave. SW路口 每日10:00~17:30 免費 americanindian.si.edu

美國原住民博物館於1989年由國會通過成立，本館位於紐約曼哈頓下城，而國家廣場的分館則是於2004年開放。這棟以卡索達石灰岩(Kasota)打造的弧線形建築，令人聯想起美國西部的沙漠地貌，由黑腳族建築師Douglas Cardinal設計，並率領一批納瓦霍、切羅基、霍皮等部族工程師組成的團隊興建。內部展示的美洲原住民文化，北從北極圈，南至巴塔哥尼亞，共計8,200個部族，超過80萬件文物，可從中了解歐洲人到來前，這片土地上人們的生活方式，以及歐洲人到來後，他們所面對的各種衝擊與轉變。這當中有輝煌、有血淚、也有原住民們擔負其本身文化的榮耀。

MAP P.287G3

美國國家植物園

United States Botanic Garden

都市中的茂密叢林

掃地圖

從捷運藍、橘、銀線的Federal Center SW站，步行約8分鐘 100 Maryland Ave. SW (202) 225-8333 每日07:30~17:00 (溫室10:00起) 免費 www.usbg.gov

美國國家植物園包含3個部分：國家植物園溫室、遍植中大西洋本土植物的國家花園，與獨立大道對街的巴特勒迪噴泉公園(Bartholdi Park)。其中以植物園溫室最為精彩，裡面又分為莽林館、蘭科植物館、藥用植物館、遠古植物館、世界沙漠館、稀有及瀕危植物館、庭院花園、南部景色園、兒童花園等多個區塊，共有植物1萬2千多種，總數超過6萬5千株。在莽林館內還建有一條空中步道，讓人得以觀察這些高大植物的枝葉細節。而在東、西兩間展廳中，則有定期輪換的藝術或教育性展覽。

MAP P.287F3

赫胥杭博物館與雕塑花園

Hirshhorn Museum and Sculpture Garden

超越想像的藝術

掃地圖

從捷運藍、橘、銀、黃、綠線的L'Enfant Plaza站，步行約5分鐘 Independence Ave. SW與7th St. SW路口 (202) 633-1000 每日10:00~17:30 免費 hirshhorn.si.edu

當藝術發展到20世紀，舊有藝術形式的發展已臻於飽和，於是各種回歸藝術本質的思想萌芽茁壯，形成著重概念性與個人風格的當代藝術。赫胥杭博物館的圓形建築就像它裡面的收藏一樣前衛，各種超乎想像的藝術作品在這裡挑戰著人們的美學經驗，而戶外的雕塑花園更是百花齊放，例如Alexander Calder的黑色鋼鐵雕塑Two Discs，與Juan Muñoz的青銅群像Last Conversation Piece等，都是鎮館之寶。

MAP P.287F3

航太博物館

MOOK Choice

National Air and Space Museum

遨遊於天際與宇宙間

掃地圖

從捷運藍、橘、銀、黃、綠線的L'Enfant Plaza站，步行約5分鐘 Independence Ave.與6th St.路口 (202) 633-2214 每日10:00~17:30 免費 airandspace.si.edu 須事先上官網預約時段票。目前IMAX劇場與星象放映廳因改建工程暫時關閉中

看到史密森尼航太博物館中國家級的館藏，實在很難想像這樣一間博物館居然是免費參觀！在2層樓的展覽館內，擁有超過5萬件展品，其中不少還是如飛機、火箭等龐然大物。這些展品訴說了人類對於征服天際、探索未知的渴望，將一百多年來航太發展的脈絡譜系，有系統地呈現在大眾眼前。

必看館藏包括1903年開啟飛行紀元的萊特兄弟「飛行者一號」(Wright Flyer I)原機，這架人類史上首次試飛成功的有人駕駛動力飛行器，是史密森尼學會與萊特兄弟間經過無數恩怨情仇，才終於在1948年取得並展示。另一架著名飛機是單引擎單翼的聖路易精神號(Spirit of St. Louis)，1927年林白就是駕著這台飛機從紐約飛到巴黎，成為第一位不著陸橫越大西洋的飛行英雄。繼林白之後，愛蜜莉亞艾爾哈特也於1932年成功飛越大西洋，為女性飛行史開創新局面，而她當年駕駛的Lockheed Vega 5B，也收藏在這間博物館中。

而在太空科技方面，最有名的展示是阿波羅11號(Apollo 11)的指揮艙，這就是1969年時載著阿姆斯壯、艾德林與科林斯進行人類首次登月計劃的主角。在2樓的登月展廳中，還有一塊從月球帶回來的岩石，開放讓民眾親手觸摸。

博物館內還有IMAX電影院與星象放映廳，前者是以6層樓高的巨型螢幕播放航太科技的3D影片，後者則是擁有23.5公尺數位球形螢幕的太空劇場。不過這兩個項目需要另外購票入場。

MAP P.287E3

亞洲藝術博物館

National Museum of Asian Art

包羅萬象的亞洲藝術收藏

掃地圖

從捷運藍、橘、銀線的Smithsonian站，步行約1分鐘　1050 Independence Ave. SW　(202) 633-1000　每日10:00~17:30　免費　asia.si.edu

史密森尼的亞洲藝術博物館包含弗瑞爾美術館(Freer Gallery of Art)與亞瑟賽克勒美術館(Arthur M. Sackler Gallery)，兩座美術館之間以地下通道相連。

查理弗瑞爾(Charles Lang Freer)是一位底特律富商，珍藏了數量驚人的亞洲藝術品，他在1906年把這些私人收藏捐給史密森尼學會，17年後，學會的第一間藝術博物館便誕生了。這裡的館藏包括中國商周時代的青銅器、北魏與北齊的佛教造像、八大山人的書法墨寶，與日本、韓國、南亞、伊斯蘭世界的藝術文物。有意思的是，這裡也展示許多受到東方文化影響的美國藝術家作品，最有名的便是惠斯勒在1876年為好友設計的餐室孔雀廳(Peacock Room)。

而亞瑟賽克勒美術館則是由賽克勒醫師捐獻的收藏，包括波斯薩珊王朝沙普爾一世的銀盤、南亞婆羅門諸神造像與現代天書藝術家徐冰的「猴子撈月」等。

MAP P.287E4

美國大屠殺遇難者紀念館

United States Holocaust Memorial Museum

莫使歷史再重演

掃地圖

從捷運藍、橘、銀線的Smithsonian站，步行約7分鐘　100 Raoul Wallenberg Pl. SW　(202) 488-0400　每日10:00~17:30　免費　www.ushmm.org　須事先上官網預約時段票，手續費$1

這間博物館是在紀念1933~45年間死於納粹大屠殺的猶太人，館方籌劃時曾找來91位集中營倖存者協助，透過實物、照片、影片和口述歷史來分析這場災難的前因後果。最能引起迴響的展示是「記得孩子：丹尼爾的故事」，藉由場景轉換，帶領遊客走過這位倖存者的童年，一路看他從幸福的小康家庭，突然間被迫放棄夢想與生活的溫暖，躲在狹小破舊的夾層中避難，最後仍不免被抓進生離死別的集中營，讓觀者為之感同身受。博物館的目的就是要提醒世人，這樣的慘劇有可能再次重演，但透過對其他族群的理解，便有機會避免重蹈覆轍。

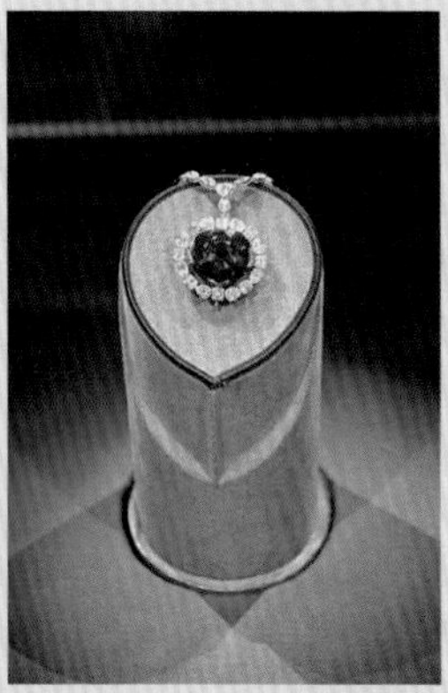

MAP P.287E3

自然史博物館

MOOK Choice

National Museum of Natural History

探索地球的奧秘

掃地圖

從捷運藍、橘、銀線的Smithsonian站，步行約6分鐘 Constitution Ave. NW與10th St. NW路口 每日10:00~17:30 免費 naturalhistory.si.edu

◎ 蝴蝶館 Butterfly Pavilion

週二至週四10:15~16:00 成人$8，60歲以上及2~12歲$7 週二免費，但仍需去售票口領取入場券

這間世界數一數二的自然史博物館啟用於1910年，是電影《博物館驚魂夜2》的主要場景。在佔地超過25座美式足球場的展館中，展示地球自形成以來的浩瀚歷史。人們來到這裡，第一個看的通常是希望鑽石(Hope Diamond)，這顆世界最大的已切割藍鑽，足足有45.52克拉重，而且透出一種被稱為「奇妙深灰藍」的色澤。不過這顆鑽石最有名的並非它的美麗，而是詛咒傳說，相傳曾經擁有它的人，包括路易十六在內，都沒有好下場，雖然這些傳聞大都牽強附會，外加文學創作，卻的確使它名滿天下。其他重要館藏還有完整的暴龍頭骨、史前人類壁畫、深海大烏賊標本、蝴蝶館與IMAX劇院等。

MAP P.287E3

美國歷史博物館

National Museum of American History

了解美國何以成其為美國

掃地圖

從捷運藍、橘、銀線的Smithsonian站，步行約6分鐘 12th St與14th St之間的Constitution Ave. NW上 每日10:00~17:30 免費 americanhistory.si.edu

這間博物館展示美國自殖民時代以來的諸般歷史，美國的國力如何日漸強大、美國人的思想觀念如何演變、美國的民族性格如何成形，在這裡都能找到答案。著名館藏包括一面已然破爛的星條旗，1814年美軍從巴爾的摩的堡壘裡升起這面旗幟，宣告1812年戰爭的勝利，旗幟飄揚空中的景象，激發Francis Scott Key的靈感，使他寫下日後成為美國國歌的《星條旗》。

除了政治與戰爭等較硬的主題外，博物館也介紹不少美國人的生活面相，像是「美國傅培梅」Julia Child的廚房、茱蒂嘉蘭1939年演出《綠野仙蹤》時穿的桃樂絲紅鞋、第一夫人的禮服大觀等，從流行文化、日常生活、科技發明等方面來闡述美國歷史。

史密森尼學會 Smithsonian Institution

史密森尼城堡遊客中心 The Castle

P.287E3 從捷運藍、橘、銀線的Smithsonian站，步行約4分鐘 1000 Jefferson Dr. SW (202) 633-1000 免費 www.si.edu/Museums/smithsonian-institution-building 目前因整修而暫時關閉中

史密森(James Smithson)是18世紀一位活躍於英國科學圈的學界人士，他一生未曾到過美國，卻在1828年過世時將大筆遺產捐贈給美國政府，希望創辦一個廣泛領域的學術機構。而成立於1846年的史密森尼學會，為同時接受政府及民間資助的第三部門研究機構，在學術界擁有權威級的地位，名下包含19間博物館與美術館、9間研究中心與1間動物園。而由倫威克設計的學會總部，外觀是宏偉的中世紀哥德與羅馬式樣，1樓開放為學會的遊客中心，並設有1間小型展覽廳，是參觀國家廣場前首先要造訪的地方。

MAP P.287E4

美國鑄印局

Bureau of Engraving and Printing

人人都想佔據這裡

掃地圖

從捷運藍、橘、銀線的Smithsonian站，步行約10分鐘 14th St. SW與C St. SW路口 www.moneyfactory.gov 目前參觀行程暫停開放，恢復時間請等待官網公告

美國鑄印局隸屬於財政部，最有名的職責就是為聯準會印製美金鈔票！參加鑄印局的導覽行程，你會看到比尼加拉瀑布更壯觀的畫面，你大概一輩子也沒見過這麼多白花花的美金從你眼前溜過，然而無奈的是，沒有一張會進到你的口袋。只好到紀念品店掏出自己的鈔票，買份相關紀念品來過過乾癮。

華盛頓特區市中心
Downtown Washington, DC

國家廣場博物館區北邊，是稱為賓恩區(Penn Quarter)的街區，這裡博物館密集的程度與國家廣場難分軒輊，甚至延伸到東邊的中國城一帶。而再東邊一點的H街區，則是酒吧、餐廳與藝廊的聚集地。

白宮西邊的霧谷區(Foggy Bottom)因常起大霧而得名，美國國務院、甘迺迪表演藝術中心、喬治華盛頓大學皆位於這裡。霧谷北方的杜邦圓環，是華府的使館區，也座落著不少星級與精品酒店。至於岩溪(Rock Creek)西岸的喬治城，則是美東著名的大學城，有許多時髦熱鬧的購物街道。

Where to Explore in Downtown Washington, DC
賞遊華盛頓特區市中心

MAP P.287F3

MOOK Choice

美國國家檔案館
National Archives Museum

親眼見到美國寶典真面目

掃地圖

從捷運黃、綠線的Archives站，步行約3分鐘 701 Constitution Ave. NW 每日10:00~17:30 (閉館前30分鐘停止入場) 免費 museum.archives.gov 館內禁止拍照

美國自建國以來，有不少革命性的創舉，在政體、法制、民權等各方面，深深影響了世界的發展，而當時這些創舉所留下的重要文件，就收藏在這棟供奉歷史的聖殿裡。1952年，杜魯門總統下令將最重要的3份原始文件：1776年的《獨立宣言》、1787年的《美國憲法》、1789年的《權利法案》，存放在玻璃展示櫃中，開放人們自由參觀。今日你可以在檔案館的圓形大廳(Rotunda)裡，拜讀這些擲地有聲的文件，而環繞大廳牆上的巨幅壁畫，是Barry Faulkner繪於1935~36年的作品。

MAP ▶ P.287E2

福特戲院與彼得森客棧

MOOK Choice

Ford's Theatre & Petersen House

林肯遇刺的地方

掃地圖

從捷運紅、藍、橘、銀線的Metro Center站，步行約4分鐘 511 10th St. NW (202) 347-4833 每日09:00~16:00 免費 www.fords.org 可租用語音導覽，每台＄5 進入博物館須先至票亭領取時段入場券，08:30開始領票，旺季時不到1小時就會被領完，如果沒辦法那麼早到，建議事先在官網上預約，手續費為＄5

福特戲院建於1863年，在經過長時間的停業後，終於在1968年又重新開放，並持續上演各種劇碼。不過人們來此多半不是為了看戲，而是為了那當初使這裡停業的原因。1865年4月14日晚上，林肯與夫人到這裡觀賞《我們的美國兄弟》演出，但同情南方的演員布斯(John Wilkes Booth)卻偷偷蹓進總統包廂，朝林肯後腦勺開槍，並扔下一句：「這就是暴君的下場」後逃逸。中槍的林肯被送到對街的彼得森客棧救治，但仍在翌日清晨傷重不治，而逃犯布斯則在10天後於維吉尼亞一處農場被軍隊擊斃。

今日的福特戲院與彼得森客棧被規劃為林肯博物館，展示事件當時的發生背景與林肯的政治思想，可看到林肯遇刺時的包廂、布斯行兇的手槍，與彼得森客棧裡林肯最後嚥氣的臥房等。

MAP P.287F2

MOOK Choice

史密森尼美國藝術博物館與國家肖像館

Smithsonian American Art Museum & National Portrait Gallery

用藝術寫美國日記

掃地圖

從捷運紅、黃、綠線的Gallery Place-Chinatown站，步行約3分鐘 G St. NW與8th St. NW路口 (202) 633-7970 每日11:30~19:00 免費 americanart.si.edu、www.npg.si.edu 週末12:00及14:30有國家肖像館的免費導覽，在F街的大廳集合出發

這兩間博物館共享同一棟展館建築，而且展廳之間並未規劃得涇渭分明，似乎有意使參觀者的觀展經驗融合為一。其展示的美國藝術，作品年代橫跨三個世紀，前者以時代及風格區分，有助於人們捕捉各個時期的風氣與時代精神，包括卡布里、霍默、歐姬芙等大師畫作，都收藏了不少。較新的作品中，以1995年韓裔藝術家白南准的《Electronic Superhighway》最受矚目，那是以霓虹燈管架出美國輪廓，再依各州形狀放置51個閉路電視頻道的裝置藝術。

而國家肖像館則收集美國有史以來的名人畫像，除了歷任美國總統、開國元勛、政治家、軍事家外，也有詩人、發明家、演員、歌手、民權運動家、甚至罪犯等，因為這些人都在美國形塑過程中起著重要角色，不管是好是壞，都影響了美國今日的面貌。

MAP P.286D2

倫威克美術館

Renwick Gallery

展示美國手工藝品

掃地圖

從捷運藍、橘、銀線的Farragut West站，步行約4分鐘 Pennsylvania Ave. NW與17th St. NW路口 (202) 633-7970 每日10:00~17:30 免費 americanart.si.edu

2015年11月重新開幕的倫威克美術館，是史密森尼美國藝術博物館的分館，用來展示美國藝術家創作的各種素材工藝品與裝飾藝術。至於這棟華麗的第二帝國風格建築本身，則是由知名建築師小詹姆斯倫威克(James Renwick, Jr.)設計，落成於1859年，原本是可可然美術館的館址。

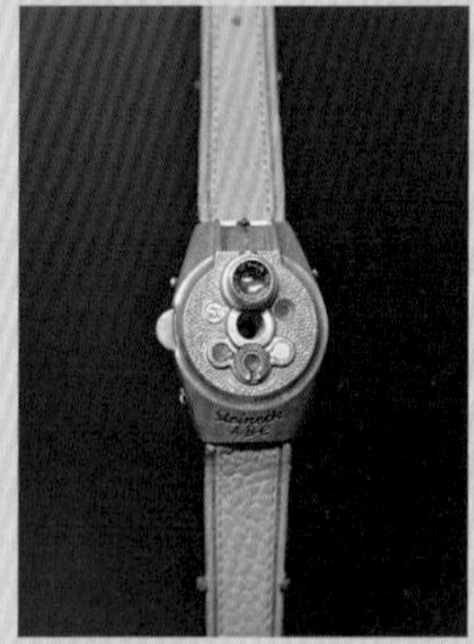

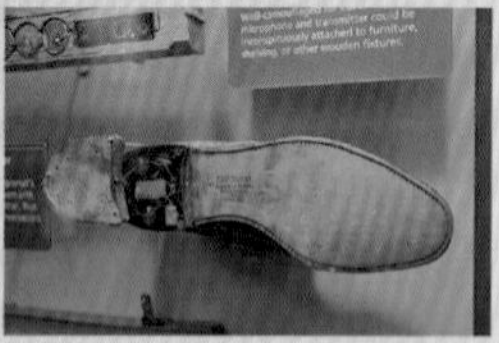

MAP P.287F4

國際間諜博物館

MOOK Choice

International Spy Museum

測試你的特務潛能

掃地圖

從捷運黃、綠、藍、橘、銀線的L'Enfant Plaza站，步行約8分鐘 700 L'Enfant Pl. SW (202) 393-7798 平日10:00~18:00，週六09:00~19:00，週日09:00~18:00 價錢依日期變動，成人$23.95~$31.95，65歲以上$21.95~$28.95，7~12歲$15.95~$20.95 www.spymuseum.org 門票最好事先在官網上購買，現場不一定買得到剩票，價格也比較貴

大概是從007開始，原本人人喊打的奸細間諜，變成了很酷很帥的情報特務，而這間博物館就是要帶你了解特務文化從古到今的來龍去脈。在這裡你可以看到千奇百怪的間諜裝備，像是藏在手錶或皮鞋刷中的迷你相機、藏在鞋底的錄音設備、偽裝成雨傘的手槍等，讓人從此疑神疑鬼、草木皆兵。你也不要亂說些不該說的話，因為你很有可能正被其他遊客竊聽著。最有趣的是間諜學校，會傳授你許多間諜與反間諜的技巧，包括觀察敏銳度、訊息接收能力、易容術與密碼破譯等，再透過互動式的遊戲來測試你到底有沒有成為間諜的資質。通過測試也別高興得太早，博物館不忘提出諸多真實案例，提醒你任務失敗後的下場。

這裡也詳細介紹了間諜的歷史，從《孫子兵法》的用間篇、日本忍者、馬基維里的《君王論》、紅衣主教黎塞留的密探網，到一戰時的謎樣舞孃Mata Hari、蘇維埃特務之父Dzierżyński等，都在展示之列。此外也有007的特展，陳列50年來詹姆士龐德的裝備演變，以及包括大鋼牙在內的經典反派角色。

MAP ▶ P.287F2

國立建築博物館

National Building Museum

建築本身就是最好的陳列

掃地圖

從捷運紅線的Judiciary Square站，出站即達 401 F St. NW (202) 272-2448 10:00~16:00 休週二、三 大廳及部分展覽免費。其他展覽：成人$10，60歲以上及3~17歲$7 www.nbm.org

博物館的建築前身是發放老兵退休撫卹金的機構，建於1887年，到了1980年才做為建築博物館之用。這裡最有名的是有著不可思議挑高屋頂的大廳(Great Hall)，近23公尺高的巨大圓柱，一旁還有座噴水池，儼然一座室內的羅馬式中庭。而建築外部立面上極長的腰線，雕飾著南北戰爭時的行軍畫面，也相當有特色。而博物館的展示廳裡，則有關於建築學、工程科技與設計風格的展覽，其中還有間Building Zone，是專為2~6歲的孩子規劃，有各種建築遊戲和積木，說不定能引發出孩子的興趣潛能。

MAP ▶ P.286D1

國家地理博物館

National Geographic Museum

探索新知無止盡

掃地圖

從捷運紅線的Farragut North站，步行約5分鐘 1145 17th St. NW (202) 857-7700 每日10:00~17:00(售票至16:00) 成人$20，62歲以上$16，5~12歲$12 www.nationalgeographic.org

這間博物館隸屬於國家地理學會旗下，該學會最有名的就是國家地理雜誌與國家地理頻道。博物館內沒有固定館藏，兩個展廳各別展出暫時性的特展，每次展期大約半年左右。例如2015下半年，這裡的展覽為印地安納瓊斯展與淡水巨魚展，前者連結電影片段與從費城賓恩博物館借展的文物，介紹各地古文明的考古發現；後者配合國家地理頻道的節目與小遊戲，做出寓教於樂的生動展覽。從以上兩個例子，便不難看出這裡的策展模式。

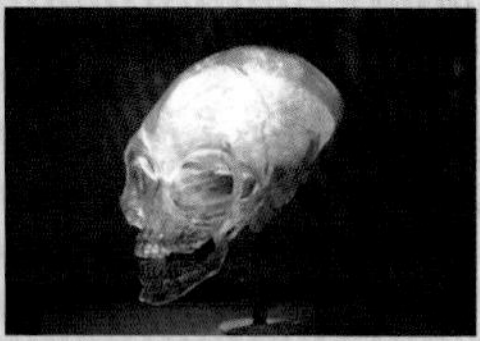

©Planet Word Museum-DuHon

©Planet Word Museum-DuHon

©Planet Word Museum-DuHon

©Planet Word Museum-DuHon

©Planet Word Museum-DuHon

MAP P.287E2

世界語文博物館

MOOK Choice

Planet Word Museum

展現語文的樂趣與美感

掃地圖

從捷運藍、橘、銀線的McPherson Square站，步行約4分鐘 925 13th St. NW (202) 931-3139 10:00~17:00 (週六至18:00)，閉館前1.5小時停止入場 休 週一、二 免費，但建議捐獻＄15以下 planetwordmuseum.org 每月第1個週三開放至19:00 建議事先上官網預約門票

現代科技日益發達，3C產品充斥我們的生活，人們的視覺滿是快速流動的圖像和影片，雖然刺激、精彩，卻也付出了沉重代價，那就是人們對於文字逐漸失去耐心，從而忽略文字所帶來的美感，甚至無法掌握好文字和語言，造成各種溝通上的問題。

有鑒於此，退休教師Ann B. Friedman決定創立一所專為語言文字而設立的博物館，她受到數學博物館啟發，針對語言單詞的發展與各種變化，設計出許多互動式的沉浸式體驗，希望能喚回大眾對語文的興趣及鑒賞能力。

這間博物館開幕於2020年，3層樓的展示中，以豐富的多媒體設施呈現出文字的歷史、性格與力量，透過遊戲、演說、歌曲等互動模式，闡述人類是如何從牙牙學語到對談如流、世界各地的語言多樣性、笑話當中蘊涵的文字技巧、廣告文案如何達成行銷目的等。

最有趣的是位於3樓的「語彙巷」(Lexicon Lane)遊戲，玩家必須根據拿到的單詞拼圖，在佈置成村鎮街道的空間中尋找線索，利用手上的文字遊戲進行解謎，最後在完成任務的同時，也通徹地體認到文字的藝術與奧妙。

MAP ▶ P.286D1

菲利普收藏館

MOOK Choice

The Phillips Collection

媲美國家級的現代藝術收藏

從捷運紅線的Dupont Circle站，步行約3分鐘　1600 21st St. NW　11:00~18:00　休週一　成人＄16，62歲以上＄12，18歲以下免費　www.phillipscollection.org　可在官網免費下載語音導覽　須事先上官網預約時段票

掃地圖

鄧肯菲利普(Duncan Phillps)是20世紀初的大收藏家，也是美國引進歐洲現代藝術的重要人士。他在1921年成立基金會，開放自己的私人收藏，成為美國第一間現代藝術博物館。這裡的館藏不但數量驚人，而且非常具有代表性，絕不亞於國家級的博物館。最著名的館藏有雷諾瓦的《遊艇上的午宴》、梵谷的《修路者》、馬諦斯的《聖米歇爾畫室》、夏卡爾的《夢境》等，其他如塞尚、莫內、竇加、康丁斯基、克里、畢卡索、歐姬芙、米羅、蒙德里安、德夫、惠斯勒、艾金斯，一直到較近期的雅各布勞倫斯等，都有非常精彩的作品在這裡展示。

MAP ▶ P.287G2

國家郵政博物館

National Postal Museum

世界最大郵票收藏

掃地圖

從捷運紅線的 Union Station站，出站即達　2 Massachusetts Ave. NE　(202) 633-5555　每日10:00~17:30　免費　postalmuseum.si.edu

這裡擁有世界最大與範圍最廣泛的郵票收藏與各式郵政文物，包括郵票發明之前的郵務系統。鎮館之寶是一枚發行於1918年的「倒置的珍妮」郵票，這張誤將Curtiss JN-4飛機圖案印反的郵票，想不到因為稀有的關係，目前市值估計約有50萬美金。其他重點還有19世紀末奧巴尼郵局的吉祥犬Owney的標本，與愛蜜莉亞艾爾哈特穿過的飛行裝等。

MAP ▶ P.286D1

杜邦圓環

Dupont Circle

多彩多姿的街區

掃地圖

從捷運紅線的Dupont Circle站，出站即達

杜邦圓環集合了多重面相，從圓環伸展出去的馬路們，每條都有不同的個性：康乃狄克大道上餐廳、咖啡館、商店林立，是這裡最熱鬧的大街；麻薩諸塞大道是華府的大使館區，國旗接連著飄揚，有「使館街」(Embassy Row)之稱，氣氛悠閒寧靜；P街上處處都是輕鬆隨興的小餐館與個性商店；至於第17

街則是華府的同志區。而每個星期天早上，在圓環西北側的第20街(麻州大道與康州大道之間)，會舉行本地的農夫市集。

MAP ▶ P.286A1-B2

喬治城

Georgetown

熱鬧滾滾的大學城

掃地圖

搭乘循環巴士Dupont Circle-Georgetown-Rosslyn線至M St NW/31th St站即達

喬治城建鎮於1751年，比華盛頓特區的歷史還要古老，愛國者聯盟的名校喬治城大學就位於這裡。由於鄰近學區，這一帶的街景總是活力十足，尤其是威斯康辛大道與M街上，林立

著精品名牌專賣店、獨立設計師工作坊、異國料理餐廳與個性強烈的藝廊，讓人們提起喬治城時，總離不開時髦的印象。從M街往波多馬克河畔的諸條街道兩旁，亦不乏著名的餐廳與麵包店，而到了碼頭邊上的Washington Harbor，更是一處集餐飲、購物、娛樂、賞景於一身的休閒勝地。

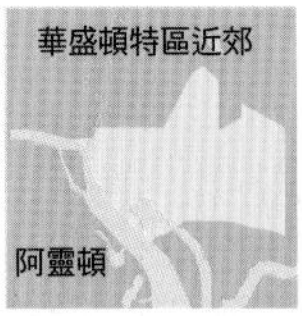

華盛頓特區周邊

Around the Washington, DC

與華盛頓特區隔著波多馬克河的阿靈頓，在過去也曾是特區的一部分，但國會在1846年還給了維吉尼亞州。從林肯紀念堂後方，過了阿靈頓橋，就是這裡最著名的阿靈頓國家公墓，而美國的國防部五角大廈，就位於公墓的東南方。阿靈頓往南穿過亞歷山卓市(Alexandria)，便會來到喬治華盛頓的故居——維農山莊，那裡也是人們來到特區一定會去朝聖的景點。而在特區近郊亦有不少值得一看之處，例如華盛頓國家座堂與聖母無玷始胎全國朝聖地聖殿，就是美國最重要的兩座教堂。

Where to Explore Around the Washington, DC
賞遊華盛頓特區周邊

MAP ▶ P.286C5-C6

五角大廈與紀念廣場
The Pentagon & Pentagon Memorial
美國的國防部

從捷運藍、黃線的Pentagon站，出站即達　導覽行程於週二及週四10:00、13:00出發，行程約1小時　免費　www.defense.gov/Pentagon-Tours　導覽行程須於14天前預約。五角大廈內部及周邊完全禁止拍照

美國國防部五角形的辦公大樓，經常出現在電影或電視影集中，作為美軍的決策指揮中樞，這裡門禁森嚴，關卡密布，當中的祕密與特殊單位，一直是小說家和影劇家構思的對象。其實五角大廈也有開放給遊客的導覽行程，可參觀記錄所有受勛者姓名的英雄大廳、34幅由Sandra Lawrence所編織的以諾曼地登陸為題材的掛毯，以及大廈中心的五角形內院等。大廈外還有座紀念廣場，廣場上有184張長椅，用以紀念在911事件中，五角大廈遭受襲擊時的罹難者。

掃地圖

MAP P.289C1

聖母無玷始胎全國朝聖地聖殿

Basilica of the National Shrine of the Immaculate Conception

美國主保聖人的天主教堂

掃地圖

從捷運紅線的Brookland-CUA站，步行約8分鐘 400 Michigan Ave. NE (202) 526-8300 每日06:00~18:00 www.nationalshrine.org 1小時免費導覽行程於週一至週六09:00~15:00每小時整點出發(12:00除外)

雖然早在1847年教宗庇護九世就已宣布無玷始胎聖母為美國的主保聖人，但直到1913年才在天主教大學校長的倡議下，決定為無玷始胎聖母興建一座大教堂。這座羅馬天主教宗座聖殿與美國國家朝聖地，最初動工於1920年，但受到經濟大蕭條與二戰影響，直到1959年才向公眾開放，目前是美國最大的天主教堂、世界第8大宗教建築，並以其100公尺高的尖塔成為特區最高的樓房建物。教堂風格為拜占庭式樣，有著瑰麗多彩的馬賽克圓頂，內部氣氛肅穆寧靜，卻又充滿現代感，尤其是牆壁與天花板上的天主教壁畫，都摻雜了美式的藝術風格，十分獨特。

© Basilica of the National Shrine of the Immaculate Conception

© Destination DC

MAP P.289A1

華盛頓國家座堂

Washington National Cathedral

國家級的華麗教堂

搭乘捷運藍、橘、銀線至Farragut West站，轉乘往Friendship Heights的33號公車至Woodley Rd與Wisconsin Ave路口，再步行約2分鐘 3101 Wisconsin Ave. NW (202) 537-6200 10:00~17:00，開放日期時有更動，請上官網查詢 成人$15，5~17歲及65歲以上$10 www.cathedral.org 門票含30~45分鐘導覽行程，但是否成行要看當日狀況而定

掃地圖

這座教堂原名為聖彼得與保羅座堂，是美國聖公會的主教座堂，始建於1907年，83年後的1990年才告完工，其建築經費完全來自民間募款，政府並沒有任何補助。教堂外觀為新哥德樣式，是世界規模第6大的哥德式主教座堂，擁有3座高聳的塔樓，其中十字中央的主塔高91公尺，而又位於海拔115公尺的小丘上，因而塔頂成為華盛頓特區的制高點。華麗莊嚴的大教堂，內部有非常多精彩的宗教工藝品，不過最特別的還是西北塔樓外的其中一具滴水簷，仔細看，居然是《星際大戰》中的達斯維達，這是1980年代整修時，開放兒童設計競賽的成果。

MAP P.286A3-B6

MOOK Choice

阿靈頓國家公墓

Arlington National Cemetery

埋葬為國捐軀的靈魂

從捷運藍線的Arlington Cemetery站，出站即達 1-877-907-8585 每日08:00~17:00 免費 www.arlingtoncemetery.mil

遊園車導覽行程

在遊客中心購票出發 (866) 754-9014 每日08:30~16:00，每30分鐘一班 成人$19.5，65歲以上$15，4~12歲$10.75 www.arlingtontours.com 車上有中文語音導覽

看過1998年電影《搶救雷恩大兵》的人，一定會對片尾主角到恩人墓前致敬時，滿山遍野整齊劃一的白色墓碑感到印象深刻，而這個場景便是阿靈頓國家公墓。自1864年南北戰爭期間，這裡葬下第一具軍棺起，迄今已有超過40萬名為國捐軀或有重要貢獻的人埋在這裡。儘管如此，公墓的氣氛卻一點也不恐怖，反而遊人如織，就連觀光巴士都特別將此地納為一站，因為對美國人而言，他們都是保家衛國的英魂。葬在這裡的名人非常多，除了戰爭英雄與陣亡將士外，也有多位美國總統、政治家與在太空計畫中殉職的太空人。

掃地圖

由於墓園實在太大，因此也有隨上隨下的遊園巴士服務，每半小時從遊客中心出發，沿途停靠約翰甘迺迪之墓、海岸防衛隊紀念碑、約翰潘興(一戰時美軍總司令)之墓、無名戰士墓、阿靈頓宮等站點。

阿靈頓宮(李將軍紀念堂) Arlington House (The Robert E. Lee Memorial)

P.286A4 每日09:30~16:30 免費 www.nps.gov/arho

這片土地原是喬治華盛頓繼孫George Washington Parke Custis的莊園，他的父親是瑪莎嫁給華盛頓前所生下的兒子，華盛頓將其視如己出地扶養長大。Parke Custis的女兒嫁給日後在南北戰爭中威震八方的一代名將李將軍(Robert E. Lee)，因此戰前李將軍曾在這裡住過一段時光。南北戰爭時這裡被北軍佔領，成為軍營與醫療站，後來又變成墓園，而作為戰敗方的李將軍也在戰後捐出土地，當作賠償。儘管李將軍所代表的南方戰敗，但他在美國人(尤其是南方)心目中仍是位英雄，因此軍方特別將他住過的屋宅規劃為紀念館，還原當時的擺飾裝潢，讓人追想這位名將在戰前的和平生活。不過今日埋在屋前的石棺並不是李將軍，而是特區街道的規劃者——朗方。

掃地圖

甘迺迪之墓 John F. Kennedy Grave Site

地圖座標：P.286A4

掃地圖

來自波士頓的甘迺迪家族向來在美國政壇呼風喚雨，而約翰甘迺迪更是二戰之後最有名的總統，當時美國正面臨一連串挑戰：冷戰、古巴危機、太空競賽、柏林圍牆、越戰、民權運動等，但甘迺迪卻帶領美國一次次渡過難關，使他成為美國人最喜愛的總統之一。而他私人的情史、遇刺的結局、種種陰謀論等，也為他的故事添上許多傳奇色彩。在約翰甘迺迪與夫人賈桂林的墓碑後方，燃有一道永恆火焰，而墓前時常擺放的鮮花，也説明人們對他的懷念。葬在附近的還有他的弟弟，同為著名政治人物，也同以遇刺收場的羅伯特甘迺迪。

女性官兵紀念館 Military Women's Memorial

P.286B4

掃地圖

這棟位於紀念大道盡頭、結合新古典主義與現代風格的建築，前方帶有一座噴水池，在1932年興建時原本只是作為公墓入口的半圓形廣場。1986年重新整修時，政府決定將其改建為紀念館，以榮耀在軍中服役的女性官士兵。館中展示美國女兵的歷史、服役現況以及代表事蹟，也常作為對女性官兵的表揚場地，像是2014年美國首位女性四星上將蜜雪兒霍華德，就是在這裡舉行授階儀式。

無名戰士墓 The Tomb of the Unknown Soldier

P.286A5　4~9月每半小時、10~3月每小時整點有衛兵交接儀式

掃地圖

無名戰士墓因有衛兵交接，成為阿靈頓公墓裡最著名的景點。一次大戰結束後，美軍從歐陸戰場帶回一批無法辨識身份的陣亡官兵遺體，軍方於是在1921年將他們埋葬在阿靈頓露天劇場前的空地下，並修建一座巨大的白色大理石棺，上書「在此榮光中安息著的美國士兵，上帝知道他們」。而後無名戰士墓便成為一種象徵，代表著在一戰、二戰、韓戰與越戰中陣亡但身份不明的將士們。

自1948年起，駐紮在附近米爾基地(Fort Myer)的第三步兵團，便派出衛兵在此守墓，這些衛兵都經過精挑細選，不但身材接近，身家也要清白。衛兵們扛著M14步槍以每分鐘90步的速度來回走在黑色地毯上，每趟21步，每次立定停留21秒。衛兵們的制服沒有別上階級章，以免軍階高於無名戰士。

美國海軍陸戰隊戰爭紀念碑 U.S. Marine Corps War Memorial

P.286B3

掃地圖

這是美國海軍陸戰隊最具代表性的形象，出現在許多電影、書籍、郵票等圖像媒體上。這個形象來自太平洋戰爭中最關鍵的硫磺島戰役，1945年2月底，美軍陸戰隊搶灘日軍堅守的硫磺島，雙方隨即展開激戰，其中以折缽山的攻防最為激烈。美軍在猛攻6天之後，終於攻下日軍陣地，並在折缽山頭豎立星條旗，而這個畫面被當時美聯社的隨軍記者Joe Rosenthal拍下，成為二戰流傳最廣的影像。6月中至8月底每週二晚上7點，特區的陸戰儀隊會在紀念碑前舉行操槍表演，每每吸引大批群眾圍觀。

MAP ▶ P.289B4

維農山莊

MOOK Choice

Mount Vernon

喬治華盛頓的故居

掃地圖

搭乘捷運黃線至Huntington站，從車站下層出口出站，轉乘Fairfax Connector Bus的101號公車至Mount Vernon站即達 3200 Mount Vernon Memorial Hwy, Mount Vernon, VA (703) 780-2000 09:00~17:00 (11~3月至16:00) 成人$28，6~11歲$15 (3天前在官網上購票，可享$2優惠) www.mountvernon.org

當喬治華盛頓的祖父從英國渡海而來時，在今日維吉尼亞一帶獲得了許多土地，波多馬克河畔的維農山莊就是其中一處。喬治的父親過世後，繼承這塊地的是他同父異母的哥哥勞倫斯，勞倫斯當時在英國海軍中將愛德華維農麾下服役，很受維農器重，而勞倫斯也出於崇拜，遂將莊園改名為維農山。由於父親早逝，喬治很小就與兄長同住於此，隨著勞倫斯與其妻子先後過世，喬治便成了維農山莊的唯一繼承人。

今日參觀山莊，可在專人導覽下進入那棟由喬治興建於1758~78年間的帕拉第奧式莊園大屋，裡頭的陳設包括客廳、餐廳、臥室等，都還原成喬治在世時的樣貌。大屋後方還有馬廄、洗衣房、燻肉室等小房子，可由此揣想從前奴隸主的生活。而穿過大片果樹林與菜園後，便是喬治華盛頓與夫人瑪莎之墓，兩人的遺體就安放在兩具石棺中。

在入口與莊園之間，還有一座播放美國革命戰爭影片的劇場，以及一間博物館。從展覽中可看出他最偉大的地方，在於他原本大可以稱王稱帝(畢竟當時還沒有美式民主概念)，但他卻甘於當一介平民；即使被推上總統寶座，他卻訂下總統不得連任兩次的先例，並最終傳位給約翰亞當斯，奠定現代民主體制的基礎。博物館中還展示了超過500件華盛頓使用過的物品，包括那折騰他一生的著名假牙。

Where to eat in Washington, DC
吃在華盛頓特區

霧谷區 Foggy Bottom

MAP ▶ P.286D2 Founding Farmers

從捷運藍、橘、銀線的Farragut West站，步行約4分鐘 1924 Pennsylvania Ave. NW (202) 822-8783 07:30~22:00 (週五、六至23:00，週末08:30起) 早餐＄＄，午、晚餐＄＄＄ www.wearefoundingfarmers.com 吧台Happy Hour為平日15:30~17:30

掃地圖

這間餐廳無論何時前往，都是人滿為患，沒訂位的話，等個1、2個小時是常有的事，常常約個午餐一不小心就成了下午茶，還好候位時會有服務生端幾道點心上來，免得大家餓壞肚子。Founding Farmers背後的擁有者，是超過4萬家小農戶，他們是北達科他農家聯盟的成員，有鑒於大型食品公司將原料做成各種加工品，廣泛地出現在人們的餐桌上，因此他們的宗旨就是要將田地裡的農產品，以原本面貌直接送到消費端，以證明個體農戶依然是國家安康不可或缺的要素。

為了推廣理念，他們決定在國家首善之都開設餐廳，不但請來一流廚房團隊，也積極尋找志同道合的牧場與漁戶合作。因此這裡的所有食物，包括製作麵條與麵包的麵粉等，都是小農戶們辛勤的成果，雖然沒有千奇百怪的花樣，但吃到的都是最新鮮自然的味道，再加上主廚們的功力，美味真不在話下。

賓恩區 Penn Quarter

MAP ▶ P.287F2 Luke's Lobster

從捷運綠、黃線的Archives站，步行約4分鐘 624 E St. NW (202) 347-3355 每日11:00~20:00 ＄＄＄ lukeslobster.com/pages/penn-quarter

掃地圖

或許做一條龍蝦捲並不難，但難的是如何找到好龍蝦，只要龍蝦找對了，美味的龍蝦捲就完成了一大半。Luke Holden就是知道哪裡有好龍蝦的人，他結識緬因州海岸各港口的優秀漁夫，因此他的龍蝦捲鮮美無敵。Luke的龍蝦捲絕不偷料，每份裡面都放了整隻肉肥汁甜的龍蝦。除了龍蝦捲外，也有蟹肉捲與蝦肉捲，每個都想嚐嚐看的話，不妨點份Luke's Trio套餐，3種海鮮捲各有半套，外加2隻蟹鉗與配菜，所有貪饞一次滿足。

賓恩區 Penn Quarter

MAP ▶ P.287F2 Zaytinya

從捷運綠、黃、紅線的Gallery Place-Chinatown站，步行約3分鐘 701 9th St. NW (202) 638-0800 平日11:30~23:00 (週一至22:00，週五至24:00)，週末11:00~24:00 (週日至22:00) ＄＄＄＄ www.zaytinya.com

掃地圖

Zaytinya是美國名廚José Andrés的旗下餐廳，他曾獲選為詹姆斯比爾德獎的最佳主廚，《時代》雜誌甚至將他列入2012年的百大名人之一。這間餐廳賣的是新式地中海東岸菜，也就是以創意融合的方式呈現希臘、土耳其與黎巴嫩料理，菜色以燒烤類及海鮮為主。菜單則是小份量的mezze形式，適合親友家族間的聚餐，可以點許多道不同的菜式大家一起分享。

市中心 Downtown

MAP ▶ P.287E2 Old Ebbitt Grill

從捷運藍、橘、紅、銀線的Metro Center站，步行約7分鐘 675 15th St. NW (202) 347-4800 08:00~02:00 (週末09:00起) 早餐＄＄，早午餐＄＄＄、晚餐＄＄＄＄ www.ebbitt.com 每日15:00~17:00及23:00~01:00，生蠔有折扣

掃地圖

這家華盛頓特區最古老的酒吧，最初開業於1856年，原始地點大約在今日中國城一帶，包括格蘭特、詹森、哈定、老羅斯福等多位美國總統，都是這裡的座上常客。後來轉手給Clyde餐飲集團後，於1983年搬到現址，而這棟布雜風格的建築原來也是間歷史悠久的戲院，與餐廳的輝煌過往相得益彰。至於餐點方面，購自當地農民的新鮮蔬果，產地直送的肉類與海產，再加上主廚Salvatire Ferro的烹飪藝術，美味的名聲早已傳遍美東。而在諸多菜色中又以海鮮見長，像是蟹肉餅、烤龍蝦、生蠔吧、加乃隆方麵等，都是招牌。

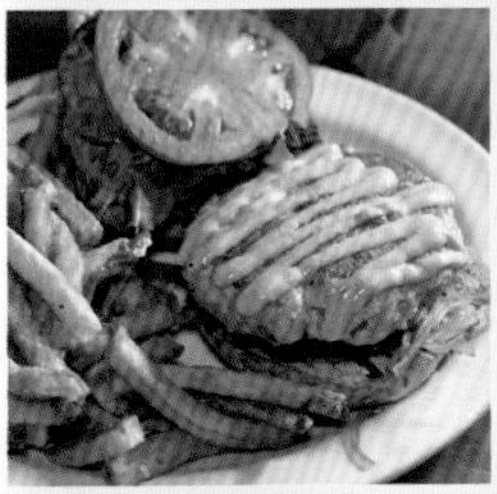

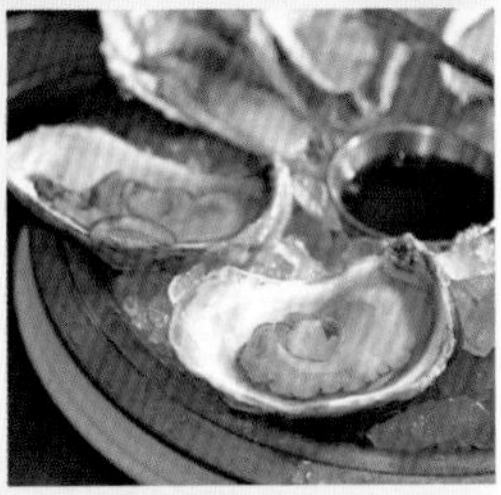

賓恩區 Penn Quarter

MAP ▶ P.287F3 Rasika

從捷運黃、綠線的Archives站，步行約2分鐘 633 D St. NW (202) 637-1222 11:30~14:30、17:00~22:00 (週五、六至22:30，週日至21:00) 休 週六午餐時段 ＄＄＄ www.rasikarestaurant.com

掃地圖

Rasika是間新式印度料理餐廳，曾被Zagat評鑑為全美前20強，主廚Vikram Sunderam也曾在詹姆斯比爾德獎中獲選為中大西洋區最佳主廚。這裡的印度菜充滿創新精神，像是頗受歡迎的前菜Palak Chaat，是將菠菜苗炸得像海苔一樣酥脆，再拌上甜優格、羅望子與棗子醬，既特別又開胃，幾乎每個餐桌上都有一盤。善用香料搭配與火候拿捏精準，是這裡的兩大長處，主菜如印度烤雞Tandoori與燉羊肉，都做得很有一套，夾進各式印度烤餅裡，滋味不同凡響。

卡多佐 Cardozo

MAP ▶ P.289B2 Ben's Chili Bowl

從捷運黃、綠線的U St站，出站即達 1213 U St. NW (202) 667-0909 每日11:00起，週一~週三至21:00，週四至23:00，週五、六至04:00，週日至22:00 ＄ benschilibowl.com

掃地圖

U街是華府的非裔區，Ben's Chili Bowl賣的就是非裔愛吃的食物。這間店創始於1958年，以辣醬熱狗堡(Chili Dog)起家，其辣醬是用辣豆泥與絞肉醬混合，而所謂的Chili Bowl就是以洋蔥與切達起士條拌進滿滿一碗這樣的辣醬。這家店也號稱是Chili Half-Smoke的發源地，這種流行於美東的熱狗堡，用的是半豬半牛的熱狗腸，通常比一般熱狗要大，而且以煙燻熟，夾進麵包後再加上辣肉醬與洋蔥。包括前總統歐巴馬在內，許多著名的非裔人士都是這裡的常客。

賓恩區 Penn Quarter

MAP ▶ P.287F3 Matchbox

掃地圖

從捷運綠、黃線的Archives站，步行約3分鐘 750 E St. NW (202) 289-4441 平日11:00~21:00 (週五至23:00)，週末10:00~23:00 (週日至21:00) $ $ $ $ www.matchboxrestaurants.com 吧台Happy Hour為平日15:00~18:00

Matchbox自2003年在中國城開了第一間餐廳以來，如今已是擁有15間分店的連鎖企業了。這間餐館主打柴燒披薩，各種氣味特性的木柴堆積在磚造的烤爐裡，高溫將木材的香氣融入於生麵糰中，烤出又香又脆的薄餅皮，成為這裡受人歡迎的主因。披薩上的配料雖不算創新，但用料非常實在，而且食材新鮮。除了披薩之外，這裡的小漢堡與海鮮類主餐，也都各有其死忠的顧客群。

喬治城 Georgetown

MAP ▶ P.286B2 Baked & Wired

掃地圖

搭乘循環巴士Dupont Circle-Georgetown-Rosslyn線至M St NW/30th St站，步行約2分鐘 1052 Thomas Jefferson St. NW (703) 663-8727 08:00~16:00 (週六至18:00) $ bakedandwired.com

這是喬治城大學學生們最喜歡的一家店，店內分為兩個部分，一半是烘焙坊，一半是咖啡館，而學生們總會分別買完蛋糕及咖啡後，來到室外的桌椅上一起享用。烘焙坊裡的甜點品項極多，從杯子蛋糕、派到布朗尼都有，皆是在傳統食譜上融入店主的創新精神，吃起來有種獨特且驚奇的風味。像是這裡著名的OMG Bar就是一例，其豐富的層次包括苦甜巧克力餅、棉花糖與牛奶糖，一口咬下你就知道為什麼它要叫做OMG。

喬治城 Georgetown

MAP ▶ P.286B2 Farmers Fishers Bakers

掃地圖

搭乘循環巴士Georgetown-Union Station線至K St NW/30th St站，步行約3分鐘 3000 K St. NW (202) 298-8783 平日08:00~22:00 (週一至21:00，週五至23:00)，週末09:00~23:00 (週日至21:00) 早餐$ $，午、晚餐$ $ $，早午餐$ $ $ $ www.farmersfishersbakers.com 吧台Happy Hour為平日15:30~17:30

Farmers Fishers Bakers的經營原則是：從農夫們的視角看見一切，並分享一切。如果你吃過霧谷區的Founding Farmers，一定會覺得菜單相當眼熟，因為這兩家餐廳都是由北達科他農家聯盟管理，但是這間餐廳的裝潢比Founding Farmers更時尚，餐點的樣式也更多，尤其是海鮮類多了不少選擇，像是壽司、淡菜鍋與江波飯等。而這份菜單也會隨食材產季隨時更換，以確保客人吃到的都是新鮮且未加工的食物。

尼加拉瀑布

Niagara Falls

文 蔣育荏 攝影 周治平

名列世界新七大奇景的尼加拉瀑布，橫跨美、加兩國邊境，據說12,000年前不過是條涓涓細流，因地殼變動而影響了五大湖，遽增的湖水於是衝破峽谷，造成今日壯觀的景象。

尼加拉瀑布被公羊島分隔為馬蹄瀑布和美國瀑布，700年前這兩座瀑布原本是連在一起的，後因地形變化而分成兩邊，馬蹄瀑布規模較大，隸屬加拿大，而較小的美國瀑布和公羊島則是美國領土。五大湖之一的伊利湖湖水，以每秒60萬加崙的豐沛水量流入安大略湖，侵蝕作用旺盛的結果，使得尼加拉瀑布成為全世界移動最快的瀑布，估計每年後退1公尺多，雖然現在已用水閘控制水量，減緩瀑布的侵蝕速度，不過根據預估，大約在1,200年後，尼加拉瀑布就會從此消失。

瀑布附近一帶原本都是荒蕪之地，自從1683年赫南平神父(Louis Hennepin)發現此地，宣稱它是在歐洲大陸前所未見的壯觀奇景，從此尼加拉地區聲名大噪，每年都有超過一千萬名來自世界各地的遊客前來一睹其壯闊。環繞著瀑布所發展出的各種娛樂設施，也讓此地成為名副其實的觀光勝地，現在的人不必再做敢死隊，就能以最輕鬆的方式，感受尼加拉瀑布的磅礡氣勢。

尼加拉瀑布之最 Top Highlights of Niagara Falls

風洞 Cave of the Winds

在美國瀑布下方的木棧道上蜿蜒行進，近距離感受震耳欲聾的瀑布聲響，讓萬馬奔騰的水氣給你來場震撼教育。(P.335)

霧中少女號 Maid of the Mist Boat Tours

擁有悠久傳統的霧中少女號遊船，帶領遊客航行在尼加拉河上，經過美國瀑布身旁，直往馬蹄瀑布前方，感受水力萬鈞的氣勢。(P.336)

瀑布探險 Journey Behind the Falls

搭乘電梯來到馬蹄瀑布下方，除了可以近距離觀看馬蹄瀑布之水從天上落下，還可走進瀑布背後的隧道，從另一個方向體驗震撼。(P.344)

史凱隆塔 Skylon Tower

加拿大側的醒目地標，擁有同時觀看兩個瀑布的最佳視野，連同瀑布上游地帶與美國側的市區風景，都一覽無遺。(P.345)

克里夫頓山丘道 Clifton Hill

瀑布旁最五光十色的觀光大道，千奇百怪的遊樂設施和餐廳酒吧，為這片自然奇景增添不少熱鬧與歡笑。(P.346)

尼加拉瀑布城(美國側)

Niagara Falls (U.S.)

尼加拉河將尼加拉瀑布城一分為二，左岸屬加拿大的安大略省，右岸屬美國的紐約州，而連結兩岸鬧區的彩虹橋(Rainbow Bridge)便是兩國關防所在的界橋。在美國岸與加拿大岸觀賞尼加拉瀑布，可以說是兩種截然不同的風情，從加拿大那側看的是瀑布的正面景觀，而從美國這側感受的是大水從身旁轟然而下的震撼。美國側也不似加拿大側那般燈紅酒綠，滿街都是賭場與誇張的娛樂，而是以綠樹成蔭的州立公園為主，小鎮街道上的氣氛也較為悠閒、寧靜。

霧中少女號與風洞是美國這一側最熱門的觀光活動，前者是搭乘遊船直奔馬蹄瀑布，後者是走到美國瀑布腳下的步道上，近距離面對滂沱水勢。沿著河岸也有不少步道與公園，整體來說遠比加拿大那側更貼近大自然。如果你有租車的話，既然都來到尼加拉瀑布了，不妨順便去一趟鄰近的水牛城，像是著名的達爾文馬丁住宅與水牛城辣雞翅的創造店Anchor Bar，都是造訪水牛城的好理由。

尼加拉瀑布城市區
Elmwood Ave
Spruce Ave
Cedar Ave
Pine Ave
Walnut Ave
Ferry Ave
Stamford St
Falls Ave
Kitchener St
Victoria Ave
Palmer Ave
Ontario Ave
River Ln
River Rd / Niagara Pkwy
Niagara River
尼加拉河
Robert Moses Pkwy
Wanderfalls Guesthouse & Hostel
尼加拉峽谷探索中心
Niagara Gorge Discovery Center
尼加拉水族館
Aquarium of Niagara
尼加拉瀑布城（美國紐約州）
Niagara Falls (U.S., New York)
Lewis Ave
Centre St
Walnut St
Bender St
Hiram St
John St
Buchanan Ave
Desson Ave
Slater Ave
Magdalen St
Ellen Ave
飛鳥王國
Bird Kingdom
Sheraton Fallsview
邊界關卡
克里夫頓山丘道
彩虹橋 Rainbow Bridge
Whirlpool St
3rd St
Main St
尼加拉峽谷步道中心
Niagara Gorge Trailhead Center
尼加拉摩天輪
Niagara Skywheel
Clifton Hill
Ferry St
尼加拉瀑布城
（加拿大安大略省）
Niagara Falls
(Canada, Ontario)
尼加拉瀑布州立公園
Niagara Falls State Park
邊界關卡
Duty Free Americas
2nd St
4th St
5th St
6th St
7th St
8th St
9th St
Niagara St
尼加拉城遊船
Niagara City Cruises
霧中少女號
乘船碼頭
Queen Victoria Park
One Niagara
Sheraton At The Falls
觀景台
Observation Deck
Robinson St
展望觀景點Prospect Point
Prospect St
Old Falls St
Falls St
塞內卡尼加拉賭場渡假村
Seneca Niagara Resort & Casino
霧中少女號售票處
Maid of the Mist Boat Tours
Stanley Ave
Fallsview Blvd
Rainbow Blvd
The Giacomo
Duggan Dr
史凱隆塔
Skylon Tower
美國瀑布
American Falls
新娘面紗瀑布
Bridal Veil Falls
綠島
Green Island
Murray St
Holiday Inn
Goat Island Rd
Red Coach Inn
Rainbow Blvd
Fairfield Inn
John Daly Blvd
Hilton
月島
Luna Island
Buffalo Ave
瀑景賭場度假村
Fallsview Casino Resort
風洞
Cave of the Winds
尼加拉探險劇場
Niagara Adventure Theater
DoubleTree
公羊島
Goat Island
Robert Moses Pkwy
水龜觀景點
Terrapin Point
Top of the Falls
傾斜鐵道車站
Falls Incline Railway
桌岩中心
Table Rock Centre
馬蹄瀑布
Horseshoe Falls
尼加拉河
Niagara River
Dunn St
Marriott
Portage Rd
Niagara Pkwy
瀑布探險Journey Behind the Falls
尼加拉4D劇場Niagara's Fury
三姊妹島
Three Sisters Island
圖例 國界 國道 州道 步行道 纜車站 觀光巴士站 碼頭 停車場 景點 博物館 劇場 住宿 百貨 餐廳 公園 遊客中心

INFO

基本資訊

人口：約5萬(市區)
面積：約43.5平方公里(市區)
區域號碼：716
消費稅：8% (生鮮食品雜貨免稅)

如何前往

飛機

雖然在尼加拉瀑布城的市區東側就有一座尼加拉瀑布機場(IAG)，不過那座機場僅有Allegiant航空飛往佛羅里達的航班，外國人不太有機會使用到。

一般遊客若要搭飛機前往尼加拉瀑布，多半還是降落在水牛城尼加拉國際機場。這座機場不大，只有一個航站與一道長條型的登機區。目前從台灣並無班機飛往尼加拉瀑布，可搭乘聯合航空的UA872，每日一班從桃園機場第2航廈飛往舊金山國際機場(SFO)，先轉機至芝加哥機場(ORD)，再轉機到水牛城。從台北飛舊金山約11小時，從舊金山飛芝加哥約4小時，從芝加哥飛水牛城約1.5小時。此外，聯合航空也有從紐約的紐華克機場與華盛頓特區的杜勒斯機場飛往尼加拉瀑布的航線，航程約1~1.5小時。

水牛城尼加拉國際機場
Buffalo Niagara International Airport (BUF)
www.buffaloairport.com
◎機場至市區交通

機場內有Alamo、Avis、Budget、dollar、Enterprise、National等6家租車公司櫃檯。

若要利用大眾運輸工具，可在航站外的公車站牌搭乘往Downtown Buffalo的24號Genesee公車，至水牛城市中心再轉乘往Niagara Falls的40號公車。車資皆為＄2，總車程約2小時。

至於搭乘計程車的話，車程約40分鐘，車資約＄70左右。

火車

美國國鐵車站位於市區北邊的尼加拉河畔，行經的路線有Empire Service (紐約經水牛城往尼加拉瀑布)與Maple Leaf (紐約經水牛城、尼加拉瀑布往多倫多)兩條。從紐約出發，車程約9小時；從水牛城出發，車程約1小時。

從火車站到尼加拉瀑布市區與州立公園，夏季時可搭乘免費的Discover Niagara Shuttle前往。

紐約州尼加拉瀑布車站 (NFL)
P.333B1
825 Depot Ave. W, Niagara Falls, NY
美國國鐵 Amtrak
1-800-872-7245
www.amtrak.com

開車

尼加拉瀑布城的聯外公路為I-190與I-290，可接上橫貫美國北部的I-90公路。從紐約前往，車程約6.5小時，從波士頓和費城前往，車程約7小時，從水牛城前往，車程約30分鐘。

而紐約州境內的I-90與I-190為計程收費道路，若是從水牛城前往，過路費為＄1.09，使用E-ZPass為＄0.95。

市區交通

Discover Niagara Shuttle (藍線)

這輛夏季行駛的隨上隨下接駁巴士，一路從尼加拉瀑布州立公園向北前往安大略湖口的尼加拉堡壘(Old Fort Niagara)，沿途行經公羊島、遊客中心、美鐵火車站、尼加拉水族館、尼加拉峽谷步道口、漩渦州立公園等地。

5月底~10月中08:30~17:30 (週五、六至24:00)，7月之前與9月之後僅週五至週日行駛。約40分鐘一班

免費

www.discoverniagarashuttle.com

Niagara Scenic Trolley (綠線)

這輛復古電車造型的遊園車採循環路線行駛，沿途停靠尼加拉峽谷探索中心、霧中少女號售票口、公園遊客中心、風洞、瀑頂餐廳、三姊妹島等6個站點，班次非常密集。

每年5月底至10月底

成人＄3，兒童＄2

開車

州立公園內有4個停車場，Lot 1位於One Niagara Welcome Center正對面，距離公園遊客中心與彩虹橋都很靠近；Lot 2位於公羊島西端，也就是風洞與瀑頂餐廳(Top of the Falls)之間；Lot 3位於公羊島東端的三姐妹島附近；Lot 4則在尼加拉峽谷探索中心旁。旺季時的停車費為每日＄10，淡季時每日＄5，只能用信用卡繳費。

旅遊諮詢

◎尼加拉旅遊局遊客中心

P.331C2

10 Rainbow Blvd

1-877-325-5787

每日08:30~15:00

www.niagarafallsusa.com

MAP P.331B2-C3

尼加拉瀑布州立公園

Niagara Falls State Park

獨一無二的世界奇景

掃地圖

開放式公園 免費 www.niagarafallsstatepark.com

遊客中心

332 Prospect St (Lot 1南邊的公園內) 新遊客中心將於2023年5月開放

尼加拉瀑布州立公園成立於1885年，是美國州立公園的始祖，每年都吸引上百萬名遊客來此觀看浩浩湯湯的世界奇景。公園位於尼加拉河右岸，也就是瀑布落下的那一側 ，雖然景觀不若對岸的加拿大完整，但震撼的程度更有勝之。園方也利用這項優勢，開發出像風洞與霧中少女號這樣的觀光項目，不但將美國遊客留在此岸，還吸引了些許加拿大遊客前來一探究竟。

隔開馬蹄瀑布和美國瀑布的公羊島，雖然面積不大，卻像個小型世外桃源，其兩側被尼加拉河所包圍，順著河岸步行，能感受從平靜的河水轉變為滔滔江瀑的神奇過程。公羊島旁另有三座小島，以惠特尼將軍的三個女兒命名，中有一座小橋連結，環境安靜悠閒。

而公園裡也有大片樹林、草地，沿著河岸還有多條林間步道，最遠可連到10公里外的Artpark州立公園。這裡的氣氛閑適幽靜，除了隆隆水聲，再無車馬喧囂，也難怪不喜歡人聲嘈雜的遊客，多半會選擇住在美國這一側。

MAP P.331C2

尼加拉探險劇場

Niagara Adventure Theater

重現尼加拉瀑布的精彩歷史

掃地圖

21 Mayor Michael O'Laughlin Dr. (866) 750-4629 時間依季節變動，詳細時刻請上官網查詢 休1~2月 成人$12，5~12歲$9 www.niagaramovie.com 官網購票享$2折扣

尼加拉探險劇場擁有45英呎的大型螢幕與數位環繞音響，帶領觀眾身歷其境地進入尼加拉瀑布的世界。這部由兩位奧斯卡獎得主合力製作的電影，以波瀾壯闊的氣勢重現了曾經在瀑布中發生的往事，例如原住民神話中跳進瀑布的少女、1860年走鋼索橫越大峽谷的布朗丁(Blondin)等，當然還有一連串關於「尼加拉敢死隊」(Daredevil)的蠻勇事蹟。片長大約30分鐘，每45分鐘播放一場，入場時可向工作人員要求中文翻譯耳機。

MAP P.331B3

風洞

MOOK Choice

Cave of the Winds

感受尼加拉之水從天上來

掃地圖

售票處及步道位於公羊島上 (716)278-1794 全年開放，時間依季節變動，詳細時刻請上官網查詢 夏季：成人$14，兒童$11。冬季：成人$12，兒童$9 www.niagarafallsstatepark.com 門票含雨衣及防滑夾腳涼鞋

穿上黃色雨衣和藍色防滑夾腳涼鞋，你就可以搭乘電梯來到新娘面紗瀑布(Bridal Veil Falls)的底部，然後沿著木造的曲折棧道，一步步走向美國瀑布如傾盆大雨般的簾幕，這時你終於了解門票附贈雨衣的用意。知名作家馬克吐溫曾對風洞作過生動的描述：「雷聲讓我慌亂，強風使我覺得無助，一排排雨點重重打在我身上……如果我稍有閃失，我就會從此迷失……我倖存了，但我從來沒有這麼害怕過。」在馬克吐溫的時代還沒有電梯，走下瀑底全靠陡峭的階梯，而原始的風洞也因為落石而永久封閉。今日的風洞早已不再如此危險，但瀑布所散發的自然力量依舊令人著迷，從遠處觀看就已經很震撼的大瀑布，現在就在觸手可及的距離，威力當然更是驚天動地。這不是一個能好好欣賞風景的地方，因為就算是最強的颱風也不能讓你溼成這樣，但能以如此靠近的距離接觸尼加拉瀑布，一生又能有幾次機會呢？

而在風洞入口附近，有條步道通往公羊島北側的月島(Luna Island)，這座小島位於新娘面紗瀑布與美國瀑布之間，因19世紀時有遊客在此看到月光中的彩虹而得名。小島今日已被建為觀景平台，可欣賞美國瀑布從身旁奔流而下的氣勢，是許多風景明信片取景的地方。

MOOK Choice

MAP P.331B2

霧中少女號與觀景台

Maid of the Mist Boat Tours & Observation Deck

勇闖瀑布正前方

掃地圖

登船處位於觀景台下方 每日09:00起，夏季約至19:30或20:00，春、秋兩季約至17:00或18:00 休11~3月，5月之前是否營運需視湖面融冰而定 $成人$28.25，6~12歲$16.5 www.maidofthemist.com

從1846年初航開始，霧中少女號始終是尼加拉瀑布最有名的玩樂方式，穿上薄薄的藍色雨衣，搭上那艘白色的雙層遊船，最刺激的瀑布之旅便展開了。看起來頗有歷史卻很堅固的霧中少女號，會從河岸一路勇猛地駛向瀑布，並進入瀑布的馬蹄形中轉圈。如果你以為在馬蹄瀑布中央可以看到180度的瀑布景觀，那可就大錯特錯了，這巨大如神明般的瀑布所激起的衝天水霧，可是連數十哩的城外都看得見，於是無論船上的人是不是少女，「霧中」這一點是毫無疑問的。你所能看見的，只有一陣陣撲面而來的水氣，而瀑布如萬馬奔騰的怒吼，幾乎要蓋過遊客們的尖叫。此時船上的陌生人似乎都成了同船共渡的淪落人，就在一片朦朧水花中，親身感受瀑布的氣勢和威力。直到小船駛離暴風圈，才又重新看清瀑布的面貌，回想起剛才的刺激，雖已從頭到腳渾身溼透，卻又很想再來一次。

下船之後，先別急著上電梯，碼頭旁還有條鴉巢小徑(Crows Nest)，帶領遊客通往美國瀑布北側的腰際。天氣晴朗時，這裡總能看見清晰的彩虹，為怒氣沖沖的瀑布，保留一點嬌羞的溫柔。而在碼頭電梯上方，有座高70公尺的觀景台，這裡大概是美國這側景觀最好的地方，能同時看到美國瀑布與馬蹄瀑布，總有許多遊客徘徊於此，不忍離去。

MAP　P.331D2

塞內卡尼加拉賭場

Seneca Niagara Casino

不讓加拿大岸專美於前

掃地圖 310 4th St　1-877-873-6322　www.senecaniagaracasino.com

眼見對岸加拿大沿著尼加拉河畔，建起一棟又一棟醒目的賭場酒店，美國這側也不甘示弱，由市政府斥資8千萬美金，將原本的尼加拉會展與市民中心改建成一棟樓高26層的賭場酒店。其一樓的賭場面積廣達13,700平方公尺，擁有4,200台角子機與100張各類型賭桌，果然自2002年開幕以來，每天都吸引大批賭客光臨。酒店擁有486間客房與86間轉角套房，雖然看不到瀑布正面，但由於市區建築大都低矮，景觀仍是相當不錯。其他設施還包括10間餐廳、酒吧與點心店、Spa、健身房與室內游泳池等，而每個週末晚上的秀場節目，也經常請到大牌明星來此演出。

MAP　P.333C2

時尚暢貨中心

Fashion Outlets of Niagara Falls

準備好要大肆血拼了嗎？

掃地圖 從市中心開車約12分鐘。或在3rd St上搭乘往Niagara Falls Transit Center的50號公車，於1835 Military Rd站下車即達　1900 Military Rd　(716) 297-1233　週一至週四10:00~19:00，週五、六10:00~20:00，週日11:00~18:00　www.fashionoutletsniagara.com

也許有人會告訴你：在美國旅遊千萬不要把物價換算成台幣，否則什麼都別想買。但這情形並不包括在美國的outlets，因為在outlets買東西，只會愈換算愈開心。6、7折在outlets根本不算什麼，3、4折早就稀鬆平常；買一送一已經沒啥稀奇，買一送二才是大呼過癮！許多在台灣買不下手的昂貴品牌，在這裡只需要一半，甚至三分之一的價錢就能買到，唯一的困擾是很有可能一不小心就會買太多。

這間outlets距離尼加拉瀑布市區不遠，光從停車場看已是左右遼闊，進入中央建築，裡頭更是縱深難測。所有耳熟能詳的美國品牌，像是Coach的工廠店、Tommy Hilfiger、GAP、Forever 21、Levi's等，在這裡都有相當大的店面。而在outlets中央最深處，甚至還有一間Saks Fifth Avenue百貨公司呢！同時這裡也非常貼心，在店舖之間的寬闊走道上設有各式各樣休憩空間，走累了還有按摩椅服務，對於不想走路的小孩，也有出租動物造型的電動騎行玩具，好意如此，怎能不再多逛一會兒呢？

同場加映——水牛城觀光景點

達爾文馬丁住宅 Frank Lloyd Wright's Martin House

125 Jewett Pkwy, Buffalo (716) 856-3858 需參加導覽行程，時間依季節變動，詳細時刻請上官網查詢 休5~10月的週二、11~4月的週二、三 $基本行程(1.5小時)：成人＄25，長者＄23。加長行程(2小時)：成人＄45，長者＄41 martinhouse.org 每梯名額有限，建議事先上官網預訂。室內禁止拍照

掃地圖

法蘭克洛伊萊特(Frank Lloyd Wright)被公認為美國史上最偉大的建築師，一生建造超過5百座建築，而這棟他為富商好友達爾文馬丁(Darwin D. Martin)所打造的豪宅，便是他嶄露頭角的代表作。

豪宅興建於1903年，兩年後落成，共有5個部分：主建築為馬丁一家的起居空間，後棟則是溫室花園與車房馬廄，兩者之間由一道長廊相連，後棟一旁則是為屋主姐夫一家而建的巴頓住宅(Barton House)，草坪上還另有一間園丁小屋。5個建築各自獨立，但萊特卻巧妙地運用空間，將其整合為一體。當時萊特正熱衷於發展他的草原學派(Prairie house)，他讓建築往水平發展，並利用低而斜的屋頂、寬而懸的屋簷與突出的基石營造出寬廣印象。雖然這種風格並沒有流行多長時間，但達爾文馬丁住宅無疑為草原學派寫下最強有力的註腳。今日參觀住宅需要參加行程，導覽過程中不但能見識到萊特在空間結構上的天才，他那棄絕傳統自成一格的裝飾，如線條繁複的窗花與形制獨特的木製傢俱，更是堪稱一絕；他同時運用玻璃讓空間具有穿透性，採光與空調上的安排亦符合生活機能的舒適需求。另一個有趣的地方是，從住宅的裝飾格局、掛在牆上的畫作與屋頂的石鳥舍，在在不難發現屋主與建築師對日本文化的興趣。

Anchor Bar

1047 Main St, Buffalo (716) 886-8920 11:00~21:00 (週四~週六至22:00) $＄＄ www.anchorbar.com

Anchor Bar開業於1935年，但直到1964年的某個夜晚，這間小酒吧才突然成為傳奇。那天店主Teressa Brllissimo的女兒有一群飢腸轆轆的朋友來訪，為了快速餵飽他們，Teressa從鍋裡撈出燉湯用的雞翅，裹上辣醬後油炸，結果比預期的還要成功，於是一道世界級的名菜——水牛城辣雞翅(buffalo wings)就這麼誕生了。Anchor Bar辣雞翅的美味可口，箇中祕訣還是在於醬料，其醬料滋味層次豐富，不光是只有辣而已，同時雞翅本身也鮮嫩多汁，因此令人一吃難忘。

掃地圖

尼加拉瀑布城(加拿大側)

Niagara Falls (Canada)

如果想從正面觀賞瀑布全貌，恐怕還是得前往加拿大的那岸，所幸目前加拿大與美國都已將台灣納入免簽國之列，因此現在想要往來彩虹橋兩岸，無須再像從前那樣麻煩，只要通關時付個少許費用即可。

加拿大不愧是效忠英王的領土，沿岸一派維多利亞式的優雅，圖案整齊的花圃、寬闊的人行步道、裝飾華麗的馬車，充滿著英式的觀光味。和美國那岸的天際線相比起來，加拿大側多了高高低低的起伏，這裡的賭場酒店密集程度堪比拉斯維加斯，當河的對岸漸次熄燈，加拿大的夜晚卻遲遲未臨。克里夫頓山丘道上尤其誇張，各種聲光娛樂在此一樣不缺，摩天輪、蠟像館、鬼屋、保齡球館、動感電影院等，短短一條街，整天都玩不夠，來到這裡，好像看瀑布反而變成順便的事。

INFO

基本資訊

人口：約9萬(市區)
面積：約210平方公里(市區)
區域號碼：905、289、365
消費稅：13%

如何前往

火車

美國國鐵的火車站位於市區北邊，靠近白水步道的地方，行經路線為Maple Leaf (紐約經水牛城、尼加拉瀑布往多倫多)。從紐約出發，車程約9小時15分鐘；從水牛城出發，車程約1小時15分鐘。

從火車站可搭乘WEGO的綠線巴士前往市中心的瀑布區與酒店區。

安大略省尼加拉瀑布車站 (NFS)
P.333A1　4267 Bridge St, Niagara Falls, ON

美國國鐵 Amtrak
1-800-872-7245　www.amtrak.com

開車

從美國開車前往加拿大，須經過橫跨尼加拉河的彩虹大橋(Rainbow Bridge)，而兩國的關防就位於大橋兩端。目前加拿大對台也是免簽，不過仍然需要申請加拿大的電子旅行證eTA，同時護照也別忘了帶在身上(ESTA的列印憑證最好也一起帶著)。

從美國到加拿大時，除了要在入境海關接受移民官員問話，還要繳交過路費。以一般小客車而言，過路費為美金5元或加幣6.5元，可使用E-ZPass扣款。而從加拿大回到美國則不用再繳過路費。

徒步

彩虹大橋上也有給行人使用的步道，從橋上眺望馬蹄瀑布也另有一番風景。從美國徒步入境加拿大，只要通過海關，不用繳交過路費；但從加拿大回到美國時，在海關前會有道小閘門，需投幣＄1才能入閘。

市區交通

WEGO隨上隨下巴士

基本上，遊覽瀑布旁的景點以步行的方式就已足夠，從彩虹橋到桌岩，大約是1.6公里遠。如果要去比較遠的景點，可搭乘WEGO巴士。WEGO共有藍、紅、綠3條路線，並在桌岩遊客中心會合，若你的目的地是漩渦空中纜車、白水步道、火車站或客運總站的話，可搭乘綠線前往。

WEGO的車票有24小時與48小時兩種，可在車票效期內於任何站點隨意上下車。

價錢：

效期	成人	6~12歲
24小時	C$12	C$8
48小時	C$16	C$12

www.wegoniagarafalls.com

斜坡軌道車 Falls Incline Railway

由於尼加拉河沿岸與Fallsview酒店區之間有一段地形落差，往返兩處最省力的方式，就是在桌岩遊客中心後方搭乘斜坡軌道車。

Ⓢ單程C＄3.1，來回C＄6.19，一日票C＄7.08

開車

尼加拉公園內的停車場絕大多數為計次或計時收費，若有經常停車的需要，可在主要停車場或遊客中心購買一日停車券，適用於公園內的所有停車場，每張C＄30.97。

優惠票券

加拿大尼加拉公園的通行券可在官網上購買，票券會寄到你的電子信箱中，使用時只要以手機等行動裝置出示憑證即可。

Ⓦwww.niagaraparks.com/visit-niagara-parks/plan-your-visit/deals-packages

夏季票券

夏季票券分為Adventure Pass Classic、Falls Pass、Adventure Pass Plus三種，每年效期約為5~10月。

◎Adventure Pass Classic

Adventure Pass Classic可使用於瀑布探險、Niagara's Fury 4D劇場、白水步道各一次，並包含WEGO巴士的48小時票，全部用上的話可省下26%的費用。

Ⓢ成人C＄54，3~12歲C＄35

◎Falls Pass

Falls Pass可使用於瀑布探險、蝴蝶園、白水步道、漩渦空中纜車、尼加拉花園溫室，再加上WEGO巴士的48小時票與斜坡軌道車的2日通行券，全部用上的話可省下34%的費用。

Ⓢ成人C＄74，3~12歲C＄48

◎Adventure Pass Plus

Adventure Pass Plus除了Classic的內容外，還加上漩渦空中纜車、尼加拉公園發電廠及隧道、與斜坡軌道車的2日通行券，全部用上的話可省下37%的費用。

Ⓢ成人C＄84，3~12歲C＄55

冬季票券

冬季票券分為Wonder Pass Plus、Niagara Parks Power Pass兩種，每年效期約為11~4月。

◎Wonder Pass Plus

Wonder Pass的內容包括瀑布探險、Niagara's Fury 4D劇場、蝴蝶園、尼加拉公園發電廠及隧道、WEGO巴士＋斜坡軌道車的2日車票，全部用上的話可省下58%的費用。

Ⓢ成人C＄45，3~12歲C＄29

◎Niagara Parks Power Pass

Power Pass主要可用在尼加拉公園發電廠門票及其隧道導覽，還有發電廠夜間的聲光秀表演。

Ⓢ成人C＄46，3~12歲C＄30

旅遊諮詢

◎尼加拉公園歡迎中心

較常為遊客利用的歡迎中心共有4處，分別位於馬蹄瀑布旁的桌岩、尼加拉城遊船碼頭旁的Grand View Marketplace、克里夫頓山丘道與Falls Ave路口、Queen Victoria Place附近的Murray Hill。

Ⓣ1-877-642-7275

Ⓞ桌岩全年開放，其他遊客中心6~8月開放，每日09:00起

Ⓦwww.niagaraparks.com

Where to Explore in Niagara Falls (Canada)
賞遊尼加拉瀑布城(加拿大側)

MAP P.331B3

馬蹄瀑布

MOOK Choice

Horseshoe Falls

滔滔洪水天上來

掃地圖

隸屬於加拿大的馬蹄瀑布，寬達792公尺，流量約佔尼加拉瀑布的90%，是美國瀑布的好幾倍大，因此也成為一般人心目中對尼加拉瀑布的第一印象。尼加拉河上游的磅礡大水，聲如萬馬地奔流到此後，瞬間從57公尺的高度遽然墜落，激起半天高的霧幕，幾乎要將瀑布隱藏其中。環形的瀑布就像地表上的一個大洞，人類在這頭怒吼的巨獸面前渺小如同蟻螻，不由得對造物者的偉大發出讚嘆。

觀賞馬蹄瀑布的最佳角度位於加拿大岸的桌岩平台，不論是白天或晚上，來自世界各地的遊客都會在這裡留下以瀑布為背景的身影。

MAP P.331B2

美國瀑布

MOOK Choice

American Falls

亂石崩雲，驚濤裂岸

掃地圖

高約57公尺的美國瀑布，由於造型較為平緩，因此氣勢上不如馬蹄瀑布來的壯觀，然而洶湧的大水垂直衝擊位在瀑布底部的岩石上，倒也興起另一種雄奇美感。其實，美國瀑布底部的岩石是在20世紀中葉才掉落的，地理學家認為美國瀑布的水量還不足以對岩石進行沖刷，但岩石仍會被瀑布逐漸往前推進，因此瀑布可能會越來越傾斜。

在美國岸與加拿大岸觀賞美國瀑布，可以有兩種截然不同的風情，從美國岸看的是瀑布大水從身旁轟然而下的震撼，在公羊島和瀑布旁的觀景塔上，都有不錯的景觀。但如果想從正面觀看瀑布全貌，那恐怕還是得回到加拿大這岸，克里夫頓山丘道尾端的觀景平台，正對著美國瀑布，視野最好。

尼加拉瀑布燈光秀
Niagara Falls Illumination

每日從開始天黑到午夜　5月中~10月，每週一、五、六、日及特定假日(6月中~8月為每日)，晚上22:00會有煙火施放

當天色逐漸轉暗，七色的彩光就為氣勢奔騰的尼加拉瀑布換上溫柔豔媚的表情。瀑布不分晴雨，幾乎每天都有燈光秀，從太陽西下開始，一道道顏色不同的光束便從加拿大岸的維多利亞女王廣場投射在瀑布上，紅橙黃綠藍靛紫和白色都有，由於顏色變換不甚快速，所以氣氛甚於驚喜。美國側最好的觀賞地點是在觀景台附近，而加拿大側則是在桌岩、尼加拉城遊船碼頭上方觀景台或史凱隆塔上。要注意的是，尼加拉瀑布區日夜溫差較大，白天氣溫甚高，入夜之後氣溫驟降，帶件保暖的衣服欣賞燈光秀才不會著涼。

MAP P.331B2

尼加拉城遊船
MOOK Choice

Niagara City Cruises
被瀑布包圍的震撼

掃地圖

搭乘WEGO巴士至Niagara Cuty Cruises站即達　5920 Niagara River Pkwy　5~9月約09:30~18:30 (春季週末及夏季每日至20:30)，每15分鐘一班。10~11月約10:00~16:00，每30分鐘一班。詳細時刻請上官網查詢，行程約20分鐘　休12~4月　成人C＄32.75，3~12歲C＄22.75　www.niagaracruises.com

要感受尼加拉瀑布的震撼，還有什麼地方會比在馬蹄瀑布的弧形中央更接近搖滾區呢？除了搏命當敢死隊，搭船才是萬無一失的方法。過去這門生意由美國岸的霧中少女號所獨佔，瀑布下的尼加拉河面上全是一船又一船的藍色雨衣。為了不讓鄰國專美於前，加拿大這岸於是在2012年與Hornblower遊船公司簽下一紙長約，從此河面上便開出一船船紅色雨衣，與對岸的霧中少女分庭抗禮。

和霧中少女一樣，白色的雙層遊船先是緩緩經過美國瀑布，接著便從河岸一路駛向馬蹄瀑布近前，當第一陣風吹來，所有人都狼狽地趕緊收起相機，因為除了水花，幾乎拍不到任何畫面。脫離暴風圈後的遊船有如歷劫歸來，搖搖晃晃地漂回美國瀑布，天氣晴朗時，陽光和水氣交織出又長又美的彩虹，投射在名副其實的彩虹大橋前。

MAP P.331A3

桌岩

MOOK Choice

Table Rock

瀑布旁的遊客中心

掃地圖

6650 Niagara River Pkwy 每日09:00起(部分設施冬天關閉) 免費

觀賞馬蹄瀑布的最佳角度位於加拿大岸的桌岩平台，其實桌岩早已成為歷史名詞，因為瀑布的年年後退，真正的桌岩也越來越小，後來考慮到安全因素，於是在1935年把桌岩移除了。今日的桌岩遺址被開發為一處觀景平台，並在旁邊建了一棟英式優雅的遊客中心，中心內不但有資訊詢問處及售票櫃檯，還有美食街、購物廊和一間景觀餐廳。而深入馬蹄瀑布背後的瀑布探險與需要穿雨衣進場的4D劇場Niagara's Fury，也是位於桌岩歡迎中心內。

MAP P.331A3

瀑布探險

MOOK Choice

Journey Behind the Falls

進入瀑布的內心世界

掃地圖

入口處在桌岩歡迎中心內 (877) 642-7275 10:00~17:00 (週末至18:00) 成人C$16，3~12歲C$10.5 下層平台冬季不開放

瀑布探險帶領你深入到河谷下方的馬蹄瀑布內，站在瀑布後方，你可以更清楚地感受瀑布雷霆萬鈞的聲響與水勢。搭乘桌岩歡迎中心內的電梯來到45公尺深的河谷下方，這裡已經接近馬蹄瀑布的底部，站在瀑布旁的上下兩層平台上，觀看如海嘯般的大水從天上奔流而至。這裡每秒有2,800立方公尺的水量以65公里的時速落下，那種石破天驚的震撼絕對教人永生難忘。

觀景平台旁有條長長的隧道，可深入到馬蹄瀑布西段背後約1/3長的地方，隧道上有兩處開向瀑布的涵洞，名為Cataract Portal與The Great Falls Portal，與其說洞口有如水簾，不如說根本是堵堅實的水牆，加上瀑布的咆哮聲在隧道中迴盪，霸氣指數再升一級。

MAP P.331A2

史凱隆塔

MOOK Choice

Skylon Tower

俯瞰尼加拉瀑布全景

5200 Robinson St (905) 356-2651、1-888-975-9566 10:00~22:00 (週末至23:00) 成人C＄19，4~12歲C＄9.5 www.skylon.com 另有販售可在一天內登上觀景台2次的日夜票，與含3D/4D電影的套票，且在官網上購票另有折扣優惠 3D/4D電影1~3月僅週末放映

Summit Suite自助餐廳

5月中~10月11:30~15:00、17:00~22:00。週日早午餐全年供應：10:30~15:00 午餐及週日早午餐：成人C＄32.95，兒童C＄14.95。晚餐：成人C＄44.95，兒童C＄17.95。早鳥晚餐(17:30前)：成人C＄39.95，兒童C＄15.95

旋轉餐廳 Revolving Dining Room

每日11:30~15:00、16:30~22:00 午餐＄＄＄＄，晚餐＄＄＄＄＄，早鳥晚餐每人C＄49 早鳥晚餐為16:30、17:00兩個場次

掃地圖

1964年建成的史凱隆塔，以擁有眺望尼加拉瀑布的最高視野著稱，它同時也是世界上第一個使用「滑脫形式」建造的建築，也就是說，今日我們所看到的圓塔部分，其實是在中心柱蓋好之後，才像套甜甜圈般地從底部往上吊升。

乘坐暱稱「黃色小蟲」(Yellow Bug)的外露式景觀電梯，只需52秒便來到距離瀑布236公尺的觀景甲板上。觀景平台下方則是Summit Suite自助餐廳與360度旋轉餐廳，以世界知名度排名第一的瀑布當作用餐背景，尤其是夜晚的瀑布燈光秀，簡直是夢中才會出現的場景，因此強烈建議要訂位。餐廳也提供傍晚開始的「早鳥晚餐」(Early Bird Dinner)，除了價格優惠，還可避開用餐人潮。

史凱隆塔的底部則是一座超大型的遊樂場及購物中心，還有一間播放尼加拉瀑布傳奇故事的3D / 4D電影院，帶你重返原住民心目中的尼加拉大瀑布。

MAP P.331B2

克里夫頓山丘道

Clifton Hill

眼花撩亂的遊樂場

掃地圖

www.cliftonhill.com 可購買Clifton Hill Fun Pass，內容包括含尼加拉摩天輪在內6項熱門設施的門票，成人C＄34.95，12歲以下C＄22.95

一般都以為，加拿大人崇尚自然，而美國人常有浮華糜爛的一面，但這種印象到了尼加拉瀑布卻似乎恰好相反，美國岸處處是綠蔭密布的自然保護區，而加拿大岸卻建起了五光十色的娛樂場，好似將拉斯維加斯從沙漠搬到了瀑布水岸邊。而克里夫頓山丘道就是瀑布區裡最熱鬧也是最誇張的一條街，這裡匯集了各式各樣的娛樂場所，光是不同主題的蠟像館就有4間，鬼屋也有3間，另外還有像雷普利信不信由你博物館、金氏世界紀錄博物館、室內模擬雲霄飛車與魔鬼剋星等遊樂設施，造型突出的招牌與五花八門的街景，真讓人誤以為闖進了一家遊樂園。

MAP P.331B2

尼加拉摩天輪

Niagara Skywheel

新奇的觀瀑體驗

掃地圖

4960 Clifton Hill (905) 358-4793 夏季約09:00~01:00 (週五~週日至02:00)，冬季約12:00~22:00 (週五~週日至24:00)，當日詳細時刻請上官網查詢 成人C＄15，12歲以下C＄7 www.skywheel.ca

創造出新的觀瀑視野，一直都是尼加拉地區的人們不斷努力的目標，於是一棟棟高塔樓房在瀑布邊的土地上如雨後春筍般冒出，而一座摩天輪在眾多觀景平台當中，絕對是異軍突起的吸睛亮點。

摩天輪高53公尺，擁有42個空調座艙，每個座艙可以容納6人，旋轉一圈大約10分鐘，自

2006年開幕起，便成為克里夫頓山丘道上的新地標。雖然尼加拉摩天輪讓克里夫頓山丘道朝遊樂園又邁進了一步，但這種360度觀瀑體驗，不但可以欣賞瀑布的壯觀，也能同時觀看山丘道上五花八門的娛樂，還真是相當特別。

MAP P.333B1

白水步道

MOOK Choice

White Water Walk

晴日裡的暴烈怒濤

掃地圖

搭乘WEGO巴士綠線至White Water Walk站即達 4330 River Rd 5~6月約10:00~17:00 (週末至18:00)，7~9月約10:00~18:00 (週五~週日至20:00)。當日詳細時刻請上官網查詢 休10~4月 $成人C$17.5，3~12歲C$11.5 www.niagaraparks.com

1935年，尼加拉河下游峽谷發生崩塌，再加上經濟大恐慌，導致原訂連結美加國境的鐵路工程越加困難，不過隨著自有汽車的普及，這項鐵路計劃後來也就不了了之。所謂的白水步道，其實就是將當年未完成的工程充分利用，遊客先搭乘電梯降到地面下約70公尺處，再穿過一段隧道後便能漫步在峽谷河岸。步道全長僅350公尺，緊貼著驚濤裂岸的滾滾巨浪，這裡的流速高達每小時48公里，就像衝向敵人的千軍萬馬，翻騰撲躍，發出巨大怒吼，前仆後繼著比人還要高的浪頭，令人怵目驚心。

MAP P.333A1

漩渦空中纜車

MOOK Choice

Whirlpool Aero Car

水面宛如颱風雲圖

搭乘WEGO巴士綠線至Whirlpool Aero Car站即達 3850 Niagara River Parkway 春秋兩季約10:00~17:00，夏季約09:00~20:00。當日詳細時刻請上官網查詢 休冬季 $成人C$17.5，3~12歲C$11.5 www.niagaraparks.com

掃地圖

尼加拉河流經此地時，由於河道的方向突然改變，因而形成一處跳浪翻騰的大漩渦，過去這裡是水手避之唯恐不及的惡夢，今日則是許多特製噴射遊船追尋刺激的場域。如果你不願意在惡浪中驚心動魄地載浮載沉，又不想要錯過大漩渦難得一見的風景，橫渡激流上空的漩渦空中纜車將會解決你的疑慮。漩渦空中纜車的歷史將近一百年，年代雖久但保證安全無虞。纜車是由西班牙工程師Leonardo Torres-Quevedo在1916年所設計沿用至今的，雖然後來更新了纜車材質，但基本構造仍然相同。纜車會行駛到對岸後再返回，搭乘者如果去程站在右邊，回程就換到左邊，所以兩邊美景都不會錯失。在纜車上可以清楚欣賞驚險的漩渦與急流，綠色和白色的水花激烈地在河面上盤旋起舞，彷彿時刻變幻的低氣壓雲圖。

The Savvy Traveler
聰明旅行家

文●蔣育荏　攝影 ●周治平

簽證辦理

自2012年11月1日起，美國正式將台灣列入免簽證國家，不過你得先確認一下，自己所持的是不是新式的晶片護照，同時你必須在台灣設有戶籍，才能享有免簽資格。

再來，美簽省是省了，但也不是省得徹底乾脆，現在國人赴美之前，需先上美國國土安全部ESTA網站（https://esta.cbp.dhs.gov）填寫個人基本資料、在美停留天數，和回答是否有特殊疾病和犯罪紀錄，並以信用卡繳交21美元(其中4美元為申請費，17美元為許可費，若申請沒有通過，會退還許可費)。申請送出後，最快15分鐘，最慢72小時，系統就會發給認證。這個認證號碼雖然已經由電子系統傳到美國海關的電腦檔案裡，但還是建議您把認證通知列印下來，隨身攜帶，以備查驗。

ESTA的許可效期，每次入境停留時間不超過90天，可在兩年內多次進出。兩年效期一到，再重新上網申請即可。但若你是要去美國求學、工作、預計停留超過90天者，或是ESTA的申請被拒絕，就還是得去美國在台協會(AIT)辦理美國簽證。

美國在台協會

台北市內湖區金湖路100號

(02) 2162-2000

詢問窗口：平日09:00~17:00

www.ait.org.tw

飛航資訊

從桃園國際機場，有數家航空公司提供飛往紐約的航班，其中華航與長榮為直航，長榮的BR32每日1班飛往甘迺迪機場第1航廈，華航的CI12每週4班飛往甘迺迪機場第4航廈。飛行時間大約15小時。

若是要前往波士頓、費城或華府，則可搭乘聯合航空的UA872班機至舊金山轉機。

台灣飛航紐約主要航空公司

航空公司	飛行城市與航班	訂位電話	網址
中華航空	每週4班，直飛紐約甘迺迪機場	(02) 412-9000	www.china-airlines.com
長榮航空	每日1班，直飛紐約甘迺迪機場	(02) 2501-1999	www.evaair.com
聯合航空	台北經舊金山或東京飛往紐約紐華克機場	(02) 2325-8868	www.united.com
達美航空	台北經首爾飛往紐約甘迺迪機場	(02) 7701-8989	zt.delta.com
大韓航空	台北經首爾飛往紐約甘迺迪機場	(02) 2518-2200	www.koreanair.com
國泰航空	台北經香港飛往紐約甘迺迪機場	(02) 7752-4883	www.cathaypacific.com
全日空	台北經東京飛往紐約紐華克機場	(02) 2521-1989	www.ana.co.jp

入境防疫規定

自2022年以來，各國邊境已較新冠疫情剛發生時開放不少，惟相關防疫規定時刻在變，最新規定還是請密切關注美國疾病管制暨預防中心(CDC)官網，與台灣衛福部疾病管制署官網。

截至本書付印，最新相關規定如下：

所有非美國公民欲前往美國的旅客，需在登機報到時，向航空公司人員出示登機前14天完整接種疫苗的英文版證明，並事先列印填寫疫苗接種聲明書，且疫苗注射種類需符合美國FDA與WHO認可。若在登機前10天內有去過中國、香港、澳門，則需出示檢測陰性證明或復原證明文件。同時，美國也希望旅客接種的是最新的二價疫苗，並在出發前和抵達後進行快篩檢測。

返國入境台灣，採7天自主防疫，自主防疫以1人1室為原則，但若同住者皆為自主防疫對象則不受此限。

美國疾病管制暨預防中心
www.cdc.gov/coronavirus/2019-ncov/index.html
台灣衛福部疾病管制署
www.cdc.gov.tw

夏令時間

夏令時間又稱日光節約時間，因為在高緯度的國家，冬季與夏季的日照長短落差很大，為使人們配合日光作息，因而有此規定。每個國家的夏令時間不盡相同，而美國在2005年修法延長後，目前公告的夏令時間是從每年3月份的第2個週日開始，將時鐘調快1個小時，到11月份的第1個週日結束，再將時鐘調慢1個小時。

入境海關

入境美國海關常會使人心生畏懼，這裡提供一些應答技巧。面對海關人員時，保持輕鬆自然的表情，避免面露緊張不安的神色；對於海關人員的問話，盡可能簡短確實，避免節外生枝，記住，你的目的是通過海關，而不是和海關人員聊天，因此度假就是度假，觀光就是觀光，千萬不要提到「找朋友」或是扯一些不相關的事。海關的問題通常是你到美國的目的、會去哪些城市、身上帶了多少錢(是否足夠支付旅程)、什麼時候離開等，回答問題時前後要一致，簡明扼要，很快便可通過。

其實海關就只是想知道你會不會賴在美國不走，因此過海關之前，也可先把第一天的住宿證明、回程機票與列印的ESTA認證答覆準備好，以備海關要求時立即出示。

旅遊資訊

時差

美東各州屬於北美東部標準時區(Eastern Time Zone)，夏令時間比台灣慢12個小時，其他月份則慢13個小時。

貨幣與匯率

台幣兌換美金(USD)約為30:1 (實際匯率會有變動)。美金硬幣有1￠(penny)、5￠(Nickel)、10￠(Dime)、25￠(Quarter)、50￠(Half dollar)、＄1 (Dollar coins)；紙鈔則有＄1、＄5、＄10、＄20、＄50、＄100。主要的信用卡如VISA、MasterCard、American Express等大多能在境內各商家廣泛使用。

一般美國人會把太細碎的零錢當成小費送掉，但25￠記得多留幾枚，不論停車還是坐公車，或使用需要投幣的機器時，都很好用。

電壓

美國的電壓為120伏特、60赫茲，插座型式與台灣相同，因此不需攜帶轉換插頭。

打電話

◎台灣撥打美國

002-1-區域號碼-電話號碼

紐約·美國東岸

波士頓·費城·華盛頓特區·尼加拉瀑布

MOOK NEWAction no.69

New York·East Coast of the U.S.

Boston · Philadelphia · Washington, D.C. · Niagara Falls

作者
蔣育荏·墨刻編輯部

攝影
墨刻攝影部

主編
蔣育荏

美術設計
李英娟·駱如蘭·董嘉惠

地圖繪製
Nina·墨刻編輯部

出版公司
墨刻出版股份有限公司
地址：台北市104民生東路二段141號9樓
電話：886-2-2500-7008
傳真：886-2-2500-7796
E-mail：mook_service@cph.com.tw
讀者服務：readerservice@cph.com.tw
墨刻官網：www.mook.com.tw

發行公司
英屬蓋曼群島商家庭傳媒股份有限公司城邦分公司
地址：台北市104民生東路二段141號2樓
電話：886-2-2500-7718　886-2-2500-7719
傳真：886-2-2500-1990　886-2-2500-1991
城邦讀書花園：www.cite.com.tw
劃撥：19863813
戶名：書虫股份有限公司

香港發行所
城邦(香港)出版集團有限公司
地址：香港灣仔駱克道193號東超商業中心1樓
電話：852-2508-6231
傳真：852-2578-9337

馬新發行所
城邦(馬新)出版集團 Cite (M) Sdn Bhd
地址：41, Jalan Radin Anum, Bandar Baru Sri Petaling, 57000 Kuala Lumpur, Malaysia.
電話：(603)90563833
傳真：(603)90576622
E-mail：services@cite.my

製版·印刷
藝樺設計有限公司·漾格科技股份有限公司

經銷商
聯合發行股份有限公司（電話：886-2-29178022）
誠品股份有限公司
金世盟實業股份有限公司

城邦書號
KV3069

定價
520元

ISBN
978-986-289-846-8 · 978-986-289-849-9（EPUB）
2023年3月初版 2023年8月二刷

首席執行長 Chief Executive Officer
何飛鵬 Feipong Ho

生活旅遊事業總經理暨墨刻出版社長 PCH Group President & Mook Managing Director
李淑霞 Kelly Lee

總編輯 Editor in Chief
汪雨菁 Eugenia Uang

資深主編 Senior Managing Editor
呂宛霖 Donna Lu

編輯 Editor
趙思語·唐德容·陳楷琪
Yuyu Chew, Tejung Tang, Cathy Chen

資深美術設計主任 Senior Chief Designer
羅婕云 Jie-Yun Luo

資深美術設計 Senior Designer
李英娟 Rebecca Lee

影音企劃執行 Digital Planning Executive
邱茗晨 Mingchen Chiu

業務經理 Advertising Manager
詹顏嘉 Jessie Jan

業務副理 Associate Advertising Manager
劉玫玟 Karen Liu

業務專員 Advertising Specialist
程麒 Teresa Cheng

行銷企畫經理 Marketing Manager
呂妙君 Cloud Lu

行銷企畫專員 Marketing Specialist
許立心 Sandra Hsu

業務行政專員 Marketing & Advertising Specialist
呂瑜珊 Cindy Lu

印務部經理 Printing Dept. Manager
王竟為 Jing Wei Wan

國家圖書館出版品預行編目資料

紐約.美國東岸：波士頓.費城.華盛頓特區.尼加拉瀑布/蔣育荏, 墨刻編輯部作. -- 初版. -- 臺北市：墨刻出版股份有限公司出版：英屬蓋曼群島商家庭傳媒股份有限公司城邦分公司發行, 2023.03
352面 ;16.8×23公分. -- (New action ; 69)
ISBN 978-986-289-846-8(平裝)
1.CST: 旅遊 2.CST: 美國
752.9　　112001702

U0021335